ARCHE
Perspektiven

Frauen hatten im Laufe der Geschichte kaum ein »Zimmer für sich allein«. Auch heute gilt die Kleinfamilie als Garant für ein glückliches Leben. Anhand von kulturhistorischen Betrachtungen, Interviews mit Frauen, aber auch Männern, sowie der Erkundung verschiedener Lebensentwürfe offenbart Sarah Diehl die Fallstricke dieser Annahme. Dabei blickt sie ebenso auf die Bedeutung des Alleinseins innerhalb der Familie oder Partnerschaft wie in der Öffentlichkeit, in der Natur oder auf Reisen. Sie fordert den Erhalt der Einsamkeit und ermutigt alle, das Alleinsein immer wieder bewusst zu suchen. Denn so entziehen wir uns der Bewertung durch andere und erkennen unsere wahren Bedürfnisse. Alleinsein ist eine elementare Freiheitserfahrung, die allen ganz selbstverständlich zugänglich sein muss.

»Diehl hat nicht nur eine hochinteressante Kulturgeschichte zusammengetragen und klug mit dem Jetzt verknüpft, sie sorgt außerdem für das, was sie im Untertitel verspricht: echte Ermutigung.«
stern

Sarah Diehl, geboren 1978, hat Museologie, Afrikawissenschaften und Gender Studies studiert und lebt als Autorin und Aktivistin in Berlin. Sie arbeitet zum Thema »Reproduktive Rechte im internationalen Kontext«, hat hierzu bereits zwei Anthologien herausgebracht und einen preisgekrönten Dokumentarfilm gedreht: *Abortion Democracy: Poland / South Africa.* 2014 gründete sie die Organisation Ciocia Basia, die Frauen dabei unterstützt, sichere Schwangerschaftsabbrüche zu erhalten. 2012 erschien ihr Roman *Eskimo Limon 9* im Atrium Verlag, 2014 die viel beachtete Streitschrift *Die Uhr, die nicht tickt* im Arche Literatur Verlag.

SARAH DIEHL

DIE FREIHEIT, ALLEIN ZU SEIN

EINE ERMUTIGUNG

ARCHE
Perspektiven

MIX
Papier | Fördert
gute Waldnutzung
FSC® C014496

ISBN 978-3-7160-0016-8

Ungekürzte Taschenbuchausgabe
2. Auflage 2024

Lektorat: Dr. Angelika Künne, Erfurt
Covergestaltung: Annemike Werth, Hamburg,
unter Verwendung eines Designs von *Visual Fear*
Gesetzt aus der Utopia Std
Satz: Greiner & Reichel, Köln
Druck und Bindung: GGP Media GmbH, Pößneck
Kontakt GPSR (Verordnung über die allgemeine Produktsicherheit):
W1-Verlage GmbH, Semperstraße 24, 22303 Hamburg,
gpsr@w1-verlage.de

www.arche-verlag.com
Instagram: arche_verlag

INHALT

EINLEITUNG

Ich weiß bis heute nicht, ob ich introvertiert oder extrovertiert bin. Ich weiß es in dem Moment, wenn ich in eine Gruppe tauche. Deshalb wusste ich selbst noch nicht genau, wohin die Reise gehen würde, als ich den Entschluss fasste, dieses Buch zu schreiben. Aber ich ahnte, dass es kein geradliniger Weg zu einem Ziel sein würde, nichts vollkommen Folgerichtiges, sondern ein Ausschwärmen und Mäandern. Denn die Qualitäten des Alleinseins sind so vielschichtig wie ein See mit kühlen und wärmeren Strömungen, die einen beim Schwimmen streifen. Ich wusste, dass Fragen auf mich zukommen würden, die ich mir so noch nie gestellt hatte, aber ich wusste auch, dass es eine gute Gelegenheit sein würde, den Überfluss des Lebens abzuschöpfen, in dem ich vorher noch nicht gefischt hatte.

Ich weiß, dass Alleinsein wie eine bewusstseinserweiternde Droge wirken kann: Sie verstärkt den Ist-Zustand, man kann wahrnehmen, welche Schönheit einen umgibt, muss aber auch begreifen, in welchem Käfig man zumeist steckt. Man kann sich nicht mehr ablenken, sondern muss ehrlich betrachten und sortieren, worin man sich verheddert hat, oder das Grundvertrauen finden, in das man eingebunden ist, um das Unvorhergesehene und Freischwebende auszuhalten oder genießen zu können. Man ist mit den eigenen Bedürfnissen konfrontiert und muss sie eigenverantwortlich organisieren, eigene Standards setzen und somit schonungslos Normen hinterfragen. Man ist sich selbst ausgesetzt.

In der Debatte um das Alleinsein geht viel durcheinander, vor allem begrifflich: Wir sprechen vom Alleinsein, von Einsamkeit und von sozialer Isolation. Tatsächlich benannte der Begriff *Einsamkeit* vor dem 18. Jahrhundert auch das Einssein in der Gotteserfahrung – hatte mit Isolation also nichts zu tun –, während *Alleinsein* negativer aufgeladen war und die Abgeschiedenheit von der Gemeinschaft benannte. Im heutigen Sprachgebrauch werden beide Formulierungen oft synonym verwendet, wobei Einsamkeit tendenziell vermehrt für die Beschreibung von Isolation im negativen Sinne genutzt wird oder zumindest ambivalent, wie auch der Begriff der Melancholie ambivalent verstanden wird. In diesem Buch gebrauche ich beide Bezeichnungen – Einsamkeit und Alleinsein – als etwas, dem man nicht passiv ausgesetzt ist, etwas, das man sich aneignen kann, wobei das Alleinsein als selbstgewählt verstanden werden kann, während das Gefühl der Einsamkeit oft unfreiwillig einsetzt. Beiden Bezeichnungen ist aber gemein, dass sie kraftvolle, schöne, aber auch ambivalente Möglichkeitsräume bieten und konstruktives Potenzial entfalten, welches positive Veränderungen in unserem Leben begründen kann. Daher verwende ich beide Begriffe häufig in Verbindung miteinander, auch, da eine kategorische semantische Grenzlinienziehung ohnehin nicht möglich ist. Ich grenze beide Bezeichnungen aber klar gegen den Begriff der (sozialen) Isolation ab, der für mich den destruktiven und krank machenden Raum beschreibt.

Einsamkeit, die früher ein philosophisches oder religiöses Ideal darstellte, ist mittlerweile zum Marker für eine soziale Katastrophe geworden.

Einsamkeit wird seit den 1960er-Jahren als gefährliche Zivilisationskrankheit betrachtet und mit einer Reihe von Krankheitssymptomen in Verbindung gebracht. Soziologie und Psychologie benennen vor allem den Verfall, das Leid, das Defizit, die Ängste, die sich aus der Einsamkeit, die ich in diesem Fall als soziale Isolation bezeichnen würde, ergeben. Der kulturkonservative Blick zimmert daraus nicht nur ein unerquickliches, sondern ein verzerrtes Bild vom Menschen als Wesen, das ohne alte Strukturen und Werte orientierungslos bleibt, statt Neues gestalten zu können. Nach dieser Logik driften wir in die soziale Isolation, *weil* wir aus den alten Strukturen ausbrechen. Aber Werte lösen sich nicht einfach so auf, wir verändern uns und sie sich mit uns. Viele Menschen fühlen sich vielmehr sozial isoliert, weil diese Veränderungen noch nicht weit genug gehen. Die Singlegeneration, auf die wir so ängstlich blicken, entsteht, weil Menschen aus alten Konzepten wie der Kleinfamilie ausbrechen, sich aber noch in neue Konzepte des gemeinschaftlichen Lebens hineinfinden müssen. Dies wird erschwert, wenn sie sich an den alten Mustern noch messen müssen und wenn uns Gesetze und Moralvorstellungen, z. B. wer auf welche Art Familie sein darf, davon abhalten. Isolation ist auch politisch und wird künstlich erzeugt, indem man Gemeinschaften durch Statusdenken, Armut, Nationalitätsunterscheidungen, Konkurrenzdenken, Diskriminierung, Fremdenfeindlichkeit, stringente Geschlechterzuweisungen und Grenzen spaltet. Mit den negativen Vorstellungen von Einsamkeit - asozial, egoistisch, verrückt - werden wir zudem diszipliniert und erpresst: Wir bekommen Angst davor, eigene Wege zu gehen, und bleiben in den gängigen Bahnen: Eheschließung, Karriere, Familienplanung, Kreditlasten für ein funktionierendes Leben, das sich gegen das Alleinsein wehren soll. So ist dieses Buch auch keines über Singles, sondern schenkt dem Alleinsein können gerade in der Zweierbeziehung ein besonderes Augenmerk.

Tatsächlich können Alleinsein und Einsamkeit Gegengifte für soziale Isolation sein. Denn im Alleinsein entwickelt man die Fähigkeit, sich selbst genug zu sein, erkennt den Sumpf der Zwänge, die uns etwa die Wettbewerbsgesellschaft oder die Kleinfamilie auferlegen. Oft werden die Ursachen der sozialen Isolation verschleiert, weil überholte Formen von Gemeinschaft idealisiert werden, deren Starrheit, Erwartungshaltung und Normen uns erst in die Isolation treiben und so ein negatives Bild der Einsamkeit entstehen ließen. Und denen viele durch ihr Alleinsein eigentlich entkommen wollten. Aber wir lieben es, uns vor dystopischen Visionen von Singlefrauen, Überalterung, Pflegerobotern und Menschen, die sich in der eigenen Erzählung ihrer vermeintlichen Autonomie verloren haben, zu gruseln, und gefallen uns in der Rolle als Visionäre unseres eigenen Untergangs.

Dieses Buch zeigt außerdem, wie wir eine Gesellschaft schufen, die Menschen dazu anhält, sich selbst als Mängelwesen zu betrachten, die angeblich nie genug sind und durch Statussymbole und Erfolgsgeschichten in Karriere und Familienplanung erst zu *jemandem werden* müssen. Es zeigt auch, was wir verlieren, wenn wir das Potenzial von Alleinsein und Einsamkeit unterschätzen und die Fähigkeit des selbstbestimmten Alleinseins nicht erlernen. Dabei plädiere ich keineswegs für individualisierte Lösungen gegen systemische Ungerechtigkeit, die uns als Menschen trennt. Aber um Ungerechtigkeit zu verstehen, muss man zunächst einmal zu sich kommen und seine Bedürfnisse, sein Leben verstehen. Man muss einen Raum für sich etablieren, in dem man sich gegen das Narrativ der Mangelhaftigkeit mit sich selbst komplett fühlen kann.

Alleinsein ist nämlich nicht (nur) die Abwesenheit von etwas oder jemand anderem, sondern die Anwesenheit meiner ungestörten Wahrnehmung, die mich mit der Welt verbindet. Gerade die Leere in der Einsamkeit ermöglicht es mir, die Fülle des Lebens zu spüren. Das Gefühl der Isolation hingegen entsteht immer auch aus der Unfähigkeit, »all-ein«, also ganz mit sich selbst sein zu können. Wir haben jede Menge Anreize und Zerstreuungen um uns herum, sodass wir glauben, nicht allein sein zu können. Deshalb sind »Zwischen-Orte« und »Zeit-Räume« wichtig, in denen wir unsere Fähigkeit zum Alleinsein kultivieren können, denn dies fördert auch die Fähigkeit, Gemeinsamkeit erfüllt leben zu können. Doch diese Räume werden immer weniger, sie sind zudem entwertet von einer Kultur, die uns permanent auf Trab hält, weil wir funktionieren und streben müssen.

Ich möchte das Alleinsein als Kur von den Zivilisationskrankheiten betrachten, als Heilmittel für das, was in unserer kompetitiven Leistungsgesellschaft, in unserem isolierenden Individualismus und unserem Missbrauch der Liebe als Statussymbol für Ehe und Elternschaft krank geworden ist.

Irgendwann fiel mir auf, dass ich mir in meiner Arbeit gern Themen aussuche, die Missverständnisse vorprogrammieren. Themen, bei denen man erst mal durch einen Wust an Projektionen schwimmen muss, bevor man Luft holen kann, um die komplexe Realität dahinter sichtbar zu machen: Themen, mit denen viele Menschen komplizierte oder negative Gefühle assoziieren, weil darüber zu wenig oder zu einseitig gesprochen wird. Deshalb weiß ich aber auch, wie inspirierend und schön es ist, wie viele Steine vom Herzen fallen, wenn man sich im vollen Bewusstsein seiner Handlungsfähigkeit diesen Themen mit neuen Perspektiven zuwendet.

Große Lust bereitete es mir zudem, dass das Thema es ermöglicht, das Politische und das Sinnliche zusammen zu denken, was viel zu oft getrennt voneinander betrachtet wird. Ich war schnell im wortwörtlichen Sinne begeistert, an welche Vielzahl von Themen und Phänomenen man das Alleinsein zwischen Idealisierung und Pathologisierung anbinden kann. Oft funktionieren diese Verbindungen für Frauen und Männer unterschiedlich und rufen verschiedene Klischees und Assoziationen hervor: Der einsame Waldschrat ist vielleicht verschroben, aber dennoch weise, während es im Selbstverständnis der Begriffe liegt, dass die einsame Hexe und alte Jungfer hässlich sind, lächerlich, gefährlich und ungeliebt. In diesen Bildern zeigt sich bereits, dass das Alleinseinwollen Männern eher verziehen wird als Frauen.

Deshalb betrachte ich in diesem Buch vermehrt, wie die Erzählungen über Einsamkeit die Freiräume von Frauen immer noch beschränken. Bei meiner Recherche merkte ich schnell, dass in Büchern, die die Komplexität der Einsamkeit behandeln, kaum Autorinnen oder Akademikerinnen genannt werden. Ich empfand es als überaus frustrierend, dass die meisten Autoren den immer gleichen Reigen von Thoreau über Nietzsche bis zu Schopenhauer zitieren. Noch nicht einmal das nächstliegende Werk zur Bedeutung des Alleinseins fand bei den meisten männlichen Autoren Eingang in ihre Überlegungen: Virginia Woolfs *Ein Zimmer für sich allein*. So ist dieses Buch auch der Versuch, einige andere Pionierinnen des Alleinseins wie Annie Dillard, Sara Maitland, Alice Walker, Hannah Arendt, Violette Leduc und Zora Neale Hurston ins Licht zu rücken.

Beim Schreiben dieses Buches fiel mir eine Parallele zu meinem vorherigen Sachbuch *Die Uhr, die nicht tickt. Kinderlos glücklich* auf: Schon damals war ich darüber verwundert, dass zahlreiche Menschen viel Zeit darauf verwenden, ihre eigene vermeintliche Minderwertigkeit zu suchen und darum zu kreisen. Ich habe mich gefragt, warum ich von dieser »Zivilisationskrankheit« weitestgehend verschont geblieben bin. Nun weiß ich die Antwort: Weil ich gut mit mir allein sein kann und mich dann in und mit mir komplett fühle. So ist es mir ein Anliegen, vor allem Frauen Inspiration zu liefern, wie sie sich aus Narrativen der Minderwertigkeit in Bezug auf Mutterschaft oder Kinderlosigkeit befreien können, die sie dazu bringen sollen, auf eine bestimmte Art zu funktionieren, um mehr für die Bedürfnisse anderer da zu sein als für die eigenen und ihre Freiräume, auch die Räume des Alleinseins, dafür aufzugeben.

Wenn ich Menschen von der Arbeit an diesem Buch erzähle, fällt mir auf, dass sich das Grundverständnis des Themas bei Männern und Frauen zumeist unterscheidet: Frauen reagieren begeistert auf die Buchidee, sie verstehen es als Handreichung, ihr Selbstbewusstsein zu stärken. Männer reagieren zögernd, manchmal verwirrt; sie wundern sich, warum ich das Alleinsein zelebrieren will, während sie doch gerade erst gelernt haben, dass sie sozial aufmerksamer werden und sich mehr in die Gemeinschaft einbringen sollen. Mit diesem Buch möchte ich auch zum gegenseitigen Zuhören einladen, denn Emanzipation ist ein gemeinschaftliches Projekt aller Geschlechter. Männer sehen immer mehr, wie die Frauenemanzipation sie dazu inspiriert, ihrem eigenem Geschlechterkäfig auf die Spur zu kommen.

Generell ist es mir ebenfalls wichtig, den Blick dafür zu schärfen, dass das Alleinsein gut für die Gemeinschaft ist: Wenn man lernt, sich den bewertenden, toxischen und isolierenden Strukturen der

Gesellschaft, die Individuen gegeneinander ausspielt, immer wieder zu entziehen, um eigene Bedürfnisse zu leben, kann man mit der dadurch gewonnenen Stabilität, Durchlässigkeit und Gelassenheit Gemeinschaft besser leben und fördern. Das Selbstbewusstsein, das man im Alleinsein erlangen kann, hilft sehr dabei, sich in Gemeinschaften einzubringen, Verständnis für andere aufzubringen und sich mit anderen zu verbinden.

Andererseits kann man sich gerade in Gemeinschaften sehr verlassen fühlen, vor allem, wenn sie sehr viel Konformität verlangen, während man sich allverbunden fühlen kann, wenn man allein ist und deshalb ohne die Ablenkung anderer offen für seine Umwelt ist.

Einsamkeit wird häufig als etwas dargestellt, das Menschen passiv ertragen müssen, während es doch eine Handlungsoption bietet, einen Denk- und Erfahrungsraum, den man gestalten kann, in den hinein und aus dem hinaus man sich aktiv bewegen kann. So fühlte ich mich beim Ergründen des Alleinseins nie isoliert, ich war ja in bester Gesellschaft von Autorinnen, Abenteurern, Wissenschaftlerinnen. Sie waren mir mit ihrer eigenen Betrachtung des Alleinseins wichtige Begleiterinnen und Begleiter, auch wenn ich die tatsächlichen Schritte allein gehen musste. Auch Freundinnen und Freunde standen vor ihrem Bücherregal und suchten mir ein paar Weggefährt:innen heraus. Auf Spaziergängen tauschte ich mich mit anderen über die Einsamkeit aus. Tatsächlich konnte ich fast überall Gesprächsfetzen, Mitteilungen und Austausch zu diesem Thema entdecken, viele Fremde packte ich im Vorbeigehen am Schlafittchen, damit sie mir mehr darüber erzählten. Dann, allein am Schreibtisch, fühlte ich mich eingebunden in all diese Erzählungen und Empfindungen.

Dieses Gefühl der Verbundenheit im Alleinsein ist das vielleicht größte Geschenk, denn wenn ich allein bin, ist die ganze Welt bei mir. Dieses Geschenk möchte ich nun mit Ihnen, liebe Leserinnen und Leser, teilen.

1 | WARUM LÄSST MAN UNS NICHT ALLEIN?

Alleinsein als Feind der Leistungsgesellschaft und die Weisheit der Lust

Die *Cosmopolitan* porträtierte mich einmal gemeinsam mit zwei weiteren Frauen in einem Beitrag darüber, wie man mit 40 Jahren ein unkonventionelles Leben führt. Ich wurde dort unter anderem mit der Aussage zitiert, dass ich gerne ausschlafe. Bis heute frage ich mich, ob die Redakteurin dies so außerordentlich fand, dass sie aus all den Dingen, die ich im Interview erzählte, ausgerechnet diese Information herausstellte. Ebenso unsicher bin ich, wie die Betonung meines Schlafverhaltens bei den Cosmo-Leser:innen wohl ankommt. Bin ich in ihren Augen eine Versagerin, weil ich mir nicht für Kind, Ehemann und Job den Wecker auf 6:00 Uhr stelle? Oder denken sie vielleicht, ich hätte es im Leben zu etwas gebracht, gerade weil ich ausschlafen kann? Neben meiner Verwunderung darüber, dass ich die Reaktion auf so eine Aussage nicht einschätzen konnte, weiß ich allerdings auch noch, dass ich mich angesichts dieser Darstellung etwas schämte, mich dieses Schamgefühl aber auch wunderte. Was einem selbst als normal, richtig und sogar gesund erscheint, wirkt unter den kritischen Augen der Öffentlichkeit plötzlich abwegig. Es erinnerte mich an den Carrie-Bradshaw-Moment aus *Sex and the City*, als sie mit einem ungeschminkten, verschlafenen Blick, grauem Teint und Zigarette in der Hand auf dem Cover des *New York Magazines* landete, mit der Überschrift *Single and Fabulous.* Das Ganze wurde mit einem Fragezeichen versehen, statt, wie ihr versprochen worden war, mit einem Ausrufezeichen und einer glamouröseren Abbildung.

Ähnlich wie Tagesabläufe oder Lebensweisen, die nicht an den Tagesrhythmus eines »normalen« Jobs gebunden sind, sind auch das Alleinsein und die Faulheit interessante Marker, an denen man messen kann, welche Werte eine Gesellschaft umtreiben. Beide haben gemeinsam, dass sie ein Rückzug aus dem bzw. eine Verweigerung des Leistungsprinzips darstellen.

»Wer lange schläft, hat einen schlechten Charakter«, heißt es schlicht und ergreifend in dem Roman *Gilgi – Eine von uns* von Irmgard Keun, der – auch wenn er, wie so viele Romane von Schriftstellerinnen, leider von einem männlichen Kanon ignoriert wurde und so in Vergessenheit geriet – in den 1930er-Jahren ein Bestseller war. In dem Roman wird das Arbeitsethos unter Angestellten in der Weimarer Republik unter die Lupe genommen. Einer Zeit also, in der es auf der Kippe stand, wie in Zukunft Werte wie Demokratie, Gleichheit, Gerechtigkeit und Freiheit umgesetzt werden können; alles Werte, die sich nicht entfalten können, wenn dem Einzelnen Zeit und Raum zum Nachdenken genommen werden und die Möglichkeit, sich der Fremdbestimmung zu erwehren, erschwert wird – ganz gleich, ob sie autoritär oder als Versprechen der Selbstverwirklichung daherkommt. Die Literatur der Neuen Sachlichkeit beschrieb die als neu empfundene Erfahrung der Moderne, als Mensch nun nur noch ein winziger Teil einer Massenkultur zu sein. Einer Massenkultur, die, gelockt von dem Wunsch, Teil der neuen städtischen Mittelklasse zu sein, auch geprägt war von Einzelkampf, Konkurrenz und Statusdenken, anstatt in der breiten Bevölkerung Solidarität zu leben und gewerkschaftliche Organisation voranzutreiben. »Sozial und ökonomisch seien sie proletarisiert, ideologisch zählen sie sich aber zum bürgerlichen Mittelstand – auf Grund dessen sie sich kaum politisch engagieren.«[1] Jede Begegnung mit Armut ist deshalb lästig, weil sie einen mit der eigenen Ignoranz der Verhältnisse wie auch mit der Angst vor dem eigenen Abstieg konfrontiert. Es war u. a. diese mit der Entpolitisierung verzahnte Vereinzelung und Entsolidarisierung in der Massenkultur, die die Atmosphäre für eine Generation schuf, die den Nationalsozialisten Vorschub gewährte.

Gilgi ist eine junge Frau, die sich dem gängigen Ethos, Interesse und Motivation für eine Arbeit zu zeigen, die wenig mit den eigenen Bedürfnissen zu tun hat, vollkommen unterordnet und darin paradoxerweise ihre Unabhängigkeit sucht. So zeigt sich bereits in der Weimarer Republik eine Tendenz, die seither aktuell ist: Selbstausbeutung wird als Selbstverwirklichung verkauft. Man lebt, um zu arbeiten, und arbeitet nicht, um zu leben. Zeit und somit auch Schlafenszeit, wurde in der industriellen Gesellschaft rationalisiert und in sinnvoll und sinnlos unterteilt. Die Arbeit war sinnvoll, die Freizeit und damit potenzielle Räume zum Alleinsein sinnlos. Der Mensch als Leistungsträger hat Wert nur qua seiner Arbeit und findet in dieser Dauerkrise des Arbeitsfetischismus keine Ruhe mehr. Irmgard Keun beschreibt, wie in dieser Krise die pedantische Hausfrau dem Angestellten entspricht; durch ihr beständiges Beschäftigtsein soll sie ebenso keinen Raum zur Kontemplation haben oder gar einen kritischen Blick auf ihr Leben und ihre Umwelt werfen können.[2]

In der Straßenbahn sieht Gilgi in müde und verschlossene Gesichter, die ihr alle gleich vorkommen. In ihrer Gefühlswelt kalkuliert sie alles in den Posten Einnahmen und Ausgaben, ihre Lebensfragen will sie sauber wie eine Rechenaufgabe lösen. Alles ist Pragmatismus und Materialismus untergeordnet. Einen neuen Impuls bekommt Gilgis Leben, als sie Martin kennenlernt, der sein Leben nach einem ganz eigenen Rhythmus lebt. Es ist der Rhythmus des kreativen Denkens und Schaffens, der mit den uniformen Zeiten der Arbeitswelt nicht übereinstimmen kann und auch nicht mit dem Geldwert, in dem diese Zeit bemessen wird. Seine Zeit hat nicht die Produktivität zum Maßstab, er schreibt Bücher, die kaum Geld bringen, und er plant sein Leben nicht nach einer Vorstellung von Karriere und Stempeluhr. Gilgi versucht zu verstehen, womit diese Zeit, die sie als Nichtstun empfindet, gefüllt ist. Ist einfaches Nachsinnen und Beobachten Zeitverschwendung im Gegensatz zu ihrer durchgetakteten Fließbandroutine im Büro?

Konzeptuell erinnert Martin an Walter Benjamins Flaneur, der sich Zeit und Raum zum Beobachten nimmt, aber auch an den

Rebellen, denn die Metropole lässt ihn nicht zu einer Maschine und einem »trostlosen Uhrwerksmenschen«[3] werden, sondern ist Quelle seiner (und somit auch Gilgis) Inspiration und Kritikfähigkeit. Er benennt, was er sieht: den »verkrampfte[n] Ehrgeiz um so ein kleines Ziel« und »wie dumm und unwichtig das ganze tagefressende Getriebe hier ist«[4]. Anstatt alles zu geben, um für sich und andere Schönheit und Kreativität zu gestalten wie ein Künstler, soll der Mensch, dem Martin auf den Straßen begegnet, alles für den Profit einer Firma tun, mit der er sich immer mehr identifizieren soll. Keun spielt hier mit dem Bild der Muße und stellt es auf den Kopf. Martin wird Gilgis erste große Liebe, sein Leben ist flexibel und experimentell, er erweitert Gilgis Vorstellungswelt und gibt ihr einen Zugang zu ihrer eigenen Fantasie. Früher sah sie nichts, wenn sie die Augen zumachte, doch »jetzt sieht sie viel hinter geschlossenen Lidern«[5]. Fantasie und Kreativität sind hier nicht nur eine Kraft, die Menschen in die Lage versetzt, die Verhältnisse durch Beobachten und Beschreiben zu hinterfragen, sondern die Arbeitsweise der Kreativität selbst fordert in ihrem Mäandern, Experimentieren oder »Nichtstun« und Sinnieren ein anderes Verständnis von Zeit und Schaffen, das nicht mitläuft im Räderwerk der Lohnarbeit. Man kreiert ein neues Leben dadurch, dass man überhaupt Kreativität zulässt, die dann den Alltag neu strukturiert. Nicht Müßiggang ist aller Laster Anfang, sondern Erfolgssucht, Statusdenken und Wettbewerb – die Stützpfeiler der modernen Leistungsgesellschaft.

Doch erst als Gilgi selbst arbeitslos wird, ist sie bereit, wirklich aus ihrer Routine zu treten. Zunächst will sie wieder dazugehören, sie verzweifelt an ihrer ohne Lohnarbeit »nutzlosen« Zeit und versucht, die Leistungsideologie fortzusetzen, indem sie sich nun krampfhaft um ihr Aussehen sorgt, das dem Bild einer begehrenswerten erfolgreichen Frau entsprechen soll. Viele Arbeitslose, denen sie begegnet, fühlen sich ihres Wertes und Gebrauchtseins beraubt, empfinden sich als kraft- und hoffnungslos, weil sie keinen Weg fanden, auch ohne Lohnarbeit ein Selbstwertgefühl und autonome Schaffenskraft zu entwickeln. Auch die Liebe eines Ehepaars in Gilgis Nachbarschaft schlägt in gegenseitige Verachtung um, als der Mann den Status des Arbeitnehmers verliert und finanzielle Sorgen den Alltag vergiften. Doch da sie in der Arbeitslosigkeit, weg von Kolleg:innen, die ein Ideal vorleben, nun Zeit und Raum für sich selbst hat, kann sich Gilgi in ihren Gedanken entfalten. Die größte Veränderung tritt ein, als sie Armut nicht mehr wie früher mit Ekel und Verachtung begegnet, sondern aktiv Menschen, die durch soziale Netze fielen, unterstützt. Damit setzt sie auch eigene Maßstäbe und erreicht eine gleichberechtigte Partnerschaft mit Martin, der sich weiterhin vor allem seinem künstlerischen Schaffen widmet. Keuns Roman erzählt zugleich davon, wie Zeitnot, Geldprobleme und die Verlockungen von sozialem Status einer möglichen Solidarität im Wege stehen. Die Geschichte schließt mit den Gedanken, dass es zu viel verlangt sei, Arbeiter:in und im selben Augenblick Mensch zu sein. Sie stellt zugleich die Frage, ob Fantasie weniger Flucht »vor der Wirklichkeit«, sondern Flucht »in eine bessere Wirklichkeit« sei.[6]

Dieser Gedanke erinnert an Robert Walsers Utopie *Der Arbeiter* von 1915, in der die Poeten den Rhythmus vorgeben: »Was sie taten, das taten sie nachdenklich und langsam. Sie taten nicht so unmenschlich viel, fühlten sich auf keine Weise bewogen oder verpflichtet, sich aufzureiben und abzuarbeiten, [...] und eben darum war das Leben so freundlich. Wer hart arbeiten muß oder überhaupt in hohem Grad tätig ist, der ist für Freude verdorben. [...] Indem sie es sich auf harmloser, zutraulicher Erde wohl sein ließen, genossen sie still ihr Sein in traumhaft schöner Ruhe. [...]«[7] Auch in Walsers Text *Der Spaziergang* bleibt unklar, ob der Protagonist selbst ein Dichter oder ein Vagabund ist, es macht auch keinen Unterschied. Das von Arbeitsethos geprägte Urteil von außen ver- und beurteilt sein Tun als fragwürdig und beschämend. Er schämt sich, einfach nur so zu spazieren.

Faulenzer und Müßiggängerinnen erregen den Unmut der arbeitsamen Bevölkerung, nicht nur weil sie angeblich parasitär seien, sondern aus dem Unbehagen heraus, das sie offenlegen, dass man dieses falsche Pflichtbewusstsein hinterfragen und sich ihm tatsächlich entziehen kann. Sie verdeutlichen einem, dass man die Wahl hat, wenn man es wagen würde, seinen Wert an den eigenen Maßstäben auszurichten.

Interessanterweise war Faulheit früher ein Sonderrecht der Oberschicht, während es mittlerweile als Vergehen der Unterschicht gilt. Im 18. und 19. Jahrhundert gehörte es zum guten Ton, als Aristokrat oder Privatier auf der faulen Haut zu liegen. Es wurde als Privileg gesehen, durch gottgegebenen Besitz genug zu haben, um nicht arbeiten zu müssen. Es war ein Zeichen des höchsten Ranges, Muße zu haben. Aus dem »edlen Müßiggang« wird erst mit dem Niedergang des Feudalismus und dem Aufkommen der bürgerlichen Schichten die »verwerfliche Faulheit«. Das Nichtstun bzw. das Nichteingebundensein in Lohnarbeit wurde je nach Klassenzugehörigkeit anders bewertet: »Faulheit sei die sträfliche Gelassenheit bei einem Menschen niederen Standes«[8], sagte der amerikanische Schriftsteller Ambrose Bierce um 1900 voller Ironie. Es hing also von diskriminierenden Klassenzuschreibungen ab, welches Wort man benutzte: Leute, die man der »bildungsfernen« Unterschicht zurechnete, wurden als faul bezeichnet, während man den Menschen der Oberschicht eher die schöngeistige Muße gönnte. So schien es legitim, die Unterschicht mit sozialpolitischen Maßnahmen zu mehr Arbeit zu drängen, während man verschleierte, dass die Besitzenden, wenn es um Umverteilung von Zeit und Geld geht, viel parasitärer dastanden.

Gerechterweise müsste die Faulheit, also die Möglichkeit zur Muße und zum Alleinsein, umverteilt werden. Wenn sich alle gleichermaßen an der Arbeit beteiligten, die die Gemeinschaft braucht, könnten alle auch gleichermaßen fauler – im Sinne einer eben nicht alles bestimmenden Erwerbstätigkeit – sein.

In ihrem Buch *Vita activa* beschrieb Hannah Arendt 1958 die Verwurzelung des Massenmenschen nicht nur in der Konsum-, sondern auch in der Arbeitskultur: »Wir sind eine Gesellschaft, die von den Fesseln der Arbeit befreit werden soll, und wir kennen kaum noch die höheren und sinnvolleren Tätigkeiten, um derentwillen eine Befreiung sich lohnen würde«, konstatiert Hannah Arendt. Bereits im industriellen Zeitalter wurde der Arbeitsunwille vor allem der unteren Schichten als verabscheuungswürdig dargestellt: Die westliche Gesellschaft wurde nach den Lehren John Lockes, Karl Marx' und Adam Smith' gänzlich zu einer »Arbeitsgesellschaft«, die die Lohnarbeit verherrlichte. »Der plötzliche Aufstieg der Arbeit von der untersten und verachtetsten Stufe zum Rang der höchstgeschätzten aller Tätigkeiten begann theoretisch damit, daß Locke entdeckte, daß sie die Quelle des Eigentums sei. Der nächste entscheidende Schritt war getan, als Adam Smith in ihr die Quelle des Reichtums ermittelte; und auf dem Höhepunkt kam sie in Marx' ›System der Arbeit‹, wo sie Quelle aller Produktivität und zum Ausdruck der Menschlichkeit selbst wird.«[9] Arendt schrieb, dass die »Rückführungen aller menschlichen Tätigkeiten auf das Arbeiten und Herstellen [...] historisch nicht zu rechtfertigen sind und in verhängnisvoller Weise den Raum des Öffentlichen und die Möglichkeiten des Menschen als eines für Politik begabten Wesens verkrüppelt und pervertiert haben.«[10]

Daran anknüpfend beschrieb der Kulturanthropologe und Anarchist David Graber, wir hätten die Obsession, neue Jobs zu kreieren, egal wie sinnlos, prekär, schlecht bezahlt, beliebig, zeitraubend und unökologisch sie noch mehr Müll produzieren und darüber hinaus im Arbeitsverhältnis unsicher sie sind.[11] Buckminster Fuller sagte bereits in den 1970er-Jahren noch vor dem Beginn der neoliberalen Wirtschaftsideologie, dass wir unsinnige Jobs kreieren, weil wir der Idee hinterher hängen, dass wir unsere Existenz mit einer lohnarbeitenden Beschäftigung rechtfertigen müssen.

In dieser Arbeitsgesellschaft habe man das Verlangen nach einem freien, göttergleichen Leben voller Muße verloren und kenne kaum noch die sinnstiftenden Tätigkeiten wie die Kontemplation, um derentwillen die Befreiung von Arbeit sich lohnen würde, ergänzte Arendt. Paul Lafargue, der Schwiegersohn von Karl Marx, proklamierte 1880 in einer Schrift das »Recht auf Faulheit«, auch, weil Sozialistinnen, Anarchisten[12] und Kommunistinnen offenlegten, wie die Art, wie Lohnarbeit organisiert wurde, benutzt wurde, um die Ungleichheit von Arbeitgebern und Arbeitnehmern noch zu verstärken: Er thematisierte, wie Arbeitgeber Arbeitnehmer dazu verpflichten, für sie zu arbeiten, den Profit jedoch für sich einstreichen, während sie selbst nicht so hart arbeiteten wie ihre Angestellten – vor allem weil die Arbeit weniger Geld einbrachte als das Finanzwesen, mit dem Arbeitgeber herumspielen konnten, da sie über das Kapital verfügen. Doch Gott selbst, so Lafargue, gebe ein gutes Beispiel für Faulheit: Nachdem er sechs Tage gearbeitet hat, ruht er in alle Ewigkeit aus. Faulheit sei ein Geschenk der Götter.[13]

Wie das literarische Gegensatzpaar Gilgi und Martin veranschaulicht, sind Ruhe, Nachsinnen und Beobachten, also das Ausklinken aus dem Rausch des Alltags, notwendig, um sich von den immer gleichen Wiederholungen des genormten Denkens, Sehens und Fühlens zu befreien. Doch das schlechte Gewissen gegenüber dem Leistungsprinzip ist fest internalisiert. So schrieb auch der Philosoph Friedrich Nietzsche, die Menschen würden sich den stupidesten und sinnlosesten Tätigkeiten unterziehen, nur um beschäftigt zu wirken, als würde es jemanden adeln, »wenn man sagen kann, keine Zeit zu haben«[14]. Ähnlich wie Nietzsche meinte Hannah Arendt, dass eine Zivilisation eben kein striktes Arbeitsethos brauche, sondern unbedingt den Freiraum für Müßiggang und Einsamkeit: Raum für aufmerksames Umherschweifen und Beobachten, für zweck- und zielloses Selbstvergessen. Denn gerade durch die Ziellosigkeit gelangt man an neue, ungeahnte Ufer. Doch wie viele unsinnige Verpflichtungen nimmt man gestern wie heute auf sich, um dem Vorwurf der Faulheit zu entkommen und Beschäftigung und Zugehörigkeit zu mimen?

Die Effizienzsteigerung menschlicher Arbeitskraft wurde von Henry Ford, der als Automobilfabrikant mit der Erfindung des Fließbandes die Fabrikarbeit prägte und damit Produktivität und Profite mehrte, auf eine neue Stufe gehoben. Ford war nicht nur Automobilfabrikant, sondern auch Autor des 1920 erschienenen, antisemitischen Buches *Der internationale Jude.*[15] Er unterstützte die deutschen Faschisten beim Aufbau der deutschen Streitkräfte vor dem Zweiten Weltkrieg: »Für mich gibt es nichts Verabscheuungswürdigeres als ein Leben von Ruhe und Bequemlichkeit. Es gibt kein Recht auf Leichtigkeit. Die Zivilisation hat keinen Platz für den Müßiggänger«, schrieb Henry Ford in seiner Biografie *Erfolg im Leben.*[16] Fords Ideologie wurde 1932 von Aldous Huxley aufgegriffen, dessen utopisches Setting in seinem Roman *Schöne neue Welt. Ein Roman der Zukunft* im Jahre 632 »nach Ford« angesiedelt ist[17]. Sieben Ford-Aufsichtsräte teilen sich in der Handlung des Buches die Weltherrschaft, wo nicht mehr nur Autos, sondern auch die dazu »passenden« Menschen am Fließband produziert werden. Das Fließband illustriert, wie eng der Arbeitsfetisch mit einer Massenkultur und Gleichschaltung verzahnt ist, die keinen Raum mehr lässt, selbst zu denken und für sich allein zu sein und die Menschen als Material betrachtet. So ist das bürgerliche Ressentiment gegenüber dem Poeten und Müßiggänger das kleinere Problem angesichts der Auswüchse, in die dieser Arbeitsfetisch an Gewalt-, Disziplinierungs- und Vernichtungsexzessen in den Kolonien und im deutschen Faschismus gegenüber als »arbeitsscheu« bezeichneten Juden und als »unzivilisiert« und »asozial« herabgestuften Menschen letzten Endes mündete.

Unsere Vorstellung von Faulheit mit all ihren ausgrenzenden und gewaltvollen Konnotationen wird zum Mittel zum Zweck, um den eigenen Machtanspruch durchzusetzen. Das reflektiert der zeitgenössische Philosoph André Rauch, der empfiehlt, sich als Erstes zu fragen, was eine Person von einem will, wenn sie einen als faul bezeichne: wahrscheinlich, dass man etwas für sie tut, und zwar möglichst billig oder sogar unbezahlt und viel zu viel obendrein. Und dazu natürlich Arbeit, die weniger im eigenen Interesse liegt bzw. der eigenen unmittelbaren Versorgung dient, sondern die im Interesse jener Person liegt, die mich der Faulheit beschuldigt. Dieser Vorwurf sei vor allem eines: ein Konstrukt zur emotionalen Erpressung und Manipulation. Wenn einem Defizite vorgeworfen werden, dann, weil derjenige, der den Vorwurf ausspricht, ein bestimmtes Verhalten von einem wünscht. Faulheit ist somit auch eine Form der Freiheit und der Selbstbehauptung, weit weg von Selbstoptimierung und Wachstumsglauben. Sie stellt das Leistungsdenken konsequent infrage.

Der Romantiker Friedrich Schlegel beschrieb den Müßiggang in seinem 1799 erschienenen Roman *Lucinde* als »einziges Fragment von Gottähnlichkeit, das uns noch aus dem Paradies blieb«[18]. Doch Faulheit, Untätigkeit und Nichtstun sind seit je gebrandmarkt als Abkömmlinge der Todsünde Trägheit und ließen sich folglich leicht in Dienst nehmen für autoritäre Unterwerfung. Katholizismus und Kapitalismus gehen in dieser Hinsicht Hand in Hand und warfen uns aus dem Paradies. Wir werden dazu angehalten, Produktivität zur Sinnfrage zu machen.

Auch heute verbinden wir die Arbeitstätigkeit mit der Sinnfrage und sind so süchtig nach Bewertung, dass wir nicht hinterfragen, warum Arbeitgeber:innen überhaupt Einfluss darauf haben sollten, wann ich morgens aufstehen muss, wie viel Zeit mir zum Reisen und Entspannen bleibt, wie ich mein Familienleben organisieren kann, wie viel Geld ich habe, um mir Dinge zu kaufen, die ich brauche oder nicht brauche. Dies ist der unheilvolle Kreislauf, in dem vermeintlich alles Lebendige, alles Sinnhafte schwingt: Konsum und Arbeit. Doch in diesem Kreislauf liegt einem nichts mehr an der Welt, es ist die reine Verlassenheit. In der Konsumwelt wird Information allein zu Werbung, Image und Propaganda. So haben auch die Bildung und das Nachdenken an sich oftmals keinen Wert mehr, wenn sie nicht zu Geld gemacht werden können. Die soziale Isolation von Arbeitslosen ist vor allem deshalb ein Thema, weil der Wert von Menschen in ihrer Produktivität durch Lohnarbeit bemessen wird. Dass der arbeitslose Mensch kein richtiger Teilnehmer der Gesellschaft ist, funktioniert als Paradigma auf einer symbolischen und reellen Ebene: Ersteres, weil sein Wert dadurch bemessen wird, und zweitens, weil er ohne Geld in einer an Konsum orientierten Öffentlichkeit keinen Zugang mehr zu ebendieser findet. Deshalb wird Arbeit oft zum Refugio der Menschen, die sich einsam fühlen, statt z. B. eine Tätigkeit, in der man sich sozial engagiert.

Ein kapitalismuskritischer Argumentationsstrang der Philosophiegeschichte, der von Marx über Durkheim, Rosa Luxemburg, Adorno und Horkheimer bis zu heutigen Stimmen der Kritischen Theorie reicht, legt nahe, dass wir unter dem Leistungs- und Verwertungsimperativ der Ökonomie in ein entfremdetes und letztlich einsames Verhältnis zu den Dingen und Menschen geraten, die uns umgeben und mit denen wir arbeiten. In neoliberalen Zeiten, in denen jeder sein eigenes Unternehmen sein soll, spitzt sich die Lage nochmals zu: »Die Selbstausbeutung ist viel effizienter als die Fremdausbeutung, weil sie mit dem Gefühl der Freiheit einhergeht.«[19] Schließlich glaubt man, man beute sich *für sich selbst* aus, nicht für den König, den Fürsten oder den Chef. Man braucht keine Polizei mehr, die wie vor hundert Jahren Gewerkschaftler:innen zusammenprügelt, wenn Menschen das Gefühl haben, sie würden sich selbst verwirklichen und Anerkennung bekommen, auch wenn sie zwölf Stunden am Tag in prekären Verhältnissen arbeiten.

In unserer unumstößlichen Fixierung darauf, dass Arbeit gut sei und Faulheit schlecht, wird die Forderung nach besseren Arbeitsbedingungen bei den meisten europäischen Regierungen in der Regel darauf reduziert, bessere Löhne zu zahlen, anstatt eine Verkürzung der Arbeitszeit, weniger Belastung durch mehr Personal, mehr Freizeit, Kinderbetreuung oder Teilzeitmöglichkeiten zu gewähren, also: weniger Arbeit anzubieten. So wurde Pfleger:innen in der Coronakrise höchstens bessere Löhne versprochen, um ihre schlechten Arbeitsbedingungen zu kompensieren, obwohl in fast jedem Interview der Betroffenen zu hören war, sie bräuchten Entlastung in Arbeitszeit und Arbeitsaufwand durch mehr Kolleg:innen. Denn gerade in der Pflege wird Selbstaufopferung weiterhin selbstverständlich in Anspruch genommen. Respekt (wie das Balkonklatschen in der ersten Coronawelle) hilft den Betroffenen nicht, ihre Mieten zu zahlen und mehr Freizeit zu haben. Rein demonstrativer Respekt kostet nichts und ist ein billiger Kitt für unsere Werte, die wir nach außen darstellen wollen. Zumal es quer durch alle politischen Parteien schon lange jene ideologische Indienstnahme der »kleinen Leute« gibt, die als rhetorische Verschiebemasse immer dann reklamiert wird, wenn man sie für das eigene Anliegen braucht.[20] Diese Verschiebemasse sind neben Menschen, die in der Pflege arbeiten, auch Mütter, denn die Coronakrise zeigte zugleich, dass wir es ebenso selbstverständlich in Anspruch nehmen, auf Frauen als soziales Sicherheitsnetz zurückgreifen zu können, wenn Schulen und Kindergärten schließen. Viele Frauen mussten feststellen, dass sie auf einmal allein mit dieser Mehrbelastung waren und auch die Arbeitsteilung mit ihren männlichen Partnern nicht funktionierte.[21]

Man muss sich dabei immer wieder vor Augen halten, dass die Idee der 40-Stunden-Woche überhaupt nur möglich war, weil sie an das Konzept der Kleinfamilie gekoppelt war, in dem die Ehefrau sich unbezahlt zu Hause um alle Bedürfnisse des Mannes und der Kinder kümmern soll. Sie bewerkstelligt die Arbeit des Alltagslebens, die ein Angestellter mit 40 Arbeitsstunden nicht allein ohne die unbezahlte »Assistenz« der Ehefrau bewältigen kann. Der Journalist Jakob Simmank stellt in seinem Buch *Einsamkeit* die Frage, was wir gewinnen könnten, wenn wir keine 40-Stunden-Woche hätten, sondern 32 oder gar weniger Stunden pro Woche arbeiten würden. Man käme aus der Klemme heraus, seine Lebenszeit vorrangig als Arbeitszeit zu denken, zu empfinden und zu managen. Es würde viele Kräfte freisetzen, weil Menschen schlichtweg mehr

Zeit für sich selbst hätten. Deshalb sind auch die Ideen um ein bedingungsloses Grundeinkommen zu begrüßen. Wir sollten das Vertrauen haben, dass jeder Mensch je nach seinem Talent etwas zu der Gemeinschaft beitragen kann. Man muss ihm aber die Ruhe und den Raum lassen, dieses Talent finden und entfalten zu können. Der Wert, der dadurch geschaffen wird, ist kein berechenbares Profitziel, er ist viel mehr. Er ist das, was uns als Gesellschaft ausmacht, um unsere Vielfältigkeit leben zu können.

Muße und Faulheit – Paradies oder Hölle

In einem chinesischen Sprichwort heißt es: Einen Tag ungestört in Muße zu verleben bedeutet, einen Tag lang ein Unsterblicher zu sein. Mein Onkel hatte einen ganz anderen Spruch auf den Lippen: »Man darf dem lieben Gott keinen Tag stehlen.« Eine Floskel, die das christliche Arbeitsethos in ein Verbot umdeutet und Faulheit damit noch stärker stigmatisiert. Es ist die Logik der Erbsünde: Wir sind faul, schuldig, unnütz und sinnlos; nur weitestgehend freudlose Selbstüberwindung kann wirklich Werte schaffen. Mit Martin Luther, Erasmus von Rotterdam und der Reformation war selbst die Muße der Kleriker als Faulheit gebrandmarkt. Bis ins 15. und 16. Jahrhundert machte es den guten Christen aus, im Gebet in sich zurückgezogen zu sein wie ein Mönch. Martin Luther war es dann, der diesen zurückgezogenen Lebensstil als parasitär bezeichnete und eine Sicht förderte, der gemäß man sich seinen Fahrschein ins Paradies mit Tüchtigkeit erarbeiten musste. Er kreierte das Bild von einem Menschen, der vor der Erbsünde im Paradies arbeitsam war, statt sich lustvollen Schlaraffenland-Fantasien hinzugeben. Man könne nicht einfach so darauf hoffen, mit dem Himmel belohnt zu werden, nur weil man das irdische Leiden durchgestanden habe, sondern erst nach einem tüchtigen und tugendhaften Leben würde das Paradies winken. So wurde aus dem Nichtstuer nicht nur einfach jemand, der eine eigene Entscheidung für Nachlässigkeit oder mangelnde Sorgfalt für sich trifft, sondern aus ihm wurde ein Parasit der Gesellschaft, ein schlechter Christ, dem die Hölle drohte. Menschen, die sich in Opposition zur Arbeit befanden, waren somit auch oppositionell zu Gottes Regeln und zugleich zu den Regeln der bürgerlichen Gesellschaft. Diese Einstellung rechtfertigte auch den Terror, den die europäischen Imperialisten in den Kolonien auf die dortige Bevölkerung ausübten, die Disziplinierung in Straflagern und Erziehungsanstalten, die Vereinnahmung aller Lebensbereiche durch die Arbeit: alles durchtränkt von der Idealisierung der Produktivität und des Fleißes. Paradoxerweise diente der rassistische Blick auf die Kolonien, vor allem auf den Orient, zwei gegenläufigen Idealen: nicht nur als Abwertung von Menschen, die man als »Wilde« bezeichnete und die man mit Gewalt zivilisieren muss und deshalb auch zu erzieherischen Zwecken zur Arbeit zwingen und ausbeuten darf, sondern auch als Ausweg aus der durchdisziplinierten Arbeitsamkeit in Europa, als Sehnsuchtsort, an dem man einen vorzivilisatorischen Zustand romantisieren konnte, wo Menschen eine paradiesische Muße, also doch ein vor-erbsündliches Schlaraffenland, genießen konnten.

Mit dem christlichen Leitsatz, dass man irdisches Leiden akzeptieren und auf Erden fleißig und folgsam sein soll, um in den Himmel zu kommen, haben Feudalherren, Könige und Bischöfe ihre Untertanen zum reibungslosen Funktionieren drängen können. Hier zeigt sich auch, wie unser neoliberales Leistungsdenken vom Katholizismus geprägt ist: Wir lernen früh, unsere Ziele, die uns glücklich machen sollen, so sehr in die Zukunft zu projizieren, dass wir uns eine zufriedene Gegenwart kaum vorstellen können. Der selbstvergessene Genuss im Hier und Jetzt ist sündig, alles muss zweckmäßig auf den planbaren Erfolg ausgerichtet sein. Vielleicht, weil wir keinen gesunden Umgang mit Lust und Sinnlichkeit erlernt haben, der unseren Bedürfnissen entspricht, brechen sich diese dann in Religionen in extremen körperlichen Praktiken und im Kapitalismus mit Suchtmitteln Bahn. Dabei kommen wir dem, was man sich als das Göttliche vorstellen kann, am nächsten, wenn wir bewusst mit unserem irdischen Körper so viel Lust wie möglich erleben und die Antennen der Körpersinne so weit wie möglich ausfahren. Seiner Lust zu folgen, bedeutet, der Klugheit der körperlichen Bedürfnisse und der Erfahrung der Umwelt durch die Sinne zu vertrauen, also viel mehr als nur Sexualität. Doch wahrscheinlich liegt die Krux gerade darin, dass wir Lust vor allem in der Sexualität verortet haben und sie deshalb bewusst oder unbewusst als etwas zu sehen gelernt haben, das wir disziplinieren, verstecken oder beherrschen müssen.

Aber nicht alle Religionen dienen der körperfeindlichen Unterjochung. Religiöse Praktiken wie im Tantra, was im Übrigen keineswegs nur eine sexuelle Praktik ist, geben eine Anleitung, wie man seine körperliche Sinnlichkeit nutzt, um dem Göttlichen nahe zu kommen, statt den Körper als Feind der Transzendenz zu züchtigen. Auch der griechische Philosoph Epikur verband schon um 300 v. Chr. Weisheit und Hedonismus, solange wir die Objekte unseres Begehrens gut dosieren und somit eine Art glücklich genussvolle Genügsamkeit erlangen. Ruhm, Macht und Geld stellen sich so gerade nicht als erstrebenswerter Genuss und Weg zur Zufriedenheit dar, sondern als Begehren, das dem Glück im Weg stehe, denn in der Logik dieser Ziele liege es, dass man nie das Gefühl erreichen kann, davon genug zu haben, was wiederum suchtfördernd wirkt. Glückseligkeit liege also darin, alles, was einem im Hier und Jetzt tatsächlich widerfährt, in vollen Zügen und mit allen Sinnen zu genießen. Wahrscheinlich war Epikurs Schule auch deshalb in einem Garten.

Heute glauben wir, den angestaubten Katholizismus weitgehend aus unserem Wertesystem verdrängt zu haben. Doch zeigen wir das gleiche Schuldbewusstsein, das seinerzeit Gott gegenüber bestand, nicht heute unserem Arbeitgeber gegenüber oder – weniger konkret – dem Wert, den wir der Arbeitsamkeit verliehen haben? Wir müssen etwas leisten, bevor wir uns Freizeit, Müßiggang und Zeit für uns selbst – das Paradies – gönnen dürfen.

Dementsprechend gönnte sich Immanuel Kant 1798 nur mit Ach und Krach den Feierabend: »Der größte Sinnesgenuß, der gar keine Beimischung von Ekel bei sich führt, ist, im gesunden Zustande, Ruhe nach der Arbeit.«[22] Auch der Schweizer Schriftsteller und Philosoph Jean-Jacques Rousseau schrieb Mitte des 18. Jahrhunderts: »Müßiggang verdirbt den Charakter.« Gerade in der Einsamkeit, wenn keiner ein disziplinierendes Auge auf einen hat, bilde sich laut Rousseau ein Hang zu übermäßigen Leidenschaften, dazu gehörten Schwermut, soziale Isolation, sinnloses Grübeln, Misanthropie und Melancholie. Zum Verfall der Sitten komme es, wenn die Menschen einen Lebensstil entfalteten, der über Arbeit, Familie und Bürgerpflicht hinausdrängt. Darin läge sein Verderbnis.[23]

Dabei hat Müßiggang überhaupt nichts mit Unproduktivität zu tun, sondern steht für die Freiheit zu tun, was man will. »Muße? Das ist das Gegenteil von Nichtstun. Es ist gesteigerte Empfänglichkeit, ein Tun, das nicht aus dem Zwang der Not kommt, nicht aus der Gier nach Gewinn, nicht aus dem Gebot oder der Pflicht, sondern allein aus der Liebe und der Freiheit. Es ist die anspruchsvollste aller Beschäftigungen, weil sie aus dem Kern unseres Wesens hervorgeht und aus der Freude am Schaffen selbst getan wird. Es ist vor allem die unverwelkliche Fähigkeit zum Staunen und zum Ergriffensein«, sagte der 1836 geborene königliche Leibarzt und Vordenker der Naturheilkunde Christoph Wilhelm Hufeland.[24]

Beschäftigung tut Menschen gut, aber wir haben jede Idee von Beschäftigtsein mit Lohnarbeit und dem daraus resultierenden sozialen Status verknüpft. Selbst die Tätigkeiten, die wir in der Freizeit tun, sollen als Selbstoptimierung dem Wert der Lohnarbeit zugeführt werden. Dies hat aber einen weiteren tragischen Effekt: Wir misstrauen unseren Bedürfnissen und verstehen nicht, wie klug unsere Lust ist. Das Arbeitsethos hat unser Belohnungssystem korrumpiert. Wir orientieren uns an der möglichen Belohnung und Anerkennung durch sozialen Status und Geld statt an unserer Lust. Unsere Idee von Arbeitsethos besagt, dass Arbeit nur dann wirklich edel ist, wenn sie mühsam ist, mit Pflichterfüllung und Überwindung zu tun hat. Das ist mit lustvoller Betätigung schwer zu vereinbaren, sodass wir mehr auf Konkurrenz, Druck und Wettbewerb als Motor für unser Handeln bauen, als darauf zu vertrauen, dass die Lust für uns sinnvolle Wege und Tätigkeiten findet. Diese kollektive Grundeinstellung stützt die Ambivalenz des Alleinseins in der Leistungsgesellschaft: Einerseits lässt sie uns nicht allein sein, und zugleich entfremdet die Fixierung auf Wettbewerb uns nicht nur von anderen, sondern auch von uns selbst und unseren Bedürfnissen. Wir empfinden unsere Bedürfnisse als lästig, egal welche vorausschauenden und gesunden Weisheiten sie uns einzuflößen versuchen. Sogar der erholsame Schlaf steht unter dem Verdacht der schnöden Faulheit. Ein Chirurg erzählte mir, er habe sich gerade einen bequemen Sessel für sein Büro gekauft, auf dem er auch mal bei geschlossener Tür eine halbe Stunde schlafen könnte. »Schlaf ist verpönt in der Klinik, selbst wenn es meiner Konzentration vor einer stundenlangen OP guttun würde.«

All das stützt die These, die Leistungsgesellschaft würde uns überfordern. Das stimmt. Wir sind aber gleichzeitig auch unterfordert in unserer verspielten lustvollen Sinnlichkeit. In der Schule müssen Sechsjährige lernen, stundenlang still zu sitzen, damit sie dies auch später am Schreibtisch schaffen, wir drillen unsere Körper vor dem Spiegel, den Schlaf müssen wir nach der Stempeluhr des Arbeitgebers ausrichten. Unsere Körper sind zu Tode gelangweilt, sie werden traurig, ängstlich und resigniert, weil sie Tag und Nacht diszipliniert und gleichzeitig in ihrer Sinnlichkeit unterfordert bleiben. Körper wollen mit der Umwelt interagieren, ihre Sinnesantennen ausfahren, auch mal ziellos herumtollen und entdecken. Als Erwachsene oder Erwachsener wagt man vielleicht in einem Gaga-, Butoh- oder Movement-Meditation-Kurs intuitive Bewegung, aber nur unter Anleitung, denn selbst trauen wir uns das nicht zu.

Wenn man allein ist, fällt es leichter, zu Bedingungen des eigenen Körpers lustvoll zu sein. Der Körper, der durch Kontakt und Bewegung lernt, durch Intensität, durch das Austesten von Grenzen, durch Experiment und Spiel, all seine Sinne dafür einzusetzen und auszubauen, soll mit sechs Jahren in der Schule plötzlich still sitzen. Seine Sinnlichkeit wird weggedrückt durch Angst vor Bestrafung und Benotung. Ich kann mir kaum etwas Unnatürlicheres und Kontraproduktiveres für Kinder vorstellen.[25] Vielleicht lernen wir schon dort, systematisch unseren körperlichen Bedürfnissen zu misstrauen und diese zu unterdrücken. Zurück zum Körper finden wir dann wieder in der Leistung: Schönheit, Jugend, Wettkampf, Muskelmasse, Dünnsein, Wachsein und Nichtkranksein. Wir verlernen, ihn zu spüren und seine Bedürfnisse zu verstehen und zu respektieren. Und darum verlernen wir auch, ihn so zu lieben, wie er ist.

Am Schreibtisch lernen wir auch, dass uns ein elementares Bedürfnis wie Bewegung, die außerhalb von akzeptierten (Wettbewerbs-)Sportarten geschieht, peinlich ist. Denn auch die Freizeit steht unter Produktivitätszwang: Die meisten Sportarten drehen sich um Wettbewerb, Konkurrenz und Leistungsdenken, müssen nun getrackt und aufgezeichnet werden (»Sie haben Ihr heutiges Schrittziel erreicht!«). Meine Freundin Christine, mit der ich oft tauchen gehe, erzählte mir, sie habe als Jugendliche viele Vereine ausprobiert, Tischtennis, Kunstturnen, Schützenverein, und bei allen aufgehört, als man anfing, sie zu Wettbewerben zu schicken. Aber ohne den Wettbewerb zu akzeptieren, gab es auch keine Gemeinschaft im Verein.

Die ganze Freizeitgestaltung scheint sich am Erfolgsdenken zu orientieren. Sogar im Urlaub müssen wir unsere Eroberungen posten und als Wellness-Anhänger performen, dass wir die Work-Life-Balance erfolgreich im Griff haben. Denn wir sollen als Leistungsträger:innen unsere Identität suchen. Zwischen Selbstentfaltung und Selbstoptimierung gibt es keine klare Grenze mehr. Jede Zeitlücke wird eine Marktlücke. Wir haben unser Selbstwertgefühl an den Werten der Leistung und Lohnarbeit ausgerichtet, als wäre dies ein Naturgesetz. So sei »Faulheit auch Pazifismus gegen sich selbst«, sagt der Journalist Michael Magercord in seinem Feature *Faulheit – Todsünde oder Tugend* im Deutschlandfunk.[26]

Faulheit scheint nun höchstens noch als Kür eines arbeitsamen Tages legitim zu sein, die man sich gönnen darf, wenn man, aufrichtig erschöpft von der Arbeit, nur noch fernsehen kann und dabei Alkohol und Chips konsumiert. Betäubung ist aber nicht die Muse der Kreativität und der Lust. Wir fördern Sucht statt Sinnlichkeit. So irritiert es viele Menschen, wenn jemand versucht, sich dem Wettbewerb ums vordefinierte Glück und Erfolg zu entziehen, wenn man gar die Muße als Lebenseinstellung zelebriert: Man ist dann Aussteigerin, Slacker, Verliererin und redet sich seine Untätigkeit als Freiheit schön. In einer Welt, in der wir beigebracht bekommen haben, dass unsere Existenz und Identität von der Karriere abhängen, wirkt es beunruhigend, dass manche es wagen auszusteigen.

Allerdings zeigt die Empirie, dass Erfolgsstreben blind macht für die eigenen Bedürfnisse. Wir akzeptieren Arbeits-, Liebes- und Lebensbedingungen, die uns unglücklich machen, weil sie uns Anerkennung und Prestige verheißen. Soziale und politische Narrative über Erfolg in der Liebe und Familie, im Job und beim Einkommen können unser Leben in gewisser Weise einfacher machen, weil sie Orientierung geben, sie machen es aber nicht besser.[27] Vor allem sind sie nur Schablonen, die mit unseren individuellen Bedürfnissen oft wenig zu tun haben, sondern uns fest in das Getriebe der Gesellschaft einschrauben. Sie locken mit Anerkennung, wenn wir ihren Normen gemäß erfolgreich sind, aber eben auch mit Häme und Ausschluss, wenn uns das nicht gelingt. Der britische Verhaltensforscher Paul Dolan entzauberte in seinem Buch *Happy Ever After: Escaping The Myth of the Perfect Life*[28] so manchen Mythos über Erfolg. Erfolg mache nicht zufrieden, er sei hinterhältig, weil man das Ziel eigentlich nie erreichen kann. Irgendjemand ist immer besser oder hat mehr, von außen betrachtet jedenfalls. Wir sind angeblich nicht genug, eben nicht komplett, wenn wir auf die Welt kommen. Wir brauchen einen Plan, einen Karriere- und Familienplan, um jemand zu werden. Viele dieser Pläne hängen wie Blei um unseren Hals, weil sie eigentlich nicht die eigenen sind. Und sie täuschen uns vor, dass alles planbar sein müsste, statt die Unvorhersehbarkeit, das Ungewisse und Unübersichtliche zu schätzen. Eine Studie der University of Bath und der York St. John University stellte 2021 fest, dass der Druck zum Perfektionismus bei jungen Menschen zwischen 18 und 25 zugenommen hat, was zu Depressionen, Zwangsneurosen und Angstzuständen führen kann.[29] Den Betroffenen ist demnach nicht bewusst, dass man den hohen Ansprüchen an sich selbst nicht gerecht werden kann. Und es ist ein Teufelskreis, denn Menschen, die selbst Angst vor ihrer Minderwertigkeit haben, haben das Bedürfnis, auch andere als minderwertig zu beschreiben. Da alle Erfolgsmaßstäbe rein symbolisch und austauschbar sind und keine absoluten Faktoren darstellen, können wir ihre Erfüllung am leichtesten feststellen, indem wir diese immer im Verhältnis zu anderen betrachten. Es sind individuelle Strategien zur Profitmaximierung des eigenen Wertes, der auch in den sozialen Medien permanent demonstriert werden muss.[30] Schlimmer noch: Wir brauchen das Scheitern der anderen, um unseren Erfolg zu spüren. So entzweit es im Neid, statt Kräfte zu einen. So wird unser eigenes Bild vom Menschen immer schiefer. Gerechtfertigt durch den Gedanken, dass der Mensch an sich faul und unproduktiv ist – und dies nur dann ablegt, wenn er die entsprechenden wirtschaftlich-finanziellen Anreize respektive ordentlich Druck bekommt. Es gibt mittlerweile etliche Forschungsarbeiten darüber, dass Leute weder per se untätig noch furchtbar egoistisch sind – und es im Zweifel eher schadet, ihnen Druck zu machen, weil die Leistung nachlässt und sich Fehler häufen, wenn Menschen aus Not handeln, sowie dass Menschen unter Marktbedingungen eher unmenschlich reagieren. Sich mit weniger zufriedengeben, wird mit Faulheit oder mangelnder Ambition gleichgesetzt. Es ist nie genug, sie sind sich nie genug. Menschen lassen von Berufen, die sie unglücklich machen, nicht ab, weil sie Angst vor Prestigeverlust haben. Das durchgetaktete Erfolgsstreben hindert einen daran, Zeit für sich zu haben, zu sich zu kommen und eigene Bedürfnisse und Werte zu finden. Fatalerweise behindern sich Menschen also darin, ihrer Lust nachzugehen, wenn sie nicht im konventionellen Sinn erfolgversprechend ist.

An ihrem vierzigsten Geburtstag sagte eine Bekannte mit Bedauern, dass sich mit dem Alter so viele Türen schließen. Ich fragte sie: »Welche denn? Was kannst du nicht mehr machen, nur weil du älter wirst?« Sie überlegte und sagte: »Na, ich kann keine Ballerina mehr werden. Weil mich kein Theater mehr engagieren würde.« Es schien ihr selbstverständlich, ihre Wünsche mit einer Karriereoption abzugleichen. Ihrer Lust nachzugehen, ohne die Aussicht, daraus einen erfolgsorientierten Beruf zu machen, erschien ihr peinlich. Dabei ist es umso wichtiger, sich die Frage zu stellen, was man gerne tun würde, würde man nicht im Schraubstock bestimmter Vorstellungen von Zeit, Alter und Geld stecken. Würde man dann nicht komplett anders mit dem Leben umgehen? Selbsthilfe-Ratgeber spornen einen an, ungebremst im Hamsterrad mitzulaufen, das nur von innen betrachtet wie eine Karriereleiter aussieht, sie zeigen nicht, wie man daraus ausbricht. Das geht so weit, dass viele Menschen gar nicht wissen, wie sie sich beschäftigen sollen, wenn die Beschäftigung nicht an die Struktur der Lohnarbeit gekoppelt ist, als könnten sie ihre Bedürfnisse gar nicht mehr wahrnehmen, wenn diese nicht an Ökonomie geknüpft sind, die ihnen Anerkennung von außen verspricht.

Man hat das Leben verstanden, wenn man ein zufriedenes Leben höher schätzt als ein erfolgreiches. Denn ein erfolgreiches Leben wird an den Maßstäben anderer bemessen, während ein zufriedenes nur von einem selbst bemessen wird, so zumindest die Überzeugung des jetzigen Dalai-Lama. Auf der Suche nach Bestätigung entfremdet man sich immer weiter von sich selbst. Es braucht innere Stabilität, um Ziellosigkeit und Nichtzugehörigkeit als Potenzial sehen zu können. Das hat das Alleinsein mit der Faulheit gemeinsam. Es ist das Nichts, das man selbst füllen kann. Muße und Einsamkeit bedeuten Möglichkeit.

Frauen allein (sein) lassen – Neue Stimmen werden erst hörbar, wenn sie ihr eigenes Zimmer bekommen

Nach dem Zusammenbruch der Sowjetunion zementiert der Politikwissenschaftler Francis Fukuyama in einem Artikel den Ausdruck vom »Ende der Geschichte«, der besagt, dass das Antriebsmoment der Geschichte nun wegfalle, da sich das liberaldemokratische Modell durchgesetzt habe; ein Statement, das die globalen Probleme, hervorgerufen durch Klimakrise, antidemokratische Bewegungen und mangelnde Umverteilung von Wohlstand, ignorierte. Den Gegenpol dieser Anschauung brachte angesichts zunehmender apokalyptischer Perspektiven einer Wachstumsgesellschaft, die keinen Ausweg aus ihren Dynamiken der Ausbeutung sieht, als in die eigene Ausrottung hineinzuwachsen, der US-amerikanische Kulturtheoretiker Fredric Jameson auf den Punkt. Er sagte, den Menschen erscheine es offenbar leichter, sich das Ende der Welt vorzustellen als das Ende des Kapitalismus.[31] Beide Ansichten waren von einer Krise der Vorstellungskraft geprägt, wie es um uns steht und wie es mit uns als Menschheit weitergehen kann und muss. Eine Krise der Vorstellungskraft, die auch entstand, weil weiße westlich geprägte Männer sich fast ausschließlich an dem Denken weißer westlich geprägter Männer orientierten, um unsere Welt zu gestalten, und andere Stimmen unsichtbar gemacht wurden. Diese Krise braucht dringend neue Perspektiven und neue Selbstverständlichkeiten, die sich mit den bisher verdrängten Erfahrungswelten und dem Wissen von marginalisierten Gruppen wie Frauen, indigenen Bevölkerungen oder non-binären Menschen nun endlich Bahn brechen.

Eine, die die Schlagkraft dieser neuen Perspektiven beschrieb, ist die französische Autorin Hélène Cixous. Auch wenn ihr Fokus auf dem Kampf um Teilhabe und Sichtbarkeit von Frauen lag, kann man ihre Erkenntnisse leicht auf andere marginalisierte Gruppen übertragen: Es seien komische Gebäude, die wir mit unseren Lügen erbaut hätten, schreibt sie in ihrem Buch *Le Rire de Medusa* [Das Lachen der Medusa] von 1975. Frauen seien in einer von männlicher Erfahrung geprägten Sprache gefangen, die es ihnen verunmögliche, ihre Erfahrungswelt auszudrücken, sie zur Selbstverachtung treibe und zur Entsolidarisierung untereinander. Wir sollten lernen zu schreiben, wie es uns unsere Träume lehren: scham- und angstlos. Wir müssten aufhören, den männlichen Sirenen zu lauschen, um die Bedeutung der Geschichte zu ändern. Bisher hätten sich Männer andere Menschen in ihren Schriften zurechtgeschrieben und damit festgelegt, wie sie in ihrer Welt funktionieren sollten. Diese fingierte Welt sei eine Welt, die Männern diente. Die tatsächlichen Erfahrungen und Perspektiven von anderen, die außerhalb dieser Welt standen, wären jahrhundertelang ignoriert und abgewertet worden und hätten diese Welt somit wenig mitgestalten können.[32]

Wie wirkmächtig dieser blinde Fleck war, habe ich auch in der Recherche zu diesem Buch erfahren: Nietzsche, Meister Eckhart, Sartre, Heidegger, Thoreau, Schopenhauer, Hesse, Bacon ... In den meisten Beiträgen, die ich zum Thema Alleinsein fand, zitieren weiße männliche Autoren andere weiße männliche Autoren und bauen weiterhin an einem Literaturkanon, der andere Stimmen unhörbar oder vergessen macht (Kennen Sie den Namen von Albert Einsteins Ehefrau, die maßgeblich an der Entwicklung der Relativitätstheorie mitwirkte? Kennen Sie den Namen der Journalistin, die William S. Burroughs bei einem Wilhelm-Tell-Spiel erschoss?). Und selbst wenn ihre Werke bekannt sind, weiß von der signifikanten Mitwirkung anderer (Frauen) häufig niemand etwas. Die feministische Literaturwissenschaft hat mittlerweile viele Male offengelegt, dass die Frauen, die man erst als »Musen« kleinredete, tatsächlich wichtige Kritikerinnen, Lektorinnen oder gar Co-Autorinnen ihrer berühmten Ehemänner oder Geliebten waren.[33] Vergessen sind auch all die Schriftstellerinnen, die aufhörten zu schreiben, weil sie die Kinder, die sie mit ihren kreativen Ehegatten bekamen, allein aufziehen mussten. Es ist kein Wunder, dass ein Großteil der wenigen bekannten Autorinnen kinderlos und unverheiratet war. Nur so konnten sie den Raum finden, ihrer Kreativität nachzugehen, und hartnäckig Werke publizieren, die ihren Namen im kulturellen Gedächtnis hielten. Eingang in den Kanon fanden sie deswegen noch lange nicht. Sie kennen sicherlich Charles Lindbergh, bekannt für seine Alleinüberquerung des Atlantiks mit dem Flugzeug, doch kennen Sie den Namen der Frau, die als Erste mit einem Auto um die Welt fuhr? Clärenore Stinnes umrundete mit einem Adler Standard 6 1927 bis 1929 die Welt. Wenn noch nicht einmal die spektakulärsten Dinge, die Frauen taten, in unserem kollektiven Gedächtnis einen Platz bekommen haben, kann man sich vorstellen, wie viele Werke, Forschungen, Abenteuer, Gedanken, Erkenntnisse von Frauen in eine von Männern geschriebene Geschichte nicht eingegangen sind, die die Wahrnehmung unserer eigenen Geschichte und Handlungsoptionen aber massiv ändern würden. Ich fühle mich betrogen um die Vielzahl an weiblichen Vorbildern, und es ist diese Wahrnehmung einer größeren, komplexeren und reicheren Welt, die ich ersehne. So wurde noch nicht mal eines der nächstliegenden Werke von den männlichen Autoren, die ich zum Thema Alleinsein las, hinzugezogen: Virginia Woolfs *Ein Zimmer für sich allein.* Die schmerzhafte Ironie liegt darin, dass gerade dieses Ignorieren Thema des Textes ist, doch die Kritik, die der Text formuliert, kommt bei vielen Männern nicht an (weil sie keine Werke von Autorinnen lesen?). Virginia Woolf beschreibt, was es einen kostet, Neuland zu betreten, wenn man keine Vorbilder hat und in seinem Schaffen permanent entmutigt wird; wie anstrengend es ist, sich gegen das zu ihrer Zeit um 1900 vorherrschende Frauenbild emanzipieren und neu erfinden zu müssen, noch dazu gegen die Definitionsmacht anderer (Männer). Woolf schreibt, die Schwierigkeit für Schriftstellerinnen bestünde darin, dass sie sich nicht auf ihre Schreibkunst konzentrieren konnten, weil ihnen immer schon die Abwertung der Literatur von Frauen im Nacken säße. Selbst wenn ihre Perspektiven durch eine Publikation sichtbar wurden, würden sie entwertet. Sie hätten Schwierigkeiten, ihre eigene Stimme zu finden, weil sie entweder versuchten, sich zu sehr an einen männlichen Stil anzupassen, um überhaupt publiziert zu werden, oder in einer Art feministischer Übererfüllung nur damit beschäftigt wären, sich gegen die Klischees zu wehren, beispielsweise in der Ablehnung von Eigenschaften, die als weiblich romantisiert wurden. Über frühere Autorinnen schrieb Woolf voller Anerkennung: »Welch ein Genie, welch eine Redlichkeit muss angesichts all der Kritik, inmitten dieser rein patriarchalischen Gesellschaft erforderlich gewesen sein, um an der Sache, wie sie sie sahen, unbeirrbar festzuhalten.«[34]

Woolf weist darauf hin, dass die Bilder über Frauen, mit denen wir aufwachsen, so problematisch sind, da Männer Frauen vor allem dann (be)schreiben bzw. in ihre Texte einschreiben, wenn eine männliche Hauptfigur ein sexuelles Interesse an ihnen habe, bzw. im Umkehrschluss Frauen dann eine (negative) Rolle hätten, wenn sie der männlichen Begierde nicht entsprechen (oder Folge leisten). Die Komplexität der Lebensrealität von Frauen unabhängig von ihren Beziehungen zu Männern würde somit nicht abgebildet und dokumentiert werden. Während Männer in der Literatur allen möglichen Beschäftigungen nachgehen und komplexe Charaktere sind, tritt eine Frau nur dann auf den Plan, wenn es um »Liebe« geht. Während Männer in Geschichten untereinander Beziehungen haben, ihren Interessen nachgehen, forschen und kreieren, sucht die weibliche Figur in Romanen oft nur ihre Beziehung zu einem Mann, ihr Interesse an Kunst und Wissenschaft oder ihre Beziehungen zu anderen Frauen bleiben unbeschrieben. So erscheint es, als ob die Welt der Frauen sich nur um Männer drehe. Woolf betrauert in *Ein Zimmer für sich allein* all diese Leben, von denen wir nichts erfahren, wenn sie durch die Straßen Londons geht und verschiedene Frauen betrachtet, deren Leben von männlichen Autoren als insignifikant betrachtet wurden. Fatalerweise wirkt dies auch als beschränktes Vorbild auf Autorinnen, die einen Markt suchen. Die Suche nach Anerkennung durch einen Mann, der einen begehrt, durchzieht als Motiv auch das, was unter dem Label »Frauenliteratur« vermarktet wird.

Durch den Mangel an Frauenstimmen entsteht ein einseitiges Abbild unserer Welt. Es geht nicht um einen essenziellen, der weiblichen Biologie inhärenten Blick, sondern um die Erfahrungswelt, die sich praktisch aus der Lebensrealität derjenigen speist, die die Frauenrolle erfüllen müssen, denn Gesetze und Normen formen und beschränken ihren Habitus, ihre Ausdrucksweisen und ihr Fühlen und Denken. Auch wie Frauen ihren Körper empfinden, ist vom Patriarchat vorgegeben, da Frauen lernen, sich vornehmlich als Objekt der Begierde von Männern sehen zu sollen. Deshalb betont Cixous, wie wichtig es sei, dass Frauen schamlos ihre Körper als Quelle der Inspiration und Stärke nutzten. Dass sie ihre Körper nicht zensieren, sondern ihnen Gehör verschaffen sollten. Auch sie schwor auf die Kraft des Alleinseins, da es Frauen die Andersartigkeit erlaube, um dies zu erlangen.[35]

Seit der Frauenbewegung hat sich zwar einiges getan, trotzdem halten sich diese Seh- und Lesegewohnheiten in Filmen und in der Literatur hartnäckig: Frauenfiguren sind allzu oft immer noch durch die Liebesbeziehung markiert, unabhängig davon ist das individuelle Leben und Erleben von Frauen wenig sichtbar. In den 1980er-Jahren hat die Comic-Künstlerin Alison Bechdel dieses Missverhältnis mittels eines Comics karikiert: In der damaligen Spielfilmlandschaft müsse man einen Film schon fortschrittlich finden, wenn er diese drei Eigenschaften aufwiese: 1. Spielt mehr als eine Frau mit, 2. werden die Frauen alle mit ihrem Namen genannt und 3. reden die Frauen miteinander über etwas anderes als über Männer. Das erschreckende Ergebnis dieser Bestandsaufnahme war, dass viele Filme diesen seit den 80er-Jahren genannten *Bechdel-Test* nicht bestehen – was selbst heute noch für einen Großteil der Blockbuster gilt. Erschreckend auch, dass den meisten Zuschauern dieses Ungleichgewicht nicht mal unangenehm auffällt, denn es entspricht der normalen Sehgewohnheit, dass Frauen Dekoration für Männer sind. So lernen schon Mädchen, sich mit Protagonistinnen zu identifizieren, deren Glück oder Unglück von einem Mann abhängig ist, was ihnen als erotisch und spielerisch verkauft wird und nicht als Reflexion einer eklatanten Ungleichheit. Doch wie lernt man unter dieser Prämisse, als Frau in seinem Begehren autonom und frei zu sein?

Gerade weil Frauen sich immer in Bezug auf andere Menschen (Männer) lesen sollen, brauchen sie einen Raum für sich allein, um gegen alle Klischees sich selbst finden zu können, betonte Virginia Woolf. Woolf ist eine große Satirikerin, wenn sie schreibt: »Frauen haben all diese Jahrhunderte als Spiegel gedient, die jene magische und bezaubernde Macht besitzen, die Gestalt von Männern in doppelter Größe wiederzugeben.«[36] Sie leitet her, wie die Mächtigen voller Angst vor ihrer Entmachtung sind und deshalb die Minderwertigkeit der von ihnen Entrechteten immer wieder betonen und erklären müssen. Für Virginia Woolf waren Alleinsein und die Fähigkeit, sich abgrenzen zu können, also eine Arbeitsbedingung für Frauen, um zu schreiben, sich selbst zu erfahren und betrachten zu können, wie die eigene Identität permanent verdreht wird. Es war zudem eine Arbeitsbedingung, da Frauen die ganzen häuslichen und erzieherischen Arbeiten aufgelastet werden, sie also gerade zu Hause weder Zeit noch Raum für sich und ihre Kreativität haben.[37]

Warum und wie Frauen generell das selbstbestimmte Alleinsein weniger zugestanden wird, weil unser Frauenbild vorgibt, dass sie sich mit unbezahlter Fürsorgearbeit mehr um die Bedürfnisse anderer kümmern sollen, als um ihre eigenen, darauf gehe ich in dem Kapitel über die Liebe ein.

Eigene Räume zu haben setzt auch voraus, über eigenes Geld verfügen zu können. Frauen standen und stehen sehr oft weniger Ressourcen und Förderung zur Verfügung, um Literatur schaffen und damit das Bild der Welt mitgestalten zu können. Ihre durch eine Erbschaft erlangte finanzielle Unabhängigkeit, so schrieb Woolf, erlaube es ihr, Männer weder zu hassen – weil sie nicht abhängig von ihnen war – noch ihnen gefallen zu müssen – aus exakt demselben Grund.

Aber hat der Ort Einfluss auf das Genre, das in ihm produziert wird? Woolf zumindest fand es bemerkenswert, dass ihre Vorgängerinnen, wie die Brontë-Schwestern, Jane Austen oder George Eliot eher Prosa statt Lyrik schrieben. Sie führte das darauf zurück, dass diese Frauen überhaupt keinen Raum für sich hatten, sondern im betriebsamen Gesellschaftsraum schreiben mussten, wo sie andauernd gestört wurden. Sie konnten sich weniger gut konzentrieren, verbargen ihre ersten Manuskripte, um nicht dem herablassenden Spott der anderen Haushaltsmitglieder ausgesetzt zu sein, mit dem kreative Frauen damals überschüttet wurden. Zugleich war dieser (Gemeinschafts-)Raum auch eine Art Bühne, ein Ort, an dem sie das Innenleben und Beziehungen der Charakter zu analysieren lernten. Diese schreibenden Frauen sezierten die sozialen Beziehungen, die sie in ihrer Umgebung wahrnehmen konnten. So kamen eher Gesellschaftsbilder zustande und nicht unbedingt Abenteuerromane, denn sie hatten keine Erlaubnis und auch kein eigenes Geld, um zu reisen und Abenteuern nachzugehen, wie ihre männlichen Zeitgenossen. Daher kann es nicht verwundern, dass der sogenannte Frauenroman eher menschliche Beziehungen beschreibt, angeblich ein Makel, das diesem Genre noch immer anhängt und zur weiteren Bagatellisierung der Erfahrung von Frauen führt. Woolf sympathisiert mit der Frustration und der Wut, die Charlotte Brontë in *Jane Eyre* über diese Restriktionen beschrieb. Das bürgerliche Leben für Frauen war von Isolation und Langeweile geprägt.[38] Die Räume des Alleinseins und die Beschränkung ihrer Entfaltungsmöglichkeit waren dabei klar umrissen: Sticken, aber nicht malen, musizieren, aber nicht komponieren, lesen, aber nicht schreiben. Woolf muss dabei einen ähnlichen Horror empfunden haben, wie ich ihn empfinde, wenn ich die Restriktionen betrachte, unter denen sie als Frau im Viktorianischen Zeitalter litt. Es ist grausam, in einer Atmosphäre leben zu müssen, in der man die eigene Kreativität und Talente aufgeben muss, weil sie sich in einer frauenfeindlichen Umgebung nicht entfalten lassen. Dieser Grausamkeit fiel die Kreativität von Abertausenden Frauen zum Opfer.

Dieses Grundrauschen zieht sich bis in die heutige Zeit und wird durch eine haarsträubende Verkehrung in der MeToo-Debatte verstärkt: Das Bedauern darüber, dass man Männern ihre Karriere kaputt mache, dass man ihre Werke nicht missen möchte, würden diese wegen Vorwürfen von sexueller Gewalt strafrechtlich verfolgt werden, blendet immer noch die Frage aus, wie viele Werke von Frauen wir nie kennenlernen durften, weil sie aufgrund sexueller Übergriffe traumatisiert und aus Medien und Politik gedrängt wurden oder sich entmutigt zurückzogen. Schutzräume, kreative Rückzugsräume und Quotenförderung sind so gesehen auch eine Möglichkeit, toxische Strukturen aufzubrechen, die weniger sichtbare Gruppen davon abhalten und entmutigen, unsere Gesellschaft im öffentlichen Raum mitzugestalten, doch sie galten lange Zeit als altbackene Forderung ewiggestriger Feministinnen. Das vermehrte Offenbarwerden von verbalen wie physischen Angriffen auf Frauen (und andere marginalisierte Gruppen) macht die Forderung danach wieder aktuell.

Die Bastardin wird zur Einsiedlerin - Violette Leduc

Sich zu emanzipieren ist eine im besten Sinn ego-zentrische Angelegenheit, denn das Selbstbewusstsein, das einem zuallererst weggenommen wurde, muss man - für sich - erarbeiten. Eine selbstgewählte Einsamkeit zur Selbstfindung kann dabei zunächst zerstörerisch sein, aber dann zu einem konstruktiven Alleinsein führen, das kreatives Potenzial freisetzt. Wie das gelingen kann, zeigt die Lebens- und Schaffensgeschichte der französischen Schriftstellerin Violette Leduc.

Leduc war Zeitgenossin und lebenslange Freundin von Simone de Beauvoir, deren Paradigmen sie maßgeblich beeinflussten. De Beauvoirs Postulat, man komme nicht als Frau zur Welt, sondern werde dazu gemacht bzw. mache sich selbst dazu, war ganz entscheidend für Leduc. Die Existenzialist:innen in Frankreich, zu denen de Beauvoir zählte, hatten den Anspruch, den Menschen nicht als etwas essenziell Gegebenes, sondern von seinem nackten

Dasein und Tun aus zu denken. Ihre Philosophie betonte, ähnlich wie in *Vita activa* von Hannah Arendt, dass unser Wesen erst durch unser Handeln geschaffen werde, somit seien wir zur Freiheit verurteilt. In der damaligen von festgefahrenen bürgerlichen Konventionen bis hin zur faschistischen Diktatur geprägten Gesellschaft bedeutete Freiheit somit vor allem der selbst getroffene Entschluss, sich dieses Freisein zu erkämpfen. Für den Ausweg aus der Unfreiheit seien wir selbst verantwortlich, unsere Autonomie sei dabei Fluch und Segen, Bürde und Gestaltungsmöglichkeit zugleich. Als Violette Leduc Anfang der 1940er-Jahre diese eher bürgerliche und akademische Szene betrat, setzte sie deren Philosophie dem Realitätscheck ihrer bodenständigen Erfahrung aus: die Isolation und beschränkten Handlungsoptionen, wenn man als uneheliches Kind in einer von Patriarchat und Klassendünkel geprägten Gesellschaft aufwächst.

Anfang des 20. Jahrhunderts als Kind eines Dienstmädchens geboren, das vom Vater abgelehnt wurde, fand Leduc in den 1940er-Jahren zum Schreiben. Ihr erstes Manuskript legte sie Simone de Beauvoir vor die Tür, was den Beginn ihrer Freundschaft markierte. Leducs Lebensthema war das des unerwünschten Kindes. So war es dann auch nach ein paar weniger erfolgreichen Büchern der Roman mit dem Titel *Die Bastardin* von 1965, der zum Bestseller wurde. In einer von Katholizismus und Patriarchat geprägten Gesellschaft, die Frauen verstößt und isoliert, wenn sie nicht in den vorgesehenen Bahnen einer Ehe schwanger werden, hatte Berthe, Leducs Dienstmädchenmutter, den Selbsthass der gedemütigten und allein gelassenen Frau entwickelt, der sich in einer Mischung aus ängstlicher Gefälligkeit und Abneigung gegen Männer äußert. Das prägte auch Violette Leducs Verhältnis zu Männern. Die Beziehung zu ihrer Mutter blieb immer problematisch, da Violette für ihre Mutter die Wunde ihrer Bloßstellung und Verlassenheit verkörperte, zudem war die Tochter eine finanzielle, organisatorische und soziale Bürde und das Hindernis, doch noch eine regelkonforme Ehe eingehen zu können, auch, um der Armut entkommen zu können. In ihren Texten beschreibt Leduc ihre Mutter als ebenso kühl wie überfürsorglich, wie einen Magneten, dessen zwei Pole sie unaufhörlich abstoßen und anziehen, ohne dass sie das Magnetfeld selbst je verlassen könnte. Dieses Hin und Her prägt ihre Beziehung zu Menschen generell: Deren Gegenwart erstickt Leduc, während sie gleichzeitig Hunger nach Anerkennung hat. Die Titel ihrer ersten Bücher lauten: *L'Asphyxie (Die Erstickung)*, *L'affamée (Die Verhungernde)* und *Ravages (Das Wüten)*. Dort beschreibt sie sich selbst als Außenseiterin, die aufgrund mangelnder Selbstliebe aus der Menschheit und aus sich selbst verbannt ist. Das Alleinsein ist ihre Verurteilung.

Im Krieg flüchtet Violette Leduc vor der Besetzung der Nazis von Paris in die Normandie, hält sich dort mit Schwarzmarkthandel über Wasser, was ihr mehrere kürzere Gefängnisaufenthalte einbringt. In dieser Zeit lernt sie den Autor Maurice Sachs kennen, der sie zum Schreiben motiviert. Das Schreiben leistet Leduc in ihrem Alleinsein Gesellschaft, es ist ein Raum, um ihre Gefühle auszuleben und zu sortieren. Simone de Beauvoir, die in der Pariser Verlagswelt bereits einen großen Namen hat, unterstützt und ermutigt sie, ebenso Jean Genet und Jean Cocteau. Ohne die Fürsprache de Beauvoirs wäre Leduc wahrscheinlich nie publiziert worden, was als repräsentatives Beispiel dafür gelesen werden kann, wie viele marginalisierte Menschen es gegeben hat, deren Stimmen und Manuskripte für uns für immer verloren blieben und somit unsere Wahrnehmung von Gesellschaft nicht mitprägen konnten. De Beauvoir konnte sich gut von Leducs exzessiver Suche nach Liebe abgrenzen, daher war eine Freundschaft von lebenslanger Dauer möglich. In ihren Texten beschreibt Leduc diesen Liebeshunger, der so überschwänglich und egozentrisch ist, dass er nur im Alleinsein münden kann. Die erste Liebe fand Leduc im Internat bei einer Mitschülerin und einer Musiklehrerin. Weil sie ihre Gefühle nicht verstecken kann und will, wird sie von der Schule geworfen. Ihre sexuellen Erfahrungen im Internat beschreibt Leduc in ihrem Buch *Ravages*, das in den 1950er-Jahren bei Gallimard erscheint und eine der ersten Darstellungen lesbischer Sexualität in der französischen Literatur darstellt. Anfangs bewirbt der Verlag ihre Romane kaum, sie verkaufen sich nur schleppend. Zudem zensierte Gallimard explizit sexuelle Szenen und veröffentlichte sie erst in den 1960er-Jahren, dann allerdings als eigenständigen Text: *Thérèse et Isabelle,* also für ein Publikum, das nur an den erotischen Stellen und nicht generell an Leducs Lebensperspektive interessiert ist. Da war Leduc für *Die Bastardin* gerade für den Prix Goncourt nominiert worden.

Leduc widmet sich in ihren Romanen oft marginalisierten Charakteren, Aussenseiter:innen, die sich durchschlagen, alten Dienstmädchen oder Landstreichern, die unter Hunger und Armut leiden und denen mit Gleichgültigkeit begegnet wird. Und doch triumphieren diese Figuren mit ihrem eigensinnigen Blick auf die Welt. Ebenso wie Leduc selbst sind sie einzigartig und erleben dies auch als Fremdheit in der Welt. Schreiben ist für Leduc ein Ort der Selbstreflexion eines multidimensionalen Bewusstseins, in der sie Opfer und Heldin zugleich ist. Das Schreiben ist aber auch ein neues Gefängnis, denn es bindet sie umso mehr an das verlassene Kind in sich, weil sie nun permanent darum kreist. Schreiben nennt sie eine lästige Pflicht und Bestrafung, die sie in noch größere Unsicherheit und Instabilität treibt, denn es handelt immer davon, dass ihre Figuren in der bürgerlichen Erzählung keinen Platz haben. Andererseits betont sie die Macht des Schreibens für ihre Selbstermächtigung: Es sei ein Weg, sich dem Urteil anderer zu widersetzen. »Wir müssen die falsche Frau töten, die die Lebendige am Atmen hindert«, schrieb Hélène Cixous[39]. Und ebendies tut Leduc schamlos: Obwohl sie einerseits nach Liebe und Anerkennung giert, nimmt sie sich das Recht heraus, als Frau niemandem gefallen zu müssen in ihrem Lebensstil und in ihrer Autorinnenschaft.

Nach ihrem Bestseller *Die Bastardin* wurde Leduc als weiblicher Jean Genet gefeiert, auch weil sie die erste französische Schriftstellerin war, die offen über lesbisches Verlangen und Sexualität schrieb. In den 1960er-Jahren genoss sie ein paar Jahre große Aufmerksamkeit, seither ist Leduc in Vergessenheit geraten. Der männlich geprägte Literaturkanon hat sie aus der Literaturgeschichte herausgeschrieben, in der ewig gleichen Nennung zeitgenössischer französischer Schriftsteller kommt die Pionierin der Autofiktion (wie Leduc von Isabelle de Courtivron bezeichnet wurde) nicht mehr vor.

Im Kreis der Pariser Boheme fühlte sich Leduc auch als Frau, die den hiesigen Schönheitsstandards nicht entsprach, als Sprössling armer Familienverhältnisse und als verkannte Autorin dreifach ausgegrenzt. Trotz ihres Erfolgsromans zieht Leduc sich Ende der 1960er-Jahre immer mehr aus Paris zurück. Sie beginnt einem Literaturbetrieb auszuweichen, in dem sie Anerkennung immer nur zu den Bedingungen anderer bekommen kann. Sie fährt übers Land, manchmal per Anhalter:in, sie lässt sich treiben und wandert durch die Dörfer und die Landschaft. Leduc, die in sich selbst gefangen war, wird zur einsamen Wanderin. Sie sucht einen Ausweg. Allein. Sie entzieht sich dem Ersticken durch das Schreiben und die Beschränkung der Autobiografie. Auf dem Land in Faucon, im idyllischen Weinanbaugebiet Vaucluse, mit etwa 500 Einwohner:innen, findet sie ein verfallenes Haus und beschließt, es zu kaufen und zu renovieren. In der Ländlichkeit erobert Leduc sich ihre Individualität zurück, ohne aber im Spiegel der anderen immer nur exzessiv um ihre gefühlte Minderwertigkeit zu kreisen. Die Bastardin ist zur Einsiedlerin geworden, schreibt die Autorin Isabelle de Courtivron.[40] Im Exil, im Alleinsein kann Leduc ihre Einzigartigkeit beanspruchen, die sich, nun dem Urteil anderer entzogen, nicht mehr fremd anfühlt. Im Juni 1969 lässt sie sich endgültig in Faucon nieder, um in dieser Schreib-Einsamkeit in ihren letzten Jahren zur Ruhe zu kommen. Fern von sozialen Einflüssen scheint sie ein anderes Arrangement mit ihrer Einsamkeit erlangt zu haben. Sie beschreibt eine Landschaft als Zuflucht, die sie liebend umschließt, in der alle Maßstäbe einer ablehnenden Gesellschaft nicht mehr gelten. Einsamkeit wird fortan zu einem Privileg. Sie schreibt noch drei Romane und erliegt im Jahr 1972 einer Krebserkrankung. Simone de Beauvoir wurde als Verwalterin ihrer literarischen Rechte eingesetzt und veröffentlichte 1973 posthum *La Chasse à l'amour.* Dort heißt es: »Sonntag, 26. September 1971. Auf der Straße von Faucon nach Meridol um halb elf Uhr morgens. Geladen mit zwei Körben, glücklich, allein auf der Welt. Meine vernünftige Gesundheit. Die Sonne, ein Paradies. Alles ist friedlich.«[41] Weg von der Gesellschaft, die sie erst zur Außenseiterin machte, bedeutete Alleinsein für Leduc an ihrem Lebensende die Freiheit, bei sich selbst anzukommen.

2 | ZEIT UND RAUM FÜR SICH – DIE CHANCEN DES ALLEINSEINS

Das einsame Schwimmen in der Vielstimmigkeit – Imagination und Kreativität

Schreiben ist eine Art von Alleinsein, bei der man nicht nur Verbundenheit herstellen kann, sondern bei der man sich zunächst preisgibt. Die Sicherheit des Alleinseins ist eine vermeintliche, und sie führt erst einmal dazu, sich auf eine bestimmte Art zu entblößen. Wenn Eremit:innen sich vor Gott entblößen, entblößt sich die Autorin, deren Schriften öffentlich werden, vor der Gesellschaft. Aber auch vor sich selbst. Leducs Beispiel zeigt, wie man sich im Schreiben und Publizieren erst verlieren und dann finden kann und wie dadurch Alleinsein, Entblößung, Verbundenheit und Gemeinschaftlichkeit hergestellt werden, die nicht unbedingt ein reales Aufeinandertreffen braucht. Leduc wird mit ihrer mutigen Aufrichtigkeit vielen marginalisierten Menschen geholfen haben, weil sie einer Erfahrungswelt Ausdruck verlieh, die sonst im Verborgenen geblieben wäre.

Leduc schildert einen permanenten Angriff der sozialen Welt auf sich selbst, gegen den man sich verteidigen muss. Das Alleinsein ist dabei ein Mittel, das eigene Selbst zu stärken und zu ermutigen, eine authentische Stimme im Schreiben zu finden. Der Schutz, den das Alleinsein bietet, ist für Schreibende und Publizierende aber nicht zwangsläufig fruchtbar, sondern mitunter ambivalent. Wollen wir im Alleinsein das Ich festigen oder transzendieren, aber gerade damit auch loswerden? Denn wenn man nicht mehr danach sucht, kann man es gehen lassen.

So kann man im *Bei-sich-Sein* erst einmal eine Stabilität erlangen, die es einem dann wieder erlaubt, wirklich durchlässig zu werden. Wenn man seine Stimme gefunden hat, muss man andere Einflüsse nicht mehr abwehren, sondern kann es sich erlauben, offen und zugänglich zu werden. Das betrifft nicht nur die Kreativität, sondern auch das politische Arbeiten. Autor:innen würden sicherlich beides für sich beanspruchen: dass sie ihr Selbst durch das Alleinsein stärken, um eine authentische Stimme zu entwickeln, und dass sie wie Eremit:innen ihr Selbst in der Einsamkeit loswerden, um stattdessen Platz für Kreativität und Inspiration zu machen. Die Kulturwissenschaftlerin Regina Claussen stellt eine bemerkenswerte Parallele fest, wie Eremit:innen in der Einsamkeit Platz für das Göttliche machen, ähnlich wie Künstler:innen Platz für die Kreativität schaffen: Obwohl es sich um völlig andere Weltanschauungen handle, kämen Atheisten und Gläubige zu gleichen Schlussfolgerungen über die kreativen Auswirkungen von Einsamkeit auf ihr Bewusstsein: »In der Sprache der Religion, von der sich der moderne Mensch eher befremdet fühlt, ist dann vom Einströmen göttlicher Gnade, von einer Erfahrung des Heiligen Geistes die Rede.«[42]

Wie der Eremit sich »leer macht« für das Göttliche, so macht die Schreibende sich leer für die Kreativität, die Inspiration. Dieses Verhältnis wird auch illustriert, wenn Mystiker:innen beschreiben, das Nichts und die Fülle sei eins. Und so allein, wie man *beim* Schreiben ist, so wenig allein ist man wiederum *im* Schreiben. Man kann sich in seinem Alleinsein nicht isoliert fühlen, wenn man den Prozess nachher mit anderen teilt. Dieses Verhältnis wird wahrscheinlich am deutlichsten, wenn es um das Verfassen von Briefen geht. Schon Lord Byron befand, »Briefe schreiben sei die einzige Möglichkeit, Einsamkeit und Geselligkeit zu verbinden«.[43] Aber das beim Briefeschreiben mitgedachte Rezeptionsverhältnis dürfte sich in jedweder Art von Schriftstellerei, die eine Leserschaft zumindest mitdenkt, fortsetzen. Denn wenn wir schreiben, dann meistens, um uns anderen mitzuteilen. Dennoch ziehen wir uns zurück, um es zu tun.

Ich wundere mich immer, wenn Leute sagen, Autor:innen müssen gut mit Einsamkeit klarkommen können. Denn gerade beim

Schreiben bin ich mit der ganzen Welt zusammen. Nicht nur, weil ich eine Leserschaft mitdenke, mit der ich Gedanken teilen möchte, sondern weil man alles um sich herum in zusammenhängenden Geschichten und Erzählungen denkt und sich somit in die Welt eingebettet fühlt. Sara Maitland stellt sogar fest, in der Einsamkeit die wachsende Unfähigkeit zu bemerken, zwischen ihren und den Worten anderer zu unterscheiden. Als gäbe es keine Einzelstimmen mehr. Dieses Schreiben »dient der menschlichen Gemeinschaft, insbesondere denjenigen, die aus eigener Kraft nichts Positives mit den Erfahrungen von Verlassenheit und Alleinsein anfangen können«[44].

Vielleicht kann die Ambivalenz des Alleinseins, die beim Lesen und Schreiben zum Vorschein kommt, auf das Empfinden des Alleinseins allgemein übertragen werden. Durchbricht das Lesen die Einsamkeit oder unterfüttert es sie, sind sie Grundbedingung füreinander? Mit wem unterhalten wir uns beim Lesen, mit uns selbst oder unterhält die Autorin sich mit uns? Welche Art von Zwiegespräch ist das? Können wir isoliert sein gegenüber einer bedruckten Seite, aus der die Menschheit zu uns spricht? Es ist eine Tätigkeit, um damit in unserer Abwesenheit mit anderen kommunizieren zu können. Sogar über unseren Tod hinaus.[45]

Seit etwa 3000 Jahren gibt es die Schrift, und nach und nach produzieren wir mehr und mehr Informationen füreinander, über die wir miteinander über Zeit und Raum hinweg kommunizieren können. Informationen, die wir oft in Einsamkeit und Stille gesammelt und aufgeschrieben haben, werden zu einem Wirbel an Wissens- und Ideenvermittlung. Wir sind mit diesen Techniken aufgewachsen, sie erscheinen uns normal. Wir sollten aber kurz innehalten, um uns zu vergegenwärtigen, wie atemberaubend schön diese Errungenschaften sind. Der Kulturwissenschaftler und Ethnobiologe Terence McKenna, der 2000 starb und sich nur ansatzweise ausmalen konnte, was das World Wide Web einmal ermöglichen würde, sagte in einem seiner letzten Interviews über diese neue Technologie »Wir werden alle Information füreinander.«[46] Wir Menschen haben seit der Erfindung der ersten Schriftzeichen und Malereien so viele Informationen kreiert, dass ich tagelang darin schwimmen kann, ohne mit einem einzelnen Menschen sprechen zu müssen, und mich doch eingebettet in die Menschheit fühle. Wir sind durch Musik, Malerei und Texte mit anderen (oder mit der Welt im Ganzen) verbunden, auch wenn wir allein in unserer Bude sitzen. Wenn ich allein wandern gehe, habe ich meistens ein Buch als Wegbegleiter bei mir und damit die ganze Welt unserer Imagination, einen Chor aus Ideengeberinnen, Verführern, Ratgeberinnen, Verrückten, Visionärinnen, Griesgramen und Freundinnen. Einen Teil der menschlichen Vorstellungskraft in meiner Westentasche, der mich an den pluralistischen Austausch, das Weiterdenken und Befruchten, die Verbundenheit und das Wuchern des Ideenreichtums erinnert. Durch die Kulturgüter, die wir auf diese Weise verbunden und gemeinsam - und doch allein - geschaffen haben, ist es relativ einfach, das eigene Alleinsein zu bevölkern. Ich würde sogar behaupten, ich kann diesen Reichtum erst richtig wahrnehmen, wenn ich allein bin, weil die *Intrusive Consciousness*, die »störende Selbstwahrnehmung«, ausgeschaltet ist, auf die ich später noch eingehen werde.

Ich bin mir beim Schreiben sehr bewusst, dass viel ohne mich stattfindet. Nämlich hinterher, wenn Sie, verehrte Leserschaft, meine Worte lesen, verdauen und weiterdenken. Inspiriert durch Hunderte Menschen, schreibe ich dieses Buch allein, Sie lesen dieses Buch allein und doch kommunizieren wir miteinander, Ihre Rückmeldung können Sie vielleicht nicht immer mir geben, aber anderen Menschen. Man kann in Büchern Samen streuen, die in anderen Köpfen wie Blumen aufgehen und weiterwachsen. So führt sich das fort. Wir arbeiten zusammen an diesen Ideen. Ich bekomme das meistens nicht direkt mit, aber ich weiß, dass es passiert. Und dieses Wissen macht mich glücklich.

Schreiben Autoren allein, aber an ein später vorhandenes Publikum, so spricht die Radiomoderatorin auch erst einmal ins Leere.

Aber im Radio findet das Aufnehmen und Sortieren vom Input der Stimmen noch direkter statt als beim Lesen und Schreiben. Man hört die Aussprache, ihre Tonalität, ihre Körperlichkeit, ihre Materialität.

»Ich mache seit fünfzehn Jahren Radio«, erzählt mir Dorothea. »Ich ziehe es den Printmedien vor, denn ich schätze die Lebendigkeit der Stimme sehr, und ich mag den technischen Schritt, dass man mit ihr als Material arbeiten kann. Stimmen haben unabhängig davon, was sie sagen, auch einen emotionalen Inhalt, wie sprechen sie, was höre ich in ihrer Tonlage in den Wellen, die sie schlagen. Und durch die Stimme ist es körperliche Arbeit, und ich bin mir dadurch auch meines Körpers besser bewusst.«

Auf meine Frage, welche Verbindung sie zur Welt durchs Radio eingehen kann, antwortet Dorothea, dass es auch ein Weg sei, wie sie trotz ihrer Schüchternheit eine Öffentlichkeit herzustellen vermag:

»Mir ist es unangenehm, im Rampenlicht zu stehen, deshalb ist mir Radio lieber als Fernsehen oder Live-Veranstaltungen. Eigentlich will ich mich lieber verstecken und langsam in eine Gruppe hineinfinden und nicht hauruck im Mittelpunkt stehen. Wenn man schüchtern ist, braucht man einen Sicherheitsabstand, da ist Radio ein gutes Handwerkszeug. Ich habe damit einen guten Grund, auf Leute zuzugehen, auf direkte Art Fragen zu stellen und in die Tiefe zu gehen. Dann sitze ich hinterher allein am Schnittplatz mit vielen Stimmen und Meinungen.«

Ich frage sie, ob das auch ein kreativer Umgang mit dem Alleinsein ist, der auch wieder eine Gemeinsamkeit herstellen kann.

»Ich denke schon. Die Verbindung und die Erkenntnis mit meinem Gegenüber suche ich ja auch immer in Bezug auf die Welt. Eingebettet sein durch die Stimmen, die man sortiert, das ist etwas Warmes, auch wenn man über schwierige Themen spricht. Ein Stimmengewirr ist für mich Heimat. Genauso geht es mir auch als Hörerin. Ich fühle mich so wohl dabei, Radio und Podcasts zuzuhören. Das hat was Intimes, Geborgenes, etwas Beruhigendes.

Wenn man ein Radiogespräch oder Interview führt, ist es nicht nur eine Verbindung zu einem Individuum, sondern zur Gesellschaft als Gesamtkonzept. Man behandelt ein Thema in seiner Vielstimmigkeit. Dadurch lernt man gut zuzuhören, welche Themen in einem Gesprächsstrang man verfolgen und einladen sollte, auch wenn man am Anfang noch nicht so genau weiß, was Nebensache und was Hauptaussage ist. Ich will bestimmte Geschichten fördern und sie sichtbar machen. Das sehe ich aber nicht nur als Machtposition, denn ich lerne da ja auch für mich und kann die brauchbaren Filter auch auf mich anwenden und Prioritäten in meinem eigenen Denken setzen. Ich habe durchs Radio generell gelernt, welchen Stimmen ich zuhören sollte und welchen nicht, welche sagen Wichtiges oder Blödsinn. Auch in mir. Es geht immer darum, den größeren Kontext zu finden, die einzelne Stimme steht immer exemplarisch für die größere Erzählung, in die die Stimme eingebettet ist.«

Was Dorothea über das Radio sagt, gilt auch für das Schreiben an einem Buch wie diesem.

Wenn man mehrere Menschen zu einem Thema interviewt, schwimmt man sozusagen im Pluralismus und ist Dompteuse oder Master of Ceremony der umherfliegenden Geschichten und Einzelstimmen, seine eigene inbegriffen. Und man lernt dadurch auch, sich selbst besser zuzuhören.

Meine Kindheit war nicht vom Lesen geprägt: Ich besaß als Kind nur drei oder vier Kinderbücher. Als ich mit 13 Jahren meinen ersten Roman las, war ich stolz, ein komplettes Buch gelesen zu haben, einen ganzen Wälzer von vorne bis hinten: *Kaltblütig* von Truman Capote. Dessen Mischung aus Erzählung und Tatsachenbericht hatte es mir angetan, Capote vermochte, einen Zugang zum Leben zu beschreiben, der die Verwicklung von Sender und Empfänger sichtbar macht. Ich mag diese Form des Schreibens, wie sie das (erzählende) Sachbuch bietet, deshalb auch so sehr, weil es den Zirkelschluss von Erleben und Erzählen fruchtbar macht, ihn zelebriert, aber auch offenlegt und nachvollziehbar werden lässt. Ich habe mir damals mit 13 ein großes Luxusziel gesetzt: Ich habe erkannt, dass ich Schriftstellerin sein will. Nicht, dass ich irgendwann einmal Schriftstellerin werden möchte, sondern dass ich es schon bin, denn ich wusste, dass mir dieser Umgang mit dem Leben und mit Menschen liegen würde: dass ich der Welt ständig und nachhaltig etwas von der Welt erzählen möchte.

Dieses *Schriftstellerinsein* – das heißt, mein Leben mit dem Blick einer Autorin führen zu wollen und dieses Miteinander von Information und Erfahrung aufzusaugen, zu sortieren und zurückzugeben – war nie auf Romane, Kurzgeschichten oder Sachbücher beschränkt, es hat sich bei mir ebenso im Dokumentarfilm Bahn gebrochen, im Journalismus und im Aktivismus. In diesem Wirken bin ich oft allein, aber nie isoliert. Gleichermaßen kam ich nie auf die Idee, dass ich erst einmal die Ermächtigung durch Verleger:innen und den Literaturbetrieb brauche, die mir durch mein erstes publiziertes Buch diesen Titel zugestehen und dieses Sein erlauben.[47] Ich erlaubte mir, es zu sein, weil ich mit dem Leben, meiner Wahrnehmung und den Menschen so umgehen wollte. Dieses Selbstverständnis half mir durch sehr einsame Jahre meiner Jugend, denn ich fand als schüchterner und frühreifer Teenager auf dem Dorf kaum Freunde und Gesprächspartnerinnen. In einem Kokon aus Musik, Waldspaziergängen und den Arthousefilmen der Dritten Programme ab 22 Uhr verbrachte ich die Jahre bis zu meiner Volljährigkeit überwiegend in meinem Zimmer. Ich war froh, wenn ich einmal im Monat ein richtiges Gespräch mit jemandem führen konnte. In dieser Zeit habe ich gelernt, mir selbst eine vertraute Freundin zu sein, aber auch, dass Alleinsein dosiert werden muss, sodass ich in meinen 20ern und 30ern immer noch das Bedürfnis hatte, klar zu planen, wann ich wen treffe, um die Zeit der Einsamkeit kontrollieren zu können. Doch da ich Filme, Bücher und meine Wahrnehmung generell zu meinen Gefährten machen konnte, habe ich auch in Zeiten großer Einsamkeit nie aufgehört, mich in die Menschheit und diese Welt eingebettet zu fühlen. Denn es ist keine Weltflucht, wenn man sich wie Kapitän Nemo beizeiten mit den Dingen, die Menschen kreierten, mehr beschäftigen mag als mit Menschen selbst. Es ist ein Zugang zur Welt, in dem ich selbst mitmischen wollte.

Der produktive Tagtraum bei Kindern und Erwachsenen

»Einsamkeit und Faulheit umschmeicheln die Phantasie«, heißt es in Fjodor Dostojewskis Roman *Weiße Nächte*.[48] Und tatsächlich gibt es eine Eigenschaft von Müßiggänger:innen, die so selbstverständlich zu sein scheint, dass sie in den Beschreibungen über sie kaum als Merkmal herausgestellt wird: Er oder sie findet Muße, Genuss, Inspiration und Kreativität überwiegend im Alleinsein. Denn richtig faul sein bzw. der Muße nachgehen kann man nur allein, wenn man keinem Gruppenzwang ausgesetzt ist, wenn man seinem eigenen Rhythmus sowie den eigenen Bedürfnissen folgen und komplett über sich selbst verfügen kann. Die Müßiggänger:innen gehen allein spazieren und beobachten wie etwa Violette Leduc oder Walter Benjamin, sie grübeln allein wie Hildegard von Bingen oder Friedrich Nietzsche, sie schaffen sich Freiraum für ihre Kreativität wie Virginia Woolf oder Georgia O'Keeffe, sie basteln allein in ihrem Hobbykeller vor sich hin, lassen sich von der Sonne bestrahlen wie Henry David Thoreau, oder sie beobachten Tiere wie Annie Dillard.

Im Mikrokosmos der Subjektivität offenbart sich, wie bedeutsam das Alleinsein für die Entwicklung der Kreativität und anderer Fähigkeiten ist. Das zeigt sich besonders gut bei den unbewussten Müßiggänger:innen, den Kindern. Dass das Leben von Kindern jedoch mittlerweile zum durchgeplanten Projekt geworden ist, um in der Konkurrenzgesellschaft mithalten zu können, wirkt sich freilich nicht nur negativ auf die überlasteten Eltern aus, sondern selbstredend auch auf das Kind. Neben der offensichtlichen Überforderung und dem Stress eines vollen Terminkalenders und dem eingeimpften Gefühl, schon früh den Eltern durch Leistung gefallen zu müssen, während man in seiner Entwicklung eigentlich nur in Ruhe vor sich hin wuchern möchte, gibt es noch eine weitere Folge, die weniger bedacht wird, weil wir deren Wert auch für uns aberkannt haben: Wir lassen Kinder nicht mehr allein. »Unsere Kinder sind nicht glücklich. Ich glaube, das kommt daher, dass wir sie über das letzte halbe Jahrhundert mehr und mehr überwacht, kontrolliert und verwöhnt und ihre angeblich labilen Egos verhätschelt haben«, schreibt die britische Autorin Sara Maitland in ihrem Buch *How to Be Alone.*[49]

Da wir Alleinsein als etwas ansehen, das man vermeiden sollte, vor dem ein Kind sogar beschützt werden muss, erschweren wir es ihm, die Fähigkeit zu entwickeln, ganz bei sich zu sein. Das ist aber für die Persönlichkeitsentwicklung essenziell, wie u. a. der Kindheitspädagoge Richard Louv hervorhebt.[50] Wenn sie sich prinzipiell in einer Gemeinschaft eingebettet und geschützt fühlen, können Kinder sich bestens allein beschäftigen. Louv betont, wie wichtig es ist, dass Kinder allein im Wald oder Park spielen können. Sie lernen dadurch, sich sicher zu fühlen, allein ihre Umgebung zu erkunden, ihren Sinnen entsprechend lustvoll eigene Abenteuer in ihrer Zeit und Fähigkeit zu erleben und ohne Zeitdruck und Zwang vor sich hin experimentieren zu können. Dadurch erlangen sie das Grundvertrauen, das es ihnen ermöglicht, gut allein sein zu können und Geduld mit der Entfaltung ihrer Fähigkeiten zu haben. Wenn wir weiterhin das Alleinsein abwerten und gar als gefährlich oder ungesund einstufen, werden auch unsere Kinder die Fähigkeit dazu verlieren. Dabei ist in Kinderbüchern gerade jene Erzählung besonders beliebt, in der sich ein Kind allein auf ein Abenteuer begibt. Auf dem Weg begegnen ihm viele Helfer:innen, aber den Verlauf des Weges und sein Tempo wählt es selbst. Das sollten wir unseren Kindern auch zutrauen. Vielleicht haben manche Eltern Sorge, dass ihr Kind für andere seltsam erscheint, wenn es zu lange auf dem Spielplatz selbstvergessen im Matsch sitzt. Das könnte auf ihre Leistung als Eltern zurückfallen. Hat man das Kind zum Eigenbrötler gemacht, nicht genug gefördert, weil es nicht mit anderen Türme baut? Die meisten Eltern wünschen sich, dass ihre Kinder viele Freunde haben, beliebt sind und dazugehören, zu was auch immer. Als würde ein großer Freundeskreis das Kind aufwerten. Dass das Kind einfach Zeit allein für sich hat, wird weder wertgeschätzt noch gefördert. Es ist gut, wenn Kinder sich ab und an langweilen, weil sie dann selbst lernen müssen, erfinderisch zu sein, sich zu beschäftigen. Kinder, deren Eltern sie nicht andauernd mit Stimuli von außen versorgen (»bespaßen«), entwickeln eine aktivere eigene Vorstellungskraft, einen stärkeren Sinn von Selbstgenügsamkeit und dadurch womöglich mehr Selbstbewusstsein, so Louv. Sie lernen auch das, was in Zeiten der permanenten Stimuli dennoch wichtig ist: die Leere oder Langeweile aktiv zu durchleben und auszuhalten, ohne sie als bedrohlich zu empfinden und sich gleich mit Oberflächlichkeiten ablenken zu müssen. Kinder haben Angst vor dem Alleinsein, wenn es um Grundbedürfnisse geht wie Essen, Trinken, Wärme usw., die sie noch nicht eigenständig befriedigen können. Tatsächlich ist es aber Kindern ab dem vierten und fünften Lebensjahr sehr gut möglich, sich allein zu beschäftigen. Sie fühlen sich nicht isoliert, wenn sie mit sich selbst reden und spielen, denn sie sind noch ganz bei sich. Gerade wenn Kinder sich darauf verlassen können, dass jemand anderes sich um ihr Wohl und Überleben kümmert, haben sie Raum, ihre Empfindungen endlos driften zu lassen.

Erwachsene müssen sich für das sogenannte Tagträumen, das freie Mäandern der Gedanken, aktiv Zeit und Raum nehmen. Sobald Konformitätsdruck und Verantwortung mit dem Alter zunehmen, bekommen unsere tagträumerischen Gedankenströme Staudämme gesetzt. Tagträumen verbinden viele mit nutzlosen Gedanken, mit Luftschlösserbauen, unrealistische Hoffnungen haben, weil dann keine geradlinigen Pläne und Problemlösungen mit klarem Ziel entstehen. Mit dieser Vorstellung nehmen wir uns die Fähigkeit, übereck zu denken, Gedanken wandern zu lassen, um alternative Perspektiven zu entwickeln. Denn Tagträumen bedeutet schlichtweg, seine Gedanken und Gefühle ausschwärmen zu lassen und sich überraschen zu lassen, was dabei herauskommt.

Das Alleinsein ist die Voraussetzung für das Tagträumen. Kinder reden oft mit sich selbst, es ist ein lautes Nachdenken, gepaart mit der Verwunderung und Begeisterung über eine Ausdrucksmöglichkeit, die beim Erwachsenen still wurde, über die Kinder aber im Grunde immer noch verfügen. Eine Freundin erzählte, dass sie oft vor sich hin summte und dabei bemerkte, dass die Tonlagen dieses Summens ihre Laune widerspiegeln, sodass sie es fast schon als Selbstgespräch empfand, jedenfalls als Kommentar und Ausgleich zu ihrem Befinden. Erwachsene können von Selbstgesprächen, ob sie laut oder leise geführt werden, genauso viel lernen. Selbstgespräche können bei der Konzentration helfen, man kann sie nach einer Diskussion nutzen, um sich die Argumente des anderen noch einmal zu vergegenwärtigen und um sich Zeit zu nehmen, diese ohne spontane Abwehrhaltung zu reflektieren und nun, wenn man sie in Ruhe nochmals durchspielen konnte, auch wertzuschätzen. Das kann auch den Effekt haben, dass man in Diskussionen ruhiger wird, weil man lernt, sich darauf zu verlassen, dass Argumente bei allen Beteiligten erst einmal sacken müssen, dass man im Moment nicht insistieren muss, bis einem das Gegenüber zustimmt. Das fördert auch das Vertrauen, dass geteilte Perspektiven im Stillen weiterarbeiten, auch wenn man sie im direkten Gespräch vielleicht nicht gleich nachvollziehen konnte. So sind Selbstgespräche eigentlich immer auch Gespräche mit anderen Menschen oder die Verquickung einer Perspektive mit anderen Blickwinkeln.

Ein chinesisches Sprichwort besagt: Wenn in die Bewegung unserer Tage Ruhe einkehrt, enthüllen sich die Geheimnisse des Lebens. Ich lege dieses tagträumerische Schweifen und Sortieren gerne in die Abendstunden. »Bevor ich schlafen gehe, nehme ich mir immer die Zeit, noch etwa eine halbe Stunde einfach dazuliegen und zuzuhören, was ich mir noch zu erzählen habe. Einfach zuhören, was sich da im Hinterkopf gesammelt und geformt hat, während ich meinem Alltag nachgegangen bin. Als Kind habe ich das auch manchmal mit meinen Eltern gemacht: abends im Bett liegen und erzählen. Heute mache ich das allein mit mir. Ich bin immer wieder überrascht, was mein Unbewusstes hervorbringt, wenn es einfach mal die Zeit bekommt, in Ruhe alle Schubladen auf- und zuzumachen, ohne dass etwas bewusst hineingestopft wird, weil man noch hier rechts abbiegen muss, noch Brot kaufen oder ein Telefonat erledigen muss. Ich kann dann geduldig zuhören und warten, bis sich alles sortiert hat und noch ein Gedanke auftauchen konnte, der am Tag verschüttet worden war. Dann hat alles seine Schublade gefunden, die ich dann zumachen kann, um abzuschalten. Diese Ruhe im Alleinsein ist wie eine unsichtbare Werkstatt, in der das Denken ohne mein Wissen arbeitet und Außerordentliches und Hilfreiches zutage fördert.

Der Psychologe C.G. Jung empfahl seinen Patient:innen ausdrücklich, Zeit allein zu verbringen: Das Alleinsein sei ein sicherer Raum, in dem man der kindlichen Tagträumerei nachgehen könne, um auch besser identifizieren zu können, welche Gedanken einem guttun und welche sich destruktiv äußern.[51] Man kann die dumpfe Hülle, in der Körper und Geist wie in eine Ritterrüstung aus Konvention, Gewohnheit, Angst eingezwängt sind, abwerfen und sich die Haut und sein Innerstes betrachten.

Alleinsein in der Natur: Annie Dillard und Henry David Thoreau

»Bisweilen saß ich an Sommertagen, [...] vom Sonnenaufgang bis zum Mittag traumverloren auf meiner sonnenbeschienenen Türschwelle zwischen Fichten, Walnussbäumen in ungestörter Einsamkeit und Stille, während die Vögel ringsum sangen [...]. In solchen Stunden wuchs ich wie das Korn in der Nacht. Sie waren viel besser, als irgendwelches Werk meiner Hände gewesen wäre.

Es war keine meinem Leben abgezogene, sondern um so viel dreingegebene Zeit.«[52] Das schreibt Henry David Thoreau, einer, der es verstand, sich genussvoll der Gesellschaft zu entziehen. Nachdem er seinen Dienst als Lehrer 1842 im Streit mit der Schulleitung quittiert hatte, da er »keinen Gebrauch von der unerlässlichen körperlichen Züchtigung« machen wollte, verwirklichte er seine Vorstellung der Transzendentalphilosophie, indem er sich im Wald eine Holzhütte baute und dort zwei Jahre lebte. »Meine Freunde fragen mich, was ich dort treiben werde? Werde ich nicht genug damit zu tun haben, die Jahreszeiten zu beobachten?«[53]

Wie produktiv Faulheit bzw. Muße ist, führte er sehr anschaulich vor Augen: Er konnte die Muße in der Einsamkeit, eingebettet in die Fülle der Natur und seine Subjektivität, ihre eigenen Wege gehen lassen und ihr dabei zusehen, wo sie hinführte. Sie führte zu der Schrift *Walden*, die 1854 erschien und bis heute die Bibel der Pantheistinnen, Wanderer, Hobbyeremitinnen und Naturphilosophen ist.

Dass *Walden* mit dem Kapitel *Sparsamkeit* beginnt, mag zunächst verwundern, denn Thoreau war kein Asket im klassischen Sinne. Sparsamkeit bedeutete für ihn nicht lustfeindliche Enthaltsamkeit, sondern Ballast abwerfen, um lustvoll zu leben. »Mein größtes Talent war von jeher meine Bedürfnislosigkeit. Ein Mensch ist reich in Proportion zu der Anzahl an Dingen, die er in Ruhe lassen kann.«[54] Für seine Zufriedenheit brauche er nur ein Bewusstsein für seine Existenz. Nicht Besitz, sondern Genuss sei sein Wohlstand. Keine Bank könne ihm das nehmen. Thoreau beginnt sein Buch also nicht mit der Verklärung der heilsamen Natur, worauf er heute meistens reduziert wird, sondern mit einer Kritik am Arbeitsbegriff und amüsierte sich über den Unsinn und die Kosten, die seine Zeitgenossen sich abverlangen, um dem Anschein eines ehrenwerten Bürgers gerecht zu werden. Er brauche den schönen Schein ebenso wenig wie Vorhänge am Fenster, er freue sich über die Neugier von Sonne und Mond, wenn sie hineinschauten. »Die meisten Menschen sind, selbst in diesem freien Lande, aus reiner Unwissenheit und Verblendung so sehr durch die künstlichen Sorgen und die überflüssigen, groben Arbeiten des Lebens in Anspruch genommen, dass seine edleren Früchte nicht von ihnen gepflückt werden können. [...]. All eure Versuche drehen sich nur darum ins Geschäft hinein- oder aus den Schulden herauszukommen [...].«[55]

Analog zum amerikanischen Publizisten David Graeber, der in seinem Buch *Schulden. Die ersten 5000 Jahre* aufzeigte, wie Geld- und Steuersysteme Menschen in Europa und Nordamerika wie auch in den neuen Kolonien abhängig von den ihnen aufgezwungenen staatlichen Strukturen machten, zweifelte Thoreau damals bereits an einer Zivilisation, die Leute künstlich durch Steuern, den Zwang, Schulden zu machen, und durch Lohn- und Arbeitsbeschränkungen in Armut hielt und »Arbeitsarmenhäuser« kreierte. *Walden* ist keine realitätsferne philosophische Betrachtung, sondern auch eine Praxisanleitung, wie man mit einfachen Mitteln seinen Lebensunterhalt bestreiten kann. Denn wenn man mit wenig Geld auskommt, hat man viel Freiheit. Dabei war Thoreau Beschäftigung gegenüber keineswegs abgeneigt, doch er bestand darauf, dass man sie selbstbestimmt und freudvoll gestalten soll. Vom Vorwurf der Faulheit konnte er sich gut abgrenzen, indem er vielmehr die Geltungssucht infrage stellte, die für viele in ihrem Drang nach Erfolg und Status begründet liege. »Viele beschäftigen sich mit Untersuchungen über die Monumente des Morgen- und des Abendlandes, wollen wissen, wer sie erbaute. Ich für meinen Teil möchte gern wissen, wer sie damals nicht erbaute – wer über solche Torheiten erhaben war.«[56]

Thoreau verstand sich nicht als Eremit, aber er schätzte die Fähigkeit des Alleinseins zum Erkenntnisgewinn. »Wie kann man einen Menschen einen Philosophen nennen, der keine bessere Methode zur Erhaltung seiner Lebenswärme kennt als andere Leute?«, fragte er.[57] Doch ihm war auch bewusst, wie wichtig es ist, die Einsamkeit dosieren zu können. Seine Hütte war nie abgeschlossen; Freunde, Verwandte und von seiner Lebensweise angezogene Besucherinnen waren ihm prinzipiell willkommen. Auch führte er gerne Kindergruppen durch den Wald, um sie in Pflanzenkunde zu unterrichten und mit ihnen Beeren zu sammeln. Doch wenn andere ihm mit scheinheiligem Geschwätz auf die Nerven gingen, machte er keinen Hehl daraus und »antwortete ihnen aus immer größerer Entfernung«[58]. Das Alleinsein war Thoreau Selbstverteidigung und Seelenheil. Er vermisse die Freundschaft, gleichzeitig verhungere er in der Nähe von Menschen.

Diese leicht misanthropischen Anflüge finden sich oft als narrative Fallstricke in der Literatur der Romantiker und dem, was heute als Nature Writing populär geworden ist. Genauso veredele die zenbuddhistische Betrachtung eines manchen Autors schlichtweg die eigene überhebliche Menschenverachtung, wie die New Yorker Journalistin und Pulitzerpreis-Gewinnerin Kathryn Schulz in ihrem Artikel *Cat Tales* bemerkt.[59] Man gehe raus in die Wälder und suche das Erhabene, weg von den niederen Menschen, und vergesse dabei, dass man selbst so ein niederer Mensch sei. Als wäre man selbst die einzige Person, die die Natur zu schätzen wisse und sie *richtig* nutze.

Was früher noch ein schmollender Blick auf eine verlotterte Zivilisation war, von der man sich in der Wildnis erholen wollte, gleicht heute dem verzweifelten Entsetzen gegenüber der Klimakatastrophe. Aus dem Anthropozän wurde das Misanthropozän. Doch wenn man die Umwelt vor den Menschen retten will, kann man dies eben nur, wenn man die Menschheit mit all ihren Unzulänglichkeiten gleichermaßen mit rettet. Denn auch hier kann man sich in aberwitziger Weise in die Menschheit eingebettet fühlen: in unserer gemeinsamen Fähigkeit *und* Unfähigkeit, die Umwelt zu lieben und wertzuschätzen, ohne dass wir sie und uns darin retten könnten. Die Verzweiflung angesichts dieses Dilemmas teilen wir alle.

Man sollte Thoreau keinesfalls Menschenfeindlichkeit vorwerfen, auch wenn er schreibt, er liebe den Menschen nicht als etwas Individuelles, sondern als etwas universell Liebenswertes, das er in ihm entdeckt habe. Er empfahl, man sollte versuchen, so lange allein zu bleiben, bis man sich mit etwas verbunden fühlt, was größer sei als man selbst.[60] Manche nennen es die Erde, die Menschheit, Ideale oder Werte, manche nennen es das Göttliche: Thoreau nannte es Transzendenz, angelehnt an den amerikanischen Transzendentalismus, dem er sich nahe fühlte. Die Transzendentalist:innen, zu denen auch besonders progressive Stimmen wie Margaret Fuller und Ralph Waldo Emerson gehören, traten für eine freiheitliche, selbstverantwortliche und naturzugewandte Lebensführung ein, lehnten übertriebenen Materialismus und Rationalismus ab; keine Herrschaft sollte die menschliche Seele einengen. So gingen von ihnen wesentliche Impulse für die Abschaffung der Sklaverei, den Aufbau der Frauenbewegung und der Naturschutzbewegung aus. Thoreau selbst wetterte zwar gegen die Philanthropie, die er als überheblichen Paternalismus entblößte und die gerade von denjenigen als Ablasshandel betrieben werde, die Ungerechtigkeit erst durch ihre Anhäufung von Wohlstand zementierten. Doch auf einer Graswurzelebene beherbergte und pflegte er selbst Menschen, die aus der Sklaverei geflüchtet waren. Zudem setzte er sich – wenn auch erfolglos – gegen die Todesstrafe und für den Abolitionisten John Brown ein. Thoreau wurde verhaftet, weil er sich weigerte, an eine Regierung Steuern zu zahlen, die Sklaverei betrieb. Seine Familie zahlte seine Kaution und er konnte von der Gefängniszelle wieder zu seiner Hütte wandern. Dies zeigt aber auch, dass Thoreau immer noch privilegiert genug war, um es sich erlauben zu können, ein Außenseiter zu sein, ohne Verbannung und Sanktionen befürchten zu müssen, die über gehässige Bemerkungen über ihn als komischen Kauz in Tageszeitungen hinausgingen.

Die Transzendentalist:innen entlarvten die Erzählung, im Diesseits schuften zu müssen, um im Jenseits belohnt zu werden, als moralische Erpressung der Kleriker und Kapitalisten, die Menschen davon abhielten, Normen zu hinterfragen und, wie die Transzendenz es benennt, über sich hinausgehen zu können. Auch wenn sie Religionen als Institutionen der Unterdrückung und der Antiaufklärung ablehnten, scheuten es die amerikanischen Transzendentalist:innen nicht, sprachliche Bezüge zur Spiritualität herzustellen. So kamen sie einem agnostischen Pantheismus nahe, bei dem Gott kein alles bestimmendes personifiziertes mächtiges Wesen ist, sondern wo das Göttliche im Hier und Jetzt stattfindet und alles Existierende durchdringt. Demnach ist man nie einsam im Sinne einer Isolation. Und wenn man sich mit allem verbunden fühlt, muss man die Einsamkeit nicht scheuen.

Etwa 130 Jahre nach *Walden* machte die amerikanische Autorin Annie Dillard ein ähnliches Experiment, das sie in ihrem Buch *Pilger am Tinker Creek* beschrieb. Beide Werke entstanden in der Einsamkeit, beide bewiesen viel Humor. Ebenso ist ihnen gemein, dass Thoreau und Dillard, wie durch eine pantheistische Brille, durch die Umwelt, die beide umgab, ihre eigene Eingebundenheit im Kosmos begreifen wollten. Was heute allzu leicht mit esoterischer Leichtgläubigkeit assoziiert wird, stammt im Grunde aus dem den Naturwissenschaften innewohnenden Bedürfnis, das auch schon Alexander von Humboldt in seinem Lebenswerk *Kosmos* formuliert hat: die eigene Existenz in einem System von Natur und Kosmos auszukundschaften.

Dillard und Thoreau machten keine Entdeckungen als Naturforscher:innen. Sie suchten keine Pflanzen, die noch nicht beschrieben worden waren, dokumentierten auch nicht das Verhalten von Tieren mit zoologischem Blick. Es schien ihnen eher darum zu gehen, durch die Natur hindurchzuschauen und ihre Sinne als die Eingangspforten zwischen der eigenen Wahrnehmung und einer Allverbundenheit zu begreifen. »Die Erde war für ihn kein Gegenstand kalter Beobachtungen, sondern ein großes, lebendiges Wesen, und alles, was sie gebar, liebte er«, schrieb Wilhelm Nobbe über Thoreau.[61] Statt der Erforschung der Natur war die Erforschung des Zustandes zentral, also das, was mit einem passiert, wenn man sich ganz für sich allein, ungestört vom menschlichen Treiben, darauf einlässt.

Wenn man den aktuellen Hype um Themen wie Waldbaden und Achtsamkeit betrachtet, sieht es so aus, als bräche sich derzeit ein vergleichbares Bedürfnis Bahn. Ich vermute, dass im Zuge dessen auch so viele Menschen esoterischen Lehren anheimfallen, weil es ein Bedürfnis danach gibt, Sinnlichkeit und Intuition mehr Raum zu geben, sie aber kein anderes Ventil dafür finden. Allzu oft wirft man mit der Kritik an Spiritualität die Auseinandersetzung mit Sinnlichkeit gleich mit aus dem Fenster, denn die Beschreibung dieser Sinnlichkeit erscheint von manipulativen esoterischen Scharlatanen kontaminiert. Durch unser rationalistisches Weltbild sind wir darauf geeicht, allem zu misstrauen, was sich den Dingen nicht mit möglichst emotionslosem, sezierendem Blick zuwendet, also jenem Blick, der uns klar als objektiv erhabene Beobachter:innen von den Objekten unserer Analyse *trennt*. Intuition und das Gefühl von Eingebundenheit wurden seit der Aufklärung als romantische Verklärung – und als weiblich – abgewertet, um davon im Gegenzug die Figur eines glasklaren, distanzierten und alles beherrschenden männlichen Wissenschaftlers abzugrenzen. Sinnlichkeit war somit lange Zeit nicht »salonfähig« in den Wissenschaften. Dabei sind unsere Sinne und Vorstellungskraft eine so wichtige Brücke zur Natur wie Wasser, Nahrung und Sauerstoff. Das ist das Versöhnliche daran: dass unser abstraktes Vorstellungsvermögen, das uns mitunter von der Natur entfremdet, uns auch wieder mit ihr verbinden kann. Dillard und Thoreau sind sehr gute Beispiele, wie das gelingen kann.

Dillard und Thoreau verstanden, dass man allein sein und still sitzen muss, damit die Natur, die man gerade durch die eigene Bewegung verscheucht hatte, zurückkommt. Neugier und Geduld beschenken einen immer, denn wenn sich das Erwartete nicht zeigt, zeigt sich etwas anderes: »Ich ziehe mich zurück – nicht in mein Innenleben, sondern aus mir heraus, sodass ich ein Sinnengewebe bin. Ganz gleich was ich sehe, es ist genug, mehr als genug. Ich bin die Haut auf dem Wasser, auf der der Wind spielt; ich bin Blütenblatt, Feder, Stein«[62], schreibt Annie Dillard und ebenso: »An den Geist musst du dich anpirschen. Du kannst überall selbstvergessen warten, denn der Weg seines flüchtigen Vorübergehens führt überall vorbei [...].«[63] »[...] [E]s ist hart, das versteht sich von selbst. Aber sind nicht auch das Warten und Sehnen selbst auch ein Wunder, mit dem Wind, Sonne und Schatten spielen?«[64] Dillard genießt dabei den konzentrierten Blick nach außen, wenn sie ungestört alle Antennen in ihre Umwelt ausfahren kann, und beschreibt die Fallstricke des *störenden Selbstbewusstseins:* »Ich frage mich, ob wir vielleicht den größten Teil unserer Energie darauf verschwenden, uns in jeder wachen Minute selbst wahrzunehmen.«[65]

Auch wenn in der Rhetorik mancher Eremit:innen ihr Alleinsein mit bitterer Entsagung verbunden wurde, gab es also auch einige, die ihre Erfahrung mit Genuss gleichsetzen, wie etwa Dillard und Thoreau. Der Mönch Bruder Karl von Jesus beschrieb um 1900 das Eremitenleben in der Wüste sogar als »liebenswert«: »Es ist so angenehm und gesund sich im Alleinsein einzurichten, von Angesicht zu Angesicht mit allem was ewig ist.«[66] Auch Sara Maitland beschreibt diese Allverbundenheit mit der Ewigkeit im Alleinsein: »Nichts zieht mich in seinen Bann. Ich betrachte es, und da es wenig zu sehen gibt, kann ich besser sehen. Ich lausche dem Nichts und seine stillen Melodien und Rhythmen klingen harmonisch.«[67]

Annie Dillard kam in ihrer Einsiedlerklause beim Betrachten des Lebens und Sterbens in der Natur aber auch einem ganz anderen Gedanken zum Verlust des Egos und der Verbundenheit gegenüber der Ewigkeit auf die Schliche. Ihr wurde klar, dass der Planet Erde vielleicht der einzige ist, wo der Tod existiert, und sie kam zu dem Schluss: »Die Evolution liebt den Tod.« Dillard spielte im Alleinsein im Wald das Gegenteil eines verbindenden Gotteserlebnisses durch: Sie beobachtete, wie ein Vogel auf langsame und grausame Art starb, während die anderen Vögel einfach weitersangen. Sie versuchte ihre beunruhigenden Gedanken über eine monströse Natur zu sortieren, der der menschliche Geist mit seiner moralischen Urteilskraft verloren gegenübersteht. »Uns ist das Individuum über alle Maßen wichtig und der Natur keinen Deut. Im Augenblick sieht es so aus, als müsste ich dieses Leben am Fluss vielleicht lassen, wenn ich nicht gründlich verrohen will. Ist die menschliche Kultur mit ihren Werten doch meine einzige wirkliche Heimat? Kann es sein, dass ich meine Einsiedlerklause an die Außenwand einer Bibliothek verlegen sollte? Dieser Gedankengang bringt mich unvermittelt an die Weggabelung, an der ich wie gelähmt stehen bleibe und nicht weiter will, weil beide Wege in den Wahnsinn führen.«[68] Dillard sprach mit ihrer imaginierten Leserschaft, um diese Gedanken weiterzutreiben: »Aber Moment mal, sagst du, in der Natur gibt es kein Recht und Unrecht; Recht und Unrecht ist ein menschliches Konzept. Genau: Wir sind also moralische Geschöpfe in einer unmoralischen Welt. Das Universum, das uns gesäugt hat, ist ein Ungeheuer, dem es gleich ist, ob wir leben oder sterben, dem es gleich ist, ob es selbst in die Brüche geht. Es ist starr und blind, ein zum Töten programmierter Roboter. Wir sind frei und sehend; wir können nur versuchen, ihm bei jeder Gelegenheit ein Schnippchen zu schlagen, um unsere Haut zu retten.«[69]

Annie Dillard kam zunächst zu dem Schluss, dass nicht der Tod selbst, sondern die Emotionen der Fluch sind, der auf dem Menschen und ein paar Tieren wie Hunden, Affen und Elefanten lastet. Doch um diesen beunruhigenden Gedanken zu entschärfen, musste sie in die Hütte am Fluss zurückgehen, wo er ausgelöst worden war. Dort erschienen ihr jedoch ihre Artgenossen mit dem steten Drang, bewerten zu wollen, immer monströser und ihre Bibliothek immer enger. Dort »wächst meine Scheu vor der Literatur, vor dem Brei menschlicher Emotionen [...] und ich treibe mich tiefer und tiefer in die Isolation von meinesgleichen«.[70] Doch sie kann versuchen, die Bibliothek, die menschliche Kultur und die Sprache mit an den Fluss zu nehmen und dort zu versöhnen.[71] Dillard merkte schnell, dass man sich die Dinge und Subjekte nicht unterwerfen, sondern ihnen nur nahekommen kann, indem man ihnen erlaubt, die eigene Vorstellungskraft zu erweitern – und zwar, wenn man ihnen im Stillen anerkennend gegenübersitzt. »Ich bin eine zerfranste und angenagte Überlebende in einer gefallenen Welt, und ich komme ganz gut zurecht. Ich werde älter und bin angefressen und habe meinerseits schon reichlich gegessen. Ich bin nicht blitzsauber und schön, Herrin über eine strahlende Welt, in der alles zusammenpasst, sondern wandere voll Staunen auf einem zersplitterten Wrack herum, das ich lieb gewonnen habe, dessen angenagte Bäume eine zarte Luft atmen, dessen blutbeschmierte und vernarbte Tiere unter den windzerfetzten Wolken stromauf und stromab meine liebsten Gefährten sind und dessen Schönheit nicht *in* seinen, sondern überwältigenderweise *trotz* seiner Unvollkommenheiten pocht und leuchtet.« Um dies zu illustrieren, zitiert Dillard Simone Weil: »Lasst uns das Land hier drunten lieben. Es ist wirklich; es bietet der Liebe Widerstand.«[72] Also rette sich, wer kann, in eine erträgliche Vorstellungskraft in dieser prachtvollen blutverschmierten Welt. Denn das, was unseren Intellekt, unseren Geist von der Natur trennen mag, verbindet uns eigentlich mit ihr: unsere Imagination.

Auch die amerikanische Schriftstellerin Ursula K. Le Guin schlägt vor, die Imagination und die Poesie als Weg zu den Phänomenen anzuerkennen: »Weiter als mit der gemessenen Sprache der Poesie können wir uns Phänomenen wie den unhörbaren Stimmen unbelebter Objekte oder dem unbewegten Sein von Bäumen wohl nicht annähern. [...] Die Naturwissenschaften beschreiben akkurat von außen, die Poesie beschreibt akkurat von innen.«[73] Beide feiern das, was sie beschreiben. »Wir brauchen die naturwissenschaftliche ebenso wie die poetische Sprache, um nicht nur Informationen anzuhäufen, die ganz und gar nicht dazu beitragen, unserer Ignoranz und Verantwortungslosigkeit entgegenzuwirken. Indem sie eine Alternative zu unbegründeten, starrsinnigen Vorurteilen schaffen, können die Naturwissenschaften unsere moralische Empfindsamkeit steigern; indem sie ästhetische Ordnungs- und Schönheitsprinzipien demonstriert und darbietet, kann die Poesie unser Bewusstsein um ein Gefühl der Verbundenheit erweitern, das der achtlosen Nutzung und Ausbeutung unserer Mitgeschöpfe, der Verschwendung und dem Leid vorbeugt.«[74]

Man kann sich die Einsiedelei aber natürlich auch unabhängig von Erfahrungen der Transzendenz kreieren, wie es, sehr konsequent, die Primatenforscherin Dian Fossey tat. Fossey ließ sich sogar prophylaktisch den Blinddarm entfernen, um in der Abgeschiedenheit leben zu können. Dazu hatte man ihr geraten, wenn sie monatelang an einem Ort unter Berggorillas leben wollte, der einen Zwei-Tages-Trip von der nächsten Klinik entfernt lag. Aus diesen Monaten wurden am Ende 17 Jahre, von denen Fossey zwei Jahre im Zelt, die restliche Zeit in einer Art Hexenhaus verbrachte, das Freund:innen aus den umliegenden Dörfern für sie gebaut hatten. Das Alleinsein war schnell vorbei, hörte sie doch selbst nachts die Geräusche von Elefanten und Büffeln an der Wasserstelle. Und auch angesichts ihrer wenigen kongolesischen und ruandischen Angestellten, die schon gewohnt waren, weiße Forscher mit ihrer anfänglichen Verwirrung und ihren Befürchtungen wieder auf die Beine zu stellen. Das Hexenhaus war ein Refugium für die Tiere, die Fossey und ihre afrikanischen Kolleg:innen aus den Fallen der Wilderer befreiten. Ihrer anfängliche Angst, sich in der Abgeschiedenheit zu verlieren, arbeitete Fossey mit der Überzeugung entgegen, dass der Regenwald wie ein Hausgarten mit vielen Bewohner:innen sei. Statt mit zwölf Katzen wohnte sie dort mit einer zahmen Antilope, zwei Hühnern, zahlreichen mehr oder weniger willkommenen Riesenhamsterratten, einem Hund und mehreren Gorilla-Familien in der Umgebung.

Je berühmter Fosseys Karisoke-Forschungsstation durch Medienberichte wurde, desto mehr ungebetene Gäste kamen zu ihr. Manche Tourist:innen belagerten sie so sehr, dass sie sich verkleidete oder durch die Hintertür entkommen musste, um ihre Arbeit in Ruhe fortzusetzen. Dem Journalisten eines britischen Boulevardblattes verweigerte sie ein Interview mit der Konsequenz, dass er sich mit einem frei erfundenen Artikel revanchierte, in dem er schrieb, die Afrikaner würden Fossey als eine *Nyiramachabelli* bezeichnen, was auf Suaheli »alte Frau, die ohne Mann im Wald lebt« bedeute. Die Außenwelt störte Fossey. Sie wollte sich auf die

Tiere konzentrieren und sich nicht mit lästigen Bürokraten und Filmteams bis hin zu kapriziösen amerikanischen und europäischen Studentinnen, die ihr zur Hilfe vorbeigeschickt wurden, beschäftigen. Sie lebte gerne mehr oder weniger allein im Wald und wünschte sich Ruhe für sich und eine andere Spezies, die von den Menschen bedroht wurde. Doch bald wuchs die Arbeit vor allem aufgrund des steigenden Bewusstseins für Naturschutz so an, dass Fossey auf studentische Hilfskräfte angewiesen war. Diese jungen Leute litten dann schnell am sogenannten Astronauten-Blues. Monatelang isoliert im Wald zu wohnen führte bei ihnen zu ähnlichen Symptomen wie bei Astronaut:innen, die sich vor dem Raumflug einem Isolations-Training unterziehen mussten: schwitzen, zittern, Fieberschübe, Appetitlosigkeit, Depressionen, Weinkrämpfe. Fossey versuchte nicht, sie zum Bleiben zu überreden. »Unwissentlich hatte ich erwartet, dass jeder vom Wunder der Berge und von der Ehre, Gorillas zu begegnen, ebenso begeistert sein müsste wie ich. Mir kam gar nicht in den Sinn, dass ermüdende Klettertouren auf endlos langen Schlammpfaden, Übernachtungen im feuchten Schlafsack, das Anziehen von nassen Jeans und Stiefeln nach dem Aufstehen und die Sättigung mit altbackenen Keksen nicht jedermanns Traum vom Paradies sind.«[75]

Eine solche Inseleinsamkeit, wie Fossey sie in ihrem Gorillacamp lebte, kann Menschen aber auch zu Künstler:innen machen. So verbringt die Fotografin Alexandra de Steiguer seit 20 Jahren jährlich fünf Monate auf einer einsamen Insel an der Ostküste der USA. Im Sommer ein beliebtes Ausflugsziel, ist die Insel im Winter komplett unbewohnt, und Alexandra kümmert sich ähnlich wie ein Leuchtturmwärter um die Instandhaltung der Häuser. Sie war zuvor neun Jahre zur See gefahren und fand mit diesem Job nun eine Möglichkeit, für sich als eine Art Saisoneremitin im Alleinsein und am Meer anzukommen. In einem Interview erzählte sie, dass die einsame Insel ihr Raum für die Empfindung gäbe, dass ihr Geist keine Grenzen kenne, keine Erwartungen und keine Zeit. »Ich kann mich von der Stille umhüllen lassen, sie ist wie ein guter Freund, der da ist für einen, aber einen in Ruhe lässt.«[76] De Steiguer fühle sich aber auch verbunden mit all den Menschen, die jemals auf der Insel lebten und ihre Lebensgeschichte prägten. Dass sie zu fotografieren begann, kam im Alleinsein auf der Insel ganz von selbst, denn die Ruhe lädt dazu ein, sich mit der Umgebung auseinanderzusetzen.

Allein mit der Welt – Weltverbundenheit versus existenzielle Grundeinsamkeit

Liest man die Schriften spiritueller Lehren aus dem asiatischen Raum, beispielsweise zu Taoismus oder Buddhismus, in denen die Allverbundenheit eine Selbstverständlichkeit darstellt, könnte man zu dem Schluss kommen, das Gefühl der Isolation und Vereinzelung sei eine lustvolle Wahnvorstellung der westlichen Kultur. Wir Europäer:innen halten an der Idee einer *existenziellen Grundeinsamkeit* des Menschen fest, als sei dies eine tiefgründige und noble Weisheit.

»Wahrlich, keiner ist weise, / Der nicht das Dunkel kennt, / Das unentrinnbar und leise / Von allen ihn trennt«, heißt es in dem Gedicht *Im Nebel* von Hermann Hesse.[77]

Jede:r lebe und sterbe für sich allein, und wir sind einsam, weil wir dies wissen und fühlen. Unsere Subjektivität, unsere Identität und unser Ego seien so stark, dass sie Grenzen zwischen uns Menschen ziehen. Aufgrund unseres ausgeprägten Individualismus seien wir Wesen, die einander nie völlig verstehen können, trotz aller Verständigungsversuche und Übereinkünfte. Der Philosoph Johann Gottlieb Fichte brachte diese Unüberbrückbarkeit in seiner idealistischen Philosophie auf den Punkt: Ich bin ich, und alles andere, ob belebt oder unbelebt, ob Mensch oder Tier, Gesellschaft, Kultur oder Natur, ist Nicht-Ich. Zwischen uns bleibt eine Lücke, eine Fremdheit, ein grundlegendes *Nichtverstehen-Können*.[78] Darin wurzele unsere unumgehbare und nicht transformierbare Grundeinsamkeit, die Horden deutscher Denker:innen verzückte und von Dichter:innen besungen wurde. Die Psychoanalyse hat diesen Dualismus mit Ambiguitäten wie *Subjekt* und *Objekt* oder *vertraut* und *fremd* fortgeführt. Zwar können wir Brücken zum Geiste anderer schlagen, das aber hieße nicht, dass wir uns ihnen *wirklich* mitteilen können und sie uns *wirklich* begreifen. Am Ende seien wir an unser Selbst gefesselt.

Vielleicht ist es aber an der Zeit zu überdenken, ob das Festhalten an der Idee der existenziellen Grundeinsamkeit als *conditio humana* an sich uns krank macht und ob es gerade die dort innewohnende depressive Grundhaltung ist, die uns von der Schönheit des Alleinseins fernhält, auch wenn unsere Dichter und Denkerinnen das Gegenteil behaupten, weil sie sich so lustvoll in ihrer Melancholie suhlen. Denn der Stachel der Einsamkeit vergiftet, wenn man ihm nicht entkommen kann, während er gezogen werden kann, wenn man sich prinzipiell in die Menschheit eingebettet und mit ihr verbunden fühlt.

Den Menschen getrennt von anderen Menschen zu denken, und zwar als ein autonomes und rationales Wesen, wurde während der Aufklärung verfeinert. Nur so konnte man sich aus den Fängen des von Gott vorbestimmten Schicksals befreien, um nun eigene Regeln für die Politik und die Naturwissenschaften aufstellen zu können. In der Erzählung von Rationalismus und Autonomie kann man sich allerdings auch schnell verrennen, wenn man sich dafür den Panzer der Objektivität, Distanziertheit und somit der Vereinzelung anziehen muss. Wichtig ist auch zu verstehen, dass *der autonome Mensch* damals noch ausschließlich den weißen Mann meinte: Frauen und Menschen, die außerhalb Europas lebten, wurden in das Reich des Irrationalismus verbannt, sodass das autonome Subjekt des weißen Mannes auch sie beherrschen und kontrollieren durfte. Dieses Denkmuster ist bis heute wirkmächtig und zeigt sich darin, wie das Wissen von indigenen Gesellschaften romantisiert und abgewertet wird und Frauen, z. B. wenn es um ihre reproduktiven Rechte, um Schwangerschaft, Geburt und Abtreibung geht, immer noch gegen Gesetze zu kämpfen haben, die schwerwiegende Einschränkungen ihrer Selbstbestimmung bedeuten. Die Auffassung, dass die »Weiber und die Wilden« in ihrer Emotionalität kontrolliert werden müssten, hängt aber auch mit einer Abwertung von emotionaler Verbundenheit, Vertrauen und Intuition zusammen. Das führte unter anderem dazu, dass Frauen und Vertreter:innen indigener Gesellschaften permanent die Scherben aufkehren müssen, die ein männliches beherrschendes Subjekt verursacht hat. Frauen wurde die Rolle zugeschrieben, sich um ihre Mitmenschen und Hilfsbedürftige zu kümmern, indigene Gesellschaften sorgen sich um natürliche Ressourcen und Umweltschäden in ihrem Lebensraum, aber das männliche weiße Subjekt sieht sich in der Position, die Erkenntnisse, die aus der Auseinandersetzung mit Nachhaltigkeit und Fürsorge resultieren, abzuwerten und einmal mehr als Beweise für die intellektuelle Minderwertigkeit dieser Gruppen zu lesen. Die daraus entstandenen Polaritäten von Kontrolle versus Vertrauen, Autorität versus Dialog auf Augenhöhe prägen unsere Sicht auf die Gemeinschaft und unsere Fähigkeit, uns miteinander verbunden zu fühlen. Wenn ich die Welt kontrollieren will, um im Zeitalter der Aufklärung den Staffelstab des Schöpfergottes zu übernehmen, muss ich mich als vereinzeltes autonomes berechnendes Individuum denken und nicht eingebettet in eine menschliche Existenz, die auf Gleichberechtigung beruht. »Der intuitive Geist ist ein heiliges Geschenk und der rationale Verstand ein treuer Diener. Wir haben eine Gesellschaft erschaffen, die den Diener ehrt und das Geschenk vergessen hat«, sagte Albert Einstein.[79]

Tatsächlich krebsen wir mit unzulänglichen Beschreibungen davon herum, was wir uns als Bewusstsein zutrauen, also der Beschreibung, wie ein Mensch seine Welt und sich selbst darin wahrnehmen und begreifen kann: Geist, Vernunft, Verstand, Rationalität, Intellekt, manche sind auch überzeugt davon, eine »unsterbliche Seele« zu haben. Je vehementer man sich die Frage stellt, was das

Selbst denn eigentlich ist, desto mehr wird es sich verflüchtigen. Mein Selbst duckt sich weg vor soziologischen und psychologischen Definitionen, und das würde ich ihm auch empfehlen. Ebenso, wie man sich in dem Gedanken verlieren kann, dass man den anderen nicht zu verstehen vermag, kann man sich in dem Anschlussgedanken verlieren, sich selbst fremd zu sein. Denn man verheddert sich in Vorstellungen vom Absoluten, Authentischen, Wirklichen, die nicht erfüllbar scheinen. Doch auch hier ist es die menschliche Vorstellungskraft, die uns ebenso trennen wie verbinden kann. Man kann sich als an sich selbst gekettet empfinden, ebenso wie man spüren kann, dass unser Bewusstsein als Geist wandert und uns durchdringt und somit verbindet. Gedanken und Projektionen sind in gewisser Weise wie Blumen: Man kann entscheiden, welche Blumen – oder Gedanken – man gießt, sodass sie wachsen können. Das betrifft auch konstruktive oder hemmende Aspekte im eigenen Selbstbild. Wir Menschen sind nicht atomisierte Einzelwesen oder abgeschlossene Einheiten, sondern in uns vereint sich eine Vielzahl von zusammenhängenden Stimmen und Perspektiven, die auf uns einströmen, sich gegenseitig bedingen. Wir selbst beherbergen ein Stimmengewirr, in dem sich der Pluralismus der Gesellschaft spiegelt. Und das ist wunderschön. So kann man ein Verständnis dafür bekommen, dass die Welt größer ist als unsere Vorstellungskraft. Dafür ist das Alleinsein eine Schatztruhe. Sie verleiht dem Leben eine Dichte ebenso wie eine Weite. Und vielleicht vertieft das Alleinsein das Gefühl von Gemeinsamkeit gerade darin, dass das Innerste ins Außen hin expandiert und umgekehrt. Gerade die Lücke zwischen uns Menschen, der letzte Rest des anderen, den man nicht durchdringen kann, kann auch als verbindende Erfahrung gesehen werden statt nur als trennende: Die Bewusstwerdung des Ich, der Prozess von innerkörperlicher Datenerhebung und Auswertung, die ich im Alleinsein stärke, ist die Voraussetzung für das Verständnis des Du. Und auf diese Bewusstwerdung kann man sich in der Einsamkeit verlassen, sodass aus *einsam gemeinsam* wird. Man muss sich mit sich selbst beschäftigen, um in den Dialog treten zu können. Gleichzeitig gewinnen wir auch die Verständigung mit uns selbst, wenn wir sprechend und handelnd vertrauensvoll mit bisher Unbekannten ins Gespräch kommen.

Die Fähigkeit zum Alleinsein hängt mit der Beziehungs- und Bindungsfähigkeit zusammen. Beide haben ihre eigenen Zeiten und ihre eigenen Orte. Beides muss in einer Balance bewusst gesucht und geübt werden. Alleinsein und Gemeinsamsein ergänzen sich produktiv. Wir haben uns keinen Gefallen getan, sie als Gegensätze zu verfestigen. Wenn wir akzeptieren, dass wir gleichrangig Einzelwesen und Beziehungswesen sind, können wir sinnvolle Beziehungen mit uns und mit anderen führen. Die Fähigkeit zum Alleinsein bedeutet dann auch, als Gegenbeweis für die existenzielle Grundeinsamkeit keine perfekte und lückenlose Kommunikation zu erwarten. Diese Erwartung kann auch eine fatale Auswirkung auf unseren Anspruch an die Liebe haben: Gerade wenn wir uns vereinzelt denken, kultivieren wir das unerfüllbare Wunschbild der romantischen Liebe, mit nur einem einzigen Menschen so zu verschmelzen, dass dieser uns durch die Liebe mit der Welt verbindet. An diesem Anspruch kann ein Partner oder eine Partnerin nur scheitern, sodass diese Unerfüllbarkeit das Gefühl der Isolation noch verstärkt. Wenn ich mich in die Menschheit eingebettet fühle, ist dieser Wunsch nach Symbiose mit *nur einem* Menschen in der romantischen Zweierbeziehung als Heilung von der Trennung von der Welt nicht mehr notwendig. Ich komme darauf in dem Kapitel über die Liebe zurück.

Leo Tolstoi schrieb einmal: »Je einsamer jemand ist, desto deutlicher hört er die Stimme Gottes.«[80] Gläubige scheinen also fein raus zu sein. Sie sind nie wirklich isoliert. Ihre Vorstellung davon, dass sie immer in Gott sind oder das Göttliche in ihnen ist, verbindet sie mit allen anderen Wesen. Da mag es nicht verwundern, dass die Exkommunizierung in manchen Epochen als eine Art Höchststrafe galt, da man dann von Gott und der Gesellschaft verlassen war, *in seiner Existenz* vollkommen auf sich allein gestellt. Über

Jahrtausende füllte die Religion die Leerstellen dieses existenziellen Bedürfnisses: Gott war immer da als Tröster, als Vergewisserung und ständige Präsenz, auch und gerade in der Einsamkeit. Viele Menschen spüren ihre körperliche und geistige Existenz erst richtig, wenn sie von anderen, und sei es einem imaginiertem »Freund« wie Gott, wahrgenommen werden. Vielleicht ist es das, was Mystikerinnen und Eremiten beschreiben, wenn sie im Alleinsein die Fülle suchten; in der ruhigen Einsamkeit ist Raum für alles, und sie nannten diese unaussprechliche Erfahrung das Göttliche. Gott fungierte also gewissermaßen als Brücke zum glücklichen Alleinsein. Und in einer Welt, in der wir Gott als wahrnehmende Instanz kaum noch Bedeutung geben, glauben wir umso mehr soziale Verbindungen zu brauchen, bis wir wieder gelernt haben, dass wir uns selbst genug sind. Vielleicht sind der Eremit und die Mystikerin ein Schnittpunkt, an dem sich unsere Vorstellung von Weltverbundenheit und existenzieller Grundeinsamkeit treffen.

Christliche Mystiker:innen des 13. und 14. Jahrhunderts wie Mechthild von Magdeburg, Hadewijch von Antwerpen oder Beatrijs van Nazareth nutzten den Begriff des Abgrunds, um die Tiefen der menschlichen Seele zu beschreiben: die »Unauslotbarkeit des menschlichen Seins als Metapher für jenen gedachten tiefsten Punkt der Seele, in dem Gott selbst wohne und erfahrbar bliebe«. In dem »rein verstandesgemäß nicht mehr erreichbaren Punkt könnten Mensch und Gott, Ich und Universum in Eins zusammenfallen« und sich dort »in einem größeren Zusammenhang mit Gott geborgen fühlen«[81]. Der Abgrund wird daraus folgend zentral in der Betrachtung der Psyche. »Die Redeweise vom Abgrund in der Mystik ist aus dem europäischen Geistesleben des Mittelalters nicht wegzudenken und leitet über zu (post-)modernen Studien über die Chancen und Grenzen des Ich, mit einem Nachhall bei Sigmund Freud, der das tiefe Unbehagen am unauslotbar Abgründigen der menschlichen Seele derart formulierte: ›Das Ich ist nicht Herr im eigenen Haus.‹«[82] Doch was Freud als das Unbewusste bezeichnete, war für die Mystiker:innen das Göttliche.

Dass Alleinsein nichts mit Egozentrik zu tun hat, beweist der Zenbuddhismus. Dort lernt man, die Aufmerksamkeit so sehr nach innen zu richten, dass man sich vergisst. Das Selbst zerkrümelt angenehm vor der Ewigkeit. »Das Selbst zu studieren heißt, das Selbst zu vergessen. Das Selbst zu vergessen heißt, von allen Dingen erweckt zu werden.«[83]

Ähnlich und doch anders beschrieb es der persische Dichter und Mystiker Rumi, wenn er sagt, dass man sich nicht einsam fühlen solle, da doch das gesamte Universum sich in einem selbst befindet.[84]

Beide Betrachtungen erklären, dass es gar keinen personifizierten Gott als imaginären Freund braucht, sondern eine viel universellere Vorstellung von einem uns alle durchdringenden Göttlichen, die dem Pluralismus nahekommt.

Allein sein zu können schafft Verbindung, ohne Mühe, ohne Intention, weil da plötzlich Raum ist, für jemand anderen, für eine Wahrnehmung, eine Beziehung. Allein sein zu können, mitunter sogar Einsamkeit zu ertragen, bedeutet zudem die innere Freiheit, sich selbst mit Abstand betrachten zu können. Andere Menschen sind mir nicht fremder, als ich mir oft fremd bin, und ich kenne viele Momente, in denen andere mir näher waren als ich mir selbst. Und das Erkennen dieser Fremdheit löst das bei mir und anderen aus, was vielleicht das verbindendste Moment überhaupt ist: Neugier und somit Offenheit und *Durchlässigkeit.* Statt an den holprigen, brüchigen und dadurch tragischen Brücken über das Weltmeer zu verzweifeln, empfehle ich, sich in die Fluten der Menschheit zu stürzen und darauf zu vertrauen, dass sie einen tragen.

An dieser Betrachtung ist zudem enorm fruchtbar, dass sie einen weitestgehend von einem bedauerlichen Störsender im Hirn befreit, der einem von klein auf eingebaut wird: dem Neid. Ich empfinde es als enorme Befreiung, mich über alles, was andere geschafft haben, freuen zu können. Statt mit vor Eifersucht zerknittertem Blick auf die Werke anderer zu blicken und ihnen ihre Anerkennung zu missgönnen, genieße ich, dass sie die Energie aufgebracht haben, mit großer Mühe etwas geschaffen zu haben, das auch ich genießen kann. Unser Leistungs- und Konkurrenzdenken verleidet es uns, wenn andere Anerkennung bekommen, es soll ein rares Gut sein und schwer zu erlangen. Neid erscheint mir deswegen als das unproduktivste und trennendste Gefühl. Ein schöner Aspekt des Pluralismus, der Vielstimmigkeit der Menschen, ist eben auch, dass man erkennt, dass man selbst Fähigkeiten hat, weil man andere Fähigkeiten gerade *nicht* hat. Dafür kann man sich darauf verlassen, dass andere Menschen diese Fähigkeiten haben, die meine ergänzen. Man darf dem Leben vertrauen, dass es einen durch Interesse und Lust dahin führt, wo man am besten aufgehoben ist. Doch statt über dieses stimmige Gesamtbild Befriedigung und Vertrauen zu empfinden, werden wir dazu erzogen, uns zu grämen, dass wir nicht alles selbst beherrschen können. Doch die Welt sieht ganz anders aus, wenn ich mich als Teil einer Menschheit betrachte, die gemeinsam im Austausch materielle und immaterielle Ideen gebiert. Es inspirieren uns Gedanken und Taten von Menschen, die wir nie getroffen haben, die seit Hunderten Jahren tot sind, die schon gar keine Blutsverwandte sind und nicht die gleiche Sprache sprachen, die vielleicht nur gedruckte Worte oder auch nur Schatten im Bewusstsein einer kollektiven Erinnerung sind. Aber sie sind unsere Menschengemeinschaft, und unser aller Inspiration und unsere Heimat.

Annie Dillard schreibt in *Pilger am Tinker Creek*, dass, wenn man Tiere beobachten möchte, man nur eine Weile irgendwo still sitzen muss, bis sie zu einem kommen. Das ist mit Menschen genauso. Ich selbst sitze nicht nur gerne allein im Wald, sondern auch gern im Einkaufszentrum und höre Gespräche der Passanten wie Vogelzwitschern. Ich kann mich einen ganzen Nachmittag nur von Gesprächsfetzen ernähren. Sie fliegen an mir vorbei, kleine Blitzlichter vom Leben anderer, die einen komplexen langen Prozess beleuchten, ohne dass ich die Vorgeschichte oder den Ausgang kenne. Man sitzt in diesem Stimmengewirr im Innen und Außen und kann sich kurz in das Leben anderer einloggen. Das Innenleben sickert aus einer vorbeigehenden Person heraus, sodass das starre Gerüst meiner Gedanken und Empfindungen, zum Einsturz gebracht werden kann, oder es hilft, die eigenen Gedanken zu sortieren, wenn sie sich auf den Pfaden der rationalen, linear organisierten Umgebung verloren haben. Solche Begegnungen sind oft eine Inspiration, die meine Wahrnehmung ändert. Rein- und rausmäandernd zwischen der eigenen Umgebung und den eigenen Gedanken sammle ich mich im Alleinsein. Jeder Satzfetzen von Passant:innen birgt Erinnerungen daran, wie die Welt um mich herum präsent ist, dass diese Welt existiert mit ihren Schwimmbädern, Schulen, Bundesministerien, Elektrizitätswerken, Spätis, Kriegsschauplätzen, Gerichtshöfen und Familienfeiern und dass sie eine große Seelensuppe bildet, in der wir schwimmen. Wenn ich durch die Straßen gehe, durchdringt mich ein Gefühl von Verbundenheit mit einer globalen Kultur und Ideengeschichte, die vieles, was ich sehe, schmecke, denke, rieche und anfassen kann, hervorgebracht hat. Ebenso schalte ich das Licht ein und aus, das Techniker:innen eines Elektrizitätswerks regeln, lese Bücher und sehe Filme, die von vielen Menschen durch technischen Fortschritt und Lebenserfahrung geschaffen wurden, und trinke Wasser aus einer Leitung und laufe über Mosaike, die vor Jahrzehnten von Bauarbeitern gelegt worden sind. Angesichts dessen fühle ich mich nicht vereinzelt in dieser Welt.

Leute kucken habe ich als Kind schon gerne mit meiner Mama gemacht. Nun zelebriere ich das ausgiebig, aber nicht zielgerichtet, beispielsweise im Berliner Görlitzer Park, und beobachte die vielen Touristen auf der Suche nach Drogen und Parkgärtnerinnen beim Frühstück. Während ich hier schreibe, unterhalten mich die Joggerinnen, Kindergärtner, Spaziergängerinnen, Dealer, Lesende, Jongleurinnen, Radfahrer, die an mir vorbeiziehen. Witze, Kommentare, Anmerkungen, Lachen, Weinen, Seufzen, der suchende Blick nach der freien Parkbank und das Knuspern der Bauarbeiter, die hier Mittag machen, das gibt mir ein Teilbild von der Welt. Auf Schritt und Tritt begegnen mir Hinweise und Überbleibsel von Menschen. »Wissen Sie, wie ich von hier zum Ufer komme?« – »Welches Ufer? Spree oder Landwehr?« Kurze Unterhaltungen lassen mich an die Wasseroberfläche gleiten, um mit anderen zu kommunizieren, man planscht mit jemandem in einer Sprach- und Assoziationssuppe herum, bevor man wieder abtaucht und selbstvergessen eine Pflanze unter Pflanzen wird oder sich auf das scheinbar Nebensächliche einlassen kann.

Und so wie Tiere und Menschen zu einem kommen, wenn man einmal still sitzt, so kommen auch die Gedanken, die man aus diesem Stimmengewirr entwickelt. »Das beste Schreiben findet sich wie jene Tiere ein, plötzlich, in sich ruhend, alles und nichts erzählend, Worte, die sich herantasten an die Wortlosigkeit. Vielleicht ist das Schreiben selbst eine Wüste, eine Wildnis«, stellt Rebecca Solnit fest.[85] Die anderen sind mir gar nicht fern und fremd, sie beginnen nicht getrennt von mir im anderen Körper, sondern in der Imagination und Einfühlsamkeit, die zwischen uns besteht. Kann man genau diesen verbindenden Zwischenraum, diese Lücke, die unsere Vorstellungskraft füllt, nicht schätzen und sogar lieben lernen? Was, wenn man diese Lücke nicht als existenziellen Mangel und tragische Distanz des potenziellen Nichtverstehens beklagt, sondern als existenziellen Freiraum und als Gestaltungsmöglichkeit betrachtet? Als Möglichkeit des Widerstands ebenso wie als Möglichkeit der Liebe.[86]

Das Alleinsein als Gefühl absoluter Verbundenheit – Die Welt kommt ohnehin zu mir

Ähnlich wie das Alleinsein wird die Stille in unserer Gesellschaft einerseits idealisiert, andererseits als langweilig oder gar gefährlich und krank machend gemieden. Lärmverschmutzung ist mittlerweile als Phänomen in unser Bewusstsein getreten wie Luft- oder Lichtverschmutzung, und doch scheint es, als ob der moderne Westen sich vor der Stille fürchte, als habe er ein Schild permanenter Betriebsamkeit gegen das nackte Sein errichtet. Doch Stille sollte nicht als die Abwesenheit oder das Fehlen von Geräuschen, nicht als Opposition von Klang und Sprache beurteilt werden, sondern eine ganz eigenständige Dimension bekommen. Beim Alleinsein ist es ebenso: Allein zu sein bedeutet nicht die Abwesenheit von etwas und jemandem, sondern die Präsenz von etwas anderem.

Sara Maitland widmete der Stille ein ganzes Buch: *Das Buch der Stille.*[87] Dort beschreibt sie, dass sie ihre erste bewusste Erfahrung mit schöner wohltuender Ruhe beim nächtlichen Stillen ihres Kindes machte: »... [H]eute denke ich, dass diese wonnigen Dämmerzeiten, in denen die Schwärze der Nacht in ein blasses Licht überging und wir beide ohne Bedauern oder ein Gefühl von Verlust wieder ganz zu uns selbst zurückkehrten, ein Ausgangspunkt für meine Reise in die Stille waren [...]. In der verblassenden Nacht gibt es nichts zu tun, als präsent zu sein.«[88] Das erinnert an eine wunderschöne Sequenz aus Virginia Woolfs Roman *Zum Leuchtturm.* Darin geht es um eine Mutter, die, nachdem die Kinder im Bett sind, endlich allein sein kann: »[M]an schrumpfte mit einem gewissen Gefühl der Feierlichkeit darauf zusammen, man selbst zu sein, [...] etwas für andere Unsichtbares. [...] [D]ieses Ich, das seine Bindungen abgeworfen hatte, war frei für die seltsamsten Abenteuer. Wenn das Leben für einen Augenblick Ruhe gab, schien die Reichweite der Erfahrung grenzenlos.«[89]

Nachdem die Kinder aus dem Hause waren und Maitland sich scheiden ließ, wollte die umtriebige Politaktivistin und Feministin dem Phänomen der Stille auf die Schliche kommen und erkunden, wie Menschen sich davon angezogen oder abgestoßen fühlen konnten. Dafür wollte sie nicht nur ein Zimmer für sich allein, sondern gleich ein ganzes Moor.[90] Sie zog sich zunächst in eine einsame Hütte in Schottland, dann monatelang auf eine kleine Insel zurück: »Ich lebe jetzt stiller als je zuvor, aber ich plantschte immer noch im flachen Uferwasser des stillen Ozeans herum, dessen Existenz ich jedoch deutlich spürte.«[91] Sie wollte nicht mehr planen, gestalten, steuern und bewältigen, sondern erfahren, spüren, leben und sein.[92] Sara Maitland beschreibt, dass ihre Zeit in Einsamkeit und Stille mit einer Intensivierung aller Sinneseindrücke und verstärkten körperlichen Empfindungen einherging. Essen und Trinken war höchster Genuss, ihr Geschmackssinn nahm Nuancen und Temperaturunterschiede besser wahr. Plötzlich konnte sie Geräusche besser auseinanderhalten - ein Sturm war wie ein Orchester, in dem sie verschiedene Laute dem Haus oder den Pflanzen draußen zuordnen konnte. Sogar ihre Körpertemperatur fühlte sie präziser, wodurch sie insgesamt ein feineres Gespür für ihren Körper bekam. Maitland beschreibt weiter, wie künstliche Markierungen, etwa die Zeitmessung, in der Einsamkeit zerbröseln. Im Alleinsein verlor sie schnell das Gefühl dafür, wie lange eine Tätigkeit andauerte. Dadurch fiel ihr auf, wie »besessen wir alle von Uhren sind, die unsere Tage rituell markieren, sodass uns die Angst packt, wenn wir Zeit ›verlieren‹«.[93] Bei Maitland zeigte sich mit der neuen Zeitlosigkeit eine kindliche Sorglosigkeit. Sie konnte den Eindruck, als Teil in einer umfassenden Ordnung eingebettet zu sein, nachvollziehen, so wie es Mystiker:innen beschrieben haben. Ihre geschärfte Intuition machte sie glücklich und auch mutiger.

Das Eingebettetsein in die einsame Fülle kann mutig machen, aber auch in Leichtsinn umkippen. Es kann einen in einen ganz eigenen Strudel hineinziehen, aus dem man den Weg nicht mehr zurückfindet. Einsame Weltumsegler und Bergsteigerinnen verloren den Verstand, verließen die Route und kehrten nie mehr zurück, Schriftsteller hörten im Wald zu schreiben auf, und Philosophinnen verloren ihren Glauben an die Macht des Gedankens. Die Unaussprechlichkeit des Erlebens, ein tiefes Gefühl von Grenzenlosigkeit und Verbundenheit und eine damit verbundene erhöhte Risikobereitschaft und Glückseligkeit sind die Gefühle, die auch Antoine de Saint-Exupéry beschrieb, welche ihn auf langen Nachtflügen überkamen und die er als die »tödliche Sehnsucht nach Ruhe«[94] bezeichnete, tödlich, weil man das Bedürfnis hat, sich diesem Eingebettetsein vollkommen hinzugeben und die

Steuerung des Flugzeugs abzugeben. Auch Sara Maitland schreibt, dass Gefühlsäußerungen wie lachen oder weinen, Aufregung und Angst und Freude ungefiltert aus ihr herausbrachen, was sie aber nicht beunruhigte. Diese Unmittelbarkeit empfand sie einerseits als angenehm, enthemmt und authentisch und andererseits als chaotisch, ähnlich wie sie sich den wohligen, vorsprachlichen, egozentrischen und bedürftigen Zustand eines Kleinkindes vorstellt, angesichts dessen sie das soziale Lernen beim Erwachsenwerden als hemmend und befreiend zugleich wahrnimmt.[95] Maitland war überrascht, dass negative Gefühle in der Abgeschiedenheit nie überhandnahmen. »Tatsächlich traten diese Gefühle schwächer auf als normalerweise, weil ich mich nicht mit anderen Menschen und ihren Anforderungen auseinandersetzen musste, was mich hätte frustrieren oder mir sonst irgendwie hätte unangenehm sein können.«[96]

Ähnlich empfindet es mein Tauchbuddy Christine. Christine taucht schon seit fast 30 Jahren und geht gern auch mal allein unter Wasser, obwohl das ein riskantes Unterfangen ist, von dem alle Tauchlehrer:innen abraten würden. Aber sie will ihre Ruhe, sich treiben lassen und nicht dauernd sicherstellen müssen, dass ihre Begleitung bei den drei Metern Sichtweite in den Brandenburger Seen nicht auf Nimmerwiedersehen im Algenwalddickicht verschwindet. Christine erzählt:

»So alten Hasen wie mir quatscht man da nicht mehr rein, wenn sie allein in den See stapfen. Außerdem: Das Restrisiko macht mich noch wacher. Es gibt einen Punkt in der Einsamkeit, bei dem man den Eindruck hat, dass alle möglichen Gefühle von Freude bis zur Traurigkeit aus allen Flüssen in einen Ozean zusammenfließen. Wo die Gleichzeitigkeit von Genuss, Möglichkeit und Verlust eins sind. Als würde man auf einen Schlag alles empfinden können, was das Leben hergibt. Eine große Suppe der Multiperspektivität. Ich habe das Gefühl, ich kann dann über größere Entfernungen in Raum und Zeit und vor allem über mich hinausblicken.«

Auch bei den Naturwissenschaften kommt die Idee der Allverbundenheit ganz ohne Gottbegriff aus, wie eine von vielen Aussagen Albert Einsteins dazu zeigt: »Falls es in mir etwas gibt, das man religiös nennen könnte, so ist es eine unbegrenzte Bewunderung der Struktur der Welt, so weit sie unsere Wissenschaft enthüllen kann.«[97] Biologie, Chemie und Physik spüren Strukturen auf, in denen alle Atome, die sich in unseren Körpern verbinden, die rein- und raustreten mit jedem Nahrungsmittel, das ich verdaue, und jedem Hautfetzen, der sich von mir ablöst, mit jedem Atemzug, der Sauerstoff einsaugt und Stickstoff abgibt, der von anderen Pflanzen und Menschen bereits ein- und ausgeatmet wurde, verbunden sind. Man kann alles Organische und Anorganische als verbundenen Kreislauf im Austausch wahrnehmen, als ein geschlossenes System, in dem nichts wirklich sterben kann, außer die einzelnen Bauwerke. Doch sie sterben nur, damit deren Masse in anderen Organismen wieder aufgehen kann. Ebenso wie Chemikerinnen und Biologen bestätigen würden, dass uns der Sauerstoff, den Lebewesen atmen, verbindet, haben die Christen Gottes Atem als den Heiligen Geist beschrieben, der durch uns, also seine Schöpfung, die Verbundenheit mit Gott/dem Göttlichen weiterführt.

Die Schilderung von weniger religiösen Menschen, die längere Zeit abgeschieden lebten, zeigt, dass es keinen Gottesglauben braucht, um diese Verbundenheit körperlich empfinden zu können. Die erhöhte Konzentration im Alleinsein führt dazu, dass man den Überfluss, der einen umgibt, überhaupt wahrnehmen kann. Diese Menschen beschreiben Alleinsein wie eine bewusstseinserweiternde Substanz, die alle Sinne und Antennen öffnet und den ganzen Körper mit jeder Faser mitreden lässt, nicht nur das Kontrollzentrum im Gehirn. Wie es ist, wenn man in der Einsamkeit offen wird für die Tiefe eines Moments, haben viele Forschungsreisende beschrieben. Der Polarforscher Richard Byrd verbrachte 1936 sechs dunkle Polarnachtmonate allein auf einer Wetterstation am Südpol. In seinem emotionalen Tatsachenbericht *Allein! Auf einsamer Wacht im Südeis* beschrieb er die Übergänge von Tag und Nacht als

»unendlich verlangsamte Flut«, als unschätzbare Wichtigkeit natürlicher Abläufe mit einer ihnen innewohnenden »zeitlosen Geduld [...]. Es reichte, diesen Rhythmus flüchtig zu erhaschen, um Teil davon zu werden.«[98] Weiterhin stellte er fest: »Dies sind die besten Zeiten - Zeiten, in denen vernachlässigte Sinnesempfindungen sich zu einem köstlichen Feingefühl erweitern.«[99]

Auch Sara Maitland nennt Beispiele, wie Forscher:innen und Reisende ein ähnliches Gefühl von Verbundenheit und Sich-Auflösen beschreiben. So zitiert sie Geoffrey Williams, der eine Weltreise als Einhandsegler machte: »Ich schaute nicht mehr von außen nach innen, sondern von innen nach außen. Ich war Teil des Chores, war weder Dirigent noch Zuhörer, sondern sang mit als Teil von allem, was mich umgab.«[100]

Maitland selbst beschreibt ebenfalls ein Gefühl von absoluter Verbundenheit, das sie nur aus der Kindheit kannte. »So verbunden, als hätte ich keine Haut mehr [...] als hätten sich die Atome und Moleküle, aus denen ich bestehe, mit denen vereinigt, aus denen die restliche Welt gemacht ist.«[101]

Vielleicht dringt das wahre Selbst im Alleinsein durch die Haut und erweitert sich in ungeahnte Territorien?[102] Ist der Körper eingeschlossen im Ich oder das Ich im Körper? Wo fängt die Außenwelt an? Sind die Körpersinne schon Teil der Außenwelt? Ist der Körper als Sinnesorgan und Denkorgan nicht Grenze, sondern eher durchlässiger Vermittler zwischen Innen- oder Außenwelt, kann ich durch die Durchlässigkeit der Haut der Verbundenheit mit der Welt gar nicht erst entkommen? Und warum sollte ich das wollen? Wenn unsere Gedanken, die sich am Außen orientieren, uns verwirren, verloren und unsicher machen, dann birgt das innerliche körperliche Empfinden ein Refugio, das Klarheit und Kohärenz bieten kann.

Wie turbulent es in einem zugeht, merkt man, wenn man zum ersten Mal versucht, zu meditieren, nur einmal ruhig zu sitzen und an nichts zu denken, oder auch, wenn man einschlafen will und »den Kopf nicht ausschalten« kann. Der Körper und sein Nervennetz sind hier, um unsere konfusen Gedanken zu sortieren und ihnen Sinn zu geben. Sie verarbeiten jede Minute 10 000 und mehr Sinneseindrücke, als uns bewusst ist. Er ist eine riesige intelligente Ressource. Wenn wir lernen, ihm zuzuhören, können uns unsere Gedanken nicht mehr so leicht auseinanderreißen.

Eine ähnliche Grenzenlosigkeit wie Williams oder Maitland sie beschreiben, erlebt man, wenn man im Ozean taucht. Auch in einer Gruppe ist man in vielerlei Hinsicht dort auf sich allein gestellt, nicht nur, weil der kommunikative Austausch beschränkt ist, sondern weil man auch allein ist mit seinen eigenen Gedanken und Gefühlen und möglicherweise mit Angst und Beklemmung kämpft. Tauchunfälle haben in den meisten Fällen nichts mit technischen Problemen zu tun. Die könnte man auch in 40 Metern Tiefe meistens mit einem Buddy beheben oder ausgleichen. Sie gehen oft auf Angst und Panik zurück.

Ein Grund, warum ich tauchen lernen wollte, war, einen Raum zu betreten, in dem ich schonungslos meinen Ängsten ausgeliefert bin. Und dieser Erbarmungslosigkeit mit meinem Wissen, Selbstbewusstsein und auch meiner Zärtlichkeit mir selbst gegenüber zu begegnen. Ich wollte lernen, in den widrigsten Umständen Ruhe zu bewahren, weil es keine andere Option gibt. Diese Gelassenheit nehme ich auch an Land mit. Um noch Zuckerguss obendrauf zu machen, habe ich mich dazu ausbilden lassen, mit Haien zu tauchen. Wenn man so im weiten Blauen schwebt und ein Hai kreist um einen, ist man zunächst angespannt, man macht sich klein und atmet flach. Aber eben das darf man nicht, denn Haie riechen deine Anspannung. Man muss ruhig atmen, sich groß machen und dem Hai begegnen. Man wird immer ruhiger und entspannter, ist dennoch sehr aufmerksam. Ich bin dann nur noch eine ruhig atmende Lunge, die sich im Blau ausbreitet neben dem Hai.

Alleinsein kann helfen, inneren Frieden zu finden. Es gibt aber auch Menschen, die zuerst den inneren Frieden aufbauen, um anschließend in die Einsamkeit gehen zu können, zum Beispiel Apnoetaucher, die mehrere Minuten den Atem anhalten, um ohne Sauerstofftank zu tauchen. Guillaume Nery, der als Apnoetaucher etliche Rekorde aufstellte und nun mit seiner Partnerin Julie Gautier wundervolle Unterwasserfilme dreht, sagte, die Erfahrung, die er dabei suche, sei, dass sein Körper und Geist sich komplett im Wasser auflösten, sodass er Teil des großen Ganzen werde, grenzenlos. Aber um dahin zu gelangen, minutenlang im freien Fall 100 Meter tief mit einem Atemzug tauchen zu können, müsse er vorher in eine meditationsähnliche Ruhe kommen.[103] Das Erlernen der Meditations- und Apnoepraktik gehen Hand in Hand.

Wenn man offen ist für diese Sinnlichkeit der Eingebundenheit, bleibt einem auch ein banal erscheinendes Phänomen erspart, gegen das wir uns verbissen mit dem Smartphone in der Hand schützen wollen. Mein Tauchbuddy Christine erzählte mir:

»Ich habe das Konzept von Langeweile noch nie verstanden. Es mag einfältig klingen, aber mir reicht es schon, irgendwo zu sitzen und zu atmen: Wie ich die um mich umgebende Luft einsaugen kann, empfinde ich, seit ich tauche, schon als große Sensation. So, dass alles nackt wird, tief und klar. Seit ich die Unterwasserwelt kenne, wieder auftauche und ein Landlebewesen werde, kann ich mir vorstellen, ich wäre eine Außerirdische, die zum ersten Mal einen Menschen, einen Baum, die Luft, die ich atme, und das Gesamtbild, das das ergibt, wahrnimmt. Wie ein Kind bin ich immer wieder überrascht, welche Sinnesfreuden mein Körper mir gibt, wenn ich nur die Straße entlanglaufe. Da kann keine Langeweile mehr aufkommen.«

Christine sagte übrigens auch, dass sie sie sich, nachdem sie sich von dem Boyfriend getrennt hatte, mit dem sie zusammen tauchen gelernt hatte, das ganze teure Tauchequipment selbst kaufte, das sie vorher nur auf Tauchstationen ausgeliehen hatte. Sie wollte sich damit zwingen, gegen das Unbehagen zu handeln und allein auf Tauchreisen zu gehen, um diese Erfahrungen unter Wasser weiter zu ergründen.

Das Alleinsein dringt durch die Haut in ungeahnte Territorien – Körpersinne

Wahrscheinlich gehen wir ähnlich hierarchisch mit unserer Umwelt und anderen Lebewesen um, wie wir es noch von den Überbleibseln eines mechanistischen Weltbildes mit unserem eigenen Körper und Geist gewohnt sind: Wir wollen unseren Kopf von allem unabhängig und autonom sehen und fetischisieren die Idee eines freien Willens, als ob der Wille automatisch weniger frei wäre, wenn der ganze Körper mitredet. Hier offenbart sich ein autoritäres Denken; das Hirn wäre demnach Meister des Körpers, welcher ihm untertan sein soll. So sind uns körperliche Bedürfnisse Feind, die wir disziplinieren müssen. Dementsprechend wird vielen Menschen ihr Körper erst bewusst, wenn er Krankheitssymptome zeigt. Dann, wenn er nicht pariert, wenn er einfach im Bett oder in der Sonne liegen will. Wir mögen es nicht, wenn Körperteile mitteilen, dass sie etwas brauchen. Wir wollen sie wieder ins Reich der Stille schicken, damit wir sie nicht mehr *spüren*. Unsere Körper haben gelernt, sich wie ein geschlagener Hund vor all der Werbung, vor jeder Fitnessbude und Bürostühlen wegzuducken, die sie fesseln oder als minderwertig brandmarken. Anstatt uns von innen heraus mit Wohlwollen und Wertschätzung zu spüren, haben wir gelernt, uns ständig mit dem kritischen Blick von außen zu betrachten (statt von innen zu spüren), den Körper durch Stress und Schlafmangel zu prügeln, um den Belohnungen und Bestrafungen des Bildungssystems und der Lohnarbeit zu entsprechen, nach Makeln zu fahnden, die die Schönheitsindustrie uns einredet, davon auszugehen, nicht nur Ware, sondern sogar Mangelware zu sein, sodass wir eher einen vernichtenden als einen liebenden Blick auf uns selbst richten. In Coronazeiten mehrten sich laut dem Fachmagazin *Facial Plastic Surgery and Aesthetic Medicine* die Anfragen nach Schönheitsoperationen ebenso wie Google-Suchanfragen zu Akne und Haarausfall, weil man sich andauernd bei Online-Meetings selbst vor Augen hatte. Die dadurch gesteigerte Selbstaufmerksamkeit, in der man sich zudem bewusst ist, dass die anderen einen sehen und bewerten, führte dazu, dass man sich umso mehr mit der vermeintlichen eigenen Mangelhaftigkeit beschäftigte. Weil wir nicht lernen, uns von diesem defizitären Blick zu distanzieren, können wir zu gierigen Konsument:innen erzogen werden. Denn das Angebot ist zu verlockend, die Leerstellen in unserem Selbstbewusstsein mit Konsumgütern zu füllen. Wir lassen uns so vieles gefallen, weil wir dazu erzogen werden, uns selbst nicht bedingungslos zu lieben.

Das Gehirn kann einen trennen oder verbinden mit der Umwelt und anderen Menschen, so ist es auch mit der Haut und dem Körper allgemein. Er verbindet einen mit und trennt einen von der Umwelt, ist Schutzbarriere wie auch Rezeptor für andere Menschen, für Gewalt und Zärtlichkeit. Den Körper als Maschine zu betrachten, führte zur Abwertung des Körperwissens und der Intuition als zu emotional, zu irrational, zu weiblich. Als männlich und überlegen galt und gilt es leider immer noch, sich den eigenen Zugang zu Sinnlichkeit und Intuition abzutrainieren. Sind Umweltzerstörung, Ausbeutung, Unterdrückung und eben Vereinzelung vielleicht heute so große Probleme, weil wir Intuition und Sinnlichkeit nicht als Mittel der intelligenten Entscheidungsfindung anerkannt und gefördert haben? Unser Denken und unser Gehirn sind fest verankert und verdrahtet mit allen Körpersinnen. Doch wir haben den Körper als wichtigen Kommunikationsapparat stumm geschaltet und verlieren uns in der Frage, wie wir »authentisch« werden können. Wir können sie nicht beantworten, wenn wir die Verbindung zwischen Körper und Sinnenwelt und dem, was heute als Achtsamkeit vermarktet wird, wieder nur über das Nachdenken herstellen wollen. Denn unser Bewusstsein wohnt in jeder Zelle des Körpers und nicht nur im Kopf. Unser Körper ist Eingang und Zugang zu jedweder Kommunikation, und jeder Körper bringt anderes Handwerkszeug dafür mit, jedes Tier, jede Pflanze, jeder Mensch. Wir leben in vielschichtiger Kommunikation mit unserer ganzen Umwelt, doch wir konzentrieren uns zu sehr auf die Landschaft, die die Sprache für uns bereitstellt.

Aber gerade der Körper kann nicht so lügen wie die Psyche und das Ego. Er kann nichts schönreden, er zeigt mir klar und deutlich, was ich ihm und mir widerfahren lasse. Wenn ich ihm zuhöre, kann ich lernen, Stärke, Schwäche, Lust und Erschöpfung richtig zu dosieren.

»Es ist nicht möglich, etwas nicht an dir zu lieben, was du wirklich spürst«, sagte die Körpertherapeutin und Autorin Ilan Stephani.[104] Egal ob es müde und schwach ist oder Cellulite oder Falten hat. Wenn man sich unabhängig von dem strafenden Blick der Leistungsgesellschaft wirklich spürt, seine Bedürfnisse und seine Materialität, die Anspannung der Muskeln, das eigene Gewicht, wenn man geht, die atmenden Lungen, das schlagende Herz, kann man ihn nur wertschätzen und gewähren lassen. Doch da wir uns an Erwartungshaltungen von außen abarbeiten, richten wir bedauerlicherweise einen vernichtenden statt eines liebenden Blickes auf uns selbst. Wir spüren unseren Körper nicht mehr, um ihn zum Leitfaden für unsere Entscheidungen zu machen. Wir unterdrücken ihn, um Entscheidungen anderer hinzunehmen. Gerade in Zeiten großer Herausforderungen, sei es die Klimakatastrophe, persönliche Trauer, Krankheiten oder Entfremdungsgefühle von der Gesellschaft, sollte man es wagen, mehr Körper zu werden, mehr Intuition, mehr Sinnlichkeit. Wenn wir auf unseren Körper und sein ganzes Sensorium vertrauen, können wir viel eher feststellen, welche notwendigen Veränderungen wir brauchen, welche ungewünschten wir (mit-)tragen wollen und welchen wir uns konsequent verwehren (müssen).

Wenn ich allein bin, kann mein Körper in aller Klarheit zu mir sprechen, dann ist mir mein Körper nie feindlich, er ist meine sichere Behausung, auf die ich mich verlassen will und muss. Wenn ich allein bin, spüre ich umso mehr, dass er meine schützende Hülle ist, die ich umsorgen will. Außerdem vertraue ich auf ihn als etwas, das destruktive Einflüsse von außen aus meinem Denk- und Empfindungssystem abtransportieren kann, wenn ich ihm erlaube, seinen Sinnen und seiner Lust zu folgen.

Der Wert der Selbstfürsorge

Menschen, die Sorge für andere tragen, sollten bestenfalls keine eigenen Bedürfnisse haben. Diese Überzeugung ist fest in unserer Kultur verankert und zeigt sich beispielsweise nach wie vor in unserem Ideal der Mutter. Man muss sich fragen, inwieweit diese ideale Mutter, die sich um die Bedürfnisse anderer mehr sorgen soll als um ihre eigenen, das toxische Vorbild für alle pflegenden, betreuenden und überhaupt sozialen Berufe ist: Weil wir von der Mutter die Selbstaufgabe verlangen, verlangen wir sie auch von Krankenpflegerinnen und Sozialarbeitern. Qua unserer christlich geprägten Erzähltraditionen von Barmherzigkeit und Selbstaufopferung haben wir gelernt, diesen fundamentalen Gegensatz von bedürfnislosen Sorgenden und bedürftigen Umsorgten als eine gegebene Tatsache anzuerkennen. In diesem Gegensatz ist auch die Grundannahme aufgehoben, dass das eigene Leiden am Leid anderer das eigene Mitgefühl veredelt: Wenn man den Anspruch hat, sich um andere zu kümmern, lässt man sich selbst kaum Raum für Freude, Glück, Zufriedenheit und Selbstfürsorge.

Die Unterscheidung von bedürfnislosen Sorgenden und bedürftigen Umsorgten birgt nicht nur die Gefahr von Burn-out und Depression, sondern verkennt zugleich die Handlungsfähigkeit der Betroffenen. Dies hat fatale Konsequenzen, die auch politisches Handeln betreffen kann. Für viele NGOs wird die Annahme, die als »bedürftig« eingestuften Menschen seien handlungsunfähig, zu einer gefährlichen Dichotomie. Der paternalistische Ansatz zahlreicher NGOs unterschätzt Betroffene und behindert sie durch bevormundende Entscheidungen darin, aus eigener Kraft dauerhaft tragfähige Lösungen zu finden.

Mehr Selbstfürsorge innerhalb politisch aktiver Gruppen wäre auch ein fruchtbarer Ansatz, mehr Menschen zu politischer Aktivität zu bringen. Wir kennen Politik nur als eine Arena der Macht, der Kontrolle und des Kampfes, und so bleibt vielen nur der Ausweg, »unpolitisch« zu werden, will man die eigenen (emotionalen, mentalen und nervlichen) Kräfte schonen. Eine Aktivistin aus der Bewegung für Geflüchtete erzählte mir einmal:

»Ich denke, viele politisch oder sozial Engagierte verlieren sich so im Helfen, weil man sich in einer privilegierten Position sieht und glaubt, kein Recht darauf zu haben, selbst einmal überfordert zu sein, Unterstützung zu brauchen, eine Pause und einen Raum für sich allein. Stattdessen ziehen sich viele einen Schutzpanzer an und werten Selbstfürsorge als eigensüchtig ab. Schließlich sind es andere, die in einer schlimmen Situation feststecken, und man selbst ist nur ein ›bisschen müde‹. Aber diese Müdigkeit und der Kummer fressen einen auf Dauer auf. Man ist permanent Pufferzone für die Konflikte und Krisen anderer und versucht, deren Problem zu lösen, während man gleichzeitig ihren Stress und ihre Angst miterlebt. Vielleicht haben auch viele das Gefühl, eine Sache als verloren aufzugeben, wenn sie sich mal eine Weile zurückziehen würden. Dabei kann man doch darauf vertrauen, dass die Bewegung auch eine Weile ohne sie weitergeht und man zurück kommen kann.«

Man muss aber auch feststellen, dass die Räume des Politischen, sei es im Bundestag oder in einer aktivistischen Gruppe, oft selbst von Gewalt, Hierarchien, Dominanz und einem ungesunden Gegeneinander geprägt sind, was auch dazu führt, dass Menschen dort weniger zur Teilhabe eingeladen werden, sondern sich ihren Posten erkämpfen müssen. Gefühle sind dort nicht willkommen, gelten sogar als unprofessionell. Dieser Habitus prägt natürlich auch unsere Vorstellung von politischer Teilhabe auf eine eher toxische Weise, denn viele Menschen missverstehen Politik als Kampf statt als Gestaltung und Partizipation.

Aber vielleicht findet gerade ein Umdenken statt? Derzeit zumindest werden zunehmend Publikationen und Initiativen ins Leben gerufen, die die Selbstfürsorge unter politisch Aktiven und Arbeiter:innen bzw. Ehrenamtlichen im sozialen Bereich behandeln. Afroamerikanische Aktivist:innen und Autor:innen wie Audre Lorde, bell hooks oder Loretta Ross konnten hier Vorbilder sein.

Mittlerweile gibt es auch im deutschsprachigen Raum die ersten Veröffentlichungen wie *Radikale Selbstfürsorge. Jetzt!* von Svenja Gräfen oder Lann Hornscheidts *Zu Lieben. Lieben als politisches Handeln: Kapitalismus entlieben* oder *Radikale Zärtlichkeit* von Şeyda Kurt.[105]

Allein sein (können) ist ganz grundsätzlich ein wichtiger Teil der Selbstfürsorge, denn es fördert eine ausgeprägtere Fähigkeit zur Gemeinschaftlichkeit. Hat man erst einmal die Aufmerksamkeit für sich selbst geschärft, weil man seinen Schutzpanzer ablegen konnte, schärft sie sich auch im Hinblick auf andere. Im Alleinsein kann man zudem lernen, großzügig und verständnisvoll gegenüber sich selbst zu sein – auch dies ist eine wichtige Voraussetzung, anderen gegenüber das richtige Gespür zu entwickeln. Denn wenn der Schutzpanzer zu dick und undurchlässig wurde, kann die Sonne nicht mehr durch scheinen, weder die Sonne da draußen, die uns alle wärmt, noch die Sonne in mir selbst, die mich und andere wärmen kann.

Um dem Verhältnis von Selbstsorge und politischem Aktivismus auf den Grund zu gehen, sprach ich mit der Wahl-Londonerin Mara Clarke. Sie engagiert sich für Abtreibungsrechte und ist Begründerin des Abortion Support Network. Mara arbeitete ehrenamtlich beim National Abortion Fund in New York. Als sie für ihre Ehe nach Großbritannien umzog, entschied sie sich, in London eine ähnliche Organisation für Frauen aus Irland zu gründen, da Schwangerschaftsabbrüche dort damals noch illegal waren. Die damalige Statistik besagte, dass 17 Frauen jeden Tag für eine Abtreibung nach Großbritannien reisen mussten. Die hohen Kosten und der massive organisatorische Aufwand – zumal, wenn die Angehörigen nicht davon erfahren durften – sind nicht für alle Frauen stemmbar, Unterstützung gibt es aber an keiner Stelle. Aus diesem Grund rief Mara 2009 das Abortion Support Network ins Leben. Es unterstützte fortan Frauen aus Irland, die finanziellen und organisatorischen Hürden eines Schwangerschaftsabbruches zu nehmen. Dies sei, so sagt Mara, auch ein *leap of faith*, ein vertrauensvoller Sprung ins Ungewisse gewesen, aber sie war überzeugt, dass es den Versuch wert sei.

»Wenn man glaubt, sich von allen Seiten absichern zu müssen, lässt man sich leicht entmutigen, einen Plan zu verfolgen. Aber man kann alles durch learning by doing packen, muss dies aber auch klar kommunizieren. Ich habe gemerkt, dass ich so gute Dinge bewerkstelligen kann. Ich habe auch vielen anderen Leuten dabei geholfen, diese Arbeit zu machen und Aktivistin zu werden.« 2019 schloss sich das Abortion Support Network mit weiteren Aktivist:innen aus Polen, Irland, Deutschland und den Niederlanden zu Abortion without Borders zusammen.

Ich traf Mara Clarke zum ersten Mal 2009 in Irland, als ich gerade mit meinem Film *Abortion Democracy – Poland/South Africa*[106] durch Irland und England tourte. Damals erzählte sie mir, dass sie gerade im Begriff sei, ASN zu gründen. Durch meinen Film, der analysiert, wie sich die Abtreibungsgesetze in Südafrika und Polen auf Frauen auswirken, kam ich in Kontakt mit vielen internationalen Pro-Choice-Organisationen, die den Zugang zu Abbrüchen verbessern wollen. Statt einen weiteren Film zu drehen, wollte ich, dadurch inspiriert, lieber praktische Hilfe leisten und selbst versuchen, eine Organisation zu etablieren, die Frauen in Polen hilft, einen Abbruch in Deutschland durchführen lassen zu können. Tatsächlich war Mara Clarke die wichtigste Begegnung, die mich darin bestärkte, diesen Plan zu verfolgen. Allein kann man viel anstoßen, wenn man das Grundvertrauen hat, dass Aktionen Aktionen anziehen, dass, wenn man etwas anfängt und ausprobiert, automatisch Leute dazukommen, die die Strukturen wachsen lassen und stabilisieren. So dauerte es etwa zwei Jahre von der anfänglichen Idee bis zu dem Punkt, als wir unter dem Namen *Ciocia Basia*, zu Deutsch Tante Barbara, kontinuierlich Menschen mit ungewollter Schwangerschaft aus Polen helfen konnten, nach Berlin zu reisen. So weiß ich selbst sehr gut, wie schnell man sich in dieser Arbeit, andere Menschen zu unterstützen, verlieren kann.

Menschen, die sich mit Marginalisiertem und in die Illegalität Verdrängtem beschäftigen, sind die Pufferzone der Gesellschaft, weil sie die Scherben auflesen, die ignorierte Probleme verursachen. Sie sind aber auch Pufferzone für die Ängste und den Stress der Betroffenen. Gerade bei den stigmatisierten Themen gibt es massiven Redebedarf. Es gibt Themen, um die sich so viele Vorurteile und Projektionen ranken, dass man kaum öffentlich dafür einstehen kann, wenn man großen Wert darauf legt, was andere über einen denken. So wagen es nur wenige, diese Probleme zu benennen. Eine gravierende Folge der Stigmatisierung ist, dass Betroffene aus Scham nicht für eine Verbesserung ihrer Situation und Rechte kämpfen können. Sie wollen unsichtbar bleiben und leiden an Isolation.

Mara Clarke fiel der Zugang zu einem solchen Außenseiterthema leicht, da sie selbst in ihrem Leben oft mit Ausgrenzung zu kämpfen hatte:

»Als ich mit der Arbeit anfing, hatte ich kaum Vertrauen in die Menschheit, wahrscheinlich auch, weil ich aus einem Elternhaus komme, in dem ein immenser psychologischer Druck aufgebaut wurde. Mich irgendwo zugehörig zu fühlen, war immer ein Problem, ich habe meine Familie schon mit 17 verlassen und ich fühlte mich auch an keinem Arbeitsplatz zugehörig bis zu ASN. Ich denke, in gewisser Weise hat es mir geholfen, dass ich in Großbritannien eine Außenseiterin war, auch, weil ich Erfahrung damit habe, isoliert zu sein. Ich musste damals in England neu anfangen, also warum sich nicht so richtig ins Ungewisse stürzten? Briten denken sowieso, dass Amerikaner kein Benehmen haben, also konnte ich mich auch an so etwas heranwagen.«

Um gesellschaftliche Normen nicht zu hinterfragen, werden auch Menschen, die zu diesen unbequemen Themen arbeiten, stigmatisiert, stellt Mara fest:

»Die Brutalität, mit der du beschimpft wirst, wenn du als Frauenrechtlerin öffentlich auftrittst, ist unglaublich. Da geht es oft gar nicht mehr um Inhaltliches, sondern sie wollen dich in dem entwerten, worin ihrer Meinung nach eine gute Frau ihren Selbstwert finden soll: Sie sagen, du bist hässlich und dick und würdest nur keinen Ehemann finden. Manche sagten auch in Kommentaren unter Interviews mit mir, ich sehe jüdisch aus. Diese antisemitischen und sexistischen Aussprüche könnten mich natürlich fertig machen. Aber ich will darüber lachen. Und in gewisser Weise habe ich den Luxus, darüber zu lachen, denn ich muss hier wenigstens keine schusssichere Weste tragen wie in den USA. Man könnte meinen, dass es einen entmutigt, sich mit so was rumschlagen zu müssen. Aber diese Hässlichkeit wiegt nicht den Wert auf, den ich aus dieser Arbeit ziehe, und die schönen und starken Erfahrungen, die ich damit mache. ASN ist mittlerweile eine anerkannte NGO, und Abortion without Borders zeigt, wie gut anarchistische und selbstorganisierte Strukturen funktionieren. Es ist im wahrsten Sinnes des Wortes rechtschaffene Arbeit. Durch die Arbeit habe ich wieder mehr Vertrauen in die Menschheit gewonnen, durch das Ausmaß an Solidarität, Liebe und Respekt, das ich dort erfahre. Darin liegt so viel Schönheit. Was Menschen sich darin gegenseitig geben, ist viel größer als aller Hass und die Respektlosigkeit, die mir von außen begegnen. Es kommt immer darauf an, wo du hinsiehst. Viele verdrängen, wie viel in unserem Leben von äußeren Strukturen fremdbestimmt ist. Sie akzeptieren so viel Scheinheiligkeit. Abtreibungsgesetze treffen vor allem Arme und Minderheiten. Auch weil ich selbst Mutter bin, weiß ich, wie gewaltsam es ist, jemanden zu zwingen Mutter zu werden, wenn sie das nicht will oder kann.«

Ich frage Mara: »Hast du dir je Gedanken darüber gemacht, was Leute auf dich projizieren?«

Ich habe mich nie dafür geschämt, mich dem Thema Abtreibung zuzuwenden. Ich habe kürzlich einen Podcast gehört, in dem es darum ging, wie man am besten mit Dingen umgeht, die einen belasten, Schmerz, Vernachlässigung, Traurigkeit. Darin hieß es, man solle sich selbst als eine Sonne sehen und alles, was einen belastet, nur als kleine Planeten, die einen umrunden, um das Verhältnis von sich und diesen Traurigkeiten angemessen zu gewichten. Man muss sie wahrnehmen, aber eben nur als kleine Planeten und nicht als das Zentrum. Tatsächlich sehe ich als die Sonne aber nicht mich selbst, sondern die Arbeit, die ich mache, um Frauen zu unterstützen. Durch diese Arbeit, die auch viel mit Mitgefühl zu tun hat, habe ich auch mehr Mitgefühl für mich entwickelt. Dazu gehört wahrscheinlich, dass ich mir nicht zu viele Gedanken mache, was Leute auf mich projizieren, da habe ich eine gesunde Ignoranz. Dazu gehört auch die Fähigkeit, nach Licht Ausschau zu halten. Also habe ich auch gelernt, gut zu dosieren, wie viel Gewalt ich mir antue. Ich lese auch nicht alle Details in der Zeitung, wie und wo Menschen Gewalt angetan wurde. Ich brauche nicht mehr Infos dazu. Denn es gibt auch eine Mitgefühlsmüdigkeit. Eine gewisse Kühle bei der Arbeit kann ja auch helfen, um selbst ruhig zu bleiben. Wenn ich so aufgeregt wäre wie die Patientinnen, würden wir unseren Stress gegenseitig nur verstärken. Ich habe jetzt Verständnis, wenn Pflegepersonal auch mal distanziert ist, sie müssen sich abgrenzen, um nicht selbst in dieser Angst unterzugehen, zudem können sie dir selbst dabei helfen, einen kühlen Kopf zu bewahren. Es gibt einige Frauen, die ich nie vergessen werde. Aber dann muss man das wieder pragmatisch und nicht persönlich sehen, unterm Strich halten wir diese ganzen Schmerzen aus, um die Welt im Ganzen besser zu machen. Es gibt mehr Plus als Minus.«

Der tiefste Abgrund, in den ich bei der Arbeit mit Ciocia Basia je schaute, war die Grausamkeit und Selbstgerechtigkeit, mit der die Rhetorik der Liebe benutzt wird, um Gewalt gegen Schwangere auszuüben und ihnen Wahl- und Gestaltungsmöglichkeiten zu verweigern. Eine Rhetorik der Liebe, die suggeriert, Frauen hätten endlose Kapazitäten, um sich um die Bedürfnisse anderer zu kümmern, anstatt um ihre eigenen; eine Rhetorik, die vorgaukelt, Kindern und Müttern Aufmerksamkeit entgegenzubringen, wenn es tatsächlich um Kontrolle, Abwertung und Zwang geht. Die Rhetorik einer zweifelhaften Liebe, die in der Realität dazu führt, dass man Frauen in dem Moment isoliert und allein lässt, wenn sie am meisten unsere

Hilfe brauchen, weil ihre Bedürfnisse nicht zum Mutterideal passen. Mara erzählt weiter:

»Was mich antreibt, ist, dass ich mich in das Gefühl hineinversetzen kann, wie schrecklich es ist, wenn man keine Kontrolle mehr über sein Leben hat. Deswegen müssten die Menschen eigentlich verstehen, dass eine ungewollt schwangere Person unsere Unterstützung braucht. In meiner Jugend hatte ich nicht viel Kontrolle darüber, was mir passiert oder wie mein Umfeld mich behandelt. Aber weil ich mich selbst da raus gekämpft habe, verstehe ich, in welchen Gefängnissen sich andere befinden, mental und materiell, wie sehr man kämpfen muss, um sich daraus zu befreien. Ich habe Resilienz und Mitgefühl gelernt und wie man beides in verschiedenen Kontexten am besten anwendet. Ich kann mir kaum eine Situation vorstellen, in der dir mehr Kontrolle genommen wird, als bei einer ungewollten Schwangerschaft, die du gezwungen wirst, weiterzuführen. Die Konsequenzen müssen die Frauen dann aber allein tragen. Man lernt bei der Arbeit eine Ehrlichkeit, die auch im eigenen Leben hilfreich ist. Ich versuche diese Arbeit weniger als Bürde zu sehen, ich setze mich zwar vielen Schrecken des Lebens aus, aber noch mehr der Schönheit und Kraft der Solidarität. Aber viele Aktivistinnen und Aktivisten denken, sie müssten alles aushalten und regeln. Man muss lernen, eine Partnerschaft mit der Betroffenen zu haben, nicht paternalistisch zu sein. Wenn ich alles für sie tue, dann kann ich das nur, wenn sie auch viel für sich und für mich tut. Ich kann nicht alles für jemanden geben, der nicht kooperiert, denn ich kann nur unterstützen. Bevor Abtreibung in Irland legalisiert wurde, mussten wir Frauen, die noch nicht mal einen Pass hatten und noch nie allein gereist waren, Mut machen, dass sie es schaffen, für einen Abbruch ohne Wissen ihrer Angehörigen und Freunde, ohne Geld, aber mit viel Angst nach England zu kommen. Meine Uroma kam aus Russland in die USA ohne google maps, aber die hatte auch kein so krasses Zeitlimit dafür«, lacht Mara. »Wir sind nicht unbesiegbar, aber zusammen haben wir viel Kraft für kreative Problemlösungen. Ich weiß, du bist müde, ich bin es auch, aber ich ziehe dich über die Ziellinie. Entweder hältst du drei Tage Reiseangst durch und kannst deinen Kindern dieses Jahr keine Weihnachtsgeschenke kaufen, weil du eine Abtreibung finanzieren musst, oder du bist zwanzig Jahre lang eine Mutter, die alleinerziehend kaum noch Ressourcen für die anderen zwei Kinder hat, weil sie nun noch ein drittes durchbringen muss. Aber selbst die, denen wir nicht helfen konnten, wissen, da war jemand, der ihnen zuhörte und sie respektierte. Und wir bekommen auch die Rückmeldung, dass das schon immens hilft, um daraus Energie zu schöpfen, sich selbst zu helfen.«

Ich frage Mara, wie wichtig für sie der Rückzug ins Alleinsein ist.

»Die meisten Aktivist:innen denken, sie müssen alles geben und fühlen sich schuldig, wenn sie auch auf sich selbst achten«, sagt Mara. »Dabei ist der geordnete und bewusste Rückzug sehr wichtig, bevor man aus Überforderung nervös oder wütend wird. Und um zu wissen, wie es einem geht, was man noch leisten kann und was nicht, muss man auch allein sein können, friedlich sich selbst zuhören und die eigene emotionale Temperatur messen. Einsamkeit kann schaden, sie kann aber auch schützen.«

Ich frage weiter: »Könntest du aufhören? Dich aus der Verantwortung ziehen?« Mara antwortet:

»Ich war so absorbiert von der Arbeit, dass ich nicht mehr wusste, wer ich bin, außer Mutter meines Kindes und Pro-Choice-Aktivistin. Darum musste ich eine Pause machen. Ich wollte nicht mit der Arbeit aufhören, aber eine andere Art von Aktivistin sein. Ich will anderen Leuten helfen, in mehr Ländern Gruppen zu gründen, Unterstützung und Fürsorge für ungewollt Schwangere zu organisieren. Wie gewinnt man Ehrenamtliche, wie findet man Kliniken, wie kommt man an Geld, wie stellt man Budgets auf, wie geht man mit den sozialen Medien um und wie kümmert man sich um sich selbst als Gruppe? Denn es kann in den Gruppen selbst ein Gegeneinander entstehen, wenn es kein Handwerkszeug und Bewusstsein für Selbstfürsorge gibt. In gewisser Weise ist das wie Urlaub, mit so vielen tollen Leuten zu arbeiten und schöne Dinge anzustoßen, dabei aber nicht selbst an vorderster Front zu stehen. Ich werde müde, aber die konservative Rechte wird einflussreicher.«

Gerade wenn politische und soziale Verhältnisse sich zuzuspitzen scheinen, fällt es vielen Menschen schwer, sich rauszuziehen, auch wenn man nicht mehr kann. Doch ein temporärer Rückzug, selbst wenn er Jahre dauert, hilft, eine Stabilität zurückzuerlangen, die es einem dann wieder erlaubt, für die Anliegen anderer offen und zugänglich zu werden. Wenn man seine Bedürfnisse kennt, kann man bessere Entscheidungen treffen, wo und wie man sich für andere engagieren kann. Das betrifft nicht nur das politische oder soziale Arbeiten, sondern auch andere Bereiche wie die Kreativität und die Liebe.

Ich frage Mara, ob Alleinsein gut für die Gemeinschaft ist.

»Du kannst nicht wissen, was du willst und brauchst, wenn du nicht allein mit dir sein kannst, und zwar ohne Ablenkung, weil du dich ja noch um andere kümmern musst. Du kreierst einen Raum nur für dich. Ich habe irgendwann gemerkt, dass ich diesen Raum suchen muss. Ich wollte nicht zu einem Gesprächskreis, ich wollte eben nichts mehr von anderen hören. Ich suchte etwas Ursprüngliches und Unverstelltes, keine Worte, keinen Podcast, keinen Intellekt, ich brauchte Präsenz in meinem Körper. Ich wollte sehen, was übrig bleibt, wenn alle Ablenkung und Rationalisierung wegfallen, wo ist der Schmerz, wo habe ich mich vernachlässigt, wo kann ich darüber hinauswachsen, wenn ich meine Verletzlichkeit erst mal begreife? Um mich dem zu nähern, habe ich irgendwann mal einen Tanzkurs versucht, der nennt sich »5 Rhythmen«. Man verkörpert in gewisser Weise die fünf Rhythmen des Meeres, eine sehr freie Form, die du selbst finden musst: Fließen, Stakkato, Chaos, Lyrik und Stille. Dadurch verstehst du, was Verkörperung überhaupt bedeutet. Ich weinte damals, weil ich verstanden habe, wie sehr ich ein Kopfmensch bin und wie lange ich nicht mehr im besten Sinne *out of my mind* war und einfach nur meinen Körper spürte. Dabei begriff ich, wie wichtig das Alleinsein ist, das ich selbst gestalten kann. Endlich in meinen Mittvierzigern. Mit Alleinsein meine ich nicht automatisch Abwesenheit von anderen, sondern dass *ich mit mir zusammen* bin. Seither gehe ich seeeehr oft ohne mein Telefon spazieren.«

Mara ist nicht die Einzige, die diese Erfahrung in ihren 40ern macht. Vielen, die ich für dieses Buch interviewt habe, erging es ähnlich. Es gibt im Leben immer wieder Phasen, wo man sich verliert und dann wiederfindet. Mara weiter:

»Ich kann mich aber auch an meine 20er erinnern, obwohl diese Zeit auch schwierig war, aber da gab es Momente, wenn ich morgens in New York City das Haus verließ und einfach nur die Straße entlangging und alles so klar wahrnahm, die Straße, die Vögel, die Geräusche und Gerüche, die Stadt. Dieses Absorbiertsein im Moment mit mir selbst habe ich beim Tanzen wiedergefunden.«

Dass dieses Absorbiertsein von sich selbst und vom Moment einen nicht in einen narzisstischen oder egozentrischen Raum hineinzieht, zeigt sich auch darin, dass Mara dadurch ein neuer Blick auf ihre Freundschaften gelang.

»Früher hatte ich in Freundschaften die schlechte Angewohnheit, mehr den Dingen die Aufmerksamkeit zu schenken, die angeblich fehlen, statt dem, was mir Leute tatsächlich geben. Ich date gerade nicht mehr, ich nenne das *Manopause*. Freundschaftsliebe ist mir derzeit wichtiger als romantische Liebe, auch weil die romantische Liebe dir oft den eigenen Raum zum Atmen nimmt. Ich habe es lange als Mangel empfunden, dass ich kein Zuhause, keine Familie, keinen Ehemann und keinen gut bezahlten Job habe. Aber ich habe keinen einfachen Job, sondern eine Leidenschaft, ich muss Platz dafür haben. Wenn ich Künstlerin wäre, hätte ich da keinen Mangel reingelesen, aber wenn du lange Zeit in schlecht bezahltem Aktivismus aufgehst, unterstellen dir die Leute immer gleich, dass du etwas kompensieren würdest. Meine Tochter sagte, sie finde es schade, dass sie keine Verwandten habe, denn ich habe keinen Kontakt mehr zu meiner Herkunftsfamilie, bin geschieden, und ihr Vater hat sich von ihr zurückgezogen. Aber dann merkte sie, dass alle meine Freunde auch ihre Verwandten sind. Ich koche auch das Thanksgiving-Dinner für so viele Menschen wie möglich. Ich koche zwei Tage lang, dann setze ich mich hin, trinke Wein mit einem Strohhalm und sehe zu, wie sie alle essen. Das bin auch ich.«

3 | AUSSENSEITER:INNEN UND ALLEINSEIN AM RAND DER GESELLSCHAFT

Herbert Marcuse beschrieb in seinem Buch *Der eindimensionale Mensch* im Kapitel »Die Chancen der Alternativen«, dass gesellschaftliche Randgruppen am ehesten in der Lage seien, Utopien für eine emanzipierte und gleichberechtigte Welt zu entwickeln.[107] Denn sie seien es, die die Irrationalität und Ungerechtigkeit der bestehenden Verhältnisse benennen und ausloten könnten, weil sie deren Konsequenzen am meisten ausgeliefert seien. Wenn wir also Menschen zuhören, die unterprivilegiert sind, können wir am meisten über unsere eigene Gesellschaft lernen. Nicht nur, weil sie uns vor Augen halten, in welchen Käfig unsere mangelhafte Umverteilung von Ressourcen sowie rassistische und sexistische Vorurteile sie selbst gesteckt haben. Sondern auch, weil sie den Leuten, die mehr Privilegien haben, ihren eigenen Käfig zeigen, der ihnen aber noch erträglich genug erscheint, um nicht zu opponieren. Menschen, die an den Rand gedrängt wurden, ermöglichen soziale Veränderungen, weil sie in der Lage sind, diese Veränderungen zu denken und zu ersehnen, da sie am eigenen Körper erfahren, wie die Normen der Mehrheit sie ausschließen und beschränken. Das davon aber am Ende alle profitieren, wird in ironischer Umkehrung des Begriffs *Trickle-down-Effekt*, einer Theorie, mit der neoliberale Politiker ab den 1980er-Jahren die zunehmende Schere zwischen Armen und Reichen rechtfertigen wollten, nun der *Trickle-up-Effekt* genannt.

Eine soziale Bewegung entsteht, wie die US-amerikanische Feministin Gloria Steinem es formulierte, in dem Moment, da eine Gruppe von Menschen feststellt: »Nicht etwas in mir ist falsch, sondern etwas im System.«[108] Doch die normative Mehrheitsgesellschaft wertet das Wissen von sogenannten »Minderheiten« und

»Randgruppen« als bildungsfern, irrational oder zu emotional ab.[109] Gerade weil die Einzelgängerin und der Außenseiter das Potenzial haben, die Normen einer Gesellschaft zu hinterfragen, wird ihre Erkenntnis durch Diskriminierung in Schach gehalten, sodass ihr Protest sie selbst am härtesten trifft und sie öfter Ziel von lang anhaltendem Machtmissbrauch werden.

Der nigerianische Autor und Ethnopsychotherapeut Bayo Akomolafe sagt in seinen Vorträgen, dass die »Randgruppen« vielleicht gar nicht an den Tisch der privilegierten normativen Mehrheitsgesellschaft kommen wollen, um dort netterweise angehört zu werden, weil die Gedanken und Räume, die sie unabhängig davon kreieren, viel spannender, heilsamer und produktiver sind als ihr Potenzial, nur den beschränkten Bedingungen und Denkgewohnheiten des »Oberdecks (der Sklavenschiffe)«, wie er es nennt, anzupassen.[110]

Rückzug und Alleinsein sind so verstanden auch eine Geste der Verweigerung, um sein Potential nicht zu behindern. Sie werden auch deshalb misstrauisch beäugt, weil sie die Fähigkeit bezeugen, ohne die Normen und die Bestätigung durch andere leben zu können. So gesehen ist Alleinsein auch ein Talent, eine Art Kulturtechnik, weil jemand in der Lage ist, sich oder etwas zu bewahren und sich vor der Beeinflussung durch andere zu schützen bzw. davon abzugrenzen. Die Distanz zu anderen ist nicht unbedingt der traurige Preis, den man für diesen Schutz zahlt, sondern Voraussetzung dafür, dass die oder der Einzelne besondere Erfahrungen machen kann, sich widerspruchsfrei in den individuellen Bedürfnissen erleben kann und gerade dadurch zu kreativen, politischen und denkerischen Leistungen in der Lage ist, die dann der Gesellschaft zugutekommen. So kann man die Fähigkeit zum Rückzug und zum Alleinsein auch als etwas lesen, wovon wir alle als Gemeinschaft profitieren.

Viele Menschen lassen ihr Verlangen nach Veränderung verpuffen, weil sie überzeugt sind, allein nichts bewegen zu können. Dabei sind es oft einzelne Menschen, die etwas anstoßen, gerade weil sie unbeirrt ihren individuellen Bedürfnissen und Visionen nachgegangen sind. Eine einzelne Person kann, und wenn sie nur der Impulsgeber ist, viel in Bewegung setzen. Aber auch Einzelkämpfer:innen brauchen eine Gruppe oder eine andere Einzelperson, die ihre Anregungen mittragen und weiterentwickeln. Manchmal braucht es auch zwei Kämpferinnen, die über Zeit und Raum getrennt Anstoß in eine Richtung geben und ideell Hand in Hand einen Weg gehen, auch wenn sie sich nie begegnet sind.

Von der Fußnote zum Gedenkstein – Alice Walker und Zora Neale Hurston

Die afroamerikanische Autorin Alice Walker (sie ist vor allem für ihren Roman *Die Farbe Lila* bekannt) war mit dem Überschreiten von Grenzen und dem Kreieren neuer Areale vertraut. Sie und ihr Partner Melvyn Leventhal bildeten 1967 das erste Paar einer Person mit schwarzer und einer mit weißer Hautfarbe im Bundesstaat Mississippi, das standesamtlich getraut wurde, und zwar drei Monate nachdem der oberste Gerichtshof das Verbot von sogenannten »Mischehen« aufgehoben hatte. »Damals kauften wir uns einen Hund und ein Gewehr. Hauptsächlich aber verließen wir uns auf unsere Nachbarn. Wenn sie bemerkten, daß ein verdächtiges Auto voll weißer Männer durch unsere Straßen rollte, riefen sie uns an, oder sie blieben wachsam vor ihren Haustüren stehen, bis der Wagen verschwunden war.«[111] Leventhal kämpfte als Anwalt gegen die Rassentrennung in Schulen, und Walker arbeitete in Sozialprogrammen zur Förderung schwarzer Kinder und begründete am Wellesley College den ersten Kurs, der sich mit den Werken afroamerikanischer Autor:innen befasste. Denn als Walker in den 1960er-Jahren ihr Studium begann, hatte sie selbst erfahren müssen, dass sie sich ihre Vorbilder außerhalb des universitären Curriculums mühsam zusammensuchen musste. Die Lebenswelt von

Schwarzen wurde an einer weißen Universität für bedeutungslos erklärt, sodass es keine Bücher von afroamerikanischen Autor:innen gab. Zudem seien viele Romane weißer Autor:innen voll mit historischen Anspielungen, wie z. B. Sklavenhandel oder sexuellem Missbrauch, ohne aber für Betroffene eine Auseinandersetzung mit diesen schmerzhaften Themen anzubieten. Als schwarze Frau stehe man dann nackt und allein vor solchen Texten.[112]

Als Walker für eine Kurzgeschichte zum Thema Voodoo recherchierte, musste sie feststellen, dass die einzigen Bücher, die sie dazu fand, von Weißen geschrieben waren, die sich mehr oder weniger offen herablassend und rassistisch, vor allem aber geprägt von Ignoranz und Unwissenheit über die schwarze Kultur äußerten. Walker fühlte sich hilflos in einer Situation, die es ihr unmöglich machte, Informationen aus erster Hand über ihre eigenen kulturellen Wurzeln zu gewinnen.

In einem der Bücher, die sie fand, entdeckte Walker jedoch eine Fußnote, in der das Buch *Mules and Men* von Zora Neale Hurston erwähnt worden war. Der Fund dieser kleinen Fußnote hatte weitreichende Folgen – zunächst für Walker, dann für die afroamerikanische Literaturgeschichte.

Zora Neale Hurston wurde 1891 geboren, verließ ihre Familie mit 14, kam zunächst bei Freunden und Verwandten unter und musste sich viele Jahre als Hausangestellte, Kosmetikerin, Kellnerin und als Mädchen für alles bei einer Theatertruppe durchschlagen. »Hat deine Mutter recht gehabt mit ihrer Befürchtung, bei deiner Geburt hätte ihr jemand ›Wanderpulver‹, einen Hoodoo-Zauber, auf die Türschwelle gestreut?«, schrieb sie später in ihrer Autobiografie *Ich mag mich, wenn ich lache.*[113] Wie Walker hatte Hurston einen großen Hunger nach Bildung, konnte sich den Schulbesuch jedoch nicht leisten, wurde dann aber mithilfe eines Stipendiums 1925 am Barnard College aufgenommen, um Anthropologie zu studieren. Sie schloss 1928 mit dem B. A. ab. In dieser Zeit lernte sie die Schriftsteller:innen der Harlem Renaissance kennen, eine der ersten sozialen, kulturellen und künstlerischen Bewegungen einer aufkommenden schwarzen Mittelklasse im New Yorker Stadtteil Harlem in den 1920er-Jahren. Im vorherigen Jahrhundert hatten die weißen Plantagenbesitzer jede kulturelle Äußerung der aus Afrika verschleppten und versklavten Menschen unterdrückt, zudem wurde darauf geachtet, dass auf den Plantagen Familien oder kulturelle Gruppen auseinandergerissen und in ländlicher Isolation gehalten wurden. Ihre Geschichten, Tänze, Rituale und Musik waren untersagt, ihr Wissen sollte vernichtet werden. Was an verschiedenen afrikanischen Traditionen bewahrt werden konnte, vermischte und veränderte sich mit der Zeit zu religiösen Ritualen des Hoodoo, zu einer eigenen Sprache, zu neuen Musik- und Tanzformen und zu einem Fundus von Geschichten, die eine Neugestaltung afrikanischer Figuren beinhaltete. Diesen Ausdruck schwarzer Kultur zu erforschen, wollte Zora Neale Hurston nicht dem von Rassismus und Ignoranz geprägten Blick der Weißen überlassen. Hurston machte sich auf, um auf eigene Faust Forschungen anzustellen. Sie war selbst nur eine Generation nach dem Ende der Sklaverei geboren worden und reiste, als wäre die Flucht nach vorn auch eine Flucht zurück, ab 1927 vier Jahre lang in die amerikanischen Südstaaten, später auch nach Haiti, auf die Bahamas und nach Jamaika, ebenso in die Arbeiter- und Gefangenenlager des Südens. Sie arbeitete monatelang mit Hoodoo-Priestern in New Orleans zusammen, um die afroamerikanische Kultur, ihre Erzähltraditionen, Geschichten und Mythen, Blues-Songs und Spirituals, Hoodoo-Rituale und Predigten mit Aufnahmegerät und Notizblock zu dokumentieren. Dabei lag Hurston in ihrer Arbeit überhebliches und distanziertes Distinktionsgehabe von Forschern und »Experten« fern: Forschung sei »nichts als formalisierte Neugier«[114]. Es ist das Wissen, welches von der akademischen weißen Elite systematisch abgewertet und unsichtbar gemacht wird, das Hurston interessierte und wertschätzte.

Neben ihrer Forschung begann Zora Neale Hurston Romane zu schreiben. Mit ihrem poetischen Meisterwerk *Their Eyes Were Watching God* aus dem Jahr 1937 stieg sie in den 1930er-Jahren in den Kreis der bedeutendsten Autor:innen der afroamerikanischen Literatur auf.[115] Nach der Veröffentlichung von *Mules and Men* hatte sie sich in den 1930er-Jahren noch mit Forschungsstipendien und Lehraufträgen durchschlagen können, doch solche Möglichkeiten boten sich ihr in den 1940ern immer seltener. Zeiten der Krankheit nahmen zu, Magenprobleme, unter denen sie seit Jahren litt, verschlimmerten sich. Permanente Geldsorgen führten zu Abhängigkeit vom Geld weißer Verlage, von Mäzenen und Institutionen sowie deren Meinung und Wertschätzung. Sie war immer nur einen Schritt von größerem Ruhm und finanzieller Absicherung entfernt: Ein geplantes Theaterstück am Broadway und die Hollywoodverfilmung ihres vierten Romans, *Seraph on the Suwanee,* in welchem, vielleicht um Geldgeber zu erreichen, nur weiße Protagonist:innen vorkommen, zerschlugen sich. Mehrere Romane, die sie schrieb, wurden von ihrem Verlag abgelehnt. Sie veröffentlichte weiterhin journalistische Artikel und Gerichtsreportagen und musste mit 50 Jahren schließlich eine Stelle als Hausmädchen antreten, um sich über Wasser zu halten. Ihr Geist blieb dennoch unverwüstlich: »Ich weiß, dass nichts zerstörbar ist, die Dinge ändern einfach ihre Form [...]. Ich befand mich in der Küche des Kummers und habe alle Schüsseln ausgeleckt. Dann stand ich auf dem Gipfel des Gebirges umhüllt vom Regenbogen, mit einer Harfe und einem Schwert in meinen Händen.«[116]

Die Autorin Saidiya Hartman weist in ihrem Buch *Wayward Lives, Beautiful Experiments*[117] darauf hin, dass afroamerikanische Frauen schon immer versuchten, sich trotz aller Widrigkeiten (Rassismus, Sexismus und Armut) Freiräume zu schaffen. Doch ihre Leben und Gedanken seien nicht dokumentiert. Abseits einer Normalität und Normativität der weißen bürgerlichen Mittelklasse, zu denen ihnen der Zugang verwehrt wurde und oft immer noch wird, mussten sie eigenwillige Leben kreieren. Hartman erzählt Geschichten von Rebellion, Solidarität in prekären Verhältnissen, freier Liebe und Elternschaft außerhalb der institutionellen Ehe, queerem Begehren, gegenseitiger Hilfe und Widerstand.[118]

Afroamerikanische Frauen wurden in vielerlei Hinsicht zu Außenseiterinnen gemacht, wobei sich stets die Frage stellt, inwieweit man es schaffen kann, aus dem Zwang, ein unangepasstes Leben zu führen, Freiräume für sich zu finden. Hartman wurde von verschiedenen Seiten vorgeworfen, das Elend der Afroamerikanerinnen um die Jahrhundertwende schönzureden, doch Hartman selbst beschreibt, wie sich ihr Blick änderte und weitete, als sie nicht mehr nur das Elend sah, sondern auch die Möglichkeit dieser *beautiful experiments* von Frauen, die versuchten, ein Leben zu führen, *als wären sie frei*. Und wenn man versuche, sich diese Leben vorzustellen, würde sich unsere Wahrnehmung des 20. Jahrhunderts ändern.[119]

Zora Neale Hurston war so eine Frau, die sich der Kraft des Selbstbewusstseins und der Selbstsuggestion sehr bewusst war, gerade für eine afroamerikanische Frau, die sich traute, ihr Leben zu ihren eigenen Bedingungen zu führen. In ihren Texten schwingt sie unentscheidbar zwischen dem Versuch, sich von ihrer Hautfarbe und ihrem Geschlecht unabhängig zu sehen und gleichzeitig das Potenzial ihrer aus der afroamerikanischen Kultur und Geschichte erwachsenen Erfahrung auszuschöpfen.

Alice Walker betont, wie wichtig es für sie war, eine Afroamerikanerin zu finden, die auf eigene Faust Forschungen über die schwarze Kultur und Gemeinschaft angestellt hatte. Walker nahm das Buch *Mules and Men* etwa 30 Jahre nach seiner Entstehung mit zu ihrer Familie. Sie lasen sich daraus vor, was wiederum dazu führte, dass ihre Verwandten und Freunde selbst ins Erzählen über Erfahrungen kamen, über die sie sich vorher nie ausgetauscht hatten. Hurston und, durch sie inspiriert, Walker zapften ein Reservoir an Erinnerungen an, das in Gefahr war, verloren zu gehen, wenn niemand dazu ermuntert wurde, es zu teilen und weiterzutragen, weil es nicht als wertvoll erachtet wurde. Walker schrieb: »Es war wie ein wiedergefundenes Paradies. Zoras Buch gab ihnen all die Geschichten wieder, die sie vergessen oder derer sie sich zu schämen begonnen hatten.« Hurston zeigte ihnen, »daß sie Nachkommen eines einfallsreichen, heiteren, mutigen und bedeutenden Volkes sind, die das Dramatische lieben, Witz zu schätzen wissen und vor allem: das Vergnügen genießen, einander plaudernd und *vorbehaltlos* nahe zu sein«[120]. Walker beschreibt auch, wie sie durch Hurston ihre »eigene Kontinuität« spürte: »Ich hatte dieses wunderbare Gefühl, das Schriftsteller manchmal haben, das Gefühl mit vielen Menschen *zusammen* zu sein, mit den Geistern der Alten, und alle sind froh darüber, daß ich sie frage und anerkenne, und alle lassen mich wissen, daß ich – durch die Freude ihrer Gegenwart – nicht allein bin.«[121] Der Kreis von Einsamkeit und Gemeinsamkeit schließt sich an dieser Stelle, wo der Mut einer Frau deutlich wird, die allein eine Geschichte ausgräbt, dies jedoch ebenso für sich wie für andere tut, sodass das gemeinschaftliche Gefühl entstehen kann, in ihrer Kultur eingebettet zu sein. Gerade weil Hurston sich für Afrika, Haiti und Jamaika interessierte, begegneten die Protagonist:innen ebenso wie die Kritiker:innen der Harlem Renaissance, welche sich für ihre Emanzipation weg von den rassistischen Bildern der USA eher westlich und europäisch orientierten, auch ihr mit Misstrauen und Beschämung. Hurston war ihnen »zu schwarz«.

Walker sagte, Hurston sei deswegen eine Kulturrevolutionärin gewesen, weil sie als schwarze Frau bedingungslos sie selbst gewesen sei und Walker ein lebensnotwendiges Bild davon gegeben hätte, was es heißt, sich selbst ohne Fremdbestimmung zu denken, zu fühlen und sich seiner Herkunft nicht zu schämen.[122] Für Walker war Hurston ihrer Zeit weit voraus, weil Hurston, wie schwarze Aktivist:innen ab den 1960er-Jahren, einen Stolz zeigte, der sich auf seine afrikanischen Wurzeln besann, statt sich an eine weiße Kultur anzupassen. Ihre Kritiker:innen echauffierten sich sogar über die »Lumpen«, die Hurston auf ihrem Kopf trug, da sie nicht anerkennen wollten oder nicht verstanden, dass sie sich mit bunten Tüchern im afrikanischen Stil schmückte. Noch mehr ärgerte es ihre Kritiker:innen, dass Hurston gegenüber der Meinung anderer so selbstbewusst und gleichgültig war, dass sie noch nicht mal ihren schwarzen Südstaatenakzent versteckte. Hurston wusste, dass es letztendlich mehr

Energie kostet, sich zu verbiegen, als man selbst zu sein, wenn sie die gewaltvollen Anpassungsversuche der Protagonistin in *Vor ihren Augen sahen sie Gott* beschreibt: Sie bleicht und bügelt ihr Gesicht, damit es zu dem wird, was die anderen sehen wollen.[123] Aber Alice Walker beschreibt auch, wie dieser gehässige Gegenwind, dem Hurston ausgesetzt war, sie zutiefst verunsicherte: »Wenn eine Frau, die uns allen so viel offensichtlich Wertvolles gegeben hatte (und unter solchen Risiken ihrer körperlichen und geistigen Unversehrtheit und ihres Rufs), so gleichgültig angeprangert und verächtlicher Vergessenheit preisgegeben werden konnte, welche Chance konnte dann jemand anderer - ich zum Beispiel - noch haben?«[124] Denn mit der Abwertung marginalisierter Stimmen entmutigen wir auch andere Menschen, ihre Lebensrealität mit uns zu teilen, weil sie befürchten, den Gegenwind nicht aushalten zu können.

Walker versuchte herauszufinden, wie Hurston ihre letzten Jahre verbracht hatte. Gesundheitsprobleme und die Entmutigung auch durch die eigenen Leute schienen sie zermürbt zu haben. »Verbittert darüber, wie wenig die Bedeutung ihrer folkloristischen Arbeit anerkannt wurde, besonders von den Schwarzen selbst, und frustriert über ihr eigenes Versagen - als solches sah sie es -, die afroamerikanische Weltsicht in belletristische Prosa umzusetzen, gab Hurston schließlich auf«, erzählt Robert Hemenway in *The Harlem Renaissance Remembered.*[125]

Wenn ein Volk seine Genies wegwerfe, sei es unsere Pflicht, sie Knochen für Knochen als Zeugen für die Zukunft wieder einzusammeln, schreibt Walker.[126] Und so macht sie sich auf und sucht Zora Neale Hurstons Grab: Sie fährt nach Fort Pierce, in Florida, wo es liegen soll. Walker gibt sich bei den Bewohner:innen des Dorfes als Hurstons Nichte aus, um so besser an Informationen zu kommen. Anfangs geht ihr diese Lüge nicht leicht über die Lippen, doch bald fühlt sie sich in ihrer Rolle wohl: Ihrer Auffassung nach sei Hurston »wirklich [ihre] Tante - und die aller schwarzer Menschen« auch.[127] Die Friedhofsverwalterin kann Walker nur eine ungefähre Auskunft über die Lage des Grabs geben. Walker zieht los und steht vor einem vollkommen überwucherten Friedhof. Sie durchwatet das kniehohe vertrocknete Unkraut, das ihre Beine zerkratzt, Ameisen und Kletten übersäen ihre Beine, langsam und immer auf der Hut vor Schlangen tastet sich Walker voran. Als sie einen fast handgroßen Käfer entdeckt, bewegt sie sich neugierig darauf zu und bricht beim Gehen mit einem Fuß in eine Senke in Form eines Rechtecks ein. Der einzige Hinweis weit und breit auf ein Grab. »Es gibt Zeiten – und die Entdeckung von Zora Hurstons Grab gehörte dazu –, wo normale Reaktionen von Kummer, Entsetzen und so weiter nicht sinnvoll sind, weil sie in keinem Verhältnis stehen zu der Tiefe der Gefühle, die man empfindet. Es war für mich unmöglich zu weinen, als ich das Feld voller Unkraut sah, in dem Zora liegt. Zum Teil kam das daher, daß ich Zora über ihre Bücher kennengelernt habe und sie auch selbst kein weinerlicher Mensch war; ... und an solch einem Punkt kommt Lachen auf, damit man den Verstand behält.«[128]

An Hurstons letztem Wohnhaus spricht Walker mit einem Nachbarn, der Hurston gekannt hatte. Er erzählt, sie sei ganz verrückt nach Blumen gewesen. Und sie sei eine große Gärtnerin gewesen. Sie habe das ganze Jahr ihren Gemüsegarten in Schwung gehalten. Alle in der Gemeinde hätten viel von Miss Hurston gehalten. Sie habe hier mit ihrem einzigen Freund namens Sport gewohnt, einem großen braun-weißen Hund. Als sie starb, hätten die Bewohner der Straße für ihre Beerdigung gesammelt, aber es habe nicht für den Grabstein gereicht. Walker sucht einen Steinmetz auf und gibt einen Gedenkstein in Auftrag, 13 Jahre nach Hurstons Tod. Die Inschrift lautet: *Zora Neale Hurston – Ein Genie des Südens – Folkloristin, Schriftstellerin, Anthropologin, 1901–1960.*

Alice Walkers Artikel *In Search of Zora Neale Hurston* in der feministischen Zeitschrift *Ms. Magazine* läutete 1975 die Wiederentdeckung dieser vielseitigen Autorin und Forscherin ein. Viele ihrer Bücher wurden wieder aufgelegt. Hurstons Haus in Fort Pierce steht seit 1991 unter Denkmalschutz. Ihr 2018 posthum erschienener Roman *Barracoon. The Story of the Last »Black Cargo«*, die Geschichte des versklavten Cudjoe Lewis, wurde ein Bestseller.

Alice Walker selbst nahm all ihren Mut zusammen, um weiterzuführen, wozu Hurston vielleicht nicht mehr die Kraft gehabt hatte. Zehn Jahre nachdem Alice Walker Zora Neale Hurston einen Grabstein setzte, gewann sie mit ihrem Roman *Die Farbe Lila*, der die marginalisierte afroamerikanische Perspektive von Frauen darstellte, als erste Afroamerikanerin den Pulitzerpreis sowie den American Book Award. Die Verfilmung des Romans von Steven Spielberg zwei Jahre später war für elf Oscars nominiert. Dass es trotzdem noch ein weiter Weg sein würde, die von Rassismus geprägten Sehgewohnheiten zu ändern, zeigte sich daran, dass der Film keinen der Oscars erhielt, während im gleichen Jahr der Film *Jenseits von Afrika* mit sieben Awards ausgezeichnet wurde: Er erzählt die Emanzipationsgeschichte einer weißen Frau auf einer kenianischen Plantage und romantisiert koloniale Ausbeutungsverhältnisse zu einer offensichtlich oscarreifen Lovestory.[129]

Am Beispiel von Walker und Hurston wird umso deutlicher, dass man nie vergessen darf, an wie viele Privilegien oder an welches Quantum Mut es geknüpft ist, überhaupt allein eigene Wege gehen zu können, und wie viel es einen kosten kann, sich allein Dinge zu trauen, die einem von außen nicht zugetraut werden. Die Biografien dieser beiden Frauen zeigen aber auch, welch bahnbrechende Auswirkungen dies haben kann.

Erschöpfung und Rückzug vom Menschsein: Eremitentum und Einsiedelei

Menschen haben über die Jahrhunderte hinweg immer wieder Praxen erfunden und ausgetestet, um über sich hinauszuwachsen. Dafür nutzten sie ihre Vorstellungen von Werten und Idealen, die häufig durch einen Gott oder das Göttliche verkörpert wurden. Schließlich ist unsere Vorstellung von Gott oft nichts anderes als ein Platzhalter für ein Ideal, um gedanklich menschliche Unzulänglichkeiten und Begrenzungen zu überschreiten, wie die Autorin Irmgard Keun es ausdrückte: »Gott – dieses Stückchen überanstrengtes Vorstellungsvermögen, Gott – diese blasse Verlegenheitslüge – Gott sagt man – und Mensch meint man. Wahr ist Sehnsucht nach Mensch – Mensch ist mehr als Gott – Mensch ist Vieh und Gott.«[130] Diesem personifizierten Gott kann man auf unterschiedliche Art und Weise nahekommen. Die Klosterorden gaben ihren Mitgliedern die Möglichkeit, das Ausleben ihres Glaubens verschieden zu gestalten: Askese und Stille oder Bildung und Mission, Barmherzigkeit und soziales Engagement oder Buße, landwirtschaftliches Arbeiten, Fasten, Zurückgezogenheit, Gesang, Züchtigung und Verdrängung des Körpers wie in den vorherrschenden Weltreligionen oder die Schärfung der Sinne wie im Zenbuddhismus, Daoismus oder Tantra, Pilgern, Schweigen oder das Sich-Hingeben in die Leere, in die Einsamkeit.

Im dritten Jahrhundert gingen immer mehr Christ:innen als Eremit:innen in die Wüste, um dort durch strenge Askese und Einsamkeit zu einer tiefen Spiritualität zu gelangen. Verschiedene Praktiken wurden ausprobiert, um herauszufinden, wie sie sich auf die Beziehung zu Gott auswirken und wie sie Jesus in seinem Märtyrertum nachahmen konnten, beispielsweise indem man tagelang in der Sonne stand oder auf einem Baum saß. Dies strömte eine aufsehenerregende Radikalität aus, sodass bald Besucher:innen kamen, die mit ihnen sprechen wollten. Auch gab es die sogenannten Inklusen, die Eingeschlossenen, die sich lebenslänglich in einer Zelle einschließen ließen, wie Bruder Simeon, der sich in Trier im Stadttor der Porta Nigra um 1030 einmauern ließ. Nur eine kleine Öffnung in der Wand war offen gelassen worden, damit er Nahrung entgegennehmen und seinen Kot entsorgen konnte. Nicht nur der Vatikan fand das spektakulär und sprach ihn heilig, sondern es kamen auch viele Weitgereiste zu ihm, um nach seinem Rat zu fragen. Von jemandem, der sich solchen Extremen aussetzte, erwartete man große Einsichten.

Auch heute haben Menschen häufig den Drang, sich zurückzuziehen in eine Art modernes Eremitendasein, um Erkenntnisse zu gewinnen oder um der Seele ein Wellnessprogramm zu gönnen. Der Wald hat mittlerweile seinen Schrecken verloren[131], und wir sehen ihn als kontemplativen Rückzugsort für unser stressminderndes Waldbaden; Klöster bieten einen Schweigeurlaub nach dem Burn-out an. Das Eremitentum ist im angenehmen Komfort lebbar und kein selbstmörderisches Unterfangen mehr.

Wer bei Saalfelden in Österreich wandern geht, kommt am Fuße des Berges an einem Holzstapel vorbei, an dem auf einem kleinen Schild die Bitte formuliert ist, ein Scheit mitzunehmen und nach oben in die Einsiedelei zu tragen. Dort existiert seit dem 17. Jahrhundert eine Klause, die bis heute in den Sommermonaten von einem Eremiten, mittlerweile dem 37., bewohnt wird. 2017 hatte die Gemeinde Saalfelden eine Ausschreibung für den nächsten Eremiten gemacht, nachdem der letzte, ein Wiener Pfarrer und Psychotherapeut, »wieder in sein bürgerliches Leben zurückgekehrt« sei. In der Stellenbeschreibung hieß es, dass es keine klassische Stellenbeschreibung für einen Einsiedler gebe. Auch Ausbildung und berufliche Erfahrungen seien zweitrangig. Die »Jobkriterien« seien vor allem, dass er bereit sei zum Gespräch, da viele Wander:innen, in den Sommerferien bis zu 100 am Tag, vorbeikämen, um die Aussicht zu genießen, zu beten und darüber zu reden, was sie bewegt. Dass die Bewerber:innen »eine Verbindung zum christlichen Glauben haben« sollten, wird eher nebenbei erwähnt, außerdem müssen sie »ohne Fernsehen, Computer und Zentralheizung« auskommen. Für den eigenen Lebensunterhalt muss man selbst aufkommen.[132] Daraufhin bewarben sich etwa 50 Personen, viele davon mit bürgerlichen Berufen.

Die Einsiedelei ist also mitunter gar nicht so einsam, sondern darauf ausgelegt, Vorbeikommenden Beistand zu geben, nachdem man sich selbst in der Zurückgezogenheit Beistand gab. Schwester Michaela-Josefa, die seit ihrem 20. Lebensjahr als Eremitin im Allgäu lebt, entwickelte ihre eigene Art, für andere da zu sein. Sie betreibt Seelsorge via Internet und hat eine Onlineplattform, auf der man sie allein in einer Kapelle sitzen sieht. Dort betet sie live, sodass die Zuschauer:innen mit ihr beten können. Sie bezeichnet es als moderne Version des Marktplatzes, auf den die Eremiten früher kamen, um Kontakt aufzunehmen und zu predigen. Ihr Verhältnis zu Menschen beschreibt sie so: »Ich habe die strengere Trennung von der Welt gewählt, um Gott und den Menschen in Liebe näher sein zu können. Für mich ist diese Trennung die Ermöglichung einer größeren Nähe.«[133] Finanzielle Unterstützung oder Absicherung für das Alter bekommt sie von der Kirche nicht. Ihren Unterhalt bestreitet sie durch Büroarbeit und einen Versandhandel für Devotionalien.

Selbst wenn Eremit:innen nicht in eine religiöse Gemeinschaft eingebettet sind, sind sie es in ihren Glauben an das Göttliche. So können sie Kraft schöpfen, damit ihr Alleinsein ein fruchtbares Handwerkszeug ist, um für andere da sein zu können. Ratsuchende Menschen pilgern auch deswegen zu Eremit:innen, weil sie davon ausgehen, dass Menschen, die sich Zeit zur Kontemplation nehmen und in die Abgründe der Seele schauen, ihre Erkenntnisse mit Menschen teilen können, die von ihrem Alltag so eingenommen sind, dass sie nicht über den Tellerrand sehen können. So betrachtet bedeutet Einsiedlersein auch, für andere da zu sein.

Eremitentum kann aber auch die wohlverdiente Ruhe sein, nachdem man viel für die Bedürfnisse anderer da war. Bruder Johannes Schuster war beispielsweise lange als Arzt in Krisengebieten tätig und hat sich nun in einer Klause in Frauenbründl, Niederbayern, niedergelassen. Helfen ist immer eine Wechselwirkung, und so hat einer der Menschen, den er in Kambodscha behandelt hatte, ihn Jahre später mit einer Spende unterstützt, um seine Einsiedelei zu renovieren, in der er sich nun ausruhen kann.[134]

Sara Maitland weist darauf hin, dass manche Eremit:innen sich im Gegensatz dazu aber auch immer weiter in die Wüste oder in die Wälder zurückzogen, um nicht von Ratsuchenden und Neugierigen behelligt zu werden.[135] Sie bevorzugten eine unwirtliche Umgebung, um der Aufdringlichkeit der Gemeinschaft oder dem Gefühl der Verantwortung für sie zu entkommen. Der Sinn von Askese liege schließlich darin, sich so weit wie möglich von Irdischem freizumachen, um Platz für das Göttliche zu schaffen. So bleibt die große philosophische Frage, was wichtiger ist, unbeantwortet: innere Entwicklung oder Außenwirkung im Sozialen zum Wohle aller. Oder geht das eine gar nicht ohne das andere? Es gab auch Kleriker:innen, die das Eremitentum als unsozial empfanden. »Und welche Füße wirst du waschen?«, fragte der heilige Basilius, wenn noch ein Mönch seines Ordens als Einsiedler in die Wüste ziehen wollte.[136] Zwei christliche Ideale standen sich hier gegenüber: das edle Märtyrertum im extremen Eremitendasein voller Entsagungen einerseits, die Barmherzigkeit, sich um andere zu sorgen und zu kümmern, andererseits.

Christ:innen und Pro-Choice-Aktivist:innen stehen da vor der gleichen Frage: Wie lange und stark kann das innere Feuer brennen, um sich für etwas einzusetzen? Ich erinnere mich an eine Begegnung, als ich mit meinem ersten Dokumentarfilm *Abortion Democracy – Poland/South Africa* durch die USA tourte und Ciocia Basia in der Gründungsphase steckte. Ich traf damals eine Frau, die lange Zeit als Ärztin Schwangerschaftsabbrüche im konservativen Süden der USA durchgeführt und sich nach Jahren der Anfeindungen und Gewalt – bis hin zu Mordandrohungen –, von dieser Arbeit zurückgezogen hatte. Weil sie den Stress und die Ungerechtigkeit nicht mehr aushielt, weil sie es genoss, sich wieder ohne schusssichere Weste frei bewegen zu können. Damals arbeitete ich etwa drei Jahre zu dem Thema und konnte nicht verstehen, wie man sich von so einem drängenden Problem zurückziehen konnte, wie man es schafft, sich nicht mehr dafür verantwortlich zu fühlen. Ihre Antwort klingt heute noch in meinen Ohren nach: »I did my share.« *Ich habe meinen Beitrag geleistet.*

Pinguine rotten sich in einem Kreis zusammen, um sich gegenseitig zu wärmen. Sie wechseln sich ab, jeder hat mal einen Platz in der warmen Mitte der Gruppe, jeder steht mal außen. Bei den Menschen ist es ähnlich: Man kann nicht die ganze Zeit außen sein. Wenn man fünf Jahre draußen war, braucht man fünf Jahre drinnen oder wenigstens dort, wo man nicht der ganzen Härte ausgesetzt ist. Wir müssen uns abwechseln. Wenn man lange genug in der Wärme war, hat man wieder genug Energie und kann nach draußen gehen, um die anderen zu wärmen. Leider unterschätzen viele die Zeit, die man drinnen braucht, um sich auszuruhen. Auch diese Dosierung, diese Balance lernen viele nicht und verzeihen sich nicht, wenn sie nicht mehr können. Da sind wir wieder bei Aktivist:innen, die sich für andere aus Verantwortungsgefühl so lange aufreiben, bis sie ausbrennen; auch, weil zu wenige mitmachen und sich an den äußeren Rand trauen, um alle anderen zu wärmen.

Die Wechselwirkung zwischen denjenigen, die als Einzelkämpfer:innen etwas bewegen wollen, und der Gemeinschaft, die diese Person punktuell stützen kann, ist essenziell für die Weiterentwicklung einer Gesellschaft. Essenziell ist aber auch, dass die Einzelkämpfer:innen sich dabei nicht selbst überschätzen, bis sie entweder erfroren sind oder die Einsichten allein für sich einheimsen können. So gilt im Buddhismus der Rückzug nie für immer. Wenn man durch Schweigen und Einsamkeit zur Erleuchtung gelangt ist, hat man die Verpflichtung zu lehren, also andere dabei zu unterstützen, ihren eigenen Weg zur Erleuchtung zu finden. Wie ausgewogen dieses Verhältnis sein kann, zeigt das Beispiel der buddhistischen Nonne Tenzin Palmo. Ab 1976 verbrachte sie zwölf Jahre in Schweigen und Einsamkeit in einer Höhle im Himalaja, eine Zeitspanne, die sie mit einem einfachen »Langweilig war es nicht« kommentierte. In dieser Zeit reichte sie niemandem direkt die Hand, aber sie fungierte als ein bemerkenswertes Vorbild. Selbst wenn sie sich in eine innere Spiritualität zurückziehen, können Einsiedler:innen Ideengeber und auf diese Weise auch für andere da sein. Sie inspirieren, weil sie zeigen, dass dergleichen überhaupt menschenmöglich ist. Aber das ist nicht alles. Als Tenzin Palmo wieder in ihre buddhistische Gemeinschaft zurückging, empfand sie den Umstand, dass die Nonnen in vielen buddhistischen Klostern keine Gelegenheit zum Studium und somit zur Erleuchtung bekamen, sondern nur wie Dienstbotinnen behandelt wurden, als große Ungerechtigkeit. Zwar war ihr diese Ungerechtigkeit vorher schon bewusst gewesen, aber nun hatte sie die Kraft gewonnen, etwas dagegen zu tun. So gründete sie ein Kloster nur für Frauen.[137]

Tatsächlich war für Frauen ab dem 12. Jahrhundert gerade das Kloster ein Ort, wo sie Freiräume finden konnten, um sich patriarchalen Strukturen und damit der Macht von Vater oder Ehemann zu entziehen. Wenn sie sich schon unbedingt verheiraten mussten, dann lieber mit Gott und Jesus Christus, statt sich der Verfügungsgewalt eines irdischen Mannes zu unterwerfen.[138] Zudem eröffnete sich Frauen im Kloster der Zugang zu Bildung, während die staatlichen Universitäten ihnen verschlossen blieben.

Ein Orden, in dem sich Frauen eine gewisse Unabhängigkeit bewahrten, waren die Beginen, die zudem eine besondere Nähe zur christlichen Mystik hatten. Die Beginenmystik ist keine Weltflucht, wie bei vielen anderen Mystiker:innen. Die Bergpredigt Jesu und die Idee der Barmherzigkeit waren zentral in ihrer Praxis des Christentums, in ihrer »Spiritualität des Helfens« und der »Mystik des Tuns«. Die den Beginen angehörige Mystikerin Hadewijch von Antwerpen beschreibt im 13. Jahrhundert in ihren Visionen, Gedichten und Briefen einen inneren Weg, der bedeutet, den eigenen Willen loszulassen, um die mystische Vereinigung der Seele mit Gott zu erreichen. Diese Schritte im Nichts beschreiben die Einsamkeit als eine göttliche Erfahrung.

Wenn die Seele allein steht
in der uferlosen Ewigkeit,
weit geworden,
gerettet durch die Einheit,
die sie aufnimmt,
dann wird ihr etwas Einfaches enthüllt,
das Unaussprechliche,
das reine und nackte Nichts.[139]

Hadewijch von Antwerpen (ca. 1220–1260)

Die Art, wie Mystiker:innen diese Einsamkeitserfahrung kultivierten und beschrieben, kann man ähnlich wie das Pilgern als philosophische Kulturtechnik begreifen: am Abgrund des Nichts des Göttlichen auf Wanderschaft gehen und sich dennoch eingebettet zu fühlen.

So schlug Hadewijch mit der Erfahrung von Jesus, sich als Mensch getrennt vom Göttlichen wahrzunehmen, eine Brücke zu östlichen religiösen Lehren, die den Tod des Ego lehren, um Zutritt zum Göttlichen zu erlangen. Die Mystikerinnen stellen die Frage, ob man sich so sehr mit seinem Begehren nach dem Göttlichen identifizieren kann, dass man gerade deshalb nicht mehr ins Göttliche eingehen kann. Es könne nur in unerfüllter Sehnsucht münden, weil der menschliche Wille an das Göttliche nicht herankommen kann. Der Wille zur Willenlosigkeit und das Sehnen nach der Sehnsuchtslosigkeit scheinen unmöglich. Stattdessen solle man sich in das Nichts hineinbegeben.[140] Hier wird nicht das Befolgen der Tugenden und der Kasteiung, sondern das Loslassen der Ich-Instanz als Lösung vorgeschlagen. Wenn dies nicht im Leben gelingt, dann im Tod, in der Transformation oder im Aufgehen im göttlichen Nichts der Fülle. Denn durch den Tod werden wir endlich von unserem Ego erlöst, das sich im Exil auf dieser Welt befindet und das das Göttliche als Gegenüber erschaffen hat, damit es verstehen kann, wie man liebt. So ist das Leiden an der Liebe zu Gott ähnlich wie das Leiden Jesu am Kreuz. Das Göttliche fuhr in den Menschenkörper, um das Leid zu verstehen, an dem wir Menschen kranken: die Trennung vom Göttlichen durch unsere Subjektivität.

Mystikerinnen und Mystiker sind Liebhaberinnen und Liebhaber. Sie dichten – ähnlich wie die Männer im Minnesang Liebeslieder an eine unerreichbare Frau – an das unergründliche Göttliche, das sie in Visionen und Läuterungen durchdringt. Bei der funkensprühenden Begine Mechthild von Magdeburg gibt es keine Trennung zwischen Gott und Mensch oder zwischen Körper und Geist, alles ist ein Fließen und Schmelzen und Durchdringen, die Wüste in den Ozean, der Weg in die Weglosigkeit, alles ist Bewegung und Auflösung. Mystiker und Mystikerinnen wie Mechthild von Magdeburg und Meister Eckhart schrieben Deutsch statt Latein und formten im Deutschen Begriffe für ihr individuelles Gotteserleben. Es kam ihnen zupass, dass das Deutsche eine Wortbildungssprache ist und man leicht neue Wortkreationen kreieren kann: wie Gewordenheit, Geschaffenheit, Ichheit, Nichtigkeit, Gleichgültigkeit. Man könnte meinen, dass das Wort All-ein, das das Verhältnis Ich/Göttliches/Gemeinschaft bereits enthält, von Mystiker:innen kreiert wurde, doch die etymologische Herkunft ist nicht mehr klar herzuleiten.

Eine der bedeutendsten Beginen stellte, wie viele Mystiker:innen, das autoritäre Gebaren der Kirche infrage: die um 1250 geborene Französin Marguerite Porete. Porete war der Meinung, nicht die Kontrolle und Moral der Kirche seien der Weg zu Gott; sie glaubte vielmehr, wenn man komplett in Gottes Liebe aufginge, gäbe es keine Notwendigkeit mehr für kirchliche Rituale und vom Christentum diktierte Tugenden, also auch keinen Bedarf mehr an der Kirche selbst als Kontrollinstitution. Mühevoll ein tugendhaftes Leben durchexerzieren zu wollen, könne nur in einem Krampf münden, weil man sich abmühe, dem Göttlichen durch Taten nahezukommen. Die Tugenden seien zu sehr in den Fängen der Vernunft und in den Versuchen des Menschen, alles richtig zu machen, was oft nur in Gewalt gegen sich und andere münde. Porete stellte Vertrauen und Intuition, Loslassen und Mühelosigkeit in das Zentrum ihres Denkens und nicht Wille, Kontrolle und Drängen. »Was bedeuten einer zu Nichts gewordenen Seele die Sakramente und Zeremonien der Kirche?«,[141] fragte sie. Was soll die in allumfassender Liebe aufgegangene Seele noch mit sogenannten Tugenden ihre Zeit verschwenden? Porete war der Auffassung, dass alle religiösen Vermittler, die Heiligen, die Kleriker, Priester, die Märtyrer und gar der Papst nicht nötig seien. Diese These vertritt sie in ihrer Schrift *Der Spiegel der einfachen Seelen*, die nur deshalb über lange Zeit weiterverbreitet werden konnte, weil ihr Name als Autorin nicht mehr genannt wurde.

Marguerite Porete grenzte sich ab von der Gesellschaft, um ihre eigenen Thesen aufzustellen, die fernab jeder Denktradition ihrer Zeit lagen. Sie war die erste Mystikerin, die ihre kompromisslose Theologie mit dem Leben bezahlen musste. 1310 wurde sie in Paris auf dem Scheiterhaufen verbrannt.[142] Man kann nur mutmaßen, ob es mehrere Frauen wie Porete waren, die Unabhängigkeit von Kirche, Vater und Ehemann predigten, die den Kirchenmännern die Gefährlichkeit von unabhängig lebenden und denkenden Frauen zeigten, die nicht mehr nur selbstlose Mütter sein wollten, sondern am Fundament der männlichen Strukturen, Kirche, Stadt, Vaterland kratzten. Nach Marguerite Porete wurden noch etwa 60 000 Frauen bei lebendigem Leib auf dem Scheiterhaufen verbrannt.

Ob das Eremiten- oder Außenseiterdasein grundsätzlich eine Art Eskapismus ist, liegt im Auge der Betrachtenden. Viele glauben, Menschen, die gerne allein sind, würden vor der »Realität« weglaufen, sie weigerten sich, sich dem wahren Leben zu stellen, und lebten stattdessen in einer Traumwelt. Doch wenn das soziale Leben wirklich so natürlich, gesund und schön wäre, wie so viele behaupten, warum sollte irgendjemand davor »weglaufen« wollen? Und warum glauben wir, das Unangenehme und die Härten, die die Mehrheitsgesellschaft schuf, seien wahrhaftiger als der Raum der Imagination, die die Utopie ermöglicht? Anderseits, kann man seinen Sorgen und Obsessionen davonlaufen, wenn man allein ist? Oder zerbröselt das Ego gerade in der spiegellosen Einsamkeit und erlöst einen von egozentrischen Betrachtungen, wie ich es näher im Kapitel über die »Selbstvergessenheit im Alleinsein« thematisiere? Läuft man nicht vielmehr vor sich selbst weg, wenn man sich zu sehr mit anderen Menschen umgibt und sich durch sie Ablenkung verschafft?

Einsamkeit ist ein Werkzeug, um tiefere Schichten des Lebens freizulegen. Man lässt einen destruktiven Umgang mit Leben durch die Einsamkeit hinter sich, um dann neu in die Welt zurückzukehren. Alleinsein kann somit immer auch ein Fluchtpunkt sein, wenn man vom eigenen Menschsein erschöpft ist, von seinen Rollen in der Gesellschaft und einem Empfinden des Feststeckens in Situationen, die man nicht mehr beherrscht oder versteht. Das Eremitsein kann die Suche nach der tiefgründigen ozeanischen Erfahrung der Allverbundenheit sein oder ein Kampf gegen das eigene tobende Selbst, um sich planlos der unbekannten Leere zu stellen und dadurch hoffentlich ins Himmelreich zu stolpern, weil das auf Erden nicht zu haben ist. Ist das ein Widerspruch? In westlichen Kulturen wird es als unaufgeklärt oder bestenfalls naiv beurteilt, sich durch Einsamkeit dem Göttlichen zu öffnen. Dabei ist das *Himmelreich* oder das *Göttliche* nur ein Platzhalter, wie eingangs erwähnt, ein Versuch, uns etwas vorzustellen, wohin wir uns entwickeln wollen, ein Ideal, zu dem wir über uns hinauswachsen können. Ein Himmelreich, das so vieles sein kann, wo man so etwas wie Weisheit und Ausgeglichenheit finden kann.

Ideal und Wirklichkeit des Eremitentums können dabei auch weit auseinanderklaffen, wie Georg Werner in seinem Buch *Eremiten im barocken Bayern*[143] zeigt. Da die Kirche in der Gegenreformation als Reaktion auf Luthers Kritik ihre Schäfchen im Zaum zu halten versuchte, indem sie u. a. zunehmend das Märtyrertum verherrlichte, wurde auch das Eremitentum wieder populärer. Das wurde gerne von verschiedensten Menschen in Anspruch genommen. Viele der damaligen Einsiedler hatten nicht Theologie studiert und keine kirchlichen Ämter inne. Der Grund für ihr Eremitentum konnte eher in irdischen Problemen liegen: Flucht vor dem Militär oder vor väterlichen Pflichten, oder aber, falls es sich doch um einen Geistlichen handelte, auch Flucht vor einer verweltlichten Kirche oder vor Zwist mit einem anderen Geistlichen. Im 17. Jahrhundert gab es dann vermehrt Männer, die sich unter dem Einfluss der Grausamkeiten des 30-jährigen Krieges in Einsiedeleien zurückzogen. Sie waren weniger geistliche Eremiten, sondern »Flattermänner«, die aufgrund einer posttraumatischen Belastungsstörung unter Alkoholismus, Panikattacken und Depressionen litten. Weniger Gottvertrauen als Weltekel und Entfremdung brachte sie weg von den Menschen. Wenige wurden von der Kirche unterstützt, oft gingen sie für ihren Lebensunterhalt einem Handwerk nach, und viele bettelten, weshalb sie als Landplage bezeichnet wurden. 1804 wurde im Zuge der Säkularisierung der Eremitenstand in Bayern aufgehoben, und die Einsiedler wurden zum Gespött als weltfremde verwahrloste oder halb wahnsinnige Bettler. Heute sind nur wenige Klausen »in Betrieb«, wie z. B. jene im österreichischen Saalfelden.

Spott und Sehnsucht scheinen bei der Projektion auf den Eremiten Hand in Hand zu gehen. In der barocken Tradition des *Theatrum Sacrum* – der Idee, dass die ganze Welt eine Bühne für Gott sei – galt es als schick, sich einen Eremiten *zu halten*. Fürsten und Könige hatten in ihren Gärten nicht nur nachgebaute Pyramiden und Vulkane, sondern auch pittoresk verfallene Hütten, in denen Schauspieler oder einfach Puppen einen Eremiten darstellten und Vorbeispazierenden ihren Segen gaben. Oder die Hausherren zogen sich in verzückter Melancholie selbst in ihre klapprigen *Eremitagen* in der eigenen Gartenanlage zurück. Auch in England waren im 18. und 19. Jahrhundert Landschaftsgärten mit »Schmuckeremiten« en vogue, die umgeben von Vanitassymbolen Wildnis und Unverdorbenheit darstellen sollten. Ludwig Tieck beschrieb in seiner Geschichte *Der Jahrmarkt* von 1832 einen solchen gemieteten Einsiedler, der seinen Job immer mehr in Zweifel zieht und sich am Ende von dannen macht.[144]

Aktuell treibt unsere Sehnsucht nach dem Eremiten auch wunderbare Blüten, wie in dem Fall von Mauro Morandi. Der Italiener lebt nun seit 32 Jahren auf der einsamen Insel Budelli vor Sardinien. Nun will man ihm vonseiten des Nationalparks, zu dem die Insel gehört, verbieten, dort weiterzuleben, mit dem Argument, man könne nicht für die Gesundheit des 81-Jährigen sorgen. Morandi startete daraufhin eine Petition, die seinen Verbleib auf der Insel sichern soll, an den Umweltminister Sergio Costa. Sie wurde bereits von 70 000 Personen unterzeichnet.[145] Ein ähnliches Beispiel findet sich in Süddeutschland. Dort erbaute ein ehemaliger Bauernsohn und Baggerfahrer die *Stadt Gottes* mitsamt Hütte, selbst gebauter Kirche und einem großen, mit verspielten Basteleien angelegten Garten in einem Wald und lebt dort nun als Einsiedler. Die Einwohner der umliegenden Dörfer betrachteten ihn zunächst nur als komischen Kauz, mittlerweile aber bringen sie sogar die alten Holzkreuze ihrer Angehörigen in seinen Garten, damit er sie segnet, und vielleicht auch, damit sie dort nicht allein sind. Man könnte meinen, sie erwarten dort ein schöneres Beisammensein für die Toten als auf dem korrekt geregelten Friedhof. Auch die Toten wollen wuchern, jedenfalls in unserer Vorstellungskraft.

An der Stelle, wo einst Henry David Thoreaus Hütte stand, in der er *Walden* schrieb, türmt sich jedenfalls bis heute eine Pyramide aus Kieselsteinchen. Der Ort seiner kreativen Einsamkeit ist eine populäre Pilgerstätte geworden, wo man gar nicht mehr allein sein kann.

Alleinsein zwischen Leben und Tod – Gespräch mit Matthias Gockel

Als ich eines Morgens auf Heimatbesuch mit meinem Papa bei seinem donnerstäglichen Herrengedeck-Kaffeekränzchen in der Bäckerei war, setzte sich eine Frau zu uns, die gerade eine Ausbildung zur Sterbebegleiterin machte. Einer der Männer am Tisch grummelte etwas darüber, dass man so was früher nicht gebraucht hätte, weil man in der Familie blieb und dort von Angehörigen gepflegt wurde, bis man starb. Die Frau erhob Einspruch: »Früher«, sagte sie, »vegetierte der bettlägerige Opa in der Abstellkammer vor sich hin, und drei Mal am Tag kam vielleicht einer kurz rein, um ihm Essen hinzustellen, und am Abend wurde mit spöttischen Kommentaren die Bettpfanne geleert. Das war bestimmt nicht schön.«

Palliativmedizin und das Hospizwesen sind noch relativ junge Entwicklungen. Sie sind eine ganz besondere Form der Fürsorgearbeit, der sich Matthias Gockel verschrieben hat. Er ist Palliativmediziner und begleitet Sterbende auf ihrem letzten Weg. Seit 2018 ist er Leitender Oberarzt der Palliativmedizin im Vivantes-Klinikum Friedrichshain in Berlin. Mit ihm sprach ich über Alleinsein im Verlauf und am Ende des Lebens und über seine Motivation, Palliativmediziner zu werden.

»Man hatte mir davon abgeraten, als wäre das mein Karriereende – mittlerweile hat die Palliativmedizin aber immer mehr an Bedeutung gewonnen. Man sollte also bei der Karriereplanung auf seine Intuition hören. Aber da musste man im Alleingang viel Initiative ergreifen, um ein Neudenken in der Gesellschaft zu ermöglichen. Viele verdrängen, wie viel in unserem Leben fremdbestimmt ist. Man kann sich nicht nur dem Tod nicht entziehen, man ist zudem dem Zugriff von Gesetzen und Normen ausgeliefert, wie man sterben darf. Nicht nur, weil wir ein Gesundheitssystem haben, das auf Kostenersparnis und Gewinnmaximierung statt auf das Patientenwohl ausgerichtet ist, sondern auch, weil wir einen Mangel an Auseinandersetzung mit dem Tod als individuellem Erlebnis haben, wird uns verbaut, unseren eigenen Tod zu gestalten. Wer nicht bereit ist, darüber zu reden, wie er sterben will, überlässt dies anderen. Vielleicht möchte ich Menschen diesen Beschränkungen entreißen, um ihrer Intuition Raum zu geben.«

Matthias Gockel wuchs als Kind und Jugendlicher jahrelang in sogenannten Gated Communities in verschiedenen arabischen Ländern auf, mit weiteren deutschen Familien, die für das gleiche Bauunternehmen dort waren wie seine Eltern. Dort gab es nur sehr wenige Kinder in seinem Alter und auch sonst kaum Bezugspersonen.

»Es war eine sehr einsame Pubertät, aber somit auch ohne Gruppendruck. Die Frage: ›Was sollen die anderen sagen, wenn ich das oder das mache?‹ habe ich mir nie gestellt. Ich habe auch manchmal unter dieser Einsamkeit gelitten, aber die Geschenke, die darin versteckt sind, habe ich in den letzten fünfzehn Jahren entdeckt.«

Gockel erzählt, dass er wenig Hemmungen hat, etwas im Alleingang verändern zu wollen, weiß aber auch, dass es Verbündete braucht, um viel zu bewegen.

»Das Gute, wenn man das Alleinsein gelernt hat, ist, dass man so zu sich kommen kann, um seine eigene soziale Kompetenz verstehen und wertschätzen zu können. Deshalb sieht man sie aber auch bei anderen. Ich bin in der Lage, meine potenziellen Verbündeten zu riechen. Wie weit denken sie voraus, wie gehen sie mit Mitarbeitern um? Gerade aus dem Gefühl des Außenseiters heraus erkenne ich das auch bei anderen.«

Unser Verhältnis zum Tod und zum Körper ist allzu oft ein funktionalistisches. Für das Sterben gibt es im Gesundheitssystem keinen Gestaltungsraum, in gewisser Weise auch nicht in unserem Gesellschaftssystem, in dem alles auf Leistung, Jugend und Erfolg ausgerichtet ist. Ältere und sterbende Menschen werden darin unsichtbar gemacht, obwohl sie überall um uns herum existieren. Im Gesundheitssystem werden kaum Ressourcen angeboten, um mit Angst umzugehen. Es gibt keine Zeit für derartige Gespräche und Ideen. Das wird oft komplett auf die Patient:innen abgeschoben. Doch Angst ist ein mächtiges Gefühl, das auch Heilungsprozesse behindern kann.

»Im Hospital werden Patienten eher betäubt, als dass ihnen Methoden angeboten werden, mit ihrer Angst umzugehen, wie Gespräche, Singen, Tanzen, Atmen. Ich will an erster Stelle dafür sorgen, dass die körperlichen Beschwerden so behandelt und gelindert werden, dass für die sozialen, psychischen und spirituellen Aspekte des Lebensendes überhaupt Kraft und Reserven da sind. Wenn Sie vor Schmerzen nicht schlafen, vor Luftnot keinen Gedanken ohne Panik treffen können, dann können Sie auch nicht Abschied nehmen.«

Was im Klinikalltag generell fehle, sei die Selbstreflexion und ein größeres Bewusstsein im Umgang mit Hierarchien und Machtstrukturen, erzählt er mir. Tatsächlich gibt es in vielen anderen therapeutischen Berufen in der Ausbildung verpflichtende Selbsterfahrung, Supervision, Hinterfragung und Reflexion der eigenen Person und Motive. Doch in der Medizin, dem Bereich, wo es ganz elementar um Leben und Tod oder die Art des Sterbens geht, finde das nicht statt.

»Vielleicht hat das auch was mit männlichem Omnipotenzgebaren unter Ärzten zu tun. Auch unabhängig von der Geschlechterverteilung, denn Frauen schaffen es ja auch meist nur in die höheren Positionen, wenn sie so Margaret-Thatcher-Persönlichkeiten sind. Und ich denke, dieses Omnipotenzgebaren ist umso größer, weil man Meister über Leben und Tod sein will, also auch über die Abwehr von Tod und Leiden. Da werden fürsorgliche Gespräche in pflegenden oder therapeutischen Bereichen, in denen gemeinsam etwas erarbeitet wird, weiblich konnotiert, während der männlich konnotierte Bereich der Ärzteschaft die Objektivität für sich beansprucht, in der Überzeugung, zu wissen, was andere brauchen. Dort, wo man Gedanken und Gefühle zum Tod wirklich zulässt, fällt dieses Omnipotenzgebaren von einem ab. Da wird man wieder total menschlich. Der Tod holt die besten Seiten aus dem Menschen heraus. Auch aus dem Klinikpersonal. Auf der Palliativstation herrscht ein offener, wertschätzender Umgang mit den Lebenden und den Sterbenden, wie man ihn sich im Rest des Krankenhauses wünschen würde.«

Auf der Palliativstation sprudele das Leben, da es dort eine so profunde Auseinandersetzung damit gebe wie kaum sonst wo, erzählt Gockel:

»Ich denke oft, die Welt könnte so ein toller Platz sein, wenn menschliches Miteinander immer so aussehen könnte wie in der Sterbephase. Was hindert uns daran, diese Lebensfreude und Intensität permanent zu haben? Viele bemerken ja gar nicht, wie sehr sie sich anpassen.«

Wenn ich Matthias Gockel zuhöre, denke ich, dass wir alle gut beraten wären, unser Leben vom Sterbebett aus zu denken. Bei der Frage, »Was hätte ich machen wollen, angesichts dessen, dass nun nichts mehr geht?«, würde die wenigsten antworten, sie wünschten, sie hätten mehr Erwerbsarbeit geleistet. Das Durchspielen dieses Gedankens hilft immens, dem konsequenter nachzugehen, was man vom Leben möchte, und den Mut zu finden, eigene Wege auch allein zu gehen.

»In ihren letzten Wochen können Menschen plötzlich klarer formulieren, was sie wollen und brauchen«, sagt Gockel, »plötzlich ist es vollkommen egal, was die anderen über sie denken. Sie gehen keine faulen Kompromisse mehr ein, verstehen dadurch aber auch, wo sie diese ihr Leben lang eingegangen sind. Auch der Satz ›Wir haben noch so viel zu bereden‹ fällt sehr häufig. Die Menschen wollen sich noch mal bedanken oder entschuldigen, Dinge bereinigen. Dafür braucht es Zeit. Von dieser existenziellen Qualität in der Palliativmedizin kann man nur lernen.«

Gockel hat dadurch auch eine Seite in sich gestärkt, die tiefere, persönlichere Begegnungen mit Menschen sucht. Von denen brauche er dann aber auch nicht so viele. Man *kann* aber auch nicht so viele haben, wie er bei der Arbeit merkt:

»Grenzen spürt man oft erst, wenn man sie schon überschritten hat. Das ist aber nicht immer schlecht. Vor Kurzem fragte mich ein Freund: ›Wie geht es dir?‹ Und ich sage ›Gut‹ und er fragt noch mal: ›Wie geht es dir wirklich? Du guckst manchmal so komisch.‹ Und dann habe ich plötzlich die Gesichter von 150 Patienten vor mir, die ich in den Tod begleitet habe, und hab nur noch geheult. Das war eine gute Rekalibrierungserfahrung. Zwischendurch weinen hilft immens. Manchmal gönne ich mir als Heilung kathartische Momente des Ausheulens. Dann höre ich extra ein trauriges Lied, damit ich weinen kann. Ich weiß nicht so genau, was passiert, wenn die Tränen fließen, ich weiß nur, es tut gut, da bringt mich etwas ins Gleichgewicht, weil ich meine Gefühle nicht unter den Teppich kehre. Also höre ich mir noch ein paar Lieder zum Weinen an. Um das zu spüren, muss man die richtige Dosierung zwischen Alleinsein und Gemeinschaft finden. Denn man kann sich in seiner Erzählung, wie autonom man angeblich ist und was man alles aushält, auch verlieren. Ohne Spiegel ist es leichter, sich in die Tasche zu lügen. Da braucht es dann Rückmeldung von Freund:innen und Kolleg:innen. Andererseits klappt es eh mit der Harmonie im Alleinsein auch nicht mehr so gut, wenn man kurz vor dem Burn-out steht. Das ist dann auch ein guter Hinweis, dass man sich zu viel Schwerem ausgesetzt hat, dass man diese Verbundenheit im Alleinsein nicht mehr spürt. Vielleicht ist aber genau das auch ein gutes Alarmsignal und man muss das Alleinsein suchen, um die Verbundenheit wieder zu fühlen?«

Gockel erzählt, dass ihm Small Talk manchmal verwirrend und stressig erscheint, weil er es gewohnt ist, in Kommunikation viel Bedeutung zu legen.

»Unser Blick ist so zugemüllt von Normen, dass viele Menschen Probleme haben zu sagen, was sie wirklich begehren. Unser Reden über das Sterben ist ähnlich beschränkt wie über Sexualität. Das ehrliche Reden über beides ist auch ähnlich befreiend, und ich fühle mich zu Leuten hingezogen, die ihr Denken und Fühlen nicht von Normen bestimmen lassen. Wir tun alle so, als wären wir angstfrei, autonom und cool, und sobald du hinter die Kulissen schaust, verschieben sich die Verhältnisse gewaltig.«

Aber gerade hinter den Kulissen ist es am interessantesten.

»Es klingt vielleicht paradox, ist es aber nicht: Einerseits wünsche ich mir einen selbstverständlicheren Umgang mit dem Tod, gleichzeitig aber auch eine Wertschätzung, welche existenziellen und besonderen Fragen der Tod in uns auslöst. Da, wo Gespräche offen darüber stattfinden, breitet sich eine große Erleichterung aus, und ein Gefühl von Verbundenheit entsteht.«

Ich muss an die Eremit:innen denken, die in die Wüste gingen, als Gockel mir erzählt, dass er in seiner Jugend an manchen Wochenenden mit der Familie raus in die Wüste gefahren ist.

»Da habe ich mich eingebettet gefühlt, wenn man allein da oben auf dem Berg saß und um sich die Wüste hatte. Eingebettet in die Welt, die Natur. Diese Verbindung finde ich auch bei meinen Wanderungen, mit dem Boden, den Bergen. In die Weite schauen, und da sind nur die Wüste und ich. Die Unendlichkeit wird plastisch durch den Wüstensternhimmel, aber ich fühle mich da sehr geborgen. Mit zwanzig hatte ich tierische Angst vor dem Tod und davor, nicht mehr da zu sein. Mittlerweile habe ich mit Erleichterung festgestellt, dass diese Verbundenheit bleiben würde, nur der Teil, der andauernd vom Ich redet, der noch was beweisen muss, wäre halt weg oder verändert. Eine Gesellschaft, die Angst vor dem Tod hat, hat auch Angst vor anderen Grenzüberschreitungen des Bewusstseins. Sich mit dem Tod zu beschäftigen, bringt einen ja auch näher zum Leben, vielleicht auch wie zu einer Art Pantheismus, so wie es Kinder empfinden. Ich saß mal an einem See in Südfrankreich, das war wunderschön, und ich dachte, es wäre doch eigentlich gar kein Unterschied, ob ich diesen See nun betrachte oder jemand anders 100 Jahre vor oder nach mir. Wir betrachten diese Schönheit alle zusammen, als würde die Landschaft sich selbst durch uns wahrnehmen. Es ist nicht immer das Gleiche, weil unsere Sinne unterschiedlich reagieren, aber die Landschaft nimmt sich durch uns wahr, sie sieht sich durch unsere Augen, und gestern hat hier jemand anderes gesessen, durch den sie sich wahrnahm und genießen konnte. Sie genießt sich selbst durch uns. So stelle ich mir das vor.«

Die christliche Mystikerin Simone Weil beschrieb diesen Gedanken ähnlich: Gott gab uns Augen, damit wir durch sie die Welt für ihn beschreiben. Das Universum hat in seinen unendlichen Möglichkeiten Menschen und Tiere geschaffen, mit deren Augen und Sinnen es sich nun selbst betrachtet und begreifen kann.[146]

Ich frage Gockel, ob ihn andere Leute dabei stören würden, wenn er in dieser Allverbundenheit sitzt. Denn gerade eine andere Person kann mit ihrem subjektiven Gebaren eine Empfindung der Ganzheit stören.

»Sie stören nicht unbedingt. In so einem Moment kann man mit jemandem dasselbe Staunen empfinden und das gar nicht erklären müssen. Man teilt dann eine Qualität des Begreifens. Aber wenn der andere es nicht sieht, dann kann man ihm auch nicht erklären, was man nicht in Worte fassen kann. Stören würde es, wenn man es erklären oder vergleichen müsste, weil der Nebensitzer mit seinem subjektiven Blick nur einen kleinen Teil darstellt, nur eine kleine Perspektive dazu gibt, dann gäbe es wieder eine Konzentration auf etwas Partikulares und nicht mehr auf das große Ganze. Dann würde ich sagen: ›Quatsch mir da nicht rein.‹«

Er lacht. Diese Wüstenmomente hatte Gockel seit seinem Arbeitseinstieg immer seltener.

»Mir ist jetzt erst wieder aufgefallen, wie wichtig diese Auszeiten waren, mehrere Tage am Stück raus mit Zelt und Rucksack oder mit dem Kajak über die Flüsse paddeln und niemanden treffen. Oft kommt man auch gar nicht mehr darauf, dass man die wenige freie Zeit auch mal allein verreisen kann, denn die Norm gibt ja irgendwie vor, mit einem Freund oder einer Freundin loszuziehen. Dabei weiß ich eigentlich, was für ein Geschenk das Alleinsein ist, wenn ich mich vor nichts und niemandem verstecken muss. Eine große Qualität dabei ist auch, dass ich mein eigenes Tempo vorgeben kann, beim Gehen ebenso wie beim Verarbeiten von Gedanken: langsamer, schneller, acht Stunden am Stück, oder nur zwei, ich muss das mit niemandem abgleichen. Es wäre interessant zu sehen, was passieren würde, wenn ich mich länger als mal fünf Tage am Stück rausziehen würde, die ich mir jetzt zweimal im Jahr gönne.«

Gockel erzählt, wie sehr er beim Alleinreisen als Akklimatisierungsübung den Übergang von der Einsamkeit zur Gemeinschaft genießt, denn ein Teil des Alleinseins sei für ihn auch immer die Freude auf das Zurückkommen.

»Ich freue mich auf die Gemeinschaft, die auf mich wartet, wenn ich tagelang allein durch Irland gewandert bin. Wenn ich dann zurück in eine Stadt komme, sitze ich gerne in einer Kneipe im ersten Dorf an der Theke, um langsam wieder den Kontakt zu spüren. So kann ich beide Welten zusammenfügen. Ich will dann dort immer noch allein sitzen, aber ich genieße den sanften Übergang zurück zum menschlichen Trubel. Soziales Miteinander zu erleben, ohne verpflichtet zu sein, mitmachen zu müssen.«

Wie bewertet Gockel die Idee der existenziellen Grundeinsamkeit? Steht man vor dem Tod allein? Man wird geboren, lebt und stirbt allein?

»Ich glaube, dass wir als Menschen schon auf etwas Gemeinschaftliches ausgelegt sind, aber ich frage mich, wo das aufhört und anfängt. Ich habe oft beobachtet, dass Menschen den letzten Schritt allein gehen wollen. Sie sterben, wenn niemand im Zimmer ist. Nach meinem Empfinden machen sie das nicht, weil sie es jemandem ersparen wollen, sondern weil sie sich so auf den Sterbeprozess konzentrieren müssen, in Ruhe, dass andere Menschen in ihrer Nähe sie davon abhalten. Im Sinne von: ›Ich darf jetzt nicht abgelenkt werden, ich muss in das Licht gucken.‹«

Ich frage ihn, ob da nicht eine Ähnlichkeit besteht, wenn er da allein auf dem Berg sitzt und denkt »Quatsch mir nicht rein«? Er überlegt.

»Schöne Vorstellung. Mein Eindruck ist, es gibt Menschen, die wollen allein gehen, und andere wollen dabei Gesellschaft haben, und da kannst du dich verbiegen, wie du willst, sie werden das intuitiv so machen, wie sie wollen. Ich hatte Patienten, die genau in der Minute starben, als ein Angehöriger, der die ganze Nacht am Bett gewacht hatte, auf Toilette ging, und andererseits Menschen, die noch zwei Tage wider jegliche biologische Machbarkeit durchhielten, bis jemand anreisen konnte, von dem sie Abschied nehmen wollten. Deshalb sage ich den Angehörigen immer: ›Verbiegen Sie sich nicht und bleiben die ganze Nacht, sagen Sie dem Sterbenden nur, wann Sie gehen und wann Sie wiederkommen. Und wenn er dann fünf Minuten vor oder nach Ihrer Ankunftszeit stirbt, war das kein Zufall.‹ Es ist hilfreich, wenn man das den Angehörigen vorher sagt, damit sie sich nicht verrückt machen. Man muss auch akzeptieren lernen, dass jemand, den man liebt, etwas allein schaffen muss. Da ist eigentlich nichts Trauriges dran.«

Einsame Held:innen – Geh allein und rede mit Fremden

Ich vermute, es gibt kaum jemanden, der oder die nicht gerne mal der Geschichte einer Heldin oder eines Helden auf ihren odysseegleichen Eskapaden folgt, auf denen er oder sie mit viel Weh, Ach und Selbstüberwindung durch große Abenteuer mäandert, zwischendurch tiefgründige existenzielle Begegnungen hat und am Ende mit einem Koffer voller neuer Erfahrungen und Erkenntnisse wieder zurückkommt und diese mit den zu Hause Gebliebenen teilt. Während wir für das Verfolgen dieser Abenteuer die mit Chips verkrümelte Couch nicht verlassen mussten, haben wir mit der Figur eine Reise voller Erleuchtungen und Anregungen gemacht. Eine der Geschichten, die diese Vorstellung vollends befriedigt, ist sicher *Star Wars*, und wer Interviews mit dessen Regisseur George Lucas gelesen hat, dem wird aufgefallen sein, dass sich Lucas öfter auf einen Anthropologen bezieht, der ihn zu seiner Erzählweise inspirierte.

Der Literaturwissenschaftler und Anthropologe Joseph Campbell zog sich in den 1930er-Jahren immer wieder monatelang in eine Hütte in Woodstock, New York, zurück und beschäftigte sich mit vielen Protagonist:innen der klassischen Literatur- und Kulturgeschichte: Antigone, Prometheus, Medea, Buddha, Lilith, Moses, Ariadne, Mohammed, Salome, Krishna, Gwendolen, Maria und Jesus. Campbell las afrikanische Märchen, griechische Mythologie und beschäftigte sich mit Erzählstrategien, die bis hin zur populären Literatur- und Filmgeschichte reichten. Er untersuchte die Gemeinsamkeiten verschiedener Kulturen in ihren mündlich oder schriftlich weitergegebenen Geschichten und den daraus abzuleitenden fundamentalen Bedürfnissen, die die Menschen mit dem Erzählen und Hören der Geschichten seit jeher befriedigt haben. Angelehnt an den Begründer der analytischen Psychologie Carl Gustav Jung glaubte Campbell an die Verbundenheit der Menschheit, die in ihren unterschiedlichen Mythen einen poetischen Ausdruck finden, um ihr Potenzial an Transzendenz, also der Fähigkeit und der Sehnsucht, über sich hinaus (z.B. zu einem Ideal oder zu etwas Göttlichem) zu wachsen, zu beschreiben. C.G. Jung hielt die Entdeckungsreise, die dazu dient, sein Selbst zu erkunden und weiterzuentwickeln, für das wichtigste Abenteuer, das man im Leben bestehen muss. Und dies eben nicht bedingt durch die hemmende Fixierung auf eigene Minderwertigkeiten, Ängste und sexuelle Verklemmungen (wie sein Kollege Sigmund Freud, der seine Patient:innen ewig in der Falle ihrer verkorksten Vergangenheit stecken sah), sondern durch die Stärke der eigenen Vorstellungskraft.

In seiner vergleichenden Analyse von Mythen, Sagen, Märchen und Religionen der ganzen Welt glaubte Campbell eine einheitliche Grundstruktur zu entdecken, die man angepasst an die jeweiligen lokalen und epochalen Gepflogenheiten auffindet. Diese Grundstruktur nannte er »Heldenreise«.[147] Sie wiederholt immer wieder das durch eine Krise motivierte Bestreben, loszuziehen, neue Wege zu erkunden, um die dadurch erlangte Weisheit allen Menschen zugutekommen zu lassen. Dieses Grundmuster von Separierung, Initiation und Rückkehr funktioniert wie folgt: In einer Gemeinschaft tritt ein Problem oder eine Krise auf. Nach einigem Zögern, und oft ermutigt durch eine Art Mentor, verlässt die Protagonistin oder die Heldin ihre Gemeinschaft, um sich der Herausforderung zu stellen, dieses Problem zu lösen. Sie bricht auf in eine Welt, wo andere Regeln als die gewohnten gelten. Auf dem Weg hat sie, je nach Genre, Begegnungen mit übernatürlichen oder irdischen Gehilf:innen, und sie wächst an den Proben und Versuchungen, die ihr im Weg stehen. Irgendwann findet oder empfängt sie eine Art Elixier, einen Schatz oder eine innere Erkenntnis, die die Welt des Alltags, aus der die Heldin ausgebrochen ist, umstoßen, aber dadurch auch retten könnte. Auf dem Rückweg helfen ihr die neuen Erkenntnisse und Kräfte. Zurück im Alltag ihrer früheren Gemeinschaft versucht die Heldin das Alltagsleben mit ihrem neu gefundenen Wissen zu vereinen, um die Krise zu lösen oder neue Freiheiten für alle zu erringen, wobei sie oft mit Unglauben oder Unverständnis zu kämpfen hat und sich durchsetzen muss. Was zunächst nach einem romantischen, eventuell auch eskapistischen Bühnenzauber klingt, ist tatsächlich die Grundstruktur, der die meisten Geschichten folgen, die wir in unserer Kindheit und Jugend gelesen haben. Auch wenn die Heldengeschichten der Bibel nicht mehr zu unserem bekannten Repertoire gehören, denn uns fällt sicher nicht mehr als Erstes die Transformationsgeschichte der heiligen Barbara ein, so kommt uns aber sofort in den Sinn, was Ellen Ripley, Luke Skywalker und Alice in Wunderland erlebten. Bei der Beschäftigung mit bekannten und unbekannten Held:innen wurde auch mir zunehmend bewusst, dass ich immer wieder, im Großen wie im Kleinen, auf Heldenreise gehen möchte, damit die Welt mich durch die Mangel dreht.

Die Reisenden auf einer Heldenreise sind offen für alle Erfahrungen und alle Begegnungen, die sich auf ihrem Weg ereignen, gerade weil sie den Weg allein gehen. Sie vollziehen den perfekten Zirkelschluss: sich aus der Gemeinschaft herauszunehmen, um offen für neue Erkenntnisse zu sein, die man anschließend der Gemeinschaft zugutekommen lassen kann. Dabei ist das Alleinsein fundamental, um sich der Tiefe der Herausforderung, aber auch den Begegnungen mit anderen zu stellen. Hier wird besonders deutlich, warum Alleinsein nichts mit Egozentrik zu tun hat. Denn wie der zuvor bereits erwähnte deutschamerikanische Philosoph Herbert Marcuse schon andeutete: Das Alleinsein ermöglicht es - ähnlich wie bei den Aussteigerinnen und Eremiten -, mit geschärften Sinnen der sich verändernden Umwelt zu begegnen. Insofern gilt: Geh allein und rede mit Fremden.

Campbells Ansatz wurde dahingehend kritisiert, dass er sich nur auf die Mythen fokussiere, die zu seiner Theorie passten, und in seinen Verallgemeinerungen einen populärwissenschaftlichen Pfad verfolge, was sicherlich zutrifft. Von Relevanz ist dennoch, dass Campbell betont, viele Mythen würden den Menschen ein hilfreiches Handwerkszeug, eine Orientierung, einen Leitfaden zum Verständnis für persönliche Entwicklung und mögliche gesellschaftliche Rückwirkung geben, da sie immer wieder die Sehnsucht und das Streben nach einer Utopie für menschliche Handlungsfähigkeit verhandeln. Die Heldin muss sich nämlich auch damit auseinandersetzen, wie sie und ihre Gemeinschaft sich bisher bewusst oder unbewusst durch eingefahrenes Denken selbst beschränkt haben. Das birgt auch Gefahren für sie, wenn sie sich dafür entscheidet, wieder in ihre Gemeinschaft zurückzukehren, welche die neuen Erkenntnisse erst einmal als unbequem sanktionieren könnte.

Viele Mythologien und monotheistische Religionen haben auch restriktive Funktionen: Sie werden als Rechtfertigung eines Machtanspruchs eingesetzt, sie legitimieren politische Herrschaft. In vielen Erzählungen werden Ideen einer natürlichen Ordnung gefördert, die konservative und autoritäre Strukturen festigen. Beispielsweise wird durch eine Prüfung die wahre, bereits vorhandene Identität offenbart oder anerkannt, womit ein Machtanspruch eingefordert werden kann - nur der richtigen Prinzessin passt der Schuh, nur die wahre Prinzessin wird geheiratet. Es geht also zumeist nicht darum, dass alle Lebewesen die Möglichkeit haben, ihre Stärken zu finden und dass Hierarchien flexibel sind. Campbell wollte herausarbeiten, dass viele Mythologien aber auch etwas anderes leisten: den Menschen selbst als schöpferisches Wesen zu verstehen, der einen Weg sucht, um das menschliche Potenzial zu entwickeln. Der Mensch ist darin ebenso Individuum wie Gemeinschaftswesen, er kann individuelle und kollektive Grenzen überschreiten und dadurch die Gemeinschaft stärken, selbst wenn diese Grenzüberschreitung zunächst bestraft wird. Diese beiden Seiten des Mythos stehen sich in der Weltgeschichte gegenüber, einerseits beförderten sie Religionskriege und Unterdrückung der Bevölkerung, andererseits verführten sie uns zu Reifeprozessen von der Abhängigkeit zur Selbstermächtigung und Selbstliebe, an denen wir gemeinsam wachsen können. Dabei interessierte Campbell nicht der Wahrheitsgehalt dieser Erzählungen, er wollte als eine ihrer Grundaussagen herauskristallisieren, dass die Selbstverwirklichung des einzelnen Menschen eben nicht egozentrisch ist, sondern dazu dienen kann, etwas Emanzipatorisches in der Allgemeinheit anzustoßen.

Jede Heldenreise handelt davon, über seine Ängste hinauszuwachsen, zu verstehen, dass Gefühle von Unzulänglichkeiten, Scham, Schuld und Neid nichts *Essenzielles* sind, sondern eine Geschichte, die einem erzählt wurde oder wird oder die man sich auch als *selbst erfüllende* Prophezeiung selbst erzählt. Sie handelt auch davon, welche Sprünge man machen kann, wenn man sozialen und kulturellen Normen nicht mehr die Macht gibt, sich selbst einzuschränken, sondern seiner Lust und Intuition folgt. Die Reise kann einem zugleich aber auch zeigen, wo man sich überschätzt, wo man sich hinter Stärke versteckte, die einem nicht guttut.

Eine Freundin erzählte mir einmal, dass sie ihre Psychoanalyse mit den Worten begann: »Ich nehme an, die meisten Patienten kommen, weil sie Probleme mit zu wenig Selbstbewusstsein haben, nun, mein Problem ist, ich habe zu viel davon.« »Lach nur«, sagte sie dann zu mir, »meine Therapeutin lachte auch.« Selbstbewusstsein baut auf Illusionen. Man kann sich ebenso einbilden, dass man stark oder schwach sei, und diese Vorstellung hegen und pflegen, bis man sich mit ihr identifiziert. Mit eingebildeter Schwäche raubt man sich viele Handlungsoptionen, die Fallstricke der eingebildeten Stärke können hingegen ein unbeweglicher Panzer werden, wo die Sonne nicht mehr durchscheinen kann. Auf der Heldenreise gibt es oft jede Menge Monster zu besiegen. Doch nicht selten steht am Ende der Reise die Erkenntnis, dass der wahre Gegner die eigenen Ängste und man selbst ist und erkennt nun, dass es enorme Ressourcen freisetzt, wenn man aufhört, gegen seine eigenen Bedürfnisse zu kämpfen. Die amerikanische Ausnahmemusikerin Nina Simone brachte das in einem Interview auf den Punkt: »Keine Angst zu haben, das ist die größte Freiheit.«[148]

Das Selbstbewusstsein zu erlangen, keine Erwartungen erfüllen zu müssen, ist ein großes Privileg und eine unschätzbare Freiheit.

Auch nicht die Erwartungen von Gruppen, zu denen man vielleicht einmal gehören wollte. In dieser Freiheit liegt eine Voraussetzung für die Fähigkeit, zufrieden allein sein zu können. Man muss das Leben, das man für sich plante oder das andere für einen planten, hinter sich lassen, um das Leben zu finden, das einen gemäß der wahren eigenen Bedürfnisse in sich selbst ruhen lässt. Das Konzept der Heldenreise ist eine Aufforderung, für ebensolche Transformationsprozesse die Verantwortung zu übernehmen. Diese Reise hat kein klar gestecktes Ziel, sie ist prozesshaft und unübersichtlich. Der Heilige Gral ist eine Leerstelle, die dich dazu einlädt, nach ihr zu suchen, dich in den tiefen Wald hineinzutrauen, um dich dort zu verlieren, um neu zu entdecken, was in dir verschüttet war.

In den Heldenreisen, die wir aus Kindergeschichten bereits kennen, ist es oft zentral, dass Probleme und mögliche Fehler nichts sind, dem man aus dem Weg gehen soll, sondern ein normaler Bestandteil des Lebens. Wir können viele Fehler machen und Verluste und Mängel ertragen, weil man sich auf den Überfluss des Lebens verlassen kann, weil man die Dinge nutzen kann, die einem in den Weg fallen. Leben zeigt sich schliesslich auch dort, wo es einen Widerstand gibt. Man sollte diesem Widerstand offen begegnen. Denn es sind Krisenzeiten, in denen wir neue Impulse finden. Seine Fähigkeiten zu verstehen und zu schätzen, zärtlich zu sich sein, nach Hilfe zu suchen, das sind die Vorteile, die aus Krisen erwachsen können.

Das Alleinsein, die Einsamkeit an sich, kann eine solche Krise sein. Man kann gerade dann das Vertrauen erlangen, dass der eigene Körper beim Gehen einen Weg findet, genug Hitze zu produzieren, die die Kälte vertreibt. Auch wenn wir Teile des Weges allein gehen müssen, können wir Verbindung zu neuen Ideen und zu unbekannten Menschen aufnehmen, die zur überlebenswichtigen Inspiration werden. Hier kommen wir zum Scheideweg zwischen Einsamkeit und sozialer Isolation: Um sich allein auf den Weg machen zu können, braucht man ein Mindestmaß an Vertrauen und

Solidarität. Eben das, was uns in unserer separierenden, auf Konkurrenz basierenden Gesellschaft gehörig ausgetrieben wurde.

Campbell stellte fest, dass die Helfer:innen auf dem Weg der Heldenreise oftmals selbst Einzelgängerinnen, Eremiten oder Verbannte sind. Märchen beispielsweise strotzen von Figuren am Wegesrand, die sich selbst in den Wald oder in eine Höhle zurückgezogen haben und dort die Protagonistin an der durch das Exil gewonnenen Lebensweisheit teilhaben lassen. Oft sind sie die Schlüsselfiguren, die der Heldin zur entscheidenden Erkenntnis der Reise verhelfen. Campbell ist der Meinung, dass in der modernen Welt viele Funktionen, die vormals Mythologie und religiöse Erzählsysteme hatten, nun neben der populären Kultur von den Künsten und der Philosophie erfüllt werden. Künstlerinnen, Kulturarbeiter und Philosophinnen entsprächen den Helfern in der Heldenreise. Sie könnten die vorhandenen Gedanken und Materialien, die uns in Symbolen, Motiven und Erzählungen umgeben, neu arrangieren und mit unserer eigenen Vorstellungskraft verbinden – und uns somit bei unserer Entwicklung beiseitestehen.[149]

Die Situation der Kulturschaffenden und Denker:innen ist in unserer durchkapitalisierten Gesellschaft allerdings so prekär, sodass die Helfer:innen unserer Heldenreise selbst oft taub und stumm am Wegesrand stehen. Die mangelnden Strukturen für Kunst- und Kulturschaffende, Forscherinnen und Autoren, in einem finanziell abgesicherten Rahmen arbeiten zu können, machen sie zu gefügigen und vereinzelten Konkurrent:innen. In den Bereichen Bildung, Kunst und Kultur hat sich ein Vermarktungs- und Starsystem etabliert, das nur wenige nach oben lässt und mit finanziellen Ressourcen ausstattet.[150] Obwohl gerade sie die Wege zu Emanzipation, Transformation und Freiheit stützen könnten, werden kreative Impulse entwertet und behindert, wenn sie nicht dem Geschmack entsprechen, den der Markt diktiert. Eine weitere bittere Konsequenz dessen ist, dass breite Bevölkerungsschichten von der Teilhabe an diesen elitären und undurchlässigen Kreativ-Bereichen ausgeschlossen werden und diese folgerichtig für ihr Leben als irrelevant statt inspirierend erachten oder ihnen gar mit Ressentiments begegnen. Während der Corona-Lockdowns wurde viel über die Systemrelevanz der Künste und Bildungsstätten gestritten. Es war besorgniserregend zu sehen, dass sie von der Politik erst nach Lufthansa, Autoindustrie und Banken als zentral für unsere Gesellschaft identifiziert und als »rettungswürdig« betrachtet wurden. Die Behauptung, dass die Künste und Bildung für die Gesellschaft eine große Bedeutung hätten, steht in keinem Verhältnis zu ihrer Unterfinanzierung. Sie sind *systemrelevant*, da sie uns eine Auseinandersetzung mit allen wichtigen Lebensfragen ermöglichen und somit eben auch *systemhinterfragend* sind. Ursula K. Le Guin sagte einmal dazu: »Der Gebrauch der Vorstellungskraft ist gefährlich für jene, die vom gegenwärtigen Stand der Dinge profitieren, denn sie kann uns erkennen lassen, dass der gegenwärtige Stand der Dinge nicht dauerhaft, nicht universell, nicht notwendig ist [...]. Wir werden unsere eigene Ungerechtigkeit nicht erkennen, wenn wir uns Gerechtigkeit nicht vorstellen können.«[151]

Natürlich ist das Konzept der Heldenreise sehr anfällig für die neoliberale Ideologie der Selbstoptimierung. So ist es nicht verwunderlich, dass dieser Ansatz mittlerweile auch Verwendung in Coachings und Therapien gefunden hat. Ich erinnere mich, dass ich es links liegen ließ, als ich zum ersten Mal davon hörte, weil ich den Fokus auf *den Helden* nicht mochte. Der Held, das ist jemand, der andere bezwingt, der einem unerreichbare Ideale vorgaukelt, die in der Realität oft zu Gewalt und Zwang führen oder zum Helden, der den Zuhörer:innen eine unreflektierte Geschichte von Erfolg verkauft. Das war mir zu viel Ich-AG. Jeder TED-Talk über Achtsamkeit und Selbstfindung dreht sich am Ende doch nur darum, wie wir eine noch steilere Karriere machen, wie wir besser funktionieren können. Es kann nicht verwundern, wenn Menschen nach einem Heldenreise-Coaching eine Depression entwickeln, wenn die Potenziale ihrer Reise nirgendwo anders hingeleitet werden als wieder in die Karriereplanung und zum Lohnarbeiten. Wie vielen Ideen gehen wir nicht nach, aus Angst davor, als Versager:in gesehen zu werden, wenn wir am Ende unseren Lebensunterhalt nicht davon bestreiten können? Man darf die Heldenreise nicht der neoliberalen Erzählung überlassen und sollte sie gänzlich von der Frage nach Erfolg befreien, denn erst am Ende erkennt man, wohin sie führte. Wahrscheinlich ganz woandershin, als beim Aufbruch gedacht. Die Heldenreise kann aber auch denen zweckdienlich sein, die sich der Erfolgsgeschichte verweigern, den Antiheldinnen, den Slackern, den Aussteigern, die sich über einengende Konventionen durch Rückzug hinwegsetzen und damit Ideale des Arbeitsethos infrage stellen. Und so besteht auch ihr Wert für die Gemeinschaft darin, anderen zu zeigen, dass man sich Maßstäben oder Moralvorstellungen entziehen kann, die einem nicht guttun. Im populären Film gibt es unzählige Heldenreisen, in denen es genau darum geht, sich gegen das Geld, die einzwängende Karriere, gegen die vermeintliche Sicherheit und Stabilität der Familie zu entscheiden. Statt als Inspiration kann dies den Zuschauenden aber sicherlich nur als Ventil dienen, um diese Wege nicht im eigenen Leben gehen zu müssen. Die Filmfigur hat diese Katharsis für einen erlebt, man muss es selbst also nicht mehr tun.

Neben der Anleitung zur Selbstoptimierung gibt es am Prinzip der Heldenreise noch einen weiteren großen blinden Fleck: Wer hält zu Hause den Laden am Laufen, während *der* Held auf Reisen ist? Hinter der Anerkennung, die der Held bekommt, erklingt nämlich leise auch das alte Lied, dass man den Menschen, die die alltäglichen Routinearbeiten, die Pflege und Instandhaltung in der Gemeinschaft gewährleisten, weniger Wert beimisst als den Innovatorinnen oder Kämpfern, die neue Impulse geben. Auch die Romanautorin Ursula K. Le Guin betont die Wichtigkeit beider Seiten: »Es sind starke gleichrangige Kräfte; keine kann für sich allein existieren, und jede ist im ständigen Prozess begriffen, sich zur jeweils anderen zu wandeln.«[152] Beide Kräfte wurden bisher als konträr und extrem den Geschlechterstereotypen entsprechend dargestellt: Der Held, der diese erneuernden Impulse zu geben vermag, wurde bisher meistens als weißes männliches autonomes Subjekt gedacht, dessen Ehefrau zu Hause bleibt und sich um Haushalt, Kinderbetreuung und das Sozialleben kümmert, das den Helden am Ende wieder empfängt.

In dem Roman *Traumpfade* des britischen Autors Bruce Chatwin begegnet die Hauptfigur einem Mann namens Arkady, der durch Australien wandert, um die Schöpfungsmythen der Aborigines zu hören. Darin heißt es: »Er hatte geheiratet, erzählte er mir, und hatte eine sechsjährige Tochter. Doch da er das Alleinsein dem Chaos einer Familie vorzog, lebte er nicht mehr mit seiner Frau. Er hatte nur wenige Besitztümer neben seiner Harpiscord und einem Bücherregal.«[153] Das war's. Der Mann veredelt seine Sehnsucht nach Einsamkeit mit seinem Forscherdrang und wenig Besitztum und kann seine Familie zurücklassen. Keiner fragt danach, ob seine Ehefrau vielleicht auch gerne aufgebrochen wäre. Sie fungiert wie selbstverständlich als Stabilisator, um die Reise des Mannes zu ermöglichen, der keine Lust mehr auf seine Elternschaft hat und sich dieser Verantwortung entziehen darf.

Der Held und Innovator wird männlich gedacht, weil die Rolle der Frau vorsieht, dass sie sich um andere kümmern soll, statt ihrer eigenen Weiterentwicklung nachzugehen. Unsere Kulturgeschichte ist voll mit den Erzählungen über männliche Autoren, Musiker und Künstler, die dafür gefeiert werden, dass sie die bürgerlichen Ketten sprengten, um große Werke zu schaffen. Dabei ließen auch sie oft Ehefrauen zurück, die diese Freiheit nicht kosten konnten, weil sie sich für die gemeinsamen Kinder verantwortlich fühlten. Die Frauen, die die Emanzipation des Mannes ermöglichen, wurden dabei oft sogar als Gegenstück seiner Befreiung inszeniert und dafür belächelt, dass sie mit ihrem Familiensinn die Hüterin konservativer Werte seien, die er zu überwinden in der Lage ist. Sie ist die zeternde Frau zu Hause, die den Mann in seiner Entfaltung behindert, weil sie verlangt, dass er Essen und Geld für die Kinder nach Hause schafft, und weil sie sich über das Urteil der Nachbar:innen sorgt. Die Frau, die sich selbst auf eine Heldenreise begibt, wird hingegen als Rabenmutter gesehen. Dabei sind gerade alleinerziehende Frauen permanent auf Heldenreise. Alleinerziehende Männer natürlich auch.

Mit der Schablone der Heldenreise kann auch die Frauenbewegung nachgezeichnet werden, denn Frauen, die sich emanzipieren, machen sich auch auf die Reise: Sie befreien sich aus der Klemme einer patriarchal organisierten Gemeinschaft, die ihnen Raum zur Entfaltung nimmt. Deshalb war die Separierung der »Frauenräume«, wie Virginia Woolf sie beschrieb, auch so wichtig, in denen Frauen Bedürfnisse und Wünsche neu formulieren können, um dann mit neuen Erkenntnissen zurück in die Gemeinschaft zu gehen, die sie als Ganzes emanzipieren. Das zeigt sich auch darin, wie viele Männer der Frauenbewegung ablehnend begegneten, während sie nun von ihren Innovationen profitieren.

Sara Maitland schreibt, dass sie die Einsamkeit dazu brauchte, eine gewisse Radikalität oder utopisches Denken zuzulassen, die sie in der Gemeinschaft nicht in sich finden konnte. »Ich hatte das Gefühl, eine starke Dosis vom Erhabenen und damit vom Extremen zu brauchen, um ein Gegengewicht zu dem zerstückelten, psychologisch realistischen Geschwätz vieler zeitgenössischer Romane und Erzählungen zu finden. Ich musste als Autorin dem Druck der Konformität entkommen, dem Druck, in den Chor, der besingt, was ist, einzustimmen, statt mich auf die Suche nach dem zu begeben, was weit darüber hinausführen mochte.«[154]

Mittlerweile wird der Heldin im populären Film mehr Raum gegeben. Frauen dürfen selbst schießen und werden nicht mehr immer nur passiv gezeichnet bzw. als Opfer, das gerettet werden muss, damit der Mann zum Helden werden kann. Aber die Erzählung bleibt immer unvollständig, wenn nicht gleichermaßen gezeigt wird, wer sich um die Kinder und die Alten kümmert, während andere raus in die erkenntnisschwangere Kälte ziehen. Frauen können nur dann zur Heldin aufsteigen, wenn sie die unhinterfragte Autonomie kopieren, mit der männliche Figuren bisher gezeichnet wurden. So bleibt ein wichtiger Bestandteil des Gemeinschaftslebens weiterhin unsichtbar, der diese Autonomie erst ermöglicht. Denn wo lässt die/der Held:in ihre/seine Kinder? Und kann sie/er sie nicht mit auf die Reise nehmen?

Ursula K. Le Guin betont, dass das Ineinandergreifen von Gemeinschaft und Held:in in Geschichten der Science-Fiction und der Sozialutopien mehr betont werden muss. Was passiert in der Gemeinschaft, während die Held:innen auf Selbstfindungsreise gehen? Die Gemeinschaft empfängt die Weisheit, die die Reisenden zurückbringen, nicht nur passiv, sondern in ihr gehen durch das Miteinander Entwicklungen vor sich. Le Guin kritisiert, dass ein auf patriarchalen Fantasien fußendes Fortschrittsdenken meistens in Gewalt und Totalitarismus mündet. In ihrem Essay *Die Tragetaschentheorie des Erzählens* schreibt sie, dass wir gelernt haben, unsere Mensch- und Kulturwerdung als Erzählung von Gewalt und Krieg, vom Kampf um Macht und Territorien zu akzeptieren statt als Erzählung des fürsorglichen Miteinanders und der Kooperation. Dem setzt sie eine Ethik entgegen, die uns als Erdengemeinschaft ins Zentrum unseres Denkens setzt, statt ein Gegeneinander zu zelebrieren.[155] Sie zitiert die amerikanische Autorin Elizabeth Fisher, die konstatiert, dass das erste Werkzeug der Menschen wahrscheinlich ein Behältnis, ein Tragetuch für gesammeltes Essen, vielleicht auch für Babys, war und nicht ein Speer oder Knüppel, mit dem man jemanden erschlug, also ein Instrument, das Herrschaft herstellen soll.[156]

Diese Betrachtung zieht mit aktuellen Entwicklungen in den Naturwissenschaften und der Anthropologie gleich, die menschliche Entwicklung vermehrt als Resultat von Kooperation interpretieren, anstatt Machtausübung und Gewalt im Zentrum zu sehen, wie es durch Darwins Evolutionstheorie mit dem Überleben des Stärkeren jahrhundertelang unser Denken und politisches Handeln prägte und sich zudem in Staatstheorien niederschlug, die mehr auf Autorität als direkte Demokratie setzen. Le Guin schreibt, dass die neuen Theorien des Miteinanders nicht nur viele blinde Flecken in den Wissenschaften erklären und »beträchtlichen Unsinn« über die biologischen Ursprünge von sozialem Handeln vermeiden, »[…] sie erden mich auch ganz persönlich auf eine mir bislang unbekannte Weise in der menschlichen Kultur.«[157] Das bedeutendste Werkzeug der Menschheitsgeschichte sei allerdings die Vorstellungskraft, schreibt Le Guin weiter: »Wir alle müssen lernen, unser Leben selbst zu erfinden, zu erdenken, zu imaginieren. Diese Fähigkeit müssen wir beigebracht bekommen; wir brauchen Vorbilder, die uns zeigen, wie. Andernfalls wird unser Leben von anderen Menschen für uns erfunden werden.«[158] Imagination ist ein altes Handwerk, auf dem unsere Weiterentwicklung basierte. Die Sinnlichkeit der Welt pulsiert in unserer Vorstellungskraft und will spielen.[159]

Es ist eine entscheidende aktuelle Entwicklung, eigene Privilegien sichtbarer zu machen, die hinter Klasse, Nationalität, Hautfarbe und Geschlechtsidentität stecken. Sie wirft die Frage auf, wem die Held:innenreise und damit die Entwicklung von Utopien zugestanden wird. Wem wird es zugetraut und wer wird davon abgehalten? Denn es ist auch ein Privileg, sich überhaupt allein auf eine solche Reise machen zu können und daraus resultierende Ideen äußern zu dürfen. Für viele sind es nämlich nicht mangelnde Selbstliebe und fehlendes Selbstwertgefühl, die sie davon abhalten, ihr Leben zu leben, sondern Landesgrenzen, Inhaftierung, Illegalisierung durch die »falschen« Identifikationsausweise, Armut und mangelnde Teilhabemöglichkeit durch fehlende Infrastruktur sowie diskriminierende Gesetze. Die Erzählung des neoliberalen Systems »Du kannst alles schaffen« ist eine Lüge, weil ebendieses System vielen Menschen die Möglichkeit zu Teilhabe und Handlungsoptionen verwehrt. Die Held:innenreise, die in Coaching-Seminaren gelehrt wird, findet in aktuellen politischen Prozessen einen ganz anderen Widerhall, wenn man sie beispielsweise bei Flucht und Migration verortet. Wenn sie kein Gedankenspiel mehr ist, sondern gelebtes widerständiges Leben – und Verlassen der Heimat, oft wider Willen.

Auch wenn in den Erzählungen der Heldenreise die neuen Weisheiten der oder des Reisenden etwas zögerlich angenommen werden, gibt es meistens ein Happy End. Seine oder ihre Erfahrung wird nach einigem Widerstand schließlich anerkannt und aufgenommen. In der Realität werden neue Impulse und Erkenntnisse von Menschen, die am Rande der Gesellschaft angesiedelt wurden, oft als unbequem oder gefährlich wahrgenommen, vor allem, wenn sie die Privilegien zu Hause Gebliebener infrage stellen. Denken wir an das Wissen von Zugezogenen, die aus anderen Ländern nach Europa flüchteten. Wir reden *über* sie, damit wir ihnen nicht zuhören müssen. Ihre Erfahrungen und ihr Wissen werden vorauseilend als störend und gefährlich dargestellt, nicht als Bereicherung. Und auch das hat System und eine Geschichte: »Eine unserer exquisitesten Methoden organisierten Vergessens heißt Entdeckung«, schreibt Ursula K. Le Guin[160] und spielt so darauf an, wie Kolonisatoren und Imperialisten die Kulturen, die sie vorfanden, vernichteten und die Menschen, die dort lebten, entmenschlichten, indem sie so taten, als beträten sie geschichtsloses Land, dem sie gewaltvoll ihre Kultur überstülpen konnten. Angeblich eine neue unberührte Welt zu entdecken ist oftmals immer noch Teil von unreflektierten Heldengeschichten. Andersherum gehen wir genauso unreflektiert mit Menschen um, die mit ihrer Geschichte und ihren Erfahrungen »zu uns« kommen. Und was, wenn die Heldin auf eine Zeit trifft, in der diese Privilegien, wer dazugehört und wer nicht, wer nationalstaatliches Subjekt oder Objekt ist, radikal neu verhandelt wurden? Was, wenn sie an dieser Neusortierung teilhaben will und dabei Wahrheiten ausspricht, die die Denkmuster derer infrage stellen, die diese Neuordnung zu ihren eigenen Gunsten vorantreiben? Mit welcher unbeirrbaren Vehemenz und Tatkraft muss sich die Heldin darin durchsetzen? Und wie brenzlig oder tödlich kann das für sie werden?

Das Recht, Schafott und Rednertribüne zu besteigen – Olympe de Gouges

Olympe de Gouges wurde unter dem Namen Marie Gouze im ländlichen Frankreich geboren. Wie Violette Leduc war sie ein »Bastard«. Ihr Vater, ein Marquis Pompignan, erkannte sie nicht als legitime Tochter an. Als guter Katholik fühlte er sich, damaligen Moralvorstellungen entsprechend, nicht verpflichtet, die Mutter, die als Wäscherin arbeitete, und seine Tochter materiell zu unterstützen, und verweigerte jeden Unterhalt oder Mitgift, die Marie die Heirat in eine wohlhabendere Schicht ermöglicht hätte. Siebzehnjährig wurde sie gegen ihren Willen verheiratet, ihr Ehemann starb aber kurz nach der Geburt ihres Sohnes 1766. Marie hatte Beziehungen zu Männern, heiratete aber kein zweites Mal. »Die Ehe ist das Grab der Liebe und des Vertrauens«, schrieb sie.[161] Mit 18 zog sie mit ihrem Sohn zu ihrer verheirateten Schwester nach Paris und schlug sich anfangs mit dem kleinen Erbe ihres Mannes durch. Die Ankunft in Paris war für eine arme junge Frau aus der Provinz, die keine Schulbildung hatte, wahrscheinlich sehr fordernd und überwältigend. Erschwert wurde dies dadurch, dass ihre Muttersprache Okzitanisch war, was man im Süden Frankreichs sprach. Das Französisch des Nordens war fast eine Fremdsprache. Die meisten Frauen zu dieser Zeit waren Analphabetinnen, wenn sie nicht ausnahmsweise privat im Vaterhaus oder von Klosterfrauen unterrichtet wurden, weshalb Historiker:innen annehmen, dass Marie Gouze kaum oder gar nicht lesen und schreiben konnte und dass sie sich in den 16 Jahren zwischen ihrer Ankunft in Paris etwa 1768 und ihrem öffentlichen Hervortreten als Theaterautorin 1784 das Lesen und Schreiben autodidaktisch angeeignet hat. In dieser Zeit besuchte sie viele Theateraufführungen, interessierte sich für die Schriften der Aufklärung und entwickelte ihr rhetorisches Talent und ihre ironische Haltung gegen die Scheinmoral ihrer Zeit. Mit 37 Jahren trat sie zum ersten Mal mit eigenen Texten unter ihrem Künstlernamen Olympe de Gouges an die Öffentlichkeit, was als verwitwete Frau aus ärmlichen Verhältnissen für die damalige Zeit außergewöhnlich und couragiert war, gerade weil sie sich als Autorin in die frauenfeindliche Männerwelt des Theaters begab, um dort voller Sarkasmus die patriarchalen Verhältnisse anzuprangern. In ihren Texten thematisierte sie offen die Konsequenzen des damaligen Eherechts, das Fehlen jeglichen gesetzlichen Schutzes unverheirateter Mütter und ihrer »Bastard«-Kinder, im Gegensatz zu der gesetzlichen Privilegierung der Väter, die sich aller Pflichten entledigen konnten, was zu Verarmung und Kindesaussetzungen führte. Dass sich ein großer Aufklärer wie Rousseau ohne Kritik auf die gleiche Weise seiner Vaterpflichten für seine fünf Kinder entledigte, lässt ahnen, wie gefährlich es werden konnte, wenn eine Frau am Selbstbild der Akteure der Französischen Revolution kratzte, die von den ungleichen Geschlechterverhältnissen der Zeit weiter profitieren wollten. Weiterhin prangerte de Gouges die Sklaverei in den französischen Kolonien an, was zur Folge hatte, dass sie jahrelang in Intrigen und Rufmord verwickelt und sogar inhaftiert wurde. Es irritierte, dass eine Frau sich mit Theaterstücken politischen Inhalts in die Öffentlichkeit wagte, und de Gouges war wie alle schreibenden Frauen zu jener Zeit vielen Diffamierungen ausgesetzt. Trotz aller Schwierigkeiten war de Gouges vielseitig und produktiv. Sie beließ es nicht nur bei Kritik, sondern formulierte auch eine Utopie zur Gleichberechtigung. In vielen tagespolitischen Schriften, Flugblättern, Plakaten und offenen Briefen setzte sie sich für die Ausbildung von Hebammen ebenso ein wie für ein Theater für Autorinnen, plädierte für die Einführung der Scheidung und für die Abschaffung der Todesstrafe. Doch sie beließ es nicht bei der schriftlichen Formulierung der Utopie. Sie wollte aktiv eingreifen. So verfolgte sie den Prozess der Verfassungsgebung in Frankreich und sah darin die Chance, in der Neuformulierung der Bürgerrechte die Rechte der Frauen einzubringen. Da die neue Idee der »Menschenrechte« an Bürgerrechte in einem nationalstaatlichen Kontext gekoppelt wurde, kamen nur besitzende europäische Männer in das Privileg jener erklärten »Menschenrechte«. Die Revolutionäre schlossen

Frauen, Juden, BPoC und das Proletariat aus. De Gouges offenbarte, dass im Anfang der Revolution bereits alles angelegt war, was verhinderte, dass die selbsterklärten Ziele der Revolution jemals erreicht werden können und dass die »männliche weiße Vernunft« als eine Inszenierung der Salons und Politikerstuben benutzt wurde, um die barbarische Unterordnung bestimmter Gruppen weiter zu rechtfertigen. Als Anfang September 1791 die Verfassung, beruhend auf der *Erklärung der Rechte des Mannes und Bürgers*, verabschiedet wurde, schickte de Gouges ihre *Erklärung der Rechte der Frau und Bürgerin* an die Nationalversammlung. Dies ist ein Text, der vor radikal egalitärer Schönheit sprüht. De Gouges betont darin die Stärken der Frau, die im Patriarchat zu Schwächen gemacht wurden: »Das an Schönheit wie an Mut, die Beschwernisse der Mutterschaft betreffend, überlegene Geschlecht [...] erklärt die folgenden Rechte der Frau und Bürgerin.« Daraufhin die Artikel:

Artikel 1 besagt: »Die Frau wird frei geboren und bleibt dem Manne gleich in allen Rechten.«

In Artikel 4 betont sie, dass die Grenzen der Frau nicht in ihrer Natur begründet liegen, sondern allein in den »ihr von der Tyrannei des Mannes gesetzten Grenzen«.

In Artikel 13 heißt es: »[...] Zu Fron und lästigen Pflichten wird die Frau ohne Unterschied herangezogen und muss deshalb bei der Zuteilung von Stellungen und Würden, in niederen und höheren Ämtern sowie im Gewerbe berücksichtigt werden.«

Noch drastischer spitzte sie diesen Gedanken in Artikel 10 zu, dessen ironische Formulierung zudem bezeugt, wie sehr sie sich auf dem Terrain der Kunst, Literatur und Politik zu Hause fühlte: »[...] Die Frau hat das Recht, das Schafott zu besteigen. Gleichermaßen muss ihr das Recht zugestanden werden, eine Rednertribüne zu besteigen.« Die Revolutionäre hatten allerdings keinen Sinn für ihren Humor, und so zeugt dieser Artikel auch von den grausamen Konsequenzen, denen de Gouges bald ins Auge sehen musste.

In Artikel 16 maß sie außerdem die neue Verfassung an ihren eigenen Idealen: »[...] die Verfassung ist null und nichtig, weil an ihrer Ausarbeitung die Mehrheit der Bevölkerung [...] nicht mitgewirkt hat.«[162]

Diese Grundsatzerklärung hatte nicht nur welthistorische Bedeutung für Frauen. De Gouges formulierte zum ersten Mal Menschenrechte auf Freiheit, Gleichheit, Eigentum, Arbeit und Teilnahme an allen Gewalten der politischen Macht für *alle* Menschen als universell und nicht nur für eine Gruppe männlicher Bürger. Zudem betonte sie die Heuchelei, dass die Privilegierung der Männer als Bürger-Hausväter umso mehr die weitere Entrechtung ihrer Hausfrauen und anderer ihnen Unterstellter (ihrer »Eigentumsobjekte«, wie z. B. Sklaven) bedeutet. De Gouges kritisierte, dass »in diesem Jahrhundert der Aufklärung« alte Unterwerfungs- und Unrechtsverhältnisse mit religiösen Dogmen (»Gottes Wille«) oder der Ideologie von zwei differenten »Naturen« verteidigt werden, die man in den Naturwissenschaften finden will. Sie schreibt: »Mann, bist du überhaupt imstande, gerecht zu sein? [...] Allein der Mann [...] will in diesem Jahrhundert der Aufklärung und des klaren Verstandes in durch nichts mehr zu rechtfertigender Unwissenheit despotisch über ein Geschlecht herrschen, das über alle geistigen Fähigkeiten verfügt. Er nimmt für sich in Anspruch, die Revolution für sich allein zu nutzen [...].« De Gouges belächelte den männlichen Alleinanspruch auf Vernunft und Rationalität, indem sie den aufgeklärten Vätern der Verfassung mit viel Witz ihre Unvernunft nachwies. Für sie war klar, dass die menschliche Natur Kooperation in Gleichheit »ohne Unterschied« vorschreibt. »Weil die Frau an allen Pflichten und Lasten beteiligt ist, muss sie ebenso auch an der Verteilung der Posten und Arbeiten teilhaben.«[163]

Noch über 200 Jahre später, im Jahr 1995, musste die damalige First Lady Hillary Clinton den Anwesenden auf einer UN-Konferenz um die Ohren hauen, »dass Menschenrechte Frauenrechte und Frauenrechte Menschenrechte seien«, eine Forderung, die schon lange von Feministinnen des globalen Südens formuliert wurde. Die Einschränkung von Frauenrechten dürfe also nicht separiert von den Standards der Menschenrechte beurteilt werden, weil manche Mitgliedsstaaten der Vereinten Nationen sich auf konservative Familienwerte und Sitten berufen, die beispielsweise den Zugang zu Verhütung und Abtreibung oder das Recht auf Ehescheidung und die Wahl einer Lohnarbeit verbieten, was aber den internationalen Menschenrechtsstandards von körperlicher Selbstbestimmung und Unversehrtheit widerspricht.

Hierbei ist wichtig zu betonen, dass man die Perspektiven und Handlungen der männlichen Aufklärer während der Französischen Revolution nicht als verständliches Phänomen konservativer Zeiten abtun kann. Dass der *freie Mensch* nur mit dem weißen männlichen Bürger gleichgesetzt wird, war ein erbitterter Kampf, den die gewannen, die bereit waren, jene Menschen in den aufkommenden Naturwissenschaften durch rassistische und sexistische Darstellungen abzuwerten, von deren Entrechtung sie profitieren wollten. Selbst vor der Tötung derjenigen, die Frauen und die kolonisierte Bevölkerung als gleichberechtigt betrachteten, machte man nicht Halt.

Als die politischen Ereignisse in Frankreich in Diktatur und Massenhinrichtungen eskalierten, war Olympe de Gouges eine der Ersten, die es bereits im Juni 1793 in der Öffentlichkeit wagte, die ansteigende Gewalt anzuprangern, während die Beteiligten der Revolution in einflussreichen Positionen erst 1794 den Schreibtischtäter Robespierre zur Rechenschaft zogen – oft auch nur, um sich selbst zu retten. Am 20. Juli 1793 wurde de Gouges verhaftet; als Grund wurde das Plakat *Die drei Urnen oder das Wohl des Vaterlandes* genannt, auf dem sie eine direkte »Volksabstimmung« vorschlug, um innenpolitischen Frieden zu ermöglichen. Olympe de Gouges wurde monatelang in verschiedenen Revolutionsgefängnissen gefangen gehalten, in denen katastrophale Zustände herrschten. Von außen bekam sie keinerlei Hilfe. Am 1. November machte man im Revolutionstribunal kurzen Prozess mit ihr, bei dem eine auffallend große Zahl von Frauen zum Tode verurteilt und hingerichtet wurden. Am 3. November 1793 ermordete man sie mit der Guillotine.

»Olympe de Gouges wollte Staatsmann werden, und es scheint, dass die Verschwörerin vom Gesetz gestraft wurde, weil sie die Tugenden, die ihrem Geschlecht (!) gebühren, verleugnete. [...] Frauen, [...] liebt, achtet und tragt die Gesetze weiter, die Eure Gatten [...] an die Ausübung ihrer Rechte gemahnen. [...] Seid einfach in Eurer Kleidung, fleißig in Eurem Haushalt. Folgt niemals den Volksversammlungen mit dem Wunsch, dort selbst zu sprechen [...]«, kommentierte ihre Hinrichtung der *Salut Public,* ein Presseorgan der Republikaner. Diese Auslegung der Geschehnisse entspricht einer der Begründungen, die de Gouges aufs Schafott brachten: »Frauen, die rational argumentieren, weichen von ihrer Gattung ab, sie sind Monster.«[164]

Olympe de Gouges kreierte auf eigene Faust ihren eigenen unwahrscheinlichen Lebensweg. Sie versuchte, sich und andere aus dem Gefängnis zu befreien, das die irrwitzigen Argumente, mit denen ihre Unterdrückung rationalisiert wurde, ihnen beschied. Sie kämpfte damit für eine Bewusstwerdung dieses Gefängnisses, während die Männer der Revolution ebendie Fähigkeit zu dieser Bewusstwerdung und damit auch deren Konsequenzen der Emanzipationsbestrebung für null und nichtig erklärten.

Obwohl oder vielleicht auch gerade weil sie eine der bedeutendsten politischen Denkerinnen im patriarchalen Europa war, hat der männliche Kanon sie aus der Geschichtsschreibung eliminiert. Erst in den 1970er-Jahren haben de Gouges' feministische Nachfahren auf der Suche nach Vordenkerinnen sie wieder aus ihrem Massengrab ausgegraben und mussten erkennen, dass keines ihrer literarischen oder politischen Werke seit ihrem Tode erneut veröffentlicht worden war, noch nicht einmal ihre Erklärung der Bürgerinnenrechte. Man könnte meinen, dass in Frankreich genug Zeit vergangen ist, um diese Wiederentdeckung zu begrüßen, doch verläuft der Prozess der wissenschaftlichen und feuilletonistischen Rezeption von de Gouges' Werken sehr stockend. Die Autorin Gisela Thiele-Knobloch, die sich eingehend mit de Gouges befasst hat, sagt dazu: »Historiker interessieren sich offenbar auch heute noch mehr für Anzahl und Eigenschaften der Liebhaber von de Gouges als für ihr umfangreiches Werk und ihre politische Leistung. Immer noch möchte man Olympe de Gouges in den althergebrachten Klischees lieber als ›Courtisane‹ und/oder als ›Militante‹ sehen, als sich ernsthaft mit ihren Schriften zu befassen.«[165] Bis heute ähnelt Frankreichs Blick auf Olympe de Gouges dem Umgang mit den antikolonialen Kämpfer:innen und Denker:innen, als könnte das Land nicht gut damit umgehen, wie die Ausgeschlossenen das Selbstbild der Grande Nation infrage stellen.

Hier zeigt sich auch, wie viel Menschen bei der Heldenreise riskieren, wenn das, was sie von ihrer Exkursion und Lebenserfahrung mitbringen, die gedanklichen Beschränkungen und Herrschaftsverhältnisse der Gemeinschaft sprengt.

4 | ALLEIN IN DER WELT UNTERWEGS

Neben Eremiten und Mystikerinnen waren es oft Forscher, Abenteurerinnen und Sportler, die über die Einsamkeit als fundamentalen Bestandteil ihrer Erfahrung schrieben. Bereits in der Romantik formulierten Bergsteiger:innen ebenso eloquent wie dramatisch ihr Erleben des Alleinseins und ihre Naturerfahrung auf langen Wanderungen über Berg und Tal, oft betonten sie, wie sie sich dabei von Einschränkungen des Mannschaftssports freimachten. Sara Maitland stellte allerdings fest, dass viele männliche Sportler und Forscher sich schwertaten, ihre Erfahrung in Worte zu fassen. Maitland schrieb, sie sei froh, dass sie das Alleinsein als weiblich sozialisierte Person erleben konnte und das Beschreiben ihres komplexen Erlebens deshalb nicht in die Klischees des kühnen männlichen Abenteurers in der rauen Wildnis pressen musste.[166]

Der bereits erwähnte Polarforscher Richard Byrd bemerkte 1936 einleitend in seinem Bericht *Allein! Auf einsamer Wacht im Südeis*: »Da meine Leiden den Hauptgegenstand bilden und da ein Mann solche Dinge gefühlsmäßig lieber für sich behält, war mir nicht klar, wie ich von der einsamen Wacht schreiben könne, ohne das Seelische ungebührlich hervorzukehren. [...] Gewisse Dinge und Lagen erwähnt man höchst ungern, weil sie dem merkwürdigen Geisteszustand widerstreben, den wir Selbstachtung nennen.«[167] John Hunt, Leiter der ersten erfolgreichen Mount-Everest-Expedition, unterstrich diese Unsicherheit, wenn er im Vorwort zu Byrds Buch mutmaßte, ob es verweichlicht und unmännlich, vielleicht sogar krankhaft sei, über sein Innenleben zu sinnieren.[168] Byrd berichtet über seine Motivation, sich ein halbes Jahr der Einsamkeit im Eis auszusetzen, da er als Forscher permanent »auf Öffentlichkeit angewiesen ist und fortlaufend Rechenschaft über geleistete Beihilfen ablegen muß«[169]. Man wäre ständig in Hast, entweder auf Reisen oder unterwegs, um Vorträge zu halten, die Gelder für die nächste Expedition erwirtschaften sollten. Sein Entschluss für dieses Abenteuer stand schnell fest, da er das Alleinsein, Frieden und Ruhe einmal gründlich ausloten und an einen stillen Ort gehen wollte, wo er ungestört seinem Gefühl der Unbeständigkeit und Ziellosigkeit begegnen könne. Er wolle »Wurzeln in eine geistessättigende Weltanschauung treiben« und dem Drang folgen, »der tief in der menschlichen Natur liegt: mehr über sich herauszufinden«[170]. Außerdem wolle er auch einfach einmal Zeit haben, Bücher zu lesen und Schallplatten zu hören, ein Genuss, zu dem er sonst nie komme. Byrd stellte sich die Frage, warum er sich extra in eine Eiswüste eingraben müsse, um seine Schallplatten zu hören und diese Einsamkeit nicht in den Straßen New Yorks finden könne. Er beantwortete sie folgendermaßen: »[D]ass kein Mensch hoffen kann, völlig frei zu sein, solange er sich im Geflecht familiärer Gewohnheiten und Anforderungen bewegt [...] oder in bequemer Reichweite der gewöhnlichen Lebensumstände.« Er wolle keinerlei Notwendigkeiten unterworfen sein, außer denen, die ihm der Wind, die Nacht und die Kälte auferlegten, und leben »nach keinen menschlichen Gesetzen als meinen eigenen«[171]. So empfand Byrd es auch als Segen, dass er die ganze Zeit nur mit einem einzigen Funker Kontakt hatte, der ihn vor missbilligender Stimmungsmache gegen Byrds Expedition beschützte: »Versucht ein Mensch etwas Außergewöhnliches, so sind Einschüchterungsversuche die unvermeidliche Folge.«[172] Byrd resümiert am Ende: »[...] [I]ch dachte viel nach, wenn auch nicht so vergnüglich, wie gehofft. All das ist gut gewesen; und es ist mein gewesen.«[173]

Extremerlebnisse sind eine Herausforderung für die Selbstkontrolle und das Selbstbild, die darin besteht, dass das Ich sich in der Einsamkeit von gängigen Interpretationsmustern befreien und neu behaupten muss. Wenn es das nicht tut, kann man sich im Alleinsein auch verlieren und den Ausweg nur in Ablenkung durch andere Menschen suchen. Das beschreiben Mystiker ebenso wie Polarforscherinnen, Zenbuddhisten und Künstlerinnen. Über sich selbst hinauszuwachsen, birgt Schrecken und Euphorie zugleich. Ähnlich wie das Setting bei einem Drogentrip darüber bestimmt, ob Grenzenlosigkeit zur Beklemmung wird, schildert Maitland das Unbehagen, als sie in ihrem einsamen Haus im Moor, in dem sie glücklich ist, plötzlich einschneite und die einzige Straße eine Weile nicht mehr befahrbar war.

Eine andere Polarreisende war die österreichische Autorin und Malerin Christiane Ritter, die 1934 ein Jahr in Spitzbergen zeitweise allein, zeitweise mit einem oder zwei Männern in einer Hütte verbrachte. Sie hatte trotz der prinzipiellen Entscheidungsfreiheit, die zu dieser Reise führte, nur einen begrenzten Spielraum, wie sie mit der Einsamkeit haushalten konnte. In ihrem Buch *Eine Frau erlebt die Polarnacht* beschreibt sie die Schönheit der einsamen Eislandschaft, aber auch, welche gefährliche Sogwirkung diese auf sie ausübte: »Am liebsten würde ich den ganzen Tag am Strand stehen, wo die Eisschollen, die im Wasser schaukeln, das Licht einfangen, brechen und zum Mond zurückwerfen. Doch die Männer sind sehr streng mit mir und verordnen mir oft Hausarrest.«[174] Sie beschreibt, wie sie sich permanent beschäftigen muss, indem sie jedes Kleidungsstück ausbessert, um nicht an das Nichts da draußen zu denken, das ihr aber in anderen Momenten ein Gefühl von Glückseligkeit vermittelt. »Ich möchte den Kopf auch nicht nur einen Moment frei haben, um nachzudenken und mir dieses Nichts da draußen bewusst zu machen. Ich weiß genau, dass dieses Nichts für den Tod von Hunderten von Männern [...] verantwortlich ist [...].«[175]

Der Einhandsegler Frank Mulville schilderte, wie er diese köstliche Grenzenlosigkeit auskosten wollte, indem er sich, nur verbunden mit einem langen Seil an seinem Handgelenk, mitten im Ozean schwimmend von seinem Segelboot ins Wasser gleiten ließ. »Dieser Moment, so kam mir plötzlich, war der Höhepunkt meines Lebens [...]. Warum das Seil nicht losbinden. Auf dem Höhepunkt dieser Erfahrung mit dem Meer verschmelzen war das Einzige, was noch blieb [...]. Ich streifte die Rettungsleine von meiner Schulter und hing einen Moment lang nur am Seilende. Meine Finger umklammerten das bloße Lebensende, dann zog ich mich Hand um Hand zum Boot zurück. Als ich auf dem mir so vertrauten Deck wieder festen Boden unter den Füßen hatte, schwor ich mir so etwas nie wieder zu tun. Ich war schweißüberströmt und zitterte am ganzen Leib.«[176]

Wie schwer der Weg zurück zu den Menschen ist, wenn man einmal angefangen hat, das Alleinsein zu genießen, führt die Erzählung von Bernard Moitessier vor Augen, einem Segler, der 1968 bei der Sunday Times Golden Globe Race-Regatta nonstop rund um die Welt gut im Rennen lag, bis er sich entschied auszusteigen. Statt nach der Umrundung des Kap Hoorn wieder zurück nach Norden zu segeln, begab er sich auf eine Odyssee, die ihn nach Tahiti führte. »Ich bin wieder auf Kurs zum Pazifik gegangen [...]. Mir war der Gedanke, nach Europa und damit wieder in die Schlangengrube zurückzukehren, wirklich zuwider. Ergibt es Sinn auf einen Ort zuzueilen, in dem Wissen, dass du auf dem Weg dorthin deinen Seelenfrieden zurücklassen musst? Ich verspüre eine große Kraft in mir. Ich bin frei wie nie zuvor. Ich fühle mich mit allem verbunden und doch mit meinem Schicksal allein.«[177]

Wenn das öffentliche Selbst verschwindet, kann das wahre Selbst atmen. Wenn man die sozialen Kontrollinstanzen erst einmal losgeworden ist, leuchtet einem nicht mehr ein, sich ihnen wieder zu unterwerfen, auch nicht die Verlockung eines Sieges der Regatta wirkt da noch verführend. Denn es ist spürbar, dass man es nicht schafft, sich von den Normen loszusagen, wenn man in die Gemeinschaft zurückkehrt. Daher wollen viele Menschen immer weiter unterwegs sein, um sich nicht wieder in den Zwängen der Gesellschaft zu verlieren. Und wenn sie schließlich doch in den Alltag zurückkehren, wollen sie allzu oft immer wieder aus- und aufbrechen, um allein das Unbekannte zu suchen.

Allein reisen und anderen davon erzählen – Gespräch mit Carmen Rohrbach

»Beim Reisen zu zweit ist man gefährdeter, weil man sich gegenseitig ablenkt und vieles um einen herum nicht wahrnimmt und weniger in Interaktion mit der Umgebung tritt. Allein reisen ist sicherer, weil ich viel wachsamer für meine Umwelt und gerade dadurch ein aktiver Teil davon bin und dadurch auch als weniger verletzlich wahrgenommen werde.« Mit dieser Aussage in unserem Gespräch kehrt die Reiseschriftstellerin Carmen Rohrbach die Annahme, allein zu reisen sei besonders gefährlich, in ihr Gegenteil. Seit den 1990er-Jahren hat Rohrbach zahlreiche Bücher über ihre Weltwanderungen veröffentlicht, die sie immer allein unternahm. »Ich habe beides gerne. Alleinsein und Gesellschaft«, erzählt sie, »man merkt mir nicht an, dass ich gerne allein bin, weil die Leute mich als sehr zugewandt erleben.«

Rohrbach ist in einer Familie mit vier Geschwistern aufgewachsen und hatte nie ein eigenes Zimmer. Das empfand sie allerdings nicht als unangenehm, da sie sich damals schon stille eigene Plätze im Keller, unterm Tisch oder im Wald suchte. Im Freundeskreis der Eltern verbrachte sie viele Wochenenden in einer Waldhütte.

»Ich bin von da schon als Fünfjährige gerne allein losgegangen und habe es genossen, mit Haut und Haar ein Teil dieser Natur zu sein. Ich hatte kein richtiges Vorbild für mein Abenteuerleben, keinen Mentor. Aber ich habe mit neun schon Bücher über Expeditionen gelesen, keine Kinderbücher, und mir war klar, das will ich machen, und was ich will, ist möglich. Kinder sind ja eigentlich ganz offen, und Gott sei Dank haben meine Eltern mir nie Angst davor gemacht, allein die Umgebung zu erkunden und zu genießen.«

Rohrbach beschreibt ihr Lebensziel nicht als ein Glück im Sinne von Erfolg, wie in den Augen anderer etwa der Mann fürs Leben oder finanzielle Absicherung, sondern als Glück in Form eines spannenden Lebens, in dem man in die Welt hinauszieht, Pläne schmiedet und verwirklicht. Das war ihr immer wichtiger als Anpassung und Anerkennung.

»Hauptsache das Leben in die eigenen Hände nehmen können. Auch wenn es als Kalenderspruch überall hängt, habe ich den Eindruck, dass wenige Leute wissen, dass das Leben wirklich kurz ist. Der Horizont war als Kind immer eine magische Linie für mich, zu der ich wollte, ich wollte allem nachspüren und auch die verschiedenen Arten verstehen, wie Menschen leben. Ich denke, ich bin anderen Menschen immer vorbehaltlos begegnet wie ein Kind.«

Geboren im sächsischen Bischofswerda zu DDR-Zeiten, studierte Carmen Rohrbach Biologie in Greifswald und Leipzig in der Erwartung, dann aus der DDR heraus auf Forschungsreisen in sozialistische Länder gehen zu können. Als DDR-Bürgerin, die Verwandte in Westdeutschland hatte, wurde ihr allerdings unterstellt, dass sie jede Fluchtmöglichkeit nutzen würde. Deshalb verwehrte man ihr auch Reisen in das sozialistische Ausland. Erst dadurch habe sie das Leben in der DDR als Einschränkung wahrgenommen.

»Ich war bis zur ersten Ablehnung eines Reiseantrages immer sehr optimistisch, dass ich als Biologin werde reisen können. Vielleicht weil ich es so sehr als meine Berufung empfunden habe, als selbstverständlich. Berufung ist eben ein Segen und Fluch, ich musste das machen, ich wäre sonst seelisch krank geworden, also hatte ich keine Wahl, als aus der DDR zu fliehen. Jetzt, wo ich es machen kann, sehe ich meinen Drang nach Reisen keineswegs als Fluch, nur noch als Segen. Ich bin nicht rastlos, sondern habe das beglückende Gefühl, mein Leben selbst gestalten zu können und mir selbst Themen zu stellen, einen eigenen Rhythmus zu leben, das ist ein großes Privileg.«

Als sie versuchte, etwa 50 Kilometer durch die Ostsee in den Westen zu schwimmen, wurde sie gefasst. Sie kam zwei Jahre in Haft, bis sie freigekauft wurde. Das erste halbe Jahr im Gefängnis hatte sie in Isolationshaft ohne Bücher oder irgendeine Ablenkung und Beschäftigung verbracht. Isolationshaft kann Schlafstörungen verursachen, Appetitverlust, aufgrund der mangelnden Stimuli eine schwer erträgliche Hypersensibilität, Panik, Wutanfälle, Wahnvorstellungen und Lethargie bis hin zu Suizidgedanken:

»Viele werden im Gefängnis verständlicherweise seelisch krank, aber ich habe versucht, die Haft als Härte und Herausforderung anzunehmen, die dazugehört, wenn ich mein Leben so leben möchte, wie ich es will. Ich habe mich beobachtet, wie ich damit klarkomme, ich war bei mir, habe mich auch mit Distanz von außen betrachtet. So schaffte ich es, gesund zu bleiben.«

Sie dachte damals oft an den Liedtext *Denn meine Gedanken zerreißen die Schranken und Mauern entzwei: Die Gedanken sind frei.* Die ersten 17 Tage im Gefängnis beschreibt sie als qualvoll, doch dann begann ein bemerkenswertes Phänomen. Psycholog:innen berichten davon, dass das Gehirn in Isolationshaft ohne jede Stimulation derart im Leerlauf ist, dass es beginnt, sich selbst Geschichten zu erzählen, manchmal auch Halluzinationen zu entwickeln. Je nachdem, wie resilient die Person ist, wie sehr sie um ihr Leben bangt oder wie stark ihre Hoffnung ist, kann das wie ein guter oder schlechter Trip werden. Rohrbach, die diese Erlebnisse in ihrem Buch *Solange ich atme* beschreibt, schildert die Isolationshaft sogar als angenehmer als die spätere Haftanstalt mit 25 anderen Frauen. »Meine Fantasie lieferte mir ein buntes Allerlei, freie Assoziationen aus Gelesenem, Erträumtem und Erlebtem. Ich habe nur dagesessen und an die Wand geschaut und hatte da ein Kopfkino.«

Nachdem Rohrbach im Anschluss an ihre Gefängniszeit doch nach Westdeutschland gekommen war, arbeitete und promovierte sie am Max-Planck-Institut für Verhaltensphysiologie über Verhaltensbiologie. Nach ihrer Promotion verbrachte sie ein Jahr auf den Galapagosinseln und betrieb dort Verhaltensforschung u. a. an Meerechsen. Das brachte sie auf den Geschmack, weitere Reisen zu unternehmen und über ihre Erlebnisse zu schreiben. Allein zu reisen war für Rohrbach zunächst keine bewusste Entscheidung, sondern erwuchs aus praktischen Gründen. Um sich intensiv mit den Ländern beschäftigen zu können, wollte sie viel Zeit und Raum haben, flexibel sein.

»Als ich in den Jemen reiste, entschied ich mich, mit einem Kamel durch die Wüste zu ziehen, sodass ich schließlich neun Monate blieb. Ich war durchaus offen, einen Reisepartner zu finden, aber die meisten Menschen konnten sich nicht so auf eine Reise einlassen wie ich, weil es auch unklar war, wie lange wir unterwegs sein würden. Ich habe das Reisen zu meiner Lebensweise gemacht, während andere zeitlich und örtlich gebundener sind. Als ich dann allein los bin, habe ich gesehen, dass es wirklich viel spannender ist, allein zu reisen. Man bestimmt seinen Rhythmus selbst, wo man spontan hingehen will, wo man schlafen will, man lernt aber auch besser andere Menschen kennen, weil man nicht auf den Reisepartner fixiert ist.«

Bald weiß sie nicht nur praktische Erwägungen beim Alleinreisen zu schätzen, sondern spürt auch, dass das Alleinsein ihre Wahrnehmung schärft. In *Solange ich atme* schreibt sie: »Erst in der totalen Einsamkeit, wenn kein anderer Mensch mehr da ist, öffnen sich die Sinne weit der Umwelt, mit der ich nun im ständigen Dialog stehe. Fehlt der Kontakt mit anderen Menschen, greifen Augen, Ohren, Nase, meine Haut, ja mein gesamter Körper nach dem, was um mich ist, nach der Winterluft, den Farben der Berge, den Rufen der Meisenhäher, dem Rauschen der Bäume im Wind, dem harzigen Duft der Nadelbäume. Die Grenzen zwischen dem, was mich als Mensch ausmacht, und dem wilden Land um mich herum fangen an zu verwischen.«[178] In unserem Gespräch ergänzt sie:

»Sobald ein Mensch da ist, bin ich auch ein Mensch, wenn ich aber allein bin, dann verschmelze ich mit der Umgebung. Ich fühle mich in der Natur so sicher, dass ich keine Bedenken habe, allein loszuziehen. Das gibt meiner Seele Nahrung. Natur ist weder freundlich noch feindlich, sie ist einfach, wie sie ist, ich möchte da keine Bedeutung hineinlegen und sie auch nicht zähmen.«

Wenn es um die Erfahrung der schönen Einsamkeit geht, sind sich Wüste und Schneelandschaft relativ ähnlich. So ist es nicht verwunderlich, dass Rohrbach sich nach Reisen durch Wüstengegenden mit Ende 60 entscheidet, allein einen Winter in einer einsamen Hütte nahe dem Polarkreis in Kanada zu verbringen. Sie erzählt, dass es sich schwierig gestaltete, eine einsame Hütte zu finden, so abgelegen, dass keine Straße in der Nähe war. Am Ende fand sie eine am Thukada-See, die 500 Kilometer von der nächsten Siedlung entfernt lag. Im Sommer besichtigte sie die Hütte auf einer Wanderung mit ihrem Partner, bevor sie sich entschied, dort allein zu überwintern. Sie beschreibt ein tiefes Gefühl von Heimat und Angekommensein, als sie die Hütte zum ersten Mal erreichen. In unserem Gespräch sagt sie:

»Ich fühle mich heimisch auf der Erde und in mir, ich kenne eigentlich gar kein Fremdheitsgefühl. Ich kann Heimat überall finden, ich fühle mich immer am richtigen Ort, in der Wüste ebenso wie am Meer. Wahrscheinlich kann ich gut allein sein, weil ich meine Heimat in mir trage, weil ich mich in mir nicht fremd fühle.«

In ihrem Buch beschreibt sie die Einsamkeit aber auch als Notwendigkeit, um diese Heimat in sich selbst überhaupt zu ermöglichen: »So gern und intensiv wir [...] miteinander in Beziehung leben und ohne einander nicht sein wollen, benötigen wir auch das Alleinsein, den Rückzug in uns selbst. Eine Auszeit, eine Dosis Abstand ist wichtig, um sich selbst nicht zu verlieren, um die eigenen Gefühle zu ordnen, sich von den Anforderungen der Allgemeinheit zu erholen und mal abzuschalten [...]. Warum aber – wenn wir alle hin und wieder das Alleinsein für unsere Gesundheit benötigen – schrecken die meisten vor der Vorstellung, eine Zeit lang allein zu sein, zurück und fürchten sich davor?«[179]

Auch die viermonatige Trennung von ihrem Partner, der sie im Sommer nach Kanada begleitet hatte, empfand Rohrbach nicht als so schlimm wie erwartet, weil sie sich auch im Alleinsein mit ihm verbunden fühlte. Sie erzählt mir, dass viele ihrer männlichen Freunde und Bekannten, die ähnliche Reisen machen und darüber Vorträge halten, Familien zu Hause haben. »Ihre Frau bleibt zu Hause und kümmert sich um die Kinder, und die Männer sind die großen Abenteurer. Ich habe lange gebraucht, um einen Partner zu finden, der mich so akzeptiert, wie ich bin, oder sich an mich herantraut. Viele Männer denken wohl, dass ich zu unabhängig bin, oder sie haben Angst in meinem Schatten zu stehen.« Sie erzählt, dass sie öfter nach falschen Partnern gesucht hatte, die zwar ähnliche Interessen hatten, Tierfilmer oder Biologen waren, die aber nicht ihrer Gefühlswelt entsprachen. Ihr jetziger Partner ist ein Bankangestellter und Naturbursche, mit dem sie eine Seelenverwandtschaft verbindet, der sie aber auch allein ihren Weg gehen lässt.

Obwohl die Gegend am Polarkreis im Sommer atemberaubend schön ist, will Rohrbach dort vier Monate im Winter sein, weil das Erleben dann intensiver und extremer ist, weil es den Sinn zum Überleben schärft. »Es wird nicht viel zu tun geben, außer mein Leben zu erhalten.«[180] Ebendiese Fähigkeiten, sich am Leben zu erhalten, wenn nur das Lebensnotwendige zur Verfügung steht, will sie entdecken und spüren. Nach jeder Tageswanderung ist sie froh, ihre Hütte intakt vorzufinden, denn ohne sie wäre sie verloren gewesen. Die Hütte hat wenig Infrastruktur, Feuer ist hier Freund und Feind, zentral, um zu überleben, gleichzeitig musste Rohrbach den Holzboden um den verrosteten Kanonenofen immer feucht halten, weil ein Funke überspringen könnte. Wasser bekommt sie nur aus einem Eisloch im See. Dass jeder kleine Unfall ihr Leben kosten könnte, schärft ihre Wahrnehmung. Diese Ungewissheit des Lebens macht sie aber noch mutiger, denn wenn alles sofort vorbei sein kann, nutzt man jeden Tag. Es gibt einem die Freiheit, etwas zu wagen und nicht auf ein Schicksal zu warten. Der Gedanke, dass das Leben endlich ist, macht sie fröhlich, weil es ihr die Kraft gibt, alles zu tun, was sie will.

Bevor sie jedoch ihre Hütte beziehen konnte, hatte sie eine ganz andere Hürde nehmen müssen. Als sie in Kanada ankommt, ist nichts für die Weiterreise zu ihrer einsamen Hütte vorbereitet, obwohl alles vertraglich geregelt worden war. Der Wildhüter John, der sie mit einem Motorschlitten hinbringen soll, weicht ihren Fragen aus, wann es denn losginge. Vage behauptet er, das Wetter oder andere Gründe würden ihre Abfahrt verhindern, bis Rohrbach vermutet, dass er ihr diese einsame Überwinterung einfach nicht zutraut und darauf spekuliert, dass sie ihren Plan selbst aufgibt. Ihre Sehnsucht nach dem Alleinsein verstärkt sich aber, da jemand ihr dies verweigert und sie zu passivem Warten verurteilt. John hält sie einen ganzen Monat hin, bis er sie doch zur Hütte bringt. Dort angekommen, macht er allerdings keine Anstalten, wieder zu gehen und sie dort allein zu lassen. Rohrbach versucht, Ruhe zu bewahren und ihrem wortkargen, aber sturen Gegenüber diplomatisch zu vermitteln, warum sie hier ist. Als das nichts bringt, wird sie schließlich laut. Er müsse verstehen, dass sie diese Landschaft im Alleinsein intensiver wahrnehmen wolle, dass sie deshalb hier sei.[181] »Ich wollte keinen gemütlichen Kanadier, der mich beschützt«, erzählt sie mir.

John bricht nach dieser Auseinandersetzung abrupt auf, ohne genug Holz vorbereitet zu haben. In der Hütte findet Rohrbach nur ein Beil, mit dem sie kleine Äste für Feuerholz schlagen kann. Es erscheint fast so, als hätte John darauf spekuliert, dass sie aufgibt und über das Satellitentelefon anruft, dass man sie wieder zurückholen solle. Rohrbach widmet diesem Warten und dem verzögerten Alleinsein zwei ganze Kapitel. Im Gespräch mit mir sagt sie: »Vielleicht war John eifersüchtig, dass ich etwas wage, was niemand vorher, auch nicht er, gemacht hat.«

Ich frage sie, ob ihr der Wunsch nach Einsamkeit schon öfter madig gemacht wurde. Vielleicht weil anderen diese Freiheit und Unabhängigkeit Unbehagen einflößt, weil sie sich diese nicht zutrauen.

»Ich musste mich bei der Organisation meiner Reisen nie von anderen abhängig machen. In Kanada war es anders, weil ich ohne John nicht in meine Hütte gekommen wäre. Nur im Jemen habe ich es einmal erlebt, dass ein Beduinen-Chief mich nicht durch ein bestimmtes Gebiet wandern lassen wollte, weil er es zu gefährlich fand. Er sagte, er trage die Verantwortung für mich, und bestimmte, dass zwei Männer mich begleiteten. Aber sonst hatte ich nie Leute in meinem Umfeld, die mich am Alleinreisen hindern wollten oder konnten. Vielleicht liegt das auch an der Ausstrahlung, wenn ein Mensch ganz selbstverständlich das, was er macht, einfach macht und nicht unsicher ist und zögert.«

Als Rohrbach allein in ihrer Hütte ist, überkommt sie nach drei Tagen endlich das Glücksgefühl des Alleinseins am Polarkreis, bei minus zehn Grad Celsius Raumtemperatur. »So bin ich also der einzige Mensch weit und breit. Eingebunden in diese mich umgebende Wildnis empfinde ich mich gar nicht so sehr als Mensch. Ich glaube, um sich als ein solcher zu fühlen, braucht es andere Menschen, an denen wir uns messen und orientieren können. Sie fehlen mir nicht. Ihre Stelle hat die Natur eingenommen, die mich ganz ausfüllt, all meine Bedürfnisse befriedigt.«[182] Allerdings betont sie auch, dass es wichtig ist, den Zeitraum für diesen Zustand selbst wählen zu können und dass sie sich immer wieder darauf freut, in das Leben in Gesellschaft zurückzukehren.

Dass Rohrbach sich für eine Auseinandersetzung mit dem Alleinsein interessiert, zeigte sich auch in ihrem Porträt von Maria Reiche[183], das illustrierte, wie zwei Frauen sich, ähnlich wie bei Alice Walker und Zora Neale Hurston, über Zeit und Raum gegenseitig inspirierten, die im Alleingang viel bewirkten. Maria Reiche beschäftigte sich 40 Jahre lang (anfangs auf eigene Faust) mit der Erforschung und Kartografierung der Nazca-Linien in Peru, während sie in einer Hütte ohne jede Infrastruktur nahe der Fundorte in der Wüste lebte. Reiches beharrliche Forschung führte zu der Bewahrung dieses Phänomens, das ohne ihre Arbeit mittlerweile durch Bebauung zerstört worden wäre. Damals schon beschrieb Rohrbach die Anziehungskraft der Weite der Wüste, die im Zusammenhang mit der Weite der Möglichkeit steht, um Reiches Wirken nachvollziehen zu können. »Niemand ist da, ich bin allein in der Wüste, aber ich fühle mich dennoch nicht allein. Mir scheint, als hätten sich Weite und Einsamkeit in Wesen verwandelt [...]. Sie schweben über mir, begleiten mich, mal entfernen sie sich, eilen ein Stück voraus, dann warten sie wieder, bis ich nahe gekommen bin. Sie wispern und tuscheln, raunen, murmeln, und säuseln von alten Geheimnissen. Ich glaube, noch nie so glücklich gewesen zu sein. Es ist ein Glück ohne Grund, einfach weil ich da bin und teilhabe an den Geheimnissen, auch wenn ich sie nicht verstehe. Die Wüste erscheint mir nun nicht mehr öde und leblos. Ihre Kargheit ist Reichtum. Ihre Weite ist Freiheit. Ihre Einsamkeit ist Geborgenheit [...]. Kein Ort kann geeigneter sein, um mit den Göttern Verbindung aufzunehmen; denn die Weite, die Einsamkeit und die Stille öffnen die Sinne der Menschen für außergewöhnliche Empfindungen [...]. Vielleicht sind durch die lange Wanderung in der Weite und Einsamkeit der Wüste meine Sinne so sehr sensibilisiert, daß ich empfänglicher geworden bin für Dinge, die mir sonst nicht zugänglich sind.«[184]

Es ist nichts Überirdisches, was Rohrbach beschreibt, wenn sie in ihrer Erfahrung der Natur im Alleinsein von Wesen und Geheimnissen spricht, es ist vielmehr die Imagination, die einen wie Geister begleitet und in der Einsamkeit frei flottieren kann. Dieser Empfänglichkeit möchte sie in Kanada wieder begegnen. Wenn sie nach ihren Tagestouren auf Schneeschuhen und Skiern nach Hause kommt, ist sie froh, dass in ihrem Zufluchtsort niemand auf sie wartet.

»Kein Telefon, kein Fernsehen oder Zeitung und gerade deshalb hat man das Gefühl, intensiv am Weltgeschehen teilzunehmen. Die Sinne können sich weit öffnen und man kann den Dialog mit der Welt führen.«

Rohrbach genießt den Gesang der Vögel am Tage und den Chor der Wölfe am Abend. Sie hat Zeit und Muße, andere Informationen der Welt aufzunehmen, die Vielfalt des Schnees wahrzunehmen, weich und leise oder, als ihre Hütte in einem Sturm fast einschneit, erstickend und tödlich, wie ein Sumpf, der einen verschlucken kann. Sie kann Tiere beobachten, die zwar scheu sind, aber nicht übermäßig Angst vor Menschen haben. Als die Temperaturen über zwölf Grad steigen, hat sie immer Bärenspray dabei, da die Grizzlys nun aus dem Winterschlaf erwachen würden. Beim Wandern kommt sie in eine Art Flow, wie ein Automatismus, in dem sie schwerelos, endlos weitergehen könnte, und vergleicht es mit der Meditation von Mystiker:innen.[185]

Rohrbach erzählt mir, dass sie verstehen kann, wie Menschen früher viel in ihre Umgebung hineininterpretierten, dass sie in ihrer Umwelt, in der Sonne und den Gestirnen etwas Göttliches sahen. Sie überlegt auch, was wohl die Berge von ihr denken, ob sie über sie lachen, wenn sie da als so kleines Wesen durch den Schnee stapft. Sie amüsiert sich mit diesem Gedankenspiel, sich so von außen zu betrachten und sich nicht so sehr als Mensch zu empfinden. Bin ich das wirklich, hier allein in der kanadischen Wildnis? Dennoch wisse sie um den spielerischen Charakter dieses Gedankens, denn gläubig sei sie nicht. »Das Gefühl von All-eins-sein, mit allem eins zu sein, dieses Gefühl braucht keine Institution. Manchmal sagen Leute, Engel beschützen mich, und ich denke, nein, *ich* beschütze mich. Ich würde mich nicht gut fühlen, wenn ich mich auf etwas anderes, wie einen Gott, mehr verlassen müsste als auf mich selbst. Ich fühle mich sicher in mir und damit auch in der Welt. Das ist das Grundvertrauen, das ich habe. Wäre ich religiös erzogen worden, hätte ich dieses Gefühl vielleicht mit Spiritualität verbunden, habe ich aber nicht. Bei Lesungen fragen mich die Leute immer, ob ich Angst vor Tieren in der freien Natur hatte. Als Biologin kann ich Tiere aber manchmal besser einschätzen als Menschen, obwohl ich nicht sehr misstrauisch bin. Ich habe Vertrauen in mich, dass ich andere einschätzen kann und mich richtig verhalten kann, deshalb ist es mir wichtig, immer die Sprache in meiner Reisegegend zu lernen. Ich bin tatsächlich nie in eine schlimme Situation gekommen, aber vielleicht habe ich auch bedrohliche Situationen entschärft, weil ich mein Gegenüber immer in ein Gespräch verwickelt habe, z. B. habe ich sie nach ihrer Schwester oder Mutter gefragt. Meine beste Waffe ist die Sprache und meine Aufmerksamkeit.«

Ihre zahlreichen Erfahrungen im Alleinreisen bringen Carmen Rohrbach zu ihrer eingangs erwähnten Einschätzung, dass allein reisende Frauen weit weniger angreifbar sind, als es Klischees vermuten lassen:

»Die meisten Menschen denken ja, man sei sicherer, wenn man zu zweit reist, ich bin da anderer Meinung. Zu zweit ist man viel gefährdeter, weil man unaufmerksamer ist. Wenn ich mich in den Bergen verirre, dann immer, wenn ich mit einem Freund unterwegs bin. Mein Orientierungssinn ist besser, wenn ich allein bin. Zu zweit verliert man den Überblick schneller, weil wir reden und auf uns bezogen sind, man nimmt die Umgebung dann nur noch als Bruchteil wahr. Wenn man aber allein unterwegs ist, weitet sich der Blick und die Sinne sind klar. Ich nehme alles besser wahr, mögliche Gefahren sind ja auch ein Bestandteil der Umwelt, wie alles Schöne.«

Zudem seien die Gebiete, die weniger vom Tourismus geprägt sind, sicherer. Gerade weil sie eine Frau sei, habe sie außerdem viel Unterstützung und Schutz erfahren, gerade von anderen Frauen.

»In einsamen Gegenden in Ecuador oder Patagonien, wenn ich als Frau allein unterwegs war, habe ich gemerkt, dass die Leute mir gegenüber sehr freundlich waren. Wenn ich in Dörfern übernachtet habe, kamen die Frauen immer auf mich zu und integrierten mich, fragten, ob ich etwas brauchte, und waren interessiert an mir. Die wollten mich gar nicht mehr weglassen. Sie meinten, ich sei jetzt so sehr wie sie geworden und sie würden an meiner Stelle nicht in meine westliche Welt zurückwollen.«

Sosehr Carmen Rohrbach das Alleinsein in der Natur schätzt, so sehr sieht sie wiederum im Schreiben und Publizieren etwas Gemeinschaftliches, auch wenn man erst einmal die Einsamkeit dafür braucht. »Wenn ich zu zweit unterwegs wäre, könnte ich meine Erlebnisse gar nicht aufschreiben, um sie dann mit vielen teilen zu können.« In der Einsamkeit ist man wirklich offen für Neues. Beim Schreiben, Denken, Spüren und Aufzeichnen braucht man Ruhe und Einsamkeit, um etwas erleben zu können, das man dann für alle erlebbar machen möchte:

»Später genieße ich es umso mehr, wenn die Leute vor mir sitzen und ich ihnen davon erzählen kann, was diese offene Wahrnehmung in der Einsamkeit mir einbrachte. Wenn ich bei einer Lesung enthusiastisch von einer Reise erzähle, bin ich so eingetaucht, dann rieche ich das und spüre ich das wieder und ich fühle mich beschenkt von den Leuten, die daran Anteil nehmen.«

Doch dann kam die Corona-Pandemie. 48 Lesungen waren für das Buch über ihre Kanadaüberwinterung geplant, die alle abgesagt werden mussten. Rohrbach erzählt, dass sie den Austausch mit den Leser:innen sehr vermisste. »Diese Erfahrung des Alleinseins konnte ich nicht so teilen, wie ich es gerne getan hätte.«

Wandern zwischen Alleinsein und Gemeinschaft

Trampen – Gespräch mit Anh Trieu

Der Dokumentarfilm *Über Grenzen – mit Vollgas in den Ruhestand [Als Rentnerin auf dem Moped um die Welt]* begleitet die 64-jährige Margot Flügel-Anhalt, die mit ihrem Moped von Deutschland bis zur chinesischen Grenze und zurückfuhr. Nach einem kleinen Unfall wird sie gefragt, ob sie es als Niederlage empfindet, dass sie es nur mit Unterstützung von anderen ins nächste Dorf schafft, wo sie sich ein paar Tage auskurieren muss. Daraufhin antwortet sie: »Ich bin nicht losgefahren, um zu beweisen, dass ich das ohne die Hilfe von Fremden schaffe, sondern auch um zu sehen, dass die Welt in Ordnung ist, weil die Menschen gut sind und sich untereinander helfen.«[186]

In einer Welt, in der Hilfe gewährt und empfangen wird, ist es nicht mehr ganz so dringend, ein Ziel um jeden Preis und möglichst schnell zu erreichen. Auch wenn man, wie Margot Flügel-Anhalt oder Carmen Rohrbach, aus Überzeugung allein unterwegs ist, kann man anderen seinen Raum öffnen, indem man Hilfe und Unterstützung zulässt. Man kann dann auf dem Weg zu Hause sein.

Die amerikanische Autorin und Kulturhistorikerin Rebecca Solnit beschreibt Hilfeleistung als großzügigen Akt, weil die feindselige Welt dann plötzlich ganz anders aussehen darf.[187]

Trampen ist so eine Art des Reisens, bei der das Grundvertrauen in das Sozialverhalten der Mitmenschen ganz entscheidend ist. Darüber spreche ich mit der Berliner Filmemacherin Anh Trieu, die ich bei den Dreharbeiten zum Film *Neubau* kennenlernte, der auf sehr poetische Weise die Einsamkeit, aber auch Eingebundenheit einer Transperson auf dem Land behandelt. Anhs Eltern kamen aus Vietnam als Vertragsarbeiter:innen nach Tschechien und als die Mauer fiel, nach Deutschland. Nachdem die Eltern sich trennten, bekam Anh einen weißen deutschen Stiefvater.

»Als Kind habe ich erlebt, dass meine Eltern Tramper mitgenommen haben. Das waren oft Snowboarder, die in die Berge wollten. Mein Stiefvater war eher so ein Hippie und er kam aus einer privilegierten Ärztefamilie, für ihn bedeutete Trampen Freiheit. Meine Mutter fand diese Einstellung zunächst eher seltsam. In Vietnam trampt man nur, weil man arm ist, und wird auch eher von Armen mitgenommen. Das macht man nicht zum Spaß, und es ist kein Privileg der Freiheit.«

Anh beschreibt den Zusammenhalt in ihrer Familie als sehr eng, sodass es für sie besonders wichtig war, allein und außerhalb dieses Familiengeflechts ein Gefühl für sich zu bekommen. »Wenn man weg ist, ist es auch schön, die anderen wieder ein bisschen zu vermissen, ein wohltuender Schmerz, so wie ich eine starke Massage mag.«

Anh nutzte das Trampen zunächst, um auf Demos oder zu Musikfestivals zu kommen, später auch zum Fernreisen.

»Ich mag es, beim Trampen ein Gefühl für Entfernung und Mobilität zu bekommen, da versteht man noch besser, wie viel 200 Kilometer sind. Man wird nicht einfach so in ein anderes Land katapultiert, sondern fließt da langsam rein, wodurch man umso mehr spürt, wie künstlich Grenzen sind. Man bekommt Kontakt mit Landsleuten, sie heißen dich in ihren Autos willkommen. Trampen stellt auch die Systemfrage, es ist eine Grenzerfahrung, bei der man mit minimalen Ressourcen sehr mobil ist. Man braucht dafür wenig bis kein Geld, aber Zeit, und es ist interessant zu sehen, dass man in unserem Gesellschaftssystem entweder eher über das eine oder über das andere verfügt, selten über beides gleichzeitig. Deshalb trampt man, so wie ich es getan habe, eher während des Studiums. Jetzt, da ich freischaffend als Filmemacherin arbeite, bleiben mir maximal zwei Wochen im Jahr, um zu verreisen. Beziehung, Job und die finanziellen Verhältnisse erschweren es häufig, allein zu reisen. Die Freiräume fehlen, wenn man in Beziehungen eingebunden ist, seien es private, seien es berufliche. Da muss man genau planen, kann sich nicht einfach so treiben lassen. Für mich jedoch ist gerade die Ungewissheit das Reizvolle am Trampen – zu sehen, was passiert und wohin es einen verschlägt. Das ist natürlich auch eine zwiespältige Erfahrung, weil man sich sehr verletzlich macht, aber dennoch kann ich sagen, dass das Trampen mein Vertrauen in die Menschen vergrößert hat. Ich habe tolle Erfahrungen gemacht, Leute und Lebenswelten kennengelernt, die mir sonst nur als Klischee begegnet wären. Ich bin auf andere angewiesen, muss mich Leuten aussetzen, ich muss meine Vorurteile ebenso wie meinen Mut herausfordern. Auf engem Raum, wie etwa im PKW, spürt man sofort, wie viel Berührungsängste andere haben. Ich bin oft in LKWs mitgefahren, weil man dort in der Regel über weite Strecken mitfahren kann. LKW-Fahrer haben häufig eine Menge coole und traurige Geschichten zum Teilen. Manchmal hab ich sogar im Hochbett des Führerhäuschens übernachtet, da gab es nie Probleme. LKW-Fahrer:innen sind zur Einsamkeit gezwungen, um eine Familie zu finanzieren, die sie kaum sehen. Sie müssen im Auto leben, ernähren sich oft von schlechtem Essen, Cola und Weißmehlbrötchen von der Raststätte, Rückenschmerzen sind an der Tagesordnung, der ganze Körper wird verfeuert, und sie verpassen es dabei auch noch, ihre Kinder aufwachsen zu sehen. Ich lernte mal einen Mann kennen, dessen Familie in Bulgarien lebte, während er selbst am meisten in Spanien unterwegs war. Viele Fahrer:innen sprechen mehrere Sprachen, sind sehr gebildet und tolle Gesprächspartner. Die meisten nehmen einen mit, weil sie Unterhaltung wollen. Aber auch schweigen kann man mit ihnen über weite Strecken. Einmal bin ich mit einem LKW-Fahrer aus dem Kongo mitgefahren, wir hatten keine gemeinsame Sprache, also haben wir 15 Stunden geschwiegen und nur freundliche nonverbale Kommunikation gehabt. Diese Ruhe auszuhalten war überhaupt nicht unangenehm. Das Verhältnis war so klar und einfach menschlich. In Deutschland sind Treffen sehr konversationslastig, deshalb sind sie manchmal aber auch so steif, weil das Reden hoch bewertet wird. Stille ist für viele unangenehm, so, als würde der Kontakt abbrechen, auch wenn man zusammensitzt.«

Anh schätzt noch etwas anderes am Trampen, insbesondere, wenn sie von LKW-Fahrer:innen mitgenommen wird:

»Da fühlte ich mich verstanden, weil die auch Erfahrungen mit Diskriminierung haben. Ich habe erst mit Mitte 20 einen deutschen Pass bekommen. Eine geflüchtete Frau aus Palästina fragte mich, wie ich mich überhaupt traue, so ohne deutschen Pass allein durch die Gegend zu strolchen, gerade in dem Politkontext, und auf Demos würde ich doch als asiatisch markierte Frau erst mal in der gleichen Gefängniszelle landen wie Geflüchtete. Auch beim Trampen nehmen mich einige Fahrer wahrscheinlich erst mal als Ausländerin, Geflüchtete oder Illegale wahr, und das irritiert sie. Mich irritiert es aber auch. Wenn man mehr Rassismus-Erfahrungen im Alltag macht, ängstigt es einen auch, sich der Verletzlichkeit des Reisens auszusetzen. Deshalb freue ich mich immer sehr, wenn ich andere Women of Color sehe, die allein unterwegs sind, denn ich weiß, dass es einen doppelte Überwindung kostet, sich als nichtdeutsch aussehende Frau diese Freiheit zuzutrauen. Man weiß nie, wann einen Rassismus trifft, man muss ständig damit rechnen. Ich bin immer extrem vorsichtig, meinen Pass beim Reisen nicht zu verlieren, weil ich wegen Racial Profiling öfter kontrolliert werde. Es ist entspannter, mit Weißen zu reisen, aber ich reise nun mal so gerne allein.«

Alleinreisenden Frauen wird mehr oder weniger direkt vorgeworfen, sie seien selbst schuld, wenn sie Gewalt erleben. Der perfide Trick einer männlich dominierten Welt, die diese Gewalt gegen Frauen erzeugt und sie damit gleichermaßen einschüchtert, sich nicht allein raus in die Welt zu wagen, schon gar nicht abseits der touristischen Pfade. Es ist eine der wirkungsmächtigsten Lügen des Patriarchats, Frauen zu erzählen, sie wären gefährdeter, wenn sie allein unterwegs seien, obwohl jede Statistik mittlerweile belegt, dass gerade die angeblich sichere Familie der Ort ist, wo Frauen am meisten sexualisierte und körperliche Gewalt erfahren, eben von den Männern, die sie zu schützen vorgeben. Wie seltsam es ist, dass wir akzeptieren, dass Männern und Frauen andere Freiräume zugestanden werden, zeigt folgende Erzählung einer Freundin: ›Ich war lange Zeit neidisch auf meinen Freund, wenn er auf einer gemeinsamen Fahrradtour sein T-Shirt auszog und oben ohne die Sonne auf der Haut genießen konnte. Irgendwann habe ich dann auch einfach mein Shirt ausgezogen. Ich wollte damit kein Statement setzen, ich wollte niemanden provozieren, ich wollte einfach den Fahrtwind und Wärme auf der Haut genießen und sehe nicht ein, warum ich damit ein öffentliches Ärgernis sein soll, weil eine männliche Kultur bestimmte Körperteile von Frauen so sehr sexualisiert, dass ich sie verstecken soll. Tatsächlich traue ich mich das aber leider nur in seiner Gegenwart, wenn er ebenfalls oben ohne ist, weil ich Angst vor Übergriffen habe oder davor, dass Leute mich für verrückt halten.‹«

Vor diesem Hintergrund stellt sich wieder die Frage, wem mehr Zeit und Raum für das Alleinsein zugestanden wird – einfach weil er oder sie im öffentlichen Raum in Ruhe gelassen wird. Frauen, Queere oder Transpersonen müssen sich in der Regel Gedanken machen, wie sie auf blöde Anmachen, voyeuristische Blicke, Kommentare zu ihrem Aussehen oder Männer, die sie belagern, wenn sie irgendwo allein sitzen, reagieren.

Männer lassen Frauen selten allein sein. Wie oft habe ich mir interessante Orte auf Reisen nicht in Ruhe ansehen können, weil mich dort ein Mann nicht in Ruhe ließ. Ebenso frustrierend ist es, dass einem als alleinreisende Frau eine Frage am häufigsten gestellt wird: Nicht etwa: *Was machst du so Interessantes im Leben?* Sondern: *Bist du nicht verheiratet?* Was so viel bedeutet wie: *Gehörst du keinem Mann, der was dazu zu sagen hat, ob du hier allein durch die Welt gondelst?* Das kann die bedauerliche Konsequenz haben, dass, wenn sich Erfahrungen mit solchen Übergriffen häufen, eine grundlegende Abwehrhaltung gegen die Ansprache von Fremden entsteht und die selbstverständliche und gute Kommunikation mit Menschen, die man (noch) nicht kennt, von vornherein behindert wird. Anh sagt dazu:

»Das Bild der unabhängigen Frau ist immer noch sehr ambivalent, einerseits werden z.B. in Werbebildern einzelne Frauen als Abenteurerinnen gefeiert, andererseits werden Frauen immer noch sehr eingeschüchtert angesichts der Gefahren, die ›da draußen‹ auf sie lauern. Für Männer bedeutet die ›Gefahr‹ des Unbekannten etwas anderes, wird als ›Abenteuer‹ sogar erwünscht, wenn das Alltagsleben zu langweilig geworden ist. Männer können selbstverständlicher eine Auszeit in Anspruch nehmen und einfach ihrer Lust nachgehen. Frauen müssen sich mehr erklären und eine überzeugende Geschichte erzählen, die begründet, warum sie aussteigen und allein unterwegs sein möchten. Etwa, weil sie z.B. aus einer problematischen Situation fliehen und sich von etwas befreien müssen. Einfach nur die Welt für sich entdecken zu wollen, erscheint suspekt und verlangt eine Begründung.

Mir ist es auch schon passiert, dass Männer einfach nicht akzeptieren, dass ich allein sein *möchte*. Entweder wollen sie mitkommen, wenn ich sage, ich trampe oder reise irgendwo allein hin, oder sie reisen mir sogar nach und lassen mir keine Ruhe. Ich soll das dann wie im Film romantisch und süß finden, was allerdings nicht der Fall ist. Auch wenn man als Frau allein irgendwo sitzen will, denken einige Männer, dass es nicht sein *kann*, dass sie allein sein will, selbst wenn man es wiederholt bekräftigt. Als wäre eine Frau ohne männliche Begleitung im öffentlichen Raum auch öffentlich zugänglich. Es ist legitim, sie zu stören. Man unterstellt ihr, dass sie einen Mann sucht. Wenn man aber einen männlichen Begleiter hat, wirst du plötzlich nicht mehr als Akteurin wahrgenommen. Wie oft ist es mir beim Reisen mit einem Mann schon passiert, dass ich jemanden nach dem Weg fragte und derjenige nur meinen Freund anschaute und ihm antwortete statt mir, die ich die Fragen stellte. Als würde er mit seinem Blick, der mich nicht beachtet, sein Weltbild der geschlechtlichen Anordnung zurechtrücken wollen. Ich habe beim Trampen auch schon erlebt, dass Männer mit Bedrohungsszenarien spielen, vielleicht aus Neugier, weil sie austesten wollen, in welcher Machtposition sie sind. Viele Männer kommunizieren beim Trampen nicht, warum sie mal anhalten, auf einen Parkplatz fahren, einen Umweg fahren oder an den Kofferraum müssen. Wenn ich mit Frauen fahre, dann erklären sie mir gleich, warum sie mal rechts ranfahren müssen, weil sie verstehen, dass das bedrohlich wirkt.«

Ähnlich wie Carmen Rohrbach erzählt Anh, dass sie in gefährlichen Situationen immer den Schutz anderer Frauen gesucht habe, nicht den von Männern:

»Frauen muss man nicht lang erklären, dass man belästigt wird. Die verstehen das sofort. Die Hilfsbereitschaft von Männern hingegen kippt manchmal in etwas Übergriffiges, als könnten sie entscheiden, was ich angeblich brauche und will, oder weil sie wollen, dass ich bei ihnen bleibe. Das ist ekelhaft und erfordert klare Ansagen. Ich habe einmal erlebt, dass ein Mann mich auf einer Raststätte zum Essen eingeladen hat. Danach hat er mir eingeredet, dass an dem Bahnhof, wo ich hinwollte, kein Zug mehr fährt und dass ich bei ihm übernachten solle. Ich habe mich geweigert und wollte zu diesem Bahnhof, was ich auch sehr deutlich und laut gesagt habe, ebenso, dass zwischen uns nichts laufen wird. Da wollte er das Geld für das Essen zurück. Trampen ist etwas für Frauen, die klar Nein sagen können, es ist aber auch eine Möglichkeit, genau das zu lernen. Das ist nicht immer einfach; vor allem dann, wenn man sich qua seiner Erziehung dazu angehalten fühlt, niemanden zu verletzen, niemanden vor den Kopf zu stoßen und es möglichst allen recht zu machen. Andererseits war es auch immer gut zu sehen, dass man mit einem klaren und bestimmten Nein Situationen tatsächlich entschärfen kann. Das hat mich auch ermutigt, in anderen Szenarien klarere Ansagen zu machen.

Vor Kurzem hat mal eine Frau auf Facebook anderen Frauen eine Frage gestellt: ›Was würdet ihr tun, wenn ihr keine Angst vor Männern haben müsstet?‹ Am häufigsten kam die Antwort: allein reisen. Ich möchte auch gerne ein Vorbild sein, das Frauen ermutigt, allein zu reisen. Aber das ist auch ambivalent, weil man das Gefühl hat, man darf nicht alles erzählen, weil ich nicht will, dass diese Ausnahmen, die vielleicht etwas beängstigend waren, dann in den Köpfen hängen bleiben und die ganze Erfahrung des Trampens bestimmen. Wenn ich schlechte Erfahrungen gemacht habe, habe ich das meinen Eltern nie erzählt, weil ich nicht wollte, dass sie es mir oder meiner jüngeren Schwester dann verbieten. Dann konnte ich diese Erfahrungen aber nicht teilen. Es wäre schön, wenn es da eine Balance gäbe, also dass man ehrlich erzählen kann, wie es ist, und es dennoch machen kann, ohne schief angesehen zu werden.«

Vertraute Gespräche beim Trampen sind auch mir bekannt. Als Jugendliche wurde ich beim Trampen öfter von Männern mitgenommen, die mir erzählten, dass sie nur im Auto herumfuhren, weil ihnen allein zu Hause die Decke auf den Kopf fiele. Das Problem hatten wir gemeinsam, denn mich plagte als Jugendliche die Einsamkeit auf dem Dorf. Aus der Jugendlichen, die auch aus Einsamkeit trampte, wurde eine Erwachsene, die gerne allein reist.

Auf einer langen Fahrt nach Bratislava erzählte mir ein LKW-Fahrer einmal davon, wie er auf einem Rastplatz von drei Männern vergewaltigt wurde. Unser Gespräch hatte eine Ehrlichkeit, die darauf fußte, dass es temporär und unabhängig vom normalen sozialen Kontext stattfand: Er habe das noch nie jemandem erzählt, keinem Kumpel, noch nicht mal seiner Frau. Ebendiese Ehrlichkeit lässt mich immer wieder gerne in die Einsamkeit gehen, weil ich dort mit Fremden reden kann. Dieser Austausch über tiefe Krisen in einem dynamischen Raum zwischen Einsamkeit und Gemeinschaft ist mir neben dem Trampen noch woanders begegnet.

Pilgern

Es gibt eine Kulturtechnik, die sich in vielen Weltregionen und Kulturen seit Jahrtausenden findet und die eine fruchtbare Balance zwischen Einsamkeit und Gemeinsamkeit realisiert: das Pilgern[188]. Zwischen den beiden Polen Einsamkeit und Gemeinsamkeit kann man je nach Bedarf hin- und herpendeln, um eigene Einsichten aus der Einsamkeit mit anderen zu teilen und zu reflektieren. Viele Pilgerrouten verfügen über eine gewisse Infrastruktur, auf dem Weg befinden sich Refugien, die Essen und Unterkunft für die Wandersleute bereithalten. So kann man sich in einigermaßen geschütztem Rahmen auf Wanderschaft und auf die Suche begeben. »Das Leben zu lieben ist einfach, wenn man unterwegs ist. Wo dich niemand kennt und du dein Leben allein in den Händen hältst, bist du mehr die Meisterin deiner selbst als sonst irgendwann.«[189]

Einige Situationen im Leben sind so schwer zu verarbeiten, dass man die bekannte Umgebung verlässt, um neue Perspektiven einzunehmen. Das Pilgern setzt einem dabei den Rahmen, wie man in einer tiefen Krise langsam wieder zu sich und anderen Menschen finden kann. Man übergibt seinen Geist und Körper den Bedingungen der Landschaft und lernt, sich an sie anzupassen, um voranzukommen oder sich auszuruhen. Man lernt viel über sich, wenn man in die Leere geht: u. a. die Erkenntnis, wie wenig man zum Leben braucht und welchen Ballast man abwerfen muss, um unbeschwert weitergehen zu können, und wie man geduldig, zärtlich oder fordernd mit sich selbst ist. Es ermöglicht Ruhe und Kontemplation, aber auch, dass wir uns in sachter Dosierung den Menschen wieder annähern können, wenn wir sie brauchen oder wenn wir ihnen etwas geben können und wollen. Vielleicht erkennt man dabei auch, dass das Nomadische, das Unvorhersehbare und das Veränderliche eine Art Grundzustand der menschlichen Existenz, des Denkens und Fühlens ist, und kann gleichermaßen das gegenseitige Vertrauen in der Welt entdecken: Menschen haben auf einsamen Wegen füreinander Refugien erbaut, wo man Geborgenheit bei anderen Wanderern und Wanderinnen erfahren und sich austauschen kann.[190]

Eine Pilgerin erzählte mir, dass sie überrascht war, mit welcher Selbstverständlichkeit sie beim Pilgern lernte, ihre Bedürfnisse zu äußern und anderen mitzuteilen, ob sie allein sein will oder nicht:

»Man lernt in den Unterkünften ja immer andere Pilger:innen kennen, und manchmal beschließt man, am nächsten Tag gemeinsam weiterzugehen. Wenn man dann wieder allein gehen möchte, ist es überhaupt kein Problem, das zu äußern, niemand fühlt sich verletzt. Etwas, das ich aus sozialen Konventionen heraus sonst nie mache, klappte da wie selbstverständlich.«

Um sich auf den Weg zu machen, beginnt man sich selbst aus Gewohnheiten, Ängsten oder ungesunden Verpflichtungen loszulösen. Beim Unterwegssein kann man so tun, als sei die Veränderung, die man ersehnt, bereits da, und man wird zu dem Menschen, der sie betreten und durchschreiten kann. Vielleicht ist das Pilgern sogar eine der besten und behutsamsten Techniken, um das Alleinsein zu lernen.

Vertrauen in die Welt

Mit Anfang 20 wagte ich zwei Reiseexperimente, um zu sehen, wie ich mich in einem *Dazwischen* als Zuhause allein zurechtfinden kann. Ich setzte mich in ein Flugzeug, ohne im Ankunftsland etwas geplant zu haben: keine Unterkunft, keine Reiseroute, keine Besuche bei Menschen, die ich kannte. Ich wollte am Flughafen ankommen und mich dem Leben ausliefern, wohlgemerkt damals noch ohne Smartphone, ohne Internet. Der Schwierigkeitsgrad wurde erhöht, da meine Flüge spätabends ankamen. Barcelona oder Prag – das wäre einfach gewesen. Ich wollte aber an Orte, wo ich nicht wusste, wie die Infrastruktur funktionierte, außerdem hatte ich wenig Geld, sodass ich mir nicht das nächstbeste Hotel suchen konnte. Mein Ziel war im ersten Fall Island, im zweiten Gambia.

Am Abend meiner Ankunft traf ich in Island Vilberg beim Trampen und in Gambia Momodu in einer Bar. Zwei Begegnungen, die mein Grundvertrauen in Menschen gestärkt haben und die Gewissheit formten, dass man sich allein und ohne Plan B der Welt aussetzen kann. Beides waren Menschen, die mich freundschaftlich willkommen hießen und auch während meiner Reise durch das Land immer wieder Refugium und Ansprechpartner für mich waren. Mein Vertrauen in die Soziabilität der Menschen wurde gestärkt, aber auch das Vertrauen in meine Intuition und meine Fähigkeiten, Lösungen zu finden und offen für die richtigen Menschen zu sein, auch wenn die Umgebung neu ist. Dieses Grundvertrauen ist ganz entscheidend für das Alleinsein.

Meine Bekannte Agnes, der wir im nächsten Kapitel wieder begegnen werden, erzählte mir, dass sie sich sogar einmal von einem Reisepartner in Russland getrennt hat, weil sie sich mit ihm zusammen einsamer fühlte als allein. Sie wollte mit anderen ins Gespräch kommen, was er verhinderte:

»Er war ein Mensch, der sich schnell belästigt fühlte, und behandelte Leute, die uns ansprachen, wie bedrohliche Parasiten. Das fand ich wirklich schlimm. Ich wollte lieber allein unterwegs und dabei offen für andere Begegnungen sein, als permanent seine ängstliche Abschottung mitzutragen. Wenn man mal eine Minute Unbehagen und Unbeholfenheit durchhält, entstehen menschlich sehr schöne Situationen.«

Agnes erzählt mir auch von den Weißbüschelaffen. Wenn diese kleinen Affen, die gern auf Bäumen herumturnen, sich gegenseitig durch das Dickicht nicht sehen, geben sie einen hohen Laut von sich, ähnlich einem Pfeifen, einfach um den anderen zu signalisieren: Ich bin hier. Ornithologen mutmaßen, dass das Zwitschern von Vögeln, neben territorialen Ansprüchen und schlichtweg Fröhlichkeit, Ähnliches kommuniziert, nämlich: »Ich bin hier.« Agnes sagt:

»Manchmal denke ich, ich brauche oft auch nichts anderes, wenn ich allein bin. Einfach ein kurzes Signal, um mich sicher zu fühlen. Wenn ich eine Woche allein auf einer Radtour bin und ich morgens aufwache und nicht weiß, wohin mit mir, schreibe ich einem Freund eine kurze Nachricht, die vielleicht einen ähnlichen psychologischen Effekt hat. Ein kleines Zwitschern, Hallo, und er zwitschert zurück. Das reicht mir, um mich geborgen zu fühlen.«

Agnes erzählt weiter, dass sie versucht, Ansprachen von Fremden, auch wenn sie sie nicht eingeladen hat, ähnlich als Zwitschern zu betrachten und nicht als Belästigung zu empfinden. Eine Strategie, mit der sie verhindern will, dass sie dieses Verhalten als einschüchternd und somit einschränkend empfinden könnte:

»Als ich einmal nach gemütlichen 50 Kilometern auf dem Elberadweg in einem Biergarten mein Feierabendbier trank, war ich wie üblich die einzige Frau, die allein am Tisch saß. Ich bin die einsame Insel mitten unter den anderen Inseln. Am Nebentisch saßen fünf Radfahrer. Irgendwann dreht sich einer zu mir und fragt, was ich trinken will. Ich lehne höflich ab, weil ich gerade nur mein Buch über Künstlerinnen, die in der Irrenanstalt landeten, lesen mag. Drei Minuten später stellt er trotzdem ein Glas Rotwein auf meinen Tisch. Ich hätte das jetzt als Belästigung empfinden können, die verzweifelte Suche des Platzhirsches nach Aufmerksamkeit oder die Unterstellung, dass eine einsame Frau unmöglich wirklich allein sein will und man sie zu ihrem Glück zwingen muss. Beides könnte zutreffen, aber vielleicht nur zu 50 Prozent. Die anderen 50 Prozent kann man auch als ein unbeholfenes Bedürfnis betrachten, jemanden einzubeziehen, der allein dasitzt, eigentlich eine nette Geste, die mich aber dazu zwingen soll, das Gespräch mit ihnen aufzunehmen. So ähnlich betrachte ich auch das Cat Calling: zwitschernde Männer, die andauernd sagen müssen: ›Ich bin hier, hallo‹. Ich will mich nicht davon stören oder vertreiben lassen. Ich sage nicht, dass Frauen so etwas klaglos hinnehmen sollten, aber man kann ein bisschen an der Schraube drehen, wie man die Situation wahrnimmt, um sich selbst nicht den Tag zu verderben. Schließlich will ich mich weiter überall zu Hause fühlen können. Und das Zwitschern ist Teil der menschlichen Kulisse. Ich habe den Wein dann ausgetrunken und bin dennoch allein an meinem Tisch sitzen geblieben. War lecker.«

Menschen mit verhärteten Schutzpanzern und Abwehrstrategien verbauen sich viele Wege, Erfahrungen mit Menschen zu machen, die ihr Vertrauen stärken könnten. Das Problem von ängstlichen Projektionen ist, dass sie es sogar wahrscheinlicher machen zu erleben, wovor man Angst hat. Weil man das Verhalten von Menschen negativ wahrnimmt und interpretiert, ausschließlich negativ darauf reagiert und somit eine ausschließlich negative Antwort ermöglicht. Das hier zu benennen ist keine Umkehrung der Schuld, sondern der Versuch, eine Handlungsoption aufzuzeigen. Denn wenn man das Vertrauen entwickelt, dass es einem gelingen kann, eine ambivalente Situation zu seinen Gunsten zu gestalten, schränkt man sich selbst weniger in seinem Handlungsradius ein.

Eine Freundin erzählte mir einmal ganz stolz, wie ihr das gelang, als sie nachts die Straße entlangging und an einer Gruppe junger Männer vorbeimusste: »Normalerweise erwarte ich irgendeinen dummen Spruch und fühle mich deshalb schon selbst unwohl, da vorbeigehen zu müssen. Diesmal dachte ich, ich mache es anders: Ich bin direkt auf sie zu und habe nach dem Weg gefragt. Ich habe das nur gemacht, damit ich sie nicht als potenziell feindselig wahrnehme. Ich habe sie als potenziell hilfsbereit angesprochen, sodass sie mir tatsächlich hilfsbereit antworten konnten. Ich habe ihnen das Angebot gemacht, ihrem eigenen Gruppenzwang zu entkommen, Frauen gegenüber einen überheblichen Spruch machen zu müssen. Sie haben mir den Weg erklärt und mir einen schönen Abend gewünscht. Ich habe mir somit die Straße angeeignet und bin nicht mehr mit hochgezogenen Schultern durch die Nacht gegangen.«

Jede Vertrautheit beginnt zunächst mit Fremdheit. Es kommt also darauf an, wie wir das noch Unbekannte navigieren. Sexismus und Rassismus schränken permanent unsere Wahrnehmung und damit unsere Bewegungsfreiheit ein. Und nicht nur beim Reisen wird uns Angst voreinander gemacht (allerdings zeigt sich beim Tourismus besonders methodisch, wie Vertrauen gegenüber den »Einheimischen« beschränkt wird, denn der Tourismus ist oftmals darauf angelegt, eine Konsumentengruppe einzuzäunen und zu kontrollieren, das gelingt am besten durch Angstmache).

Wie Vertrauen und Intuition systematisch mit Angst und Vorurteilen ausgetauscht werden, sah ich wieder, als ich vor ein paar Jahren in Südafrika unterwegs war. Dort stellte ich fest, dass sogenannte Backpacker mittlerweile von einem Hostel zu einem Adventure-Trip und dann zum nächsten Hostel mit Bussen gekarrt werden, ohne sich in der Umgebung frei zu bewegen. Während »Rucksackreisen« früher das Ziel hatte, abseits vom Pauschaltourismus Land und Leute besser kennenlernen zu können, ist nun wieder alles betriebssicher eingezäunt worden, absurderweise geschmückt mit dem Label der selbstbestimmten Abenteuerreise. Mein Gastgeber in Port Elizabeth bläute mir ein, auf keinen Fall allein nach Hause zu gehen, selbst wenn das Haus nur 15 Minuten entfernt sei. Diese weiße Paranoia in den ehemaligen Kolonien bin ich schon gewohnt. Weiße finden immer alles zu gefährlich, um ihre Gewalt und Abgrenzung, die sie selbst kreierten, gegen die ursprünglichen Einwohner:innen des Landes zu rechtfertigen. Touristinnen oder »Expats« wird diese Angst als vermeintlich wohlgemeintes Wissen der Expert:innen eingetrichtert. Angst ist hier eben auch ein Zeichen eines Privilegs, ein irrationales Gefühl pflegen zu dürfen, das Gewalt erzeugt: Man glaubt, das Recht zu haben, sich von anderen abschotten zu dürfen, statt Gemeinschaft mit allen herzustellen.

Als ich einmal in Simbabwe von Harare nach Bulawayo trampte, wurde ich von einem Mann mitgenommen, der mir von seiner Verzweiflung erzählte, dass weiße Kollegen, die gerade für die Arbeit ins Land gekommen waren, in seinem Unternehmen nicht offen für ihre schwarzen Kolleg:innen seien, weil Weiße ihnen eintrichterten, wie unmöglich und gefährlich der Kontakt sei. Imperialistische Bestrebungen in allen noch so kleinen Ausläufern machen die Welt kleiner statt größer. Inbesitznahme und Besitzverteidigung machen einsam. Rassismus macht einsam. Man richtet sich ein in der Erzählung, dass man Besitz verteidigen muss, den man anderen zuallererst gestohlen hat. Es macht aus Menschen Feinde und Fremde, die nicht mehr kommunizieren. Dafür muss man nicht nach Südafrika schauen. Die Erzählungen über Gegenden in Berlin wie Neukölln oder den Görlitzer Park zeigen ähnliche Dynamiken. Wir schränken permanent den Bewegungs- und Kommunikationsradius aus Angst und aufgrund von Vorurteilen ein. Ich bedaure, dass »Fremde« nicht selbstverständlicher miteinander reden, denn: »Fremdheit stört die Logiken der Ordnung«[191], wie die deutsche Sozialwissenschaftlerin Christina Thürmer-Rohr feststellt. Die Ordnung, die uns blind macht. So schrieb der deutsche Philosoph Georg Wilhelm Friedrich Hegel in seiner *Phänomenologie des Geistes* von 1807: »Das Bekannte überhaupt ist darum, weil es bekannt ist, nicht *erkannt*.«[192]

Der Lust am Reisen und an der Begegnung kann ich auch deshalb freien Lauf lassen, weil ich einen deutschen Pass besitze, der mir ohne mein Zutun geschenkt wurde und mir Privilegien verleiht, von denen viele Mitmenschen nur träumen können. Wir glauben uns durch unser Besitzstreben gerechtfertigt, mit künstlichen Grenzziehungen anderen Menschen diese Mobilität zu verwehren, während uns selbst ebendiese Bewegungsfreiheit so wichtig ist, dass wir mit der emissionsreichen Vielfliegerei sogar das Überleben unseres Planeten aufs Spiel setzen.

Unvorhergesehenes und das Gute im Menschen

Kontrollverlust ist etwas, das wir am meisten fürchten und uns zugleich oft ersehnen. Als ich in Island über die Insel trampte, wurde ich immer von Bauern oder Autofahrerinnen eingeladen, in ihren Häusern zu übernachten. Nur einmal stand ich mitten im Nichts in der Dämmerung und baute im Regen mein Zelt auf. Morgens wachte ich in einer eiskalten Pfütze auf, weil mein Zelt undicht war. Ich klaubte mein durchnässtes Hab und Gut zusammen und stapfte damit zu einem kleinen Bauernhof, der etwa einen Kilometer entfernt lag. Dort öffnete mir ein freundliches Rentnerpaar die Tür, steckte mich in die Badewanne und meinen Schlafsack in die Waschmaschine.

Im Alleinsein lernt man zu vertrauen, ein Gleichgewicht zwischen Freiheit und Unsicherheit herzustellen. Selbstwirksamkeit bedeutet nicht nur, dass ich alles allein schaffe, sondern, dass ich auch weiß, wann und wen ich um Hilfe bitte. Die Sicherheit, die ich mir gönne, um mich freistrampeln zu können, ist, ein wenig Vertrauen in die Menschen zu haben, Refugien zu finden, wenn man sie braucht. Vielleicht nicht immer, aber oft genug. Zudem ermöglicht einem diese Erfahrung selbstverständlich, Refugium für andere zu sein. In gewissen Maße freue ich mich sogar über kleine Probleme, wenn ich allein unterwegs bin, weil ich weiß, dass dann etwas Interessantes passieren muss, dass ich auch, wenn ich feige oder bequem bin, mit Menschen sprechen muss, um eine Lösung zu finden. Wenn ich mitten in der einsamen Landschaft stehe und einen Bus verpasse, durchflutet mich nach einer kurzen Frustration auch immer ein Gefühl der Erwartung, dass nun etwas Unerwartetes geschehen wird. Rebecca Solnit schreibt »[Walter] Benjamin zufolge bedeutet sich verirrt zu haben, völlig gegenwärtig zu sein, und völlig gegenwärtig zu sein heißt, es auszuhalten im Ungewissen und Unergründlichen [...]. Das Unvorhergesehene in Rechnung zu stellen ist vielleicht genau die paradoxe Tätigkeit, die das Leben am meisten von uns verlangt. Das versteht man beim allein Reisen.«[193]

Aber dafür braucht es Vertrauen. Doch seit Jahrhunderten durchzieht die Grundannahme unsere Ideengeschichte, dass der Mensch an sich roh und egoistisch sei und erst durch die Disziplinierung des Staates zum Guten erzogen werde müsse. Machiavelli, Sigmund Freud, Ayn Rand, Charles Darwin, Richard Dawkins, Milton Freeman und Thomas Hobbes haben unser Menschenbild über Jahrhunderte versaut.

»Der Mensch ist dem Menschen ein Wolf.« Die Aussage, die der englische Staatstheoretiker Thomas Hobbes mit diesem berüchtigten Satz treffen wollte, wird, wie man mittlerweile weiß, weder Menschen noch Wölfen gerecht. Der von ihm angenommene Naturzustand der Menschen untereinander sei der *Krieg aller gegen alle*. So erscheint dann auch der Kapitalismus als die Gesellschaftsform, die dem Menschen im Streben nach Eigennutz am ehesten entspricht. Doch was war zuerst da: Huhn oder Ei? In der westlichen Kultur herrscht dementsprechend die sogenannte Firnis- oder Fassaden-Theorie vor, die besagt, dass unsere Zivilisation nur eine dünne Schicht sei, die sofort abblättere, wenn es hart auf hart komme, denn dann würde unser tierischer Egoismus zutage treten, wenn man Menschen nicht durch die Autorität eines Staates zu Ethik und Moral erziehen würde. Evolutionsbiologie, Psychologie, Wirtschaftswissenschaften und Pädagogik nahmen die Vorstellung des egoistischen Menschen als gegebene Grundvoraussetzung, ohne diese zu hinterfragen. Selbst altruistisches Verhalten wird dementsprechend am Ende doch als egoistisch gelesen, weil es auf das eigene Wohlbefinden hinausläuft.

Dass diese These zu fatalen Fehlentscheidungen führen kann, hat der Journalist Andreas von Westphalen in seinem Radiofeature *Altruismus – Der Mensch in Zeiten der Katastrophe* ausgeführt. Ohnmacht, Massenpanik und vermehrte Kriminalität dominierten keineswegs das Verhalten der Menschen, wenn diese in eine Notsituation gerieten. Im Gegenteil nehme die Hilfsbereitschaft zu und die Kriminalität sogar ab. Notfallpläne orientierten sich aber leider mehr an Katastrophenfilmen, wo Menschen wild schreiend umherlaufen, statt an besonnenen Leuten, die sich organisieren, um sich gegenseitig zu helfen, wie Jutta Helmerichs, Referatsleiterin des deutschen Bundesamtes für Bevölkerungsschutz und Katastrophenhilfe, feststellt. Organisationen und Behörden mit Sicherheitsaufgaben müssten dringend die Vorstellung des in Krisen antisozial handelnden Menschen hinterfragen.[194]

»In Notsituationen kommt das Beste im Menschen zum Vorschein. Ich kenne keine soziologische Erkenntnis, die gleichermaßen sicher belegt ist und dennoch gänzlich ignoriert wird«, sagt der niederländische Historiker Rutger Bregman. Das Bild, das in den Medien gezeichnet wird, ist dem, was nach einer Katastrophe tatsächlich geschieht, diametral entgegengesetzt. In seinem Buch *Im Grunde gut: Eine neue Geschichte der Menschheit* stellt er die Frage, warum wir eher davon ausgehen, dass Menschen feindselig sind, obwohl unsere menschliche Supermacht die Kooperation sei.[195] Bregman schreibt, Menschen seien körperlich nicht mit den besten Schutzmechanismen ausgestattet, sie seien nackt und verletzlich, könnten nicht schnell laufen oder klettern. Nicht das *Survival of the Fittest*, sondern das *Survival of the Friendliest* sichere unser Überleben. Darwins Sozialdarwinismus, der unser Menschenbild seit dem Beginn des 20. Jahrhunderts prägte, wird nun erweitert oder abgelöst von anthropologischen Studien, die Zusammenarbeit und Solidarität als Motor unserer Kultur aufzeigen.[196]

Auch die Flutkatastrophe im Juli 2021 in Deutschland zeigte, dass Selbstorganisation in manchen Orten weitaus besser funktionierte als die Hilfe der staatlichen Institutionen. Tausende von Menschen waren sofort zur Stelle, um die Flutopfer zu unterstützen, während staatliche und professionelle Rettungskräfte fehlerhaft koordiniert wurden, sodass sie tagelang nicht zum Einsatz kamen. In den Berichterstattungen wurde in den ersten Tagen nach der Katastrophe dennoch nach Erzählungen gegiert, die von Plünderungen berichten, was sich aber nicht bestätigte.[197] Ein anderes Beispiel ist das Jahr 2015. Als Hunderttausende geflüchtete Menschen nach Deutschland kamen, schossen selbstorganisierte Gruppen aus dem

Boden, die sie darin unterstützten, in der Gesellschaft anzukommen, was zudem ganze Kommunen erblühen ließ. Gleichzeitig versuchte eine Strömung in Politik und Medien auf Biegen und Brechen, den Fokus nur auf mögliche Risiken zu richten.

Auch die enorme Hilfsbereitschaft gegenüber geflüchteten Menschen aus der Ukraine zeigt einmal mehr, wie sehr Menschen dazu tendieren und darin auch erblühen, sich gegenseitig zu unterstützen, wenn sie nicht durch rassistische Propaganda und Xenophobie davon abgehalten werden (wie bei Geflüchteten aus Syrien oder afrikanischen Ländern, die an den gleichen Grenzen abgewiesen werden).

Ein weiteres Beispiel, wie wir zu Unmündigkeit und mangelndem Vertrauen erzogen werden, ist das Jobcenter, das bedürftigen Menschen von vorneherein Missbrauch unterstellt und diese so sehr unter Druck setzt, in einer kafkaesken Bürokratie das Gegenteil zu beweisen, dass sie kaum noch Kapazitäten haben, sich weiterzuentwickeln und sich für andere zu engagieren. Wie viel mehr würden wir schaffen, würden wir uns gegenseitig mehr zutrauen?

Der Mensch ist dem Menschen ein Wolf. Wenn man den aktuellen Wissenstand über Wölfe berücksichtigt, statt ihn zu dem Biest zu machen, das wir in uns selbst sehen wollen, um Machtstrukturen und Unterdrückung zu rechtfertigen, stimmt der Spruch sogar wieder: Wie Wölfe sind wir beides – Einzelgänger:innen und extrem soziale Tiere, die aufeinander aufpassen und deren hierarchische Strukturen durchlässig und flexibel sind. Altruismus ist ansteckend: zu sehen, welche positiven Effekte das eigene Handeln haben und wie produktiv die Möglichkeiten des eigenen Verhaltensspektrums sein können. Unsere Spiegelneuronen lassen uns keine Wahl, sie lassen uns mitfühlen, wenn jemand anderem etwas zustößt, egal ob es gut oder schlecht, lustvoll oder schmerzhaft ist. Der Hippiespruch *we are all one* bestätigt sich, wenn wir berücksichtigen, dass Spiegelneuronen bewirken, dass das, was wir in der Außenwelt wahrnehmen, ein Teil von uns wird und unser Handeln mitbestimmt.[198] Unser Belohnungszentrum wird bei allen mitmenschlichen Handlungen aktiviert, und dies z. B. umso stärker, wenn wir sehen, dass jemand einer anderen Person Geld spendet, als wenn jemand Geld ohne menschliches Zutun einfach gewinnt. Es wird aktiviert, wenn Menschen kooperieren, aber nicht, wenn wir im Wettbewerb zu einem anderen Menschen stehen. Das zuweilen schale Gefühl, wenn man *über* jemand anderen gewinnt, erklärt, warum uns vieles nicht glücklich macht, obwohl es uns als Erfolg verkauft wird. Eben weil der Wettbewerb, auch wenn wir siegen, uns letztendlich mehr von anderen trennt, als dass er uns mit ihnen verbindet.

Das Zusammenspiel von unserem Belohnungszentrum, Spiegelneuronen und dem Hormon Oxytocin, das uns nach Empathie, Vertrauen, Großzügigkeit, Zuneigung und Kooperation streben lässt, begründet den Menschen als soziales Wesen, das durch intrinsische Motivation viel mehr angeregt wird als durch extrinsische, wie Belohnung oder Strafe, Geld und sozialen Status. Trotzdem sind wir von Kindesbeinen an darauf trainiert, mehr auf die extrinsische Motivation zu hören, statt auf die intrinsische zu vertrauen. »Werden wir also von Anfang an korrumpiert?«, fragten Felix Warneken vom Leipziger Max-Planck-Institut für evolutionäre Anthropologie und Michael Tomasello von der Universität Harvard.[199] Ihr Experiment konnte beweisen, dass die Hilfsbereitschaft von Probanden abnahm, wenn sie zunächst eine Belohnung für ihre Hilfe bekamen, aber später nicht mehr. Gleichzeitig blieb die Hilfsbereitschaft bei den Probanden gleich groß, die nie eine Belohnung erhalten hatten. Soziologische Experimente zeigen, dass die Fixierung auf extrinsische Motivation, wie etwa eine finanzielle Belohnung, die Nebenwirkung hat, dass sie uns egoistischer, sozial distanzierter und weniger hilfsbereit machen. 128 Studien in einer Metaanalyse aus dem Jahr 1999 zeigen, dass intrinsische Anreize also dauerhafter und stärker als extrinsische motivieren und darüber hinaus auch, dass, wenn intrinsische Motivation durch extrinsische ersetzt wird, erstere auch geschwächt oder ganz zerstört werden kann. So spendeten Blutspender auf einmal weniger, wenn ihre Spende entlohnt wurde, Freiwillige sammelten weniger Spendengelder ein, wenn ihnen versprochen wurde, sie anteilig an der Geldsammlung zu beteiligen etc.[200] Die Förderung extrinsischer Motivation bringt also den Menschen hervor, den Hobbes und andere Gleichgesinnte sich vorstellten, wie eine sich selbst erfüllende Prophezeiung. Zudem zeigt die Ausrichtung nach extrinsischer Motivation die Abwertung der Sinne, der Lust und der Emotionalität. Statt als weiser Motivator für Kreativität und Produktivität für eine funktionierende Gesellschaft geschätzt zu werden, wird sie mit Faulheit und Müßiggang assoziiert, die eine Gesellschaft zersetzt.

Wie auch Hannah Arendt verdeutlichte[201], auf die ich im nächsten Kapitel eingehen werde, kann die Behauptung, man könne Menschen nicht vertrauen, dazu genutzt werden, Macht, Kontrolle und Autorität abzusichern. Daran scheint sich logisch die Frage anzuschließen, ob staatliche Strukturen und die Ideale, die Menschen als unmündig und egoistisch darstellen, Werte wie solidarisches Handeln und Kooperation behindern, wenn man betont, machtstrebendes Verhalten wäre natürlich, unumgänglich, alternativlos.[202]

Gerne wird betont, dass wir Menschen selbst die ökologische und ökonomische Krise produziert hätten und wider besseres Wissen an alten Gewohnheiten festhielten, die unsere eigene Lebensgrundlage zerstörten, was das Vertrauen in die Gattung Mensch und die Institutionen, die er geschaffen hat, ordentlich erschüttere. Wir leben in einer nicht enden wollenden Krise inklusive eines Ausmaßes der Einsamkeit, des Rückzugs ins Private, in dem jeder nur noch um sein eigenes Überleben kämpfen könne.

Ich erlaube mir, ein optimistischeres Menschenbild zu zeichnen: Durch die Oberfläche, die zugepflastert ist von Konsum, Konkurrenz und Misstrauen, brechen sich menschliche Bedürfnisse Bahn, die diesen Kurs korrigieren. Dass es ein ganzes Dorf brauche, um ein Kind zu erziehen, ist ein afrikanisches Sprichwort, das sich immer größerer Beliebtheit in westlichen Ländern erfreut und nicht nur die eingezäunte Kleinfamilie infrage stellt. Es gibt auch einen

Einblick, was passieren kann, wenn man im Allgemeinen Vertrauen darin hat, dass Menschsein und Solidarität eins sind: Statt der Isolation in der Wettbewerbsgesellschaft würden größere Verantwortungsgemeinschaften in Wohnprojekten, Mehrgenerationenhäuser und Verbünde sozialer Elternschaften, Grundeinkommen, Kooperation und Umverteilung und Gemeingut, bei dem Ressourcen von Kollektiven verwaltet werden und nicht von Marktgesetzen, von denen nur einzelne profitieren, unser Leben gestaltbar machen. Das sind alles Strukturen, die wiederum Freiräume und das Alleinsein für den Einzelnen ermöglichen. Warum es wichtig ist, sich das zu vergegenwärtigen? Weil das eigene Menschenbild mein Verhalten trägt. Das Vertrauen, das ich mir und der Welt entgegenbringen kann, prägt fundamental meine Einstellung, anderen zu helfen und mich wiederum selbst auf andere zu verlassen, und somit auch meine Fähigkeit zum Alleinsein. Und um diese Kurskorrekturen machen zu können, brauche ich ein gesundes Maß an Rückzug, an Alleinsein-Können und -Dürfen, an Selbstreflexion, um mich dann wieder vertrauensvoll und produktiv in der Gesellschaft verorten zu können.

5 | DOSIERUNG UND ENTZUG – SICH DEM URTEIL ANDERER WIDERSETZEN, UM DIE FREMDHEIT IN DER WELT ZU ÜBERWINDEN

Der Einfluss von Menschen kann auf einen wirken wie Medizin, manchmal vielleicht sogar wie eine bewusstseinserweiternde Droge, er will daher gut dosiert sein. Wie wichtig diese Dosierung ist, belegen mittlerweile auch klinische Studien. Das stärkste Medikament sei der andere Mensch, sagt Professor Joachim Bauer, Neurowissenschaftler an der Uniklinik Freiburg.[203] Durch körperliche Präsenz, Körperkontakt und die Macht der Sprache wird man durchdrungen von Zärtlichkeit oder Gewalt, von dem Gefühl, entweder aufgehoben zu sein, oder dem Unbehagen, wenn die eigenen Grenzen überschritten werden. Deshalb ist es auch ratsam, sich Ärzt:innen zu suchen, die den Menschen nicht als Maschine betrachten, an der man stumm herumschrauben kann, sondern die die Magie der vielschichtigen Kommunikation beherrschen. Denn wenn man mit Patient:innen über die angebotene Therapie spricht, sie beispielsweise über die Wirkung von Schmerzmitteln unterrichtet, kann das Mittel um ein Drittel geringer dosiert werden, weil das Gehirn durch die positive Erwartung die Selbstheilungskräfte anzukurbeln vermag: Allein die Aussicht auf Schmerzlinderung stimuliert bereits körpereigene Opiate.[204] Auch bei Herz-Kreislauf- und Krebserkrankungen werden positive Verläufe beobachtet, wenn Patient:innen mit ihren Ärzt:innen die Möglichkeit und Details einer heilsamen Therapie genau besprechen. Versteht man den Sinn einer Therapie, freut man sich womöglich sogar darauf, dann macht der Körper besser mit. Manche Mediziner:innen schrecken davor zurück, ihren Patient:innen falsche Hoffnung zu machen, aber tatsächlich stimuliert gerade dieser Optimismus die Selbstheilungskräfte. Deshalb erscheint es eigentlich unbegreiflich, warum sich eine Medizin durchsetzen konnte, in der nicht mehr auf die Gefühlswelt und Ängste der Patient:innen eingegangen wird. Darin mag auch ein Grund liegen, warum so viele Menschen mittlerweile ihre Heilung in alternativen Methoden suchen, weil sie dort ganzheitlicher und empathischer als Mensch angesprochen werden, manchmal auch auf die Gefahr hin, eine unwirksame Therapie zu erhalten. Der Zustand unserer Organe wirkt sich auf unsere Gesundheit ebenso aus wie unser soziales Umfeld, sagt Joachim Bauer. Wenn also schon eine gute Arzt-Patient-Kommunikation bei schweren Erkrankungen besondere Effekte hat, wie sehr wirkt sich dann im Umkehrschluss ein pessimistischer Gesprächspartner auf uns aus?

Dosierung ist wichtig in allen Bereichen des Lebens, so ist es hilfreich, alles als Substanz zu betrachten, was einen immensen Effekt auf das eigene Wohlbefinden hat: Sauerstoff, Nahrung, Wasser, Licht und Dunkelheit, Menschen und Gespräche. Denn die Dosis macht das Gift; das gilt auch für unsere Mitmenschen, deren Sicht auf die Welt das eigene Empfinden und Denken beeinträchtigen kann. In den Projektionen anderer darf man sich nicht verlieren, denn Menschen vermögen das Selbstbild ebenso aufzubauen, wie sie es zerstören können. Schnell fühlt man sich in Gesellschaft von allen guten Geistern verlassen, wenn man sich einseitig oder falsch wahrgenommen wähnt. Vor allem wenn ein eher unerfreuliches Bild von einem selbst und den eigenen Handlungsoptionen entworfen wird, weil viele Menschen dazu neigen, sich und andere a priori mit Selbstkritik statt mit Selbstakzeptanz zu betrachten. Als würden sie auf der sicheren Seite stehen oder als sei Pessimismus ein Marker von Überlegenheit und Weisheit, wenn sie Erkenntnis eher in den Makeln und im Misstrauen suchen als in Vertrauen, Enthusiasmus und Optimismus. »Wie oft habe ich Freunden und Bekannten nicht von einem Plan erzählt, weil ich nicht wollte, dass sie mich entmutigen«, sagte mir eine Freundin einmal. »Ich hatte das Gefühl, ich muss mich nicht nur gegen meine eigenen Unsicherheiten wehren, sondern gegen die der anderen gleich mit, um ein Ziel zu verfolgen.

Sie halten einen klein, vielleicht, damit sie die Möglichkeit wegschieben können, selbst aus der Komfortzone nach etwas Größerem Ausschau zu halten.« Die Fähigkeit, sich mit wachsender Unabhängigkeit von anderen betrachten zu können und sich der äußeren Erwartungshaltung zu entziehen, ermöglicht es einem, wirklich eigene Wege zu gehen. Dazu gehört auch, einschätzen zu können, ob die Reaktionen von Freund:innen einen beflügeln oder behindern und warum sie einen entmutigen wollen. Denn im Zwischenraum dieser Spiegelungen spielt sich die menschliche Gemeinschaft ab.

Der deutsch-amerikanische Psychoanalytiker Erik Erikson bezeichnete Identität als den »Schnittpunkt« zwischen dem, was eine Person sein will, und dem, was die Welt ihr zu sein gestattet. Die Stelle also, an der sich äußere Situation und Wunsch kreuzen.[205] Und Bruno Bettelheim, Kinderpsychologe und ebenfalls Psychoanalytiker, beschrieb, wie hemmend sich Gruppendruck auf die Kreativität und die Fähigkeit der Eigenständigkeit auswirke. Wenn man anderen Gruppenmitgliedern nicht mehr aus dem Weg gehen kann, weil sie ständig anwesend sind, werde es erschwert, persönliche Überzeugungen zu entwickeln und zu vertreten. Dann müsse man in der Gruppe persönliche Gefühle unterdrücken, woran das Ich, das im Grunde ein Gruppen-Ich ist, zerbrechen könne. Denn das »persönliche Ich fühlt sich zu schwach zum Überleben, wenn sein stärkster Aspekt, das Gruppen-Ich, verloren geht«. Der Verlust der Gruppe wäre also ein selbstzerstörendes Erlebnis, weshalb auf individueller Ebene das Subjekt seine eigenen Gedanken und Gefühle unterdrückt oder darüber noch nicht mal richtig Bescheid weiß.[206]

So gesehen können einem manchmal Zweifel kommen, wie sehr man überhaupt einsam zu sein vermag. Denn die Menschheit entlässt einen selten aus ihren Fängen. Sie will einen nicht gehen lassen, sie »umsorgt« mit aufdringlichen Ratschlägen und Aufgaben, denn man hat einen *Verwendungszweck*, der dazu führt, dass Nähe nicht automatisch Wärme erzeugt. Je näher die Menschen einander kommen, desto ungeselliger, schmerzhafter, destruktiver können ihre Beziehungen zueinander werden. Und so haben sie alle recht:

Die Hölle, das sind die anderen, sagte Sartre. *Die Hölle, das sind wir selbst,* sagte Thomas Eliot. Kurz und bündig zusammengefasst hat diesen Sachverhalt Wilhelm Busch: »*Wer einsam ist, der hat es gut, weil keiner da, der ihm was tut.*« Arbeitswelt, Freundeskreis und Familie verlangen eine Hyper-Präsenz: Ansprechbar, sichtbar, verbunden soll man sein. Gleichzeitig leben wir in Zeiten, in denen das Gefühl, dass wir vereinzelt sind, Konkurrent:innen zueinander statt Gemeinschaftswesen, so groß ist wie nie zuvor. So kann aus Einsamkeit eine Isolation werden, die von Menschen nicht gelindert werden kann. Denn das, was sie anzubieten haben, hilft einem nicht weiter, sondern entfremdet einen nur noch mehr von sich selbst. Aus dieser Einsamkeit kann man sich nur selbst holen.

Individualität wird als etwas Wertvolles und Erstrebenswertes gesehen. Es gehört zum guten Ton, sich über moralische und soziale Konventionen zu beschweren, auf persönliche Freiheit und Autonomie als Recht und als gesellschaftliche Errungenschaft zu bestehen. Dies scheint aber nicht mehr zu gelten, wenn jemand diese Freiheit und Autonomie in einer Art auslebt, die zeigt, dass er oder sie ohne Bestätigung des anderen auskommt. Wir denken uns gerne als einzigartig, aber eigenwillige Klamotten zu tragen erntet nur so lange Anerkennung, wie eine Modezeitschrift diesen exzentrischen Stil zeitnah absegnet. Thoreau bezeichnet uns als Götzendiener. »Jede Generation lacht über die alten Moden und folgt ehrfurchtsvoll den neuen.«[207] Das Zitat stammt wohlgemerkt aus der Mitte des 19. Jahrhunderts.

Die amerikanische bildende Künstlerin Georgia O'Keeffe sagte einmal, sie sei in ihrer Zeit vielleicht die einzige Künstlerin, die es wagen würde, ihre Kunst einfach schön zu finden. In der Zeit der 1920er- und 1930er-Jahre, in der Künstler:innen die Herausforderung und Verstörung der Moderne durchwühlten, erschien es als oberflächlich und naiv, geradezu eine intellektuelle Beleidigung, wenn man von einem Kunstwerk als *schön* sprach. Tiefe und Bedeutung suchte man im Destruktiven, Dystopischem. O'Keeffe setzte eigene Standards und verteidigte das pralle Leben gegen das Verstörende der technokratischen Moderne. Sie beschäftige sich lieber mit Licht und Schatten der Wüste als mit Menschen, schrieb sie ihrem Mann Alfred Stieglitz 1930. Um vor allem mit den Farben und Formen der Natur eingebettet sein zu können, um sie zu betrachten und mit ihnen arbeiten zu können, verlegte sie ihren Hauptwohnsitz nach Abiquiú in New Mexico, wo sie allein lebte, in einem Haus fern der nächsten Stadt am Rande der Wüste. Dort konnte sie eigene Maßstäbe setzen, weg von den Standards ihrer Künstlerkolleginnen und Kritiker, weg von einer männlich dominierten Kultur, die Frauen vermittelte, sie könnten keine wirklichen Kunstschaffenden sein. Ihr Ehemann blieb in New York. Das hatte nicht die Entfremdung oder gar Trennung des Paars zur Folge, sie blieben bis zum Tod loyale Partner:innen und schrieben sich über 25 000 Seiten an Briefen.

In der Wüste observierte O'Keeffe das große Ganze, um sich dann in ein Detail ihrer Malerei zu vertiefen: Blüten, Tierschädel, Maserungen, geologische Muster, Lichtreflexionen, eine von Organischem inspirierte abstrakte Kunst. Der Kunsthistoriker David Galenson beschrieb ihre Malerei als »progressive Vereinfachung der Formen realer Objekte«[208]. O'Keeffe selbst sagte: »Nur durch Auswahl, Eliminierung und Hervorhebung kommen wir der wirklichen Bedeutung der Dinge nahe.«[209] Gerade weil sie sich allen Erwartungen und jedem Druck entzog, kreierte sie einen einzigartigen Stil. Sie fand in ihrer Einsamkeit das, was zu so vielen Menschen spricht, dass wir ihre Bilder heute aus jedem zweiten Wartezimmer von Arztpraxen kennen, in denen wir sitzen, um Heilung für ein körperliches Leid zu suchen.

Zudem fühlte sich O'Keeffe so sehr in ihrer Kunst zu Hause, dass es sie nicht entmutigte, wenn ihr ein Bild nicht gelang. Sie sah es als selbstverständlichen Prozess an, sich einer Darstellung anzunähern, bis diese die Essenz wiedergab, die O'Keeffe suchte. »Die Malerei von heute Morgen ist nicht gut. Aber ich war sehr begeistert von ihr und ich weiß, etwas wird daraus kommen«, schrieb sie ihrem Mann. Sie lehnte die Bewertung ihrer Kunst hinsichtlich des Maßstabes, ob damit Geld zu verdienen sei bzw. welches Urteil Kritiker:innen darüber fällten, ab. »Ich versuche einfach zu sagen, was ich sagen will - und es macht großen Spaß zu sagen, was du möchtest«, schrieb sie ihrer Freundin Anita Pollitzer. »Ich glaube, ich habe und tue alles, was ich will.«[210]

Wir sind und bleiben misstrauisch denen gegenüber, die sich tatsächlich von der Herde entfernen. Wenn jemand unbeschwert von Konventionen seiner Lust und seinem Geschmack nachgehen will, halten wir ihn oft für schwierig und kompliziert, exzentrisch, egoistisch, asozial oder gar gefährlich. In diesen Zuschreibungen spiegelt sich unser Unbehagen gegenüber denjenigen wider, die offensichtlich ohne die Bestätigung anderer auskommen und sich dem Urteil anderer entziehen können. Denn jemand, der sich frei macht von dem Werturteil und der Anerkennung unserer Gesellschaft, lebt wahre Freiheit. Die Inanspruchnahme dieser Freiheit scheint zu beunruhigen, denn die Menschen mögen es nicht, wenn man ohne sie klarkommt. Sara Maitland schreibt, Leute, die gut mit sich allein sein können, seien so mutig, dass sie sich zu leben trauen; und um dies zu schaffen, wissen sie, dass sie ihre eigenen Tiefen ungestört und ungeschützt von sozialen Konventionen und Normen auskundschaften müssen.[211] Vielleicht ist Einsamkeit in diesem Prozess ein Unort, an welchen Menschen der Enge ihres Herkunftsorts entkommen können.

Alleinsein kann auch als Übergang von einer Gruppe in eine andere wichtig sein, Alleinsein also als Transition von einer Gemeinschaft, die einem nicht guttut, in eine andere, die den eigenen Bedürfnissen eher entspricht. Trauer, Rückzug, Angst, Erschöpfung, das Anzweifeln von Grundlegendem: Metamorphosen sind mitunter brutal. Da können Rückzug und Ruhe auch ein wichtiger Kokon sein, der einen durch die Stromschnellen trägt und vor den sozialen Dynamiken des Umfelds schützt.

In Phasen der Veränderung braucht man Zeit für sich, damit diese Prozesse unbeeinflusst von äußeren Erwartungen ihren eigenen

Weg finden können. Sonst verliert man sich schnell in der Vorstellung von etwas, das man sein zu müssen oder werden zu wollen glaubt, und kann nicht fühlen, wer man wirklich ist und werden will. Dieses Gefühl des Ich-Seins muss von innen kommen, es wird nicht von außen an uns herangetragen.

Paula, eine Transperson, erzählte mir, dass sie das Alleinsein in der Zeit der Veränderung brauchte, um, unbeeinträchtigt von den Projektionen anderer auf Körper, Geschlecht und Biologie, in dieser Zeit zu sich finden zu können.

»Gerade weil andere die verrücktesten Erwartungen haben und komische Fragen stellen, die das eigene Gespür für sich selbst beeinflussen können, habe ich viel Zeit mit mir selbst verbracht. Da macht man sich so Gedanken: Will man etwas Bestimmtes in sich suchen oder einfach offen für was ganz Flexibles und Unerwartetes sein? Ich bin tatsächlich viel allein im Wald spazieren gewesen und habe dort mein Körperempfinden willkommen geheißen.«

Einsamkeit kann ein Schwebezustand zwischen, vor und nach der sozialen Verpflichtung sein. Auch wenn die Freiwilligkeit dieser Einsamkeit ambivalent ist, ist sie nicht tragisch, sondern ein wichtiger Übergangsraum, der der Aushandlung der eigenen Freiheit dient.

Sich zu entziehen, um zur Erkenntnis zu gelangen, ist eine alte Praxis. Wie im Zenbuddhismus kann dem Rückzug, der Stille und der Einsamkeit aber auch etwas Rebellisches innewohnen. Man protestiert gegen Illusionen und Normen, indem man sich ihnen verweigert. Man entkommt den Beschränkungen, Kategorisierungen und Ausschlüssen von Denksystemen, zum »Denken ohne Geländer«, wie es Hannah Arendt nannte, weil man die Anerkennung und Bestätigung anderer nicht braucht.

Nähe und Abstand sind Grundbedürfnisse, und es gilt, darin eine Balance zu finden. Mein Tauchbuddy Christine erzählte mir dazu folgendes Erlebnis:

»Als Jugendliche war ich Teil einer Fahrgemeinschaft zu unserer Berufsschule. Einmal spielte der Fahrer so furchtbare Musik, dass ich ihn bat, etwas anderes zu spielen. Er wollte nicht. Also habe ich ihm gesagt, er solle anhalten, ich würde dann lieber nach Hause trampen. Er und die anderen Mitfahrer:innen waren plötzlich sehr eisig zu mir und haben das als aggressive Geste wahrgenommen. Dabei hatte ich einfach nur keine Lust auf die Musik und wollte dann eben allein weiter. Ich habe ihnen von draußen noch gewunken, keiner hat zurückgewunken. Der Typ hat nie wieder mit mir gesprochen.«

Dieses simple Beispiel zeigt, dass Menschen es oft sehr persönlich nehmen, wenn man seinen eigenen Bedürfnissen nachgeht, wenn man es sich selbst schön machen will, weil das eben auch bedeutet, dass man sich einem sinnlosen Kompromiss für die Gruppe nicht unterordnen will. Christines Entscheidung stellte kein wirkliches Problem für die Fahrgemeinschaft dar, wurde symbolisch dennoch als große Irritation oder Unverschämtheit wahrgenommen. Die größte Irritation dabei scheint zu sein, dass jemand sich eine Freiheit herausnimmt, die die anderen sich wegen des internalisierten Gruppendrucks nicht erlauben würden. Es stört oder belastet sie nicht, dennoch nehmen sie es übel, wenn ein anderer zeigt, dass man die Gruppe verlassen kann. Das macht es nicht immer leicht, sich eine Situation angenehm zu gestalten, weil man befürchtet, andere vor den Kopf zu stoßen, auch wenn nichts zu deren Nachteil geschieht. Vielleicht ist es auch der Neid auf die Freiheit, sich faulen Kompromissen entziehen zu können; eine Freiheit, die zu nehmen sich nicht alle trauen. Dabei sind gerade die Menschen, die gelernt haben, ihren eigenen Bedürfnissen nachzugehen, oft selbst kompromissbereiter und in Gesellschaft sozialer. Sie reagieren nicht mit latenter Aggression, weil sie ihre Bedürfnisse nicht aufgrund von vorauseilendem Gehorsam der Gruppe gegenüber unterdrücken, bis die Wut darüber irgendwann aus ihnen hervorbricht.

Dosierung bedeutet aber auch, dass man das Spiel um Status und Anerkennung pragmatisch mitspielen kann, um seinen wahren Bedürfnissen und Zielen nachgehen zu können. Den meisten ist nicht sofort klar, dass nichts wertvoller ist als Freiheit. Wir verdienen Geld, um diese Freiheit zu erlangen. »Aber warum das Ganze, wenn man sie sofort haben kann? Wozu dann dieser Umweg, über Geld, Karriere und Macht?«, fragt der russischer Geophysiker Sergeij Zimow.[212] Sergeij Zimow lebt zurückgezogen im Norden Sibiriens und arbeitet daran, durch die Wiederbesiedelung Sibiriens mit seiner ursprünglichen Fauna den Permafrost zu bewahren. Er weiß, dass seine Aussage stimmt, wenn es um eine innere Einstellung geht. Ihm ist aber auch klar, dass viele gut dosiert bei dem Geld-Macht-Karriere-Spiel mitmachen, um die Freiheit zu erlangen, die Aufgaben zu erfüllen, die man sich selbst gestellt hat. In seinem Falle geht es um das Knüpfen guter Kontakte zu Forschungsinstituten und zur Regierung, um seine Ziele zu verfolgen. Doch ist man gut beraten, sich so unabhängig wie möglich von dem Geld-Macht-Karriere-Spiel zu machen. Unabhängigkeit heißt dabei auch, sein Selbstbewusstsein nicht daran auszurichten, ob man von Institutionen Bestätigung bekommt oder nicht. Man muss es nutzen, wie man es braucht, ohne sein Selbstwertgefühl davon abhängig zu machen. Man darf an die Werte dieses Spiel nicht *glauben*.

Zum Glück der Einsamkeit gezwungen: Die Robinsonade

Dass wir uns nach der Herausforderung und der Selbsterkenntnis, die im Alleinsein steckt, sehnen, ihr aber aus Angst aus dem Weg gehen, hat sogar eine ganze Literaturgattung hervorgebracht: die Robinsonade. Dieses Genre malt immer wieder in verschiedenen Farben aus, wie Menschen durch äußere Umstände, sei es Schiffbruch oder interstellare Havarien, die einen auf eine einsame Insel oder einen unbekannten Planeten versetzen, durch Zeitreisen oder schlicht durch die Apokalypse zu einem einsamen Dasein gezwungen werden. In dieser neuen Situation, in der er oder sie auf sich selbst gestellt ist, müssen die Held:innen nicht nur Techniken des Überlebens entwickeln, sondern vor allem mit sich selbst klarkommen. Es braucht eine kolossale Krise, und sei es der Untergang der ganzen Zivilisation, die uns zu unserem Glück zwingen muss, diesen Angstraum der Einsamkeit zu betreten, den wir uns insgeheim ersehnen. Ein Glück, das beschwerlich sein kann, erschreckend und schwer, wie ein kalter Entzug, an dessen Ende aber der lohnende Moment von Selbsterkenntnis und Selbstliebe stehen kann.

Marlen Haushofers Roman *Die Wand* ist ein außerordentliches Beispiel dieses Genres. Die namenlose Ich-Erzählerin wacht eines Morgens auf und bemerkt bei einem Spaziergang eine unsichtbare Wand, die sich weitläufig durch eine Berggegend zieht, in der sie sich mit Freunden für ein Wochenende in einer Hütte einquartiert hat. Ihre Freunde sind verschwunden und alle Menschen, die sie auf den umliegenden Almen erspähen kann, sind wie versteinert. Diese Almen versorgen die Protagonistin aber mit allem, was sie zum Überleben braucht, bis sie gelernt hat, sich mit einer Art Subsistenzwirtschaft selbst zu helfen. Die Leser:innen folgen der Frau, wie sie über die Jahre lernt, mit der Natur und den Tieren, den Jahreszeiten und mit sich selbst zurechtzukommen. Wie sie wie ein Kind allein im Paradies durch die Wälder streift und lernt, sich die Nahrungsquellen zu erschließen.[213]

Das Auftauchen eines anderen Menschen ist in vielen Robinsonaden nicht unbedingt erlösend, sondern wird als Eindringen in eine heile Welt – die man sich nach einiger Zeit erarbeitete – beschrieben. Auch in *Die Wand* erscheint plötzlich nach Jahren der Einsamkeit ein Mann auf der Alm, der, ohne mit ihr zu kommunizieren, ihren Hund und ein Kalb erschlägt, weshalb sie ihn erschießt. Er ist der Mann, der nicht rettet, wie in Heldenromanen versprochen, sondern nichts anderes mit sich anzufangen weiß, als seine Existenz durch Zerstörung zu behaupten. Ansonsten ist die Kritik an der Zivilisation im Roman ebenso leise wie die Kritik am Patriarchat. Auch der verstorbene Ehemann der Protagonistin spielt in ihrem Denken weder eine gute noch eine schlechte Rolle, er hat eben gar keine große Bedeutung. Aber Haushofer zieht die Leser:innen mit dieser leisen Art in die Utopie hinein. So birgt der Roman auch eine Weisheit, die in Situationen, zum Beispiel in Partnerschaften oder in Arbeitsverhältnissen, die von psychologischer Gewalt geprägt sind, lebensrettend sein kann: Statt all seine Energie dafür zu nutzen, gegen die Probleme unserer Gesellschaft *anzureden*, kann man versuchen, sich ihnen zu entziehen, um dann Neues zu schaffen. Doch die Möglichkeit, sich zu entziehen, ist ein Privileg, das vielen durch die Art, wie wir Strukturen der Familie und der Geldwirtschaft kreiert haben, genommen wird.

In Haushofers Hörspiel *Ein Mitternachtsspiel* lässt sie zwei junge Mütter räsonieren: »Du hängst Seidenpapier an die Wände und denkst: Robert, das Kind, ein bisschen Milch und Fleisch und Kohle ... Wie kommt das? Warum erreicht uns die Wirklichkeit nicht?« »Weil es nicht unsere Wirklichkeit ist. Meine Familie, mein Haus und mein bisschen Leben. Mehr geht in einen Menschen ja gar nicht hinein.«[214]

In den Biografien über Haushofer wurde betont, dass sie ihr Familienleben in der österreichischen Provinz als einengend empfand, aber nicht die Mittel oder den Willen fand, dort auszubrechen.[215] So kann man *Die Wand* auch als Experimentierfeld betrachten, sich in einen Raum zu imaginieren, in dem man sich selbst finden muss, weil man von äußeren Bedingungen dazu gezwungen wurde. Oder weil man von äußeren Bedingungen mit dieser Möglichkeit beschenkt wurde. Haushofer kreiert eine Art Hoffnungslosigkeit, wenn einem gewahr wird, dass die eigene Existenz die einzige Gewissheit ist. Aus dieser kann aber Freiheit werden. Das rechte Maß von Distanz und Nähe kann man nicht theoretisch vermessen, es ist ein Learning by Doing. Die Protagonistin im Roman beweist sich, dass sie allein zurechtkommt, wenn alle sozialen Verbindungen wegfallen würden.

Bei Haushofer wirkt der Grund, warum die Protagonistin aus der

Gesellschaft fiel, wie Zauberei. Im Leben hingegen sind es häufig Krisen, die einen unfreiwillig in die erst beunruhigende, dann heilsame Einsamkeit katapultieren.

Unfreiwilliges Alleinsein als Chance – Einsamkeit als Selbst(neu-)findung

Es gibt Phasen im Leben, in denen man sich zurückziehen muss, Zeit für die Persönlichkeitsentwicklung braucht: Veränderungen in der Jugend und im Alterungsprozess, Burn-out, Schicksalsschläge wie Tod, Krankheit und finanzielle Krisen, Schwangerschaft, Trennung, Befreiung aus einer toxischen Beziehung oder nach einer Phase, in der man andere Menschen unterstützte oder eine Co-Abhängigkeit von (sucht- oder psychisch)kranken Menschen entwickelte. Oft braucht es Krisen, damit Menschen aus ihrem Hamsterrad herauskommen und eine andere Perspektive einnehmen können. Das setzt Vertrauen in sich selbst voraus und die Überzeugung, dass Krise und Einsamkeit zusammen auch etwas Fruchtbares sein können. Dazu gehört auch der Prozess, eine Gemeinschaft zu verlassen, um herauszufinden, in welche neue Gemeinschaft man gehen möchte. Die Brücke dazwischen ist das Alleinsein.

Agnes ist Mitte 30 und lebt seit vier Jahren allein. Ich rede mit ihr über das Ausbrechen aus ihrer letzten Beziehung, die sie als sehr schwierig beschreibt:

»Toxisch würde man das heute nennen. Am Anfang war es schön und interessant mit ihm. Er war gebildet und romantisch. Große Gefühle, große Gedanken. Aber als es enger zwischen uns wurde, bemerkte ich bei ihm diese komische Mischung, dass er ebenso besitzergreifend wie weltfremd war und darin auch sehr manipulativ.«

Dann wurde Agnes ungeplant schwanger. Als sie bemerkte, dass sie ihrem Partner nichts von der Schwangerschaft erzählen will, weil sie es als bedrohlich empfand, ihn an Entscheidungen darüber teilhaben zu lassen, wurde ihr klar, dass nur noch eine Trennung infrage kam.

»Ich hatte das Gefühl, in dieser Beziehung keine Macht zu haben, ich konnte meine Entscheidungen und Bedürfnisse nicht durchsetzen. Da gab es keine gute Kommunikation. Mir wurde klar, dass ich mit so einem übergriffigen Menschen furchtbare Territorialkämpfe würde austragen müssen, wenn wir eine Familie gründen würden. Es wäre keine gute Idee, sich von so jemandem in irgendeiner Form noch abhängiger zu machen. Und mit einem gemeinsamen Kind hat der andere sehr großen Zugriff auf einen, auch wenn man sich trennt. Da musste ich alles überdenken und Entscheidungen treffen.«

Als sehr belastend empfand es Agnes, als sie im Zuge der Trennung merkte, dass sie lieber niemandem anvertraute, einen Schwangerschaftsabbruch zu erwägen. Dass Frauen das Bedürfnis nach diesem Selbstschutz haben, ist etwas, das mir in den Jahren, in denen ich Frauen bei einem Schwangerschaftsabbruch begleitete, immer wieder begegnete. Dieser Selbstschutz mag oft eine weise Entscheidung sein, aber er zeigt, dass wir mit einseitigen idealisierten Bildern über Mutterschaft und Schwangerschaft eine Atmosphäre geschaffen haben, die Frauen dazu bringt, sich in die Isolation zurückzuziehen, und zwar in genau dem Moment, in dem sie unsere Unterstützung eigentlich am meisten brauchen. Als ich begann, mich mit dem Thema Abtreibung auseinanderzusetzen, saß mir im Nacken, wie ich ein Problem artikulieren kann, das so vielen Vorurteilen ausgesetzt ist. Ein Grund, warum mich das Thema interessierte, war, dass es eine andere Lebensrealität von Frauen zeigt, die sich den Klischees des gängigen Frauenbildes entzieht. Dass es eine Gegenerzählung offenbart, in der wir flügge werden. Denn die Ressentiments gegen Abtreibung sind ein Blitzableiter gegen die emanzipierte Frau. Voll mit gefährlichem Halbwissen über embryonale/fötale Entwicklung[216] und über die psychische Belastung der Frau[217], die die Handlungsfähigkeit der Frau beeinflussen. Und diese Ressentiments werden den Frauen leidenschaftlich um die Ohren gehauen, als würden wir sagen: »Sieh zu, wie du mit deiner Selbstbestimmung klarkommst, die du doch immer haben wolltest!« Agnes sagt dazu:

»Es war sehr seltsam, sich bei diesem Thema von den anderen plötzlich so abgeschnitten zu fühlen, weil man schnell merkt, dass es keine gute Idee ist, sich dem gefühlten Wissen anderer auszusetzen. Die meisten Menschen haben komische Ideen über einen Schwangerschaftsabbruch und spielen sich plötzlich wie die Allwissenden auf. Ich hatte das Gefühl, dass Leute sich eher auf der sicheren Seite fühlen, wenn sie das Ganze als schlimmer darstellen, als es ist. Sie haben keine Sensibilität dafür, was es mit mir macht, wenn sie ihr Halbwissen und Urteile auf mich loslassen. Das im Zusammenhang mit der Trennung war einfach zu viel. Es klang alles nach einem zu großen Drama, das es aber eigentlich nicht war. Die Lösung war intuitiv für mich ganz klar, die ich nicht durch die Meinung anderer verkomplizieren wollte. Weil die Situation sich so zuspitzte, habe ich klarer gesehen, was ich kann und will und was nicht und in welcher Situation ich überhaupt stecke und was für Konsequenzen das hat. Und das war auch sehr gut und wichtig. Mir wurde eben auch klar, dass, würde ich jetzt ein Kind bekommen, ich am Ende wahrscheinlich alleinerziehend wäre und, sollte ich noch mal ein Kind in einer guten Partnerschaft aufziehen wollen, ich mir diese Möglichkeit nun vielleicht verbauen würde. Deshalb fühlte es sich noch nicht mal an wie eine Entscheidung *gegen ein Kind*, sondern als eine Entscheidung *für* ein mögliches Kind in einer besseren Situation.«

Agnes beschreibt die Zeit als hart, betont aber, dass viel Gutes daraus folgte.

»Wenn man sich trennt, wird sehr viel Kapazität frei. Man braucht seine Energie nicht mehr, um über etwas Destruktives im Leben nachzudenken, sondern kann sie nun nutzen, um Neues zu erkunden oder um sich selbst besser kennenzulernen. Danach war erst mal Pause mit Beziehung. Ich wollte mich nicht durch jemand anderes weiter verwirren lassen. Ich wollte erst mal Zeit, um Sachen für mich zu sortieren. Das dauert jetzt schon vier Jahre, und es fühlt sich gut an. Ich habe derzeit keinen Partner und kein Kind. Ich habe viele Freunde und viel zu tun, und mir geht es gut.«

Viele Menschen sagen, sie bräuchten nach einer Trennung vom Partner Zeit für sich: Raum, um ihre Selbstliebe wieder aufzurichten, weil diese sich vorher an eine andere Person anlehnte. Mit einer neuen Beziehung, die sich gleich an die alte anschließt, kompromittiert man den Versuch der eigenständigen Selbstliebe, die man sich gerade mühsam zurückerobert. Das wieder aufkeimende Gefühl, dass man sich selbst genug ist, unterbricht man durch die Liebe zu einem potenziell neuen Partner, das Hin und Her einer neuen Beziehung kann die neu errungene Selbstliebe sogar infrage stellen, weil man sie wieder von einer anderen Person abhängig macht.

Eine andere Situation, die einen auf sich selbst zurückwerfen kann, ist eine schwere Krankheit. Ich treffe Emily Thomey, die ich durch ihr Radiofeature *Die Mutterschaftsfrage* beim *Deutschlandfunk* kennengelernt habe. Durch ihre Krebserkrankung lernte sie, sich abzugrenzen und das Alleinsein zu genießen. Sie erzählt mir, wie sie die Zeit während der Chemotherapie empfand: »Mir passierte plötzlich etwas komplett anderes als den anderen. Ich bin ausgestiegen aus dem normalen Leben.« Sie wurde sehr konsequent darin, auf sich zu hören, und habe dadurch auch viele Gewohnheiten über Bord geworfen. Sie habe auch gelernt, Leuten, die sie anstrengend finde, abzusagen.

»Seine Haare zu verlieren, sich einen ›permanenten Zugang‹ in die Halsschlagader legen zu lassen und sich nach der Chemo bis zu einer Woche im Bett schlecht zu fühlen, ist eine krasse existenzielle Erfahrung, aber es war eine wertvolle Zeit, und ich habe sie mir mit gutem Essen, Büchern und Filmen schön gemacht. Ich würde sagen, 80 Prozent dieser Zeit waren richtig gut, weil ich mir erlaubte, mich radikal darum zu kümmern, dass es mir gut geht. Es ist nicht leicht, das nach der Krankheit auch durchzuziehen, sich nur Gutes zu gönnen, nach den eigenen Bedingungen zu leben, weil ja permanent die Idee anklopft, dass ich jetzt aber wieder was leisten muss. Dieses Selbstbewusstsein während der Krankheit fehlt mir heute manchmal, aber ich sage auf jeden Fall konsequenter Dinge ab als vorher. Ich habe vorher wenig geschlafen, viel gearbeitet, exzessiv gelebt, mich verausgabt. Ich hatte zu viele Verpflichtungen, menschlich und beruflich, die ich mir heute nicht mehr aufhalsen würde. Immerhin: Vorher waren es am Morgen Handy, Kaffee, Computer, heute Yoga, Tee und dann erst Computer, es ist ein anderer Start in den Tag, wenn man sich erst mal mit dem Körper verbindet. So habe ich am Morgen die klarsten Momente.«

Während der Chemotherapie musste Emily oft allein zu Hause bleiben, da sie wegen ihres angeschlagenen Immunsystems niemanden treffen durfte.

»Ich war froh, dass ich das lernen musste, weil ich mir plötzlich leisten konnte, das Alleinsein toll zu finden. Gesellschaftlich gesehen lernt man, dass Alleinsein etwas Unangenehmes sein solle, etwas, was man vermeiden will, als sei man unfreiwillig verstoßen. Man fühlt sich ja ein bisschen als Loser, wie als hätte man nicht genug Freund:innen. Mittlerweile sehe ich es so, dass ich es mir leisten will, ab und zu allein zu sein. Außerdem habe ich mich mit Leuten umgeben, die ich nicht anstrengend finde, die ich wirklich mag.«

Zu Hause in der Erholungsphase nach der Chemotherapie habe sie sich an Dinge erinnert, die sie schon als Kind gerne allein gemacht habe, und diese wieder aufgegriffen: Zeichnen, Origami, Lampenschirme basteln. Ebenso wie den Wert des Alleinseins habe sie auch den Wert des Schlafens entdeckt.

»Schlafen sehen die meisten ja auch als unproduktiv. Ich freute mich, dass ich es endlich als so toll empfinden kann, wie es ist. Schlafen ist jetzt lustvoll, das habe ich entdeckt. Wenn es mir schlecht geht, gehe ich schlafen, und danach ist die Welt anders, besser.«

Emily erzählt, dass sie nie in eine Krebs-Selbsthilfegruppe wollte:

»Ich ging davon aus, dass eine Selbsthilfegruppe mich runterziehen würde, ich habe dort kein Empowerment erwartet, weil ich es schon gewohnt war, als Reaktion immer dröges Mitleid zu bekommen, wenn ich von meiner Krebserkrankung sprach. Plötzlich ist man mit den Ängsten und dem Mitleid der anderen konfrontiert, was einen noch mehr runterzieht, als einen aufzubauen. Ich wollte auch keine Geschichten von Leuten hören, die das anders sehen als ich. Ich dachte, andere könnten mir meine Stärke eher nehmen. Ich hatte keine Sehnsucht danach, in einer solchen Gruppe besser verstanden zu werden. Ich wollte das eher mit mir selbst verstehen und ausmachen, wie ich damit umgehen möchte und kann.«

In meinem Bekanntenkreis höre ich öfter davon, dass sich Personen in Krisenzeiten anderen Menschen und selbst Freund:innen nicht mehr anvertrauen möchten. Wir sind wie die von Friedrich Nietzsche beschriebene winzige »Nussschale der Individuation«, die von den wild brandenden Wogen des anderen umgeben sei.[218] Deshalb müssten so viele ihr Elend im Verkehr mit Menschen verdoppelt tragen. Bei Nietzsche heißt es auch: »In der Einsamkeit frißt sich der Einsame selbst auf, in der Vielsamkeit fressen ihn die vielen. Nun wähle.«[219]

Meine Freundin Sonja etwa erzählt mir, sie habe irgendwann festgestellt, dass sie Freunden oft lieber nur eine kleine Zusammenfassung gebe, wenn sie sie fragen, wie es ihr ginge. Wie Nietzsche fällt ihr dazu der Begriff Fressen ein:

»Ich will die Details meiner Gefühlswelt den Menschen nicht zum Fraß vorwerfen. Ich habe oft erlebt, dass Leute, denen man sein Leid klagt, es schlimmer statt besser machen, vielleicht weil es so vielen selbst fehlt, Dinge geduldig und wohlwollend zu betrachten. Ich empfinde das als Selbstschutz, mich ihren Psychologisierungen nicht auszusetzen. Denn sie sind ja meistens nur Projektionen ihrer eigenen gefühlten Unzulänglichkeit. Es gibt wenige Menschen, vor denen ich mich entblößen will. Für mich ist es die größte Wohltat, selbst ein gutes Bewusstsein zu haben, entscheiden zu können, wie nackt ich mich vor Menschen mache, und mein Selbstbild nicht von ihrem Empfinden abhängig zu machen.«

Das ist keine Absage an die Heilsamkeit der Freundschaft, sondern ein Anhaltspunkt dafür, wie Dosierung unser zwischenmenschliches Verhältnis verbessern kann. Sonja ergänzt:

»Einmal erwiderte ich jemandem: ›Ich mag Menschen sehr gerne, ich will nur, dass sie mich in Ruhe lassen.‹ Ich hörte mir selbst dabei zu, wie dieser Satz aus meinem Mund fiel, und dachte auch noch Wochen später darüber nach. Wahrscheinlich, weil ich gelernt habe, mich gut abzugrenzen, kann ich Menschen für das, was sie tatsächlich sind und können, wertschätzen.«

Orte des Alleinseins – Die Handlungsoptionen in der Einsamkeit

Es gibt Einsamkeit, die man mit Weite, und Einsamkeit, die man mit Enge verbindet. Vielleicht trifft es diese Unterscheidung viel besser, als wenn man das Alleinsein einfach in eine schöne oder traurige Erfahrung aufteilen will. Denn zuweilen durchdringen sich beide Erfahrungen, wenn man allein ist, gehen ineinander über oder hängen lose miteinander zusammen.

Es gibt Orte, die in unsere Vorstellung vom Alleinsein passen: Wüste, Steppe, die Polarregionen, Berge, Inseln, auf oder auch unter dem Meer. Gegenden, die wir mit Extremen oder einfach mit Kargheit und Verlassenheit oder auch mit einer gewissen Überschaubarkeit und Einfachheit in Verbindung bringen. Vor allem aber mit Weite. Wenn wir diesen Orten allein gegenüberstehen, scheinen sie verschiedene Vorstellungen in uns zu wecken. Das betrifft auch unsere Fantasien des Übersinnlichen: Die Wüste weckt in uns die Idee eines gewaltigen unbestechlichen Gottes, mit dem man im Zwiegespräch sein kann, wie es sich in den monotheistischen Weltreligionen widerspiegelt, die in den Wüstenregionen entstanden. Wälder wiederum kreierten mit ihren Schatten undurchsichtige zwielichtige Geister und Trolle, aus den griechischen Inseln und Bergen entwuchs unseren Köpfen eine leidenschaftliche, intrigante Götterwelt, der Dschungel barg Pflanzengeister und die Dunkelheit und Kargheit im Norden einen Sonnengott.

Man könnte meinen, die anonyme Stadt birgt die Götter des Konsums und des Geldes. Sie wird in diesem Zuge gerne als etwas Destruktives, Unsoziales oder gar Krankmachendes dargestellt. Andererseits ist sie der Ort, zu dem viele Menschen streben, weil er eine freiere Entfaltung verspricht als die engere Gemeinschaft auf dem Lande. »Größere Gemeinschaften, etwa Städte, eröffnen Möglichkeitsräume, in denen Menschen sich Alternativen ausdenken, von anderen Traditionen lernen und ihre je eigene Lebensweise erfinden«[220], sagt dazu Ursula K. Le Guin.

Die Großstadt birgt noch einen weiteren bemerkenswerten Aspekt: Ich kann meine Eingebundenheit mit Menschen in der Stadt gut dosieren. Ich kann mich dort in Gemeinschaft allein bewegen und selbst bestimmen, wann ich in die Gemeinschaft eintrete oder mich verabschiede. Mein Tauchbuddy Christine schildert mir einen schönen Tag so:

»Ebenso, wie ich gerne spazieren gehe und mir vorstelle, ich wäre eine Außerirdische, die gerade hier gelandet ist, obwohl ich seit 52 Jahren auf der Erde lebe, versuche ich auch in Berlin weiter Touristin zu sein, obwohl ich hier wiederum seit 32 Jahren lebe. Das gelingt außerordentlich gut. Ich verbringe unglaublich gerne einen Tag mit mir allein und wandere durch die Gemeinschaft der Großstadt. Morgens gehe ich im Park spazieren und sehe, wie er erwacht, setze mich dann an den Computer zum Arbeiten, zum Mittagessen gibt's Makali, dann korrespondiere ich mit einem Freund, wann ich ihn am nächsten Tag auf dem Spielplatz mit seiner Tochter besuche, fahre dann mit dem Fahrrad durch halb Berlin zu einem Baumarkt-Discounter für Fliesen, mit denen ich die Arbeitsplatte in meiner Küche verschönern will, und auf dem Nachhauseweg schaue ich bei irgendeiner Veranstaltung vorbei, Vortrag, Lesung oder kleines Konzert, wo ich vielleicht zufällig jemanden treffe, den ich kenne, vielleicht auch nicht, und mich einfach so inspirieren lasse, denn ich mag es, ein Date mit einer Veranstaltung zu haben statt mit einem Menschen. Dann gehe ich nach Hause, wo ich in meinem Bett noch eine Weile schmökere oder einfach nur eine halbe Stunde in Ruhe daliege. Das ist ein schöner Tag. Da war viel los, aber ich hatte keine einzige Verabredung mit einem Menschen.«

Die anonyme Stadt lässt einen in Ruhe, obwohl man unter Menschen sein kann.

Wie wahrscheinlich viele andere auch erlebte ich einige Silvesterabende in meinem Leben, an denen ich nicht wusste, wohin. Ich bin dann allein durch die Stadt spaziert und habe mich gefreut, in diesem kollektiven Ritual mitzuschwimmen. Ich verliere mich ab und an ganz gerne allein in Massenveranstaltungen, bei politischen Demonstrationen ebenso wie auf dem Weihnachtsmarkt. Ich finde es erleichternd, dass Menschen nicht immer ihren Individualismus beweisen müssen, sondern schlicht und unanständig in der Masse Spaß haben oder Sinn suchen können, Sicherheit finden oder kollektiver Verzückung nachgehen. Andererseits kann auch ein Gefühl von sozialer Isolation entstehen, wenn man Gemeinschaft um sich herum sieht, von der man sich ausgeschlossen fühlt. Es ist also auch eine individuelle Frage, wie man in der Lage ist, sich die Gemeinschaft der Stadt anzueignen. Eine Gemeinschaft, die auf Misstrauen, Besitzdenken und Konkurrenz aufbaut, wird in der Großstadt natürlich mehr Isolation hervorrufen als eine, in der man sich prinzipiell gegenseitig willkommen heißt und wo Umverteilung von Wohlstand eine Normalität darstellt.

Wenn wir noch einen Ortswechsel vollführen, verdreht sich das Verhältnis der Einsamkeit erneut: Ist man allein abseits der Stadt, beispielsweise im Wald, unterwegs, ist weniger die Abwesenheit von Menschen als die *Anwesenheit* von vielen Dingen, Pflanzen und Tieren von Bedeutung. Wir können uns auf diesen Reichtum konzentrieren, statt in einem vollen Konzertsaal auf den leeren Platz neben uns zu stieren. Rebecca Solnit beschrieb es »als eine Art summender Stille, in der einem die Einsamkeit eines Menschen ebenso natürlich vorkommt wie die einer anderen Spezies, in der Worte seltsame Steine sind, die man eventuell umdreht, eventuell aber auch nicht«[221]. Die Abwesenheit von Menschen bedeutet aber auch, dass man schnell und unkompliziert mit jemandem ins Gespräch kommt, wenn einem andere Spaziergänger:innen über den Weg laufen, erzählt Daniela, die sich zum Vogelbeobachten oft im Wald aufhält: »Es scheint plötzlich vollkommen normal, mit Fremden ein paar Worte zu wechseln, wenn man ihnen im Wald begegnet. Man tauscht sich darüber aus, warum man hier ist, was man gesehen hat, was man sucht.«

Auch bei einer Fahrradtour beglückt mich das selige Lächeln der anderen einsamen Radfahrer:innen, die mir entgegenkommen. Dann entsteht die Freude, etwas im Großen teilen zu können, aber nicht unbedingt im Kleinen teilen zu müssen. Man muss nicht stehen bleiben und sich darüber unterhalten. Lächeln und Zunicken im Vorbeifahren reicht. Gleichzeitig kann ich sicher sein, dass sich bald ein Pulk von Radfahrer:innen um mich formt, um die richtige Luftpumpe für mein Fahrradventil zu finden, wenn ich einen Platten habe. Ebendieses Vertrauen, allein sein zu können und nicht isoliert zu sein, haben wir in unserer westlichen Kultur viel zu selten.

Sara Maitland findet es nicht verwunderlich, dass viele Orte, wo Stille und Einsamkeit stattfinden können, ob bei den Zenbuddhist:innen, in Klöstern oder Einsiedeleien, Orte kultivierter Natur sind: »Gärten dienen der Erforschung persönlicher Sinnfragen und der Innenwelt – sie verändern sich ständig, ohne je fertig zu sein.«[222] Sie seien ein Produkt innerer und äußerer Einflüsse, man könne entscheiden, wie sehr man es wuchern lasse oder wie sehr man gestalten wolle. Pflanzenwachstum, wie auch viele andere kraftvolle Phänomene in der Natur – Schwerkraft, Elektrizität,

Licht, Zellteilung, die Gezeiten und die Umdrehungen im gesamten Kosmos – seien kreative Kräfte, die in Stille und ohne viel Tamtam wirkten. Pilze wachsen still, können aber Häuser zum Einsturz bringen.[223] Gärten sind zudem ein Ort des Überflusses, in dem Leben und Sterben ineinander übergehen: Die Erde, aus der alles wächst, besteht schließlich aus Verrottetem und Verwestem. Gärten spiegeln auch die Geduld, Hingabe und das Vertrauen ihrer Gärtner:innen, die einschätzen müssen, wann man eingreift und wann nicht, sodass alles weiterwachsen kann. Dieses Gespür ist insgesamt eine wichtige Lehre im Leben.

Wenn wir nochmals einen Ortswechsel vollführen, befinden wir uns wieder in den Räumen der Großstadt, in denen man auch in der Gemeinschaft gut allein sein kann: im Park, in Kirchen, in Museen oder Konzertsälen. Wenn man allein auf Vorträge geht, kann man in dem Wissen und in der Kreativität anderer Menschen schwimmen, und man kann sich dem Verdauen neuer Ideen ungestört hingeben, ohne sich mit Begleiter:innen austauschen zu müssen. Umso bedauerlicher ist es, dass sich viele Menschen unbehaglich fühlen, allein an soziale Orte zu gehen. Viele Menschen denken, sie bräuchten andere, um etwas zu unternehmen. Sie würden gerne reisen oder einen Ausflug machen, auf eine Veranstaltung gehen. Doch sie gehen nicht, wenn sie keine Begleitung finden, und sehen nicht, dass sie es einfach mit sich selbst machen können. Man ist es gewohnt, Unternehmungen nur mit Freund:innen zu machen, doch man muss nicht auf andere warten, bis sie dafür zur Verfügung stehen. Das Unwohlsein, irgendwo allein zu sitzen und als Einzelgänger:in, als jemand, der keine Freund:innen hat, gesehen zu werden, ist zu groß. So ist die Angst vor dem Alleinsein vermischt mit ganz anderen Dingen, wie mit dem Unbehagen davor, untätig zu Hause zu sitzen. Man verwechselt den empfundenen Mangel an Beschäftigung mit einem Gefühl der Isolation, verstärkt damit aber Letzteres und sieht nicht, wie viele Möglichkeiten man eigentlich hat, sich eine Beschäftigung unabhängig von anderen zu suchen. Dies sind zwei verschiedenen Dinge, die sich aber schnell gegenseitig bestätigen, denn wenn man allein nicht aus dem Haus geht, verbindet man sich auch nicht mit anderen Menschen. Dabei haben einsame Unternehmungen viele Vorteile.

Die Selbstvergessenheit im Alleinsein

Alleinsein bedeutet keineswegs Egoismus oder Egozentrik. Im Gegenteil kann es uns gerade helfen, uns weniger zu beobachten, weniger zu befragen, weniger selbst wahr- oder wichtig zu nehmen. Denn vor allem *in* Gesellschaft beobachtet und kontrolliert man sich, wie man agiert, ob man etwas Schlaues sagt oder Peinliches tut. Selbst- und Fremdwahrnehmung gehen dabei durcheinander. Wenn man allein ist, ist man befreit von dem Phänomen, das Psycholog:innen *Intrusive Consciousness* nennen, die störende Selbstwahrnehmung. Wenn man allein ist, hat man Urlaub vom Monitoring des eigenen Auftretens. Denn die Wahrnehmung anderer, ihre Spiegelung von mir und ihre Reaktionen auf mich drängen mich zu einem bestimmten Empfinden und Verhalten, zu meiner eigenen Überwachung.

Wenn man allein ist, ist man befreit von dem Blick und Urteil eines anderen und kann schamlos etwas ausprobieren oder sich ungestört seinen Gedanken und Gefühlen hingeben. Im Alleinsein fällt es einem leichter, den Wettbewerb, den Neid, die Scham, die Konkurrenz, die Optimierung und Bestrafung zu verlernen und stattdessen die eigene Lust zu ergründen. Wenn man allein ist, ist man nicht nur sicherer vor den wertenden Blicken der anderen, sondern auch vor den eigenen, und vor den Ängsten, unzulänglich oder gar peinlich zu wirken. Es gibt weniger Selbstzensur als in unserem Alltagsbewusstsein, in dem wir nur ein Bruchteil davon wahrnehmen, was wir wirklich sind. Im Alleinsein können wir uns in einem volleren Umfang unseres Daseins erfahren, sodass Kreativität und Lust ungehindert sprudeln können. Vielleicht ist das die größte Freiheit, die man – abgesehen von ökonomischen und politischen Zwängen – unter Menschen erlangen kann. Man kann Erlebnisse im Alleinsein zudem noch unmittelbarer wahrnehmen, weil man sie für niemanden übersetzen muss. Manche nennen das Flow-Erlebnisse, manche einfach Begeisterung, die aufkommt, wenn man ungestört einer Passion nachgehen kann, wenn man Zeit und Raum vergessen und in eine Tätigkeit, in einen Gedanken oder Genuss eintauchen und sich unbekümmert damit verbinden kann. Man traut sich eher, etwas auszuprobieren, wenn keiner hinsieht. Auch Goethe sagte, das Talent bilde sich in der Stille. Freiheit von den anderen bedeutet Freiheit von dem Selbst, das sich durch die Augen der anderen permanent nach eigenen Unzulänglichkeiten abtastet. Und wenn man sich im Alleinsein mit seiner Leidenschaft verbinden kann, ist man nicht isoliert oder abgetrennt. Dann ist man ganz bei sich. In diesem *Bei-sich-Sein* hat man ein offenes Ohr für seine Umgebung: So beschreibt es auch der amerikanische Schriftsteller Thomas Merton: »Wie großartig ist es, ganz allein nachts im Wald zu sitzen und das große Privileg zu haben, dieser wunderbaren, unverständlichen, vollkommen unschuldigen Sprache zu lauschen [...], der Rede, die der Regen hält, wenn er herniederprasselt auf alles, was sich ihm darbietet [...]. Solange er spricht, werde ich ihm zuhören.«[224] Am 27.02.1963 schrieb Merton in sein Tagebuch, er wolle in der Einsamkeit mit seinem ganzen Wesen erfahren, wie der Tag beschaffen ist, er wolle Teil des Wetters, des Klimas, des Ortes werden und so am Tag wirklich teilhaben.[225]

Percy Shelley brachte diesen Gedanken in dem schon 1817 entstandenen Gedicht *Mont Blanc* wunderschön auf den Punkt: »Was wärst du, was wäre Erde, Meer und Stern, / Wenn nicht des Menschen Phantasie empfinde, / Die Einsamkeit, des Schweigens Kern.«[226] Ohne unsere Einsamkeit könnten wir diese Kraft und Schönheit gar nicht wahrnehmen. In einen Moment oder in eine Beobachtung kann man sich vertiefen und sich darin so verlieren, dass es gerade nicht zur egozentrischen Nabelschau wird, weil man sich fast unbewusst als gleichberechtigter Teil des großen Ganzen wahrnimmt. Das Gehirn ist ein bemerkenswerter Gefährte, ein Organ, das einen mit seiner Umwelt und anderen Menschen verbinden oder von ihnen trennen kann, es kann sich mit anderen zusammentun und sich gemeinsam etwas ausdenken oder gegen die anderen arbeiten. Es kann sich durch eine Erinnerung aus der Gegenwart rausreißen und sich in die Vergangenheit katapultieren oder - noch wahrscheinlicher - einen Ringelreigen zwischen beiden entstehen lassen. Es kann sich etwas vorstellen, was es noch nie gesehen oder empfunden hat, sich konzentrieren und sich von Hunger und Durst ablenken lassen, es kann mäandern, es kann planen. Wenn man allein ist, kann man all diesen Vorgängen genauestens zuschauen.

Wir betonen gerne, dass jede:r eine einzigartige und persönliche Stimme hat, warum also begegnen wir der Bedingung gegenüber so misstrauisch, die diese Stimme am besten entwickeln kann: der Einsamkeit?

Wenn es bei Thoreau heißt, er habe nie einen Kameraden gefunden, der so kameradschaftlich sei wie die Einsamkeit, spricht er von einer bedingungslosen Selbstliebe, die darüber hinaus dazu führt, dass man sich mit allem - auch mit der Kreativität - verbunden fühlen kann, wenn einem keiner mit seiner womöglich einengenden Subjektivität reinredet. Sich einer anderen Subjektivität zu entziehen heißt nicht, dass man sich ins Nichts zurückzieht. Der Rückzugsort ist auch ein neues Zuhause, wie Thoreau feststellt: »In den Straßen und in Gesellschaft fühle ich mich minderwertig und zerstreut, mein Leben ist unbeschreiblich elend [...]. Wieder einmal fühle ich ganze Lasten von mir abfallen und die Kälte und das Alleinsein sind meine Freunde. Ich kehre zurück in meine einsamen Wälder wie ein Heimwehkranker, der nach Hause zurückkehrt. So lasse ich alles Überflüssige hinter mir und sehe die Dinge wie sie sind.«[227]

So ist es auch nicht verwunderlich, dass viele Menschen berichten, dass sie nach einer Reise oder auch nur einem einsamen Spaziergang zu einer wichtigen Erkenntnis gelangten oder eine

Entscheidung treffen konnten. Sara Maitland beschreibt, wie ihr Erinnerungsvermögen in der Einsamkeit viele große und kleine Momente und Episoden hervorbrachte, an die sie ewig nicht gedacht hatte, als würde ihr Gehirn sich selbst etwas über ihr Leben erzählen, sodass sie ihr Leben mehr als zusammenhängendes Narrativ wahrnahm.[228] Ein Individuum sein heißt ein narratives Selbst besitzen. Der Entschluss, allein zu sein, die Abgeschiedenheit zu suchen, »ist ein Weg, um mit diesem Narrativ in Kontakt zu kommen, das sich hier ungefiltert durch die Interpretationen anderer Menschen präsentiert«.[229] Man könne die Erinnerungsbruchstücke aufsammeln, ohne dass andere dies bewerten oder uns dabei unterbrechen.

Sich selbst finden und loslassen ist dabei kein Widerspruch, sondern folgerichtig: Wenn man die Geschichte des eigenen Lebens von außen betrachtet, kann man erst recht lernen, sich nicht so wichtig zu nehmen, sich damit gar nicht zu arg zu identifizieren, als wenn andere Menschen um einen kreisen, denen man sich erklären muss, weil eine kohärente Identität präsentiert werden muss. Wird der Überblick über die Verflechtungen der eigenen Geschichte mit der Welt klarer, kann sie eben dadurch auch an Schwere und Sprengkraft verlieren. So offenbart sich in der ungestörten Selbstwahrnehmung im Alleinsein oftmals eine Entscheidungsfreiheit, Stärke und Klarheit; eine Selbstermächtigung.

Denken ohne Geländer – Selbstgestaltete Einsamkeit als Denk- und Erfahrungsraum bei Hannah Arendt

Stadtmauern wurden ursprünglich nicht nur gebaut, damit keine Eindringlinge von außen hereinkamen, sondern damit die Soldaten nicht aus der Stadt fliehen konnten. Das erzählte der Guide im Märkischen Museum dem erstaunten Publikum, das vor einem

Gipsmodell des alten Berlin stand. Der Mensch als Bürger:in wird, und das zeigt sich besonders gut am Beispiel der Stadtmauer, immer auch als eine Art öffentliches Gut gedacht, eingebunden in ein jahrhundertelang gewachsenes System aus Besitz, geschlechtsspezifischer Arbeitsteilung, Steuern und Staatlichkeit, dem man sich kaum entziehen kann. Das haben Wehrdienst, die frühere Strafbarkeit von Suizid und das Abtreibungsverbot gemeinsam. Es sind Maßnahmen, um Menschen zu verdeutlichen, dass ihr Körper schlussendlich doch dem Staat gehört und bestimmte Aufgaben zu erfüllen hat. Sklaven wurden durch Strafandrohung vom Selbstmordversuch abgehalten; eine Drohung, die sehr grausam sein musste, damit die Gleichung aufging. Sklavenhalter nutzen die Figur des Zombies im Voodoo außerdem, um Menschen Angst davor zu machen, dass sie auf ewig als Untote ihre Arbeit verrichten müssten, sollten sie ihrem unendlichen Leid in der Sklaverei durch den selbstgewählten Tod ein Ende setzen wollen. Aber auch der mit Bürgerrechten ausgestattete Mensch wurde in manchen europäischen Staaten bis ins 19. Jahrhundert zum Tode verurteilt, wenn er bei einem Selbstmordversuch erwischt wurde. Man riss ihm das Messer aus den Händen, nur um ihm dann ein paar Wochen später rechtsgültig den Strick um den Hals zu legen: Die Entscheidung über Leben und Tod eines Menschen darf nur der Staat treffen, nicht der Mensch selbst, denn er ist Besitztum des Staates. Virginia Woolf schrieb, dass Frauen einen Raum zum Denken, Fühlen und Produzieren brauchen, in dem sie sich dem männlichen Zugriff und der männlichen Beurteilung entziehen können. Ebenso erklärte Herbert Marcuse, dass man einen Raum brauche, in dem man sich der kapitalistischen Produktionsweise und der Leistungsgesellschaft entziehen kann. Gerade weil unsere persönlichen Beziehungen von einer alles durchdringenden kapitalistischen Verwertungslogik entstellt seien, stellte er fest, dass Rückzug und Einsamkeit auch der Ort der Besinnung sein könnten. In seinem Buch *Der eindimensionale Mensch* beschreibt Marcuse, wie die immanente technische Rationalität des spätkapitalistischen Produktionsapparats eine immer perfekter werdende

Manipulation der Bedürfnisse, der Sprache und des Denkens beinhaltet, die die Menschen daran hindere, die Irrationalität der gesellschaftlichen Verhältnisse zu durchschauen. Gerade deshalb sei ein Rückzugsraum, in dem man sich auch in Opposition gegen die Gesellschaft spüren und entfalten kann, in dem man unabhängig denken und unbeirrt man selbst sein kann, wichtig, um ein mündiges politisches Subjekt werden zu können: »Es gibt keine freie Gesellschaft ohne Stille, ohne einen inneren und äußeren Raum der Einsamkeit, in der sich individuelle Freiheit entfalten kann.«[230]

Auch Marcuses Zeitgenossin Hannah Arendt politisierte den Blick auf die Einsamkeit: Sie differenziert zwischen selbstgewählter Solitude, die einem den Raum gibt, konsequent eigene Gedankengänge zu verfolgen, und der Verlassenheit und Isolation, die Menschen in totalitären Ideologien gefügig machen.

Arendt hatte als säkulare Jüdin in Deutschland einige Erfahrung damit, eine Außenseiterin zu sein, und lernte früh zu schätzen, einen Raum für sich zu haben. Sie täuschte öfter Krankheiten vor, um nicht in die Schule zu müssen. Ihr Vater starb, als sie sieben war, ihr erster Ehemann verließ Berlin nach dem Reichstagsbrand, 1937 wurde Arendt die deutsche Staatsbürgerschaft aberkannt. Sie floh vor den Nazis über Umwege ins Exil in die USA und war jahrelang staatenlos, bis sie 1951 die US-amerikanische Staatsbürgerschaft erhielt. Arendt hatte mitansehen müssen, wie viele anerkannte Intellektuelle, darunter auch enge Freunde, sich auch noch ohne den Druck des Terrors der Gleichschaltung den Nationalsozialisten angedient und untergeordnet hatten. In ihren Werken und in ihrer Korrespondenz beschrieb sie diese Erfahrung als bestürzende Entfremdung von Freunden. In dem mittlerweile legendären Interview von Günter Gaus aus dem Jahr 1964[231] sagte Arendt: »Das persönliche Problem war nicht so sehr, was die Feinde taten, sondern was die Freunde taten.« Um sie herum habe sich plötzlich ein leerer Raum gebildet. Vielen Intellektuellen wären zu Hitler ungeheuer fantastische und komplizierte Dinge eingefallen, um keinen Widerstand leisten zu müssen. »Sie gingen ihren eigenen Einfällen in die

Falle«, sagte sie Gaus. Arendt schrieb, dass viele große Denker Zuflucht bei Tyrannen und Diktatoren suchten. Diese Vorliebe nennt sie eine »déformation professionnelle«, denn die Philosophie sei mit ihrer Suche nach dem Absoluten zu anfällig für große totalitäre Gedanken und gleichzeitig zu feige, um politische Verantwortung zu übernehmen. Deshalb wollte Arendt lange Zeit nicht mehr zu dem Kreis der Philosoph:innen gezählt werden, sondern nahm für sich die Außenseiterstellung der politischen Theoretikerin und Historikerin in Anspruch und bezeichnete ihre Texte als »Politische Theorie«. Arendt verlangte nicht aktiven Widerstand, um Verantwortung zu zeigen, ihr reichten Verweigerung und Schweigen als Ablehnung der totalen Herrschaft.

Nach der Erfahrung der Vereinzelung im Faschismus durchforstet Arendt die Bedingungen für gemeinsames Handeln. Dies findet für sie im Konzept des Pluralismus seinen Ort, das besagt, dass die Anerkennung vieler subjektiver Wahrheiten aller einzigartigen und kreativen Menschen Freiheit und Demokratie voraussetze. Sie bevorzugt diese Perspektive der Vielstimmigkeit statt der absoluten Wahrheitssuche in der Philosophie. Die Handlungsfähigkeit in der Gleich- und Verschiedenheit der Menschen im Pluralismus verlange nach Freiheit und Flexibilität. Ähnlich Rosa Luxemburgs Ausspruch, die Freiheit sei »immer auch die Freiheit der Andersdenkenden«, sei es wichtig, die Perspektive des anderen einzunehmen, weshalb Arendt rein repräsentativen Demokratien kritisch gegenüberstand und die Teilhabe in der direkten Demokratie bevorzugte. In ihrer Schrift *Vita activa oder Vom tätigen Leben* stellt sie sich gegen den Philosophenkult mit seinen überhöhenden Fragen nach dem Sein und der Wahrheit und lässt dem praktischen politischen Denken den Vorrang: Sie äußerte mit Überzeugung, dass man nur für sich allein denken und nur in Gemeinschaft handeln könne, wobei der Dialog mit jemand anderem bereits ein Handeln sei. »Arbeiten, Herstellen und Handeln« seien Grundbedingungen aktiven menschlichen Lebens und nicht die Frage der Philosophie nach dem »Wesen« und der »Natur« des Menschen, die begrifflich nicht zu definieren und menschlicher Erkenntnis nicht zugänglich seien. Versuche, sie zu bestimmen, endeten zumeist mit irgendwelchen Konstruktionen eines Göttlichen oder der Totalität.

Hannah Arendt zufolge braucht der Pluralismus die Fähigkeit zur Einsamkeit. Denn »nur wer es verstehe, mit sich selbst zu leben, sei auch geeignet für das Leben mit anderen«[232]. Dabei bezieht Arendt sich auf Sokrates, der einerseits das Potenzial des Dialogs ausschöpfte, andererseits aber auch »entdeckte, daß man Umgang mit sich selbst haben kann, so gut wie mit anderen«[233].

In ihrem Denktagebuch beschreibt Arendt das Eingebettetsein in der Welt, das aus dem Dazwischen von Pluralität und Singularität bestehe. Sie verortet Denken und Verstehen in einer Pendelbewegung zwischen Einsamkeit, Zweisamkeit, aber auch im Zwiegespräch mit sich selbst. Folgerichtig versteht sie »Heimat« nicht als etwas Territoriales, sondern als einen kommunikativen Zustand: Wenn es ihr gelänge, ihre Gedanken adäquat auszudrücken, sodass andere Menschen im selben Sinne wie sie verstehen können, dann gebe ihr das eine Befriedigung, wie ein Heimatgefühl. Dieses Heimatgefühl können also »Fremde« ebenso ineinander auslösen wie »Nachbarn« ein Gefühl von Verlassensein.

Für Arendt ist diese Heimat von Selbstbewusstsein und Selbsterkenntnis, die man in der Einsamkeit gewinnt, zentral dafür, verantwortliches Handeln zu ermöglichen: Da ich mit mir selbst zusammenlebe, muss ich eins mit mir sein, mit mir selbst sprechen und mit mir selbst leben können. Die Einsamkeit eines denkenden Wesens ist, wie die Erinnerung, die menschliche Art, Wurzeln zu schlagen. Wenn man erkennt, dass man in seinen Gedanken und Erinnerungen wurzelt, und begreift, dass man mit sich selbst zu leben hat, kann man verstehen, dass man die Verantwortung für sein Handeln trägt. Dementsprechend folgert Arendt, dass das Gute im Menschen in die Tiefe gehe, während das Böse keine Tiefe habe, sondern ein Phänomen mangelnder Urteilskraft sei, das sich nur oberflächlich zeige, auch wenn es schreckliche und tiefgreifende Auswirkungen haben könne. In Situationen, in denen man ganz auf sich geworfen ist, wie im Faschismus, kann diese Isolation und Vereinzelung nur ertragen werden, wenn sie in selbstgestaltete Einsamkeit verwandelt wird. Wenn ich mit der Welt so uneins werde, kann ich nur noch mit mir Umgang haben, denn es ist besser, mit der ganzen Welt uneins zu sein als mit sich selbst. Hieraus finden wir den eigenen Platz in der Welt.

Arendt war eine enge Freundin von Walter Benjamin, aus dessen Schriften man ebenfalls einiges über die Sinnlichkeit des Alleinseins lernen kann. Auf seinen Spaziergängen unter anderem durch Paris saugte er seine Umwelt wie ein Schwamm auf, er tauchte durch Zeit und Raum und belebte seine Umwelt durch seine Beschreibung, die aus seinem Alleinsein hervorging. In seinem *Passagenwerk* etablierte er die Sozialfigur des einsamen Flaneurs, der sich in lichtdurchfluteten Passagen zugleich verliert und findet, der sich vor den neuen Schaufensterfronten als Adressat kollektivpsychologischer Versprechen erfährt, und der sich als einsamer Individualist lustvoll spiegelt und verirrt im Geflecht der eigenen und fremden Blicke. Er analysiert das Neue der modernen Großstadt als soziale Tatsache: ihre Expressivität, Nervosität und Reizflut, ihre Warenförmigkeit, Halt- und Ruhelosigkeit, die die Menschen dazu anhält, Distanz zu wahren, einander als höflich-isolierte Individuen mit Neutralität, Interesselosigkeit und auch Überheblichkeit zu begegnen. Benjamin tauchte gewissermaßen nach den Perlen, hielt nach den Details dessen Ausschau, was das Leben ausmacht. Auch Arendt suchte nach diesen Details, denen des todbringenden Totalitarismus, dem Benjamin zum Opfer fiel.

Nicht auf Spaziergängen, sondern in einer entlegenen Einsiedlergrotte in Vermont, ihrem Zufluchtsort in den USA, schottet Arendt sich ab und verlässt diesen Ort meist nur, um sich Zigaretten zu besorgen oder mit ihrer Mutter zu telefonieren. In einem Brief an ihren zweiten Ehemann Heinrich Blücher brachte Arendt zum Ausdruck, wie wenig es ihr gefiel, fünf Mal in der Woche an der Universität lehren zu müssen und damit immer in der Öffentlichkeit stehen zu müssen. Sie fühle sich, als ob sie sich selbst suchen müsse, aber den Raum für Selbstreflexion nicht finde, in dem sie sich selbst Gesellschaft leisten könne. In Vermont kann sie in Ruhe mit einem Gegenüber, das sie sich selbst ist, debattieren und den Abgrund durchforsten, den die Frage aufriss, warum so viele sterben mussten und wie man weiterleben kann, wenn man weiß und erlebt, dass etwas wie der Holocaust geschehen kann. Es erinnert an Thoreau, wenn Arendt schreibt: »Niemals ist man tätiger, als wenn man dem äußeren Anschein nach nichts tut, niemals ist man weniger allein, als wenn man in der Einsamkeit mit sich allein ist.«[234] In der Einsamkeit kann sie in gedanklicher Freiheit Theorien über die Banalität des Bösen formulieren, die ihr viel Gegenwind einbringen werden und sie dann tatsächlich für Jahre sozial isolieren.

In Arendts Reportage *Eichmann in Jerusalem* über den Strafprozess gegen Adolf Eichmann, der die Deportation und Ermordung der Jüd:innen in Europa federführend organisiert hatte, argumentiert sie, ihn als Monster darzustellen würde die Banalität des Bösen verschleiern, die neben seinem radikalen Antisemitismus auch hinter diesen Taten stünde. Arendt sprach damit aus, wie eine eherne Moral, Ethik und Ideale, die Menschen für sich in Anspruch nehmen und vor sich hertragen, an Bequemlichkeit, Feigheit und Konformität scheitern. Dass Nichtnachdenken und Sich-nicht-entscheiden-Können jeden Menschen zu einem Faschisten und Gewalttäter machen können. Ihr Text wird zum Bestseller, aber für Arendt beginnt eine schwierige Zeit. Ihr wird die Beleidigung der Opfer vorgeworfen, auch von bisherigen Freund:innen, die sich nun von ihr abwenden.

Arendt wurde oft gefragt, wo sie sich politisch positioniere: Sei sie links, konservativ, liberal, Sozialistin, Jüdin? Arendt entzog sich diesen Kategorien immer mit viel Humor. Sie wollte das »Denken ohne Geländer«, das bodenlose unabhängige Denken, das nicht gefangen ist in einer Ideologie. Ihr Außenseitertum war strategisch und grundlegend für ihr unabhängiges Denken, denn sich in einer Ideologie zu verorten und dieser entsprechen zu wollen, stehe der Erkenntnis im Wege. Sie wusste, dass das genaue Betrachten tiefer geht als die Fassade der Vernunft von Intellektuellen, hinter der es gar nicht so ordentlich und übersichtlich zugehe, wie sie es gerne behaupten. Ebenso war Arendt eine Verfechterin des Gedankens, dass Menschen nicht durch einen autoritären Staat kontrolliert werden sollten, sondern sich selbst kontrollieren müssen: Sie benötigen dafür Zeit und Raum für konsequentes Hinterfragen und Durchdenken; Zeit also für sich selbst.

Ihr Buch über totalitäre Bewegungen, *Elemente und Ursprünge totaler Herrschaft*, schrieb Hannah Arendt während der McCarthy-Ära in den USA und war auch durch diese Erfahrung geprägt. Sie stellte darin Überlegungen darüber an, wie im 20. Jahrhundert im Totalitarismus durch Isolation und Terror aus Einsamkeit und Verlassenheit ein permanenter Zustand wurde, der Menschen offen für ideologische Propaganda mache, während ihnen gleichzeitig der Zugang zu einem eigenen Denkraum erschwert wird. Um Menschen für Ideologien empfänglich zu machen, müsse ihre Verbindung zu sich und anderen zerstört werden. Alles, was die Menschen verbinde, werde zum Zusammenbruch gebracht, auf nichts sei mehr Verlass, es gäbe nur noch Denunziation und Gegnerschaft. Wenn man, da unter ständiger Beobachtung, nicht den Raum habe, zu sich zu kommen, sich zu hinterfragen, habe man umso mehr Angst vor Ambivalenz und Nuancen, sodass Ideologien attraktiv erscheinen, die einem eine unhinterfragbare Stabilität, einen festen Platz und Sinn versprechen. Das gegenseitige Vertrauen sei verloren gegangen, und an seine Stelle trete der Totalitarismus, der einem Sicherheit und Halt gebe. Totalitäre Bewegungen bedeuten somit auch organisierte Einsamkeit, die die pluralistische Vielstimmigkeit in der Gesellschaft verleugne. Im Faschismus, so Arendt, führe die Zerschlagung mündiger kollektiver Interessenvertretungen und solidarischer Gruppen zu der sozialen Vereinzelung in totalitären Massenorganisationen, die keine Selbstorganisation der Individuen mehr zulassen. Ohne eigene Gedanken und die Anerkennung der eigenen Erfahrungen, die einer Ideologie widersprechen, werden Menschen aber einsam in sich selbst, sie können ihre tatsächlichen Erfahrungen nicht artikulieren und sich oder anderen erzählen. Denn Ideologien beschwören eine wahrhaftigere Realität als die, die einen tatsächlich umgebe. Totalitäre Bewegungen verändern somit die Wahrnehmung der Realität und fixieren sie auf universelle Bedeutungen. Die Lebensrealität, die nicht der Ideologie entspreche, werde unsichtbar und negiert, sodass wir unsere Handlungsfähigkeit und Verantwortung als individuelle Menschen vor allem gegenüber denjenigen, die dieser Ideologie nicht entsprechen, nicht mehr sehen. Ideologien laufen dann auf die Ausgrenzung von »Schädlichem« oder Überflüssigem zugunsten des reibungslosen Ablaufs einer Bewegung hinaus.[235] In der Gleichschaltung der Massenorganisationen werde der Raum des *Bei-sich-seins*, und somit der Raum für eigene Gedanken, zerstört. So werden Menschen von ihrer eigenen wertvollen Erfahrung entfremdet, sodass sie nicht mehr Menschen in ihrer Vielschichtigkeit, sondern nur noch Feindbilder sehen, nicht mehr die Vielstimmigkeit der Wissenschaft, sondern Verschwörungstheorien.[236]

Arendts Theorien sind aktueller denn je: Nicht nur in der Macht von systematischen Lügen und Fake News, wenn es um Themen wie Migration, Krieg oder die COVID-19-Pandemie geht, sondern auch in der Diskrepanz zwischen der Bedeutung von horizonterweiterndem Alleinsein und krank machender Vereinzelung. Denn Menschen, die empfänglich für Verschwörungstheorien sind, sind oft sozial isoliert. Abgeschnitten von einer (mit)teilbaren Erfahrung, mangelt es ihnen an Kommunikationsfähigkeit und Akzeptanz für pluralistische Perspektiven. Eine solche Isolation kennzeichnet, dass man sich selbst verliert, wo man sich doch im Alleinsein finden könnte, beziehungsweise nicht nur sich, sondern auch andere, denn nur Menschen, die fähig sind, mit sich im guten Sinne allein zu sein, sind auch fähig, die Vielstimmigkeit und Ambivalenz der Welt zu respektieren und zu begrüßen.

Totaler Rückzug – Heutige Phänomene radikaler Verweigerung

Oberflächlich betrachtet könnte man meinen, dass Einsamkeit ein Gefühl ist, das in kollektivistischen Gesellschaften seltener vorkommt als in individualistischen. Doch in beiden Konstellationen wird beschrieben, dass Menschen sich einsam und auch isoliert fühlen. Kollektivistische Gesellschaften sind nicht von dem Gefühl der Isolation befreit, gerade wegen des Konformitätszwanges, den sie der oder dem Einzelnen abverlangen: Sie oder er kann sich diesen Zwängen nicht entziehen, ohne sich zu isolieren, bzw. wird schneller ausgeschlossen, wenn sie oder er den Idealbildern nicht nachkommen kann.

Die Einsamkeit in ihrer krank machenden Form zeigt sich oft am schlimmsten innerhalb der Räume des Zwischenmenschlichen. Dann nämlich, wenn das Abwesende scheinbar anwesend ist: die ersehnte Verbundenheit mit einer Gemeinschaft, die dort aber gerade nicht erfüllt wird. Wenn man ausgeschlossen wird, weil man die Anforderungen des Kollektivs nicht erfüllt. So ist es eben gerade ein kollektivistisches Konstrukt wie der Nationalstaat, der immer die Gefahr krasser Ein- und Ausschlüsse birgt, und sei es durch seine Bürokratie.

Eine Befragung geflüchteter Menschen in London brachte ans Licht, dass 58 Prozent der Migrant:innen und Geflüchteten Einsamkeit und Isolation als ihre größte Herausforderungen benennen.[237] In Deutschland wird diese Isolation künstlich durch Lager verstärkt, die weit weg von jeglicher städtischer Infrastruktur eingerichtet werden. Diese Einsamkeit betrifft die, die ausgeschlossen werden, ebenso wie die, die sich einschließen. Denn Einsamkeit findet auch statt, wenn man äußere Einflüsse abwehrt und sich abschirmt. Wenn man sich weigert, den Zwischenraum der Herausforderung zu betreten, der in der Begegnung mit dem oder den Unbekannten entsteht, kann man die eigene Isolation nicht überwinden. Das Abwerten dieser Wechselwirkung und dieses Zwischenraums dagegen macht eine ganze Gesellschaft krank: Diese Krankheit nennt man Rechtsradikalismus. Weil man sich selbst nicht genug ist, sucht man das Völkische oder das Nationale, das die Sehnsucht nach einem eigenen Stamm, der garantierte Zugehörigkeit verspricht, erfüllt. Man schließt sich hinter künstlich errichteten Mauern ein, die man »Heimat« nennen kann. So entspricht die Idee des »Heimatministeriums« der CSU einem ähnlichen Ablenkungsmanöver wie ein Ministerium für Einsamkeit, auf das ich im Kapitel über die Pathologisierung eingehen werde, denn es geht nicht die Ursachen an, sondern füttert Angst und gefühlte Unzulänglichkeiten mit falschen Idealen und Fremdenfeindlichkeit.

Auf kleinerer Ebene gibt es Gemeinschaften, die für sich funktionieren und nach eigenen (geschriebenen, aber auch ungeschriebenen) Regelwerken oder Konventionen operieren. Ein Unternehmen oder ein Büro ist eine solche Gemeinschaft, die sich in gewisser Weise kollektivistisch organisiert. Und dies umso mehr, wenn man mit der »Corporate Identity« eine ungebrochene Identifikation mit dem Unternehmen, für das man arbeitet, einfordert, bis der Selbstwert der Angestellten an dieses Unternehmen geknüpft ist.

Mit diesem Phänomen spielte der amerikanische Autor Herman Melville schon Mitte des 19. Jahrhunderts. Ein paar Jahre nachdem er *Moby Dick*[238] geschrieben hatte, veröffentlichte er eine Kurzgeschichte, die mittlerweile als Vorläufer existenzialistischer und absurder Literatur angesehen wird: *Bartleby, der Schreibgehilfe. Das seltsame Leben eines Kanzleischreibers im alten New York* oder *Eine Geschichte aus der Wallstreet.* Bartleby arbeitet als Schreibgehilfe bei einem Anwalt in einem dunklen Büro an der Wall Street. Er bleibt immer länger im Büro, bis er wie ein Einsiedler nur noch dort lebt. Doch sein Einzug führt nicht dazu, dass er seine ganze Zeit mit der Arbeit verbringt, im Gegenteil verweigert er nach und nach immer mehr seine Arbeit mit dem ruhig, aber bestimmt wiederholten Diktum: »I prefer not to ...« – »Ich möchte lieber nicht«. Als der Anwalt mit seinem Büro auszieht, weigert Bartleby sich, das Büro zu verlassen, und die neuen Mieter lassen Bartleby ins Gefängnis werfen (das im Übrigen ähnlich wie das Büro geschildert wird). Im Gefängnis verweigert Bartleby Nahrung und Kommunikation und stirbt an totaler Lebensnegation.

In Melvilles Geschichte geht es jedoch weniger um Bartleby, sondern vielmehr um seinen Chef, aus dessen Perspektive die Geschichte erzählt wird. Aus dem zweckgerichteten Angestelltenverhältnis entwickelt sich Interesse und Sympathie, der Chef versucht, ihn zu verstehen und ihm auch im Gefängnis noch zu helfen. Der Text fragt nicht unbedingt danach, warum Bartleby nicht Teil der seelenlosen Finanzwelt sein möchte und bei der Suche nach einem sinnerfüllten Leben verstummt, sondern warum sein Chef Teil davon bleiben möchte. Bartlebys Gedanken und Lebenshintergrund bleiben unklar. Er stört den Ablauf nicht, er existiert im Raum wie eine Idee. Am Ende stellt man sich genau die Frage, die auch der Anwalt sich stellt: Warum verweigern wir uns nicht alle konsequent den Zumutungen des Lebens?

Bartlebys Aussage »Ich möchte lieber nicht« wird von seinen Kollegen aufgegriffen und dadurch zur Formulierung einer Sinnsuche, auch wenn Bartleby selbst dieser nicht nachgeht. Er verkörpert die Lust an der Verweigerung, die sie selbst sich nicht zugestehen. Er ist der Geist der Utopie und Dystopie gleichermaßen, da er eine Handlungsoption aufzeigt, die aber durch die Enge der Verhältnisse nur in Passivität mündet. An Bartleby ist nichts Rebellisches oder Heldenhaftes, er wird von Anfang an als »immerfort stumm, bleich, mechanisch« beschrieben. Als wäre es vergebens, um Reformen zu kämpfen, gibt er es komplett auf, in diesem System irgendeinen Humanismus für möglich zu halten. Es gibt keine Vorlage des neuen Menschen, der sich aus den Ketten des Kapitalismus befreit, der uns als Leser:in Erleichterung verschafft. Er ist der Antiheld, der uns wahnsinnig macht, weil er unsere eigene ambivalente Untätigkeit und Hingabe an das System spiegelt. Die Stärke der Erzählung liegt gerade darin, dass Bartleby kein Ventil für eine soziale Utopie mit dem Happy End ist, das wir uns selbst in der Realität nicht vorstellen können. Unsere eigene Passivität wird uns konsequent um die Ohren gehauen, bis wir uns angewidert fragen, warum wir nicht den Bartleby in uns selbst wachrütteln. Er ist kein Vorbild, sondern ein Schreckensbild unserer eigenen von bürokratischen Normen verklebten Leben. Er macht die Arbeit nicht für uns, wir müssen eigene Antworten und Handlungsoptionen finden. Der letzte Ausruf des Anwalts erkennt Bartlebys Verhängnis als unser aller: »O Bartleby! O Menschheit!« Denn wenn alle Nischen vom Effizienzdenken besetzt werden, wo findet man den Raum, zu fühlen und zu denken? »Nicht etwas in mir ist falsch, sondern etwas im System.« Melville zeigte 1853 das Paradox, zu dem der Individualismus in der kapitalistischen Gesellschaft werden kann: Wenn Individualismus mit sozialer Konformität Hand in Hand geht, wenn daraus kein Widerstand wird, kann daraus nur Vereinzelung werden. Bartleby nutzt, wie so viele, seinen Rückzug nicht zur Besinnung. Er weiß noch nicht, wie er sich dieser Maschinerie widersetzen kann, er kann sich nur selbst einfrieren. Einsamkeit und Isolation sind eine kulturelle Technik, eine Art Kommunikationswerkzeug, das mal produktiv angewendet werden kann und mal in Resignation umschlägt und Entwicklungspotenziale begräbt.

Viele Menschen reagieren auf die Instabilität neoliberaler Verhältnisse mit dem Rückzug ins Private, in dem jeder sich selbst der Nächste ist. Ein Rückzug ins Private, in dem man auch weniger spüren muss, wie Abhängigkeiten unser Sozialleben entfremden. So brechen sich die Bartlebys in der neoliberalen Ökonomie ihre Bahn: Jede zweite TV-Reportage über Japan betont, dass es dort gut gelinge, alte Traditionen und moderne Lebensweise zu vereinbaren. Das Phänomen der *Hikikomori* mag ein Hinweis darauf sein, dass diese Beobachtung nicht bedingungslos bejaht werden kann. *Hikikomori* bezeichnet die Selbstisolierung von Jugendlichen und ist mittlerweile ein Massenphänomen. Junge Menschen weigern sich, ihr Zimmer im Elternhaus zu verlassen. Sie reagieren damit auf ein striktes Schulsystem, das mehr auf Wettbewerbsdruck statt auf Unterstützung und Anregung baut, auf einen gewaltigen Gruppenzwang und auf das daraus oft folgende Mobbing: Rückzug ist der Schutz gegen dieses Leid.

Einsamkeit und Entfremdung sind Gefühle, die viele Jugendliche als zentral für ihr Empfinden beschreiben. Sie stecken in einer Phase zwischen der Sehnsucht nach Gemeinschaft und dem Drang nach individuellem Ausdruck und Handlungsfähigkeit. Sie suchen gleichermaßen nach Autonomie und Stabilität. In vielen Kulturen finden sich ebenfalls Riten, die ihren Mitgliedern Zeit allein verordnen, seien es Riten des Erwachsenwerdens, der Krankheit, der Menstruation, der Trauer, um zur Ruhe zu kommen, um sich selbst zu finden, sich besser zu verstehen, um ungestört Veränderungen durchzugehen, um ein mündiger und in sich selbst ruhender Mensch zu werden. Diese Einsamkeit ist ambivalent, aber nicht tragisch oder ausweglos, denn sie führt zu der Aushandlung der eigenen Freiheit. Aber wenn dieses Austarieren von Rückzug, Einsamkeit und Verweigerung nirgends produktiv andocken kann, z. B. an eine Jugendkultur, wo Gemeinschaft möglich ist, bleibt man irgendwann nur noch paralysiert zu Hause sitzen.

Die Totalverweigerung der *Hikikomori* wird von ratlosen Eltern ermöglicht, die die Jugendlichen zwar mit Essen und Wohnraum versorgen, sodass sie ohne Bezug zur Außenwelt überhaupt überleben können, während sie selbst häufig sprachlos und schambehaftet vor diesem Phänomen stehen. Auch wenn oft die ganze Familie unter den gesellschaftlichen Auswirkungen leidet, da sie kaum Hilfen angeboten bekommen und die Ursache des Problems bei ihnen gesucht wird statt in der Wettbewerbsgesellschaft, können die Eltern keine wirkliche Unterstützung leisten. Der Gründer der japanischen Elternvereinigung, Masahisa Okuyama, verlangt, dass sich die Regierung des *Hikikomori*-Problems stärker annimmt: »Wenn eine Million junge Leute mit dieser Gesellschaft nichts zu tun haben wollen, ist das mehr als ein familiäres Problem.«[239]

Der Druck, der die jungen Menschen in die Vereinsamung führt, fängt früh an, und obwohl (bezahlte) Kinderarbeit selbstredend verpönt ist und auf vielen Verpackungen im Supermarkt die Hersteller sich damit brüsten, dass es in ihrem Unternehmen keine Kinderarbeit gäbe, erscheint es uns als völlig normal, Kinder ab dem sechsten Lebensjahr stundenlang still am Tisch sitzen und arbeiten zu lassen. Wir sind von Kindesbeinen gefangen in einem System von Bewertung, Wettbewerb und Konkurrenz, das uns auf unsere Verwertbarkeit in der Lohnarbeit vorbereiten soll. Doch um Lesen und Schreiben zu lernen, braucht man keine Noten, sondern inspirierende Bücher, die davon erzählen, wie groß und wundersam die Welt ist. Weil wir jedoch der Lust und Neugier als Antrieb misstrauen, werden sie durch Bewertung und Disziplin ersetzt, die den Fokus darauf richten, wo unsere Mängel liegen, die es zu korrigieren gilt. Fehler werden dabei nicht als ein normaler und produktiver Teil von allen Prozessen und jedem Lernen betrachtet, sondern als etwas, das es zu vermeiden gilt. Noch dazu, wenn eigene Ausrutscher und Fehler von anderen benutzt werden, um sich selbst im System aufzuwerten.

Der Japanologe Carsten Kowalewski kennt dieses Phänomen, dass die Probleme mit dem enormen Wettbewerb individualisiert und verschämt behandelt werden. »Es ist ein typischer Charakterzug des Sozialverhaltens der Japaner, die Umwelt nicht mit den eigenen Problemen zu belasten«, schreibt er.[240] Aber diese Scham erschwert die Bildung eines Bewusstseins, dass nicht etwas mit mir, sondern mit dem System nicht stimmt. Das japanische Gesundheitsministerium schätzt, je länger der Rückzug der *Hikikomori* dauere, desto schwerer falle den jungen Leuten der Weg zurück in die Gesellschaft, denn er sei geprägt von zunehmender Unsicherheit, abnehmenden Kommunikationskompetenzen und Depressionen. Die Verweigerungshaltung mag zu Beginn eine »gesunde« Reaktion auf den übermächtigen gesellschaftlichen Druck sein, daraus kann aber auch eine krank machende Isolation und Handlungsunfähigkeit werden.

Auch in China macht sich Bartleby breit: Dort, wo wir in kondensierter Form beobachten können, in welche Richtung Gesellschaften steuern, wenn Handlungsfähigkeit durch Überwachung beschränkt und politische Kritik kriminalisiert wird, formiert sich ein rebellischer Akt, der einfach als *Tang Ping* (躺平) bezeichnet wird. Zu Deutsch bedeutet das »Nichts mehr tun« oder einfach »Flachliegen«. Eine zunächst unauffällige, aber wirkungsvolle Form des Widerstands der Generation Z. Der Druck der Arbeitswelt, vor allem der boomenden Tech-Branche mit Arbeitszeiten von 70 bis 100 Stunden die Woche, die auch dadurch funktionieren soll, dass man sich total mit dem Unternehmen identifiziert, erscheint inzwischen so absurd, dass er das Versprechen auf eine bessere Zukunft unglaubwürdig werden lässt. Junge Chines:innen sehen, dass die Wachstumslogik, gute Leistungen und Überstunden nicht zu einem besseren Leben und guter Bezahlung führen und auch Schreibtischarbeit der Fabrikarbeit immer mehr ähnelt, welcher sie eigentlich durch ein Studium entkommen wollten. *Flachliegen* protestiert nicht nur gegen schlechte Arbeitsbedingungen, sondern artikuliert eine umfassende Gesellschaftskritik. Auch wenn es sich bisher durch Passivität und nicht als ein in der Gruppe organisiertes Verhalten ausdrückt, ist es sehr wirkungsmächtig, denn die Kommunistische Partei sieht darin bereits eine Gefahr, wenn »das Land in den kommenden Jahren zu einem Technologieführer und zur globalen Wirtschaftsmacht aufsteigen will, wenn die Ambitionen der Jugend sich nicht mehr allzu sehr mit denen der Partei überschneiden. Sie wittert schon den Keim einer existenziellen Krise.«[241]

In Südkorea weist das Phänomen, dass junge Leute sich aus der Gesellschaft zurückziehen, eine gewisse Form der Organisiertheit auf, insofern, dass der selbstbestimmte Rückzug in die Einsamkeit zu einem Netzwerk wird, auch wenn es sich vor allem auf den digitalen Raum beschränkt. Die sogenannten *Honjok* leben allein oder noch bei ihren Eltern, versuchen Jobs zu bekommen, in denen sie von zu Hause aus arbeiten können, viele pflegen keine Freundeskreise und haben keine sexuellen Kontakte. Auch hier fühlen viele junge Leute, dass sie aus einer Mischung von traditionellem und finanziellem Druck wenig Entscheidungsfreiheit darüber haben, wie sie ihr Leben gestalten können und entziehen sich diesen Normen.

Südkorea hat von allen OECD-Staaten die höchste Arbeitslosigkeit unter den 25- bis 29-Jährigen und krankt an einem Schulsystem, das Jugendliche von Beginn an in eine Rangliste einordnet, die Auswirkungen auf alle Bereiche des zukünftigen sozialen Lebens hat.

Bei der Betrachtung dieser Phänomene muss man bedenken, dass die Emanzipationsbewegungen in Japan, China und Südkorea in einem viel härteren und prekäreren neoliberalen System stattfinden als die Emanzipationsbewegungen in Europa, die im Wirtschaftswunder der europäischen Nachkriegszeit der 1960er- und 1970er-Jahre verankert waren. Das ermöglichte viele Freiräume und Experimente, die Jugendliche sich im jetzigen harten Wettbewerbskampf, in dem sie bestehen müssen, weniger leisten können. Die jugendliche Rebellion der 68er fand zudem in einer Atmosphäre statt, in der es nicht nur um individuellen Zwang oder Freiräume ging, sondern in der die politischen und wirtschaftlichen Verhältnisse gleichermaßen kritisiert und transformiert wurden. Doch diese Form von Kritik an politischen und kapitalistischen Verhältnissen findet in Japan, China und Südkorea noch keine breite Rezeption bzw. wird gewaltvoll verhindert. Es bleibt ein individualisiertes Problem, mit individualisierten Lösungen, vielleicht gerade weil sich diese Gesellschaften kollektivistisch präsentieren.

Gleichzeitig kommt die zeitgenössische Cyberkultur dem Rückzug der japanischen, südkoreanischen und chinesischen Jugend entgegen: Die Digitalisierung von Lohnarbeit im Homeoffice, Online-Konsum und soziale Netzwerke machen es immer weniger notwendig, das Haus zu verlassen. In Südkorea tauscht man sich in virtuellen Communities als *Honjoks* aus, und schnell differenzierten sich weitere Untergruppen heraus: *Bihon* wollen keine Heirat oder Kinder, *4Bs* wollen auch keinen Sex oder Liebesbeziehungen, *Honbap* gehen allein ins Restaurant, und *Honsul* besuchen allein Bars, *Honhaeng* reisen allein, *Honyeong* gehen allein ins Kino, und *Honsho* shoppen allein. Während sich in Japan das Phänomen der *Hikikomori* eher unter jungen Männern findet, werden in Südkorea auch viele Frauen zu *Honjoks*, da sie noch weniger Optionen haben, den für sie vorgesehenen Lebensstil der vom Ehemann abhängigen Frau selbst zu gestalten. *EMIF* bedeutet »Elite without Marriage I am going Forward« und hat sich zu einem Netzwerk herausgebildet, das junge Frauen in Online-Tutorials ermutigt, sich dem Druck der traditionellen Familienplanung zu entziehen. EMIF berichten von Anfeindungen im Netz, denn keine Familie haben zu wollen wird als unpatriotisch bezeichnet, und es scheint, als ob Frauen sich generell den gängigen Bahnen des sozialen Lebens verweigern müssten, wenn sie nicht Mütter werden wollen.

Das National Statistical Office legt offen, dass es 2020 bereits 30 Prozent Singlehaushalte in Südkorea gab, erstaunlich für eine Gesellschaft, die als kollektivistisch gilt. Singlehaushalte generell und die *Honjoks* im Speziellen bilden mittlerweile eine eigene Marktnische bzw. Konsumentengruppen, denen auch entsprechende Serviceangebote gemacht werden, da sie durchschnittlich mehr Geld zur Verfügung haben als Familien: kleinere Waschmaschinen, multifunktionale Möbel für kleine Wohnungen, Ein-Personen-Fertiggerichte und Lieferdienste für Essen. Es gibt Werbung für singlefreundliche Unternehmen, und Restaurants werben damit, dass sie keine Vorurteile gegen Besucher:innen haben, die allein kommen. Auch gibt es Karaokeboxen für nur eine Person. TV-Serien wie *I Live Alone* und *Drinking Solo* porträtieren ihren Lifestyle. Da in Südkorea der soziale Status sehr wichtig ist, erhebt man *Honjok* eben zu einem sozialen Status: Man ist mitnichten Verlierer, sondern zeigt sich als Teil einer wachsenden Gruppe und muss den Druck nicht allein aushalten – obwohl man allein ist. So bleibt fraglich, ob dieser Protest tatsächlich politische und ökonomische Veränderungen für alle Teile der Gesellschaft erkämpfen kann und will oder nur für eine privilegierte Gruppe, die sich diesen Rückzug als Lifestyle leisten kann. Auch wenn dieses Phänomen mit mehr Selbstbestimmung gestaltet wurde als in Japan, ermöglichen und fördern der technologische Forstschritt und die sozialen Medien diesen Rückzug. Sie ermöglichen Interaktion in der Einsamkeit, werden aber auch ein Ersatz für außerhäusliche gemeinschaftliche Unternehmungen, die dann gar nicht mehr notwendig erscheinen. Im schlimmsten Fall wird damit die komplette Vereinzelung, die von neoliberalen Verhältnissen und der Überforderung einer starren kollektivistischen Gesellschaft angestoßen wurde, vollendet. Laut National Statistical Office hat sich die Zahl der diagnostizierten Depressionen in Südkorea verdoppelt.[242]

Verweigerung und Rückzug finden sich als Phänomen auch in europäischen Ländern. In Großbritannien gibt es die *NEETs* (»Not in Education, Employment or Training«): Menschen, die weder arbeiten, studieren noch sich weiterbilden wollen und sich von ihren Eltern aushalten lassen.[243]

Laut National Youth Policy Institute bezeichnen sich etwa 1,2 Millionen der 15- bis 29-Jährigen so. Allerdings nur 38 Prozent davon freiwillig, die übrigen geben an, dass sie nicht das Selbstbewusstsein für die kompetitive Arbeitswelt der Gegenwart haben.

Auch in Deutschland gibt es das Phänomen. Bei der Freiburger Psychologin Elisabeth Schramm, einer Expertin für soziale Phobien, melden sich immer häufiger Eltern, die sich sorgen, weil ihre oft schon erwachsenen Kinder nicht mehr das Haus verlassen wollen. »Es gibt mehr soziale Phobien, weil unsere Ansprüche gewachsen sind. Da reagieren viele mit Leistungsverweigerung«, vermutet Schramm.[244]

An diesen Phänomenen kann man in kondensierter Form die absurde Tatsache ablesen, dass wir uns ein Wettbewerbssystem herangezüchtet haben, in dem Menschen andere prinzipiell als feindselig empfinden und ihnen aus dem Weg gehen, was politisches Handeln massiv erschwert. In diesem Rückzug gehen Hilflosigkeit, Enttäuschung, Erschöpfung, aber auch die Möglichkeit von Selbstbestimmung und Kreativität Hand in Hand; deswegen kann mit Spannung beobachtet werden, welche sozialen oder politischen Dynamiken und Bewegungen daraus erwachsen werden.

Eine andere Erzählung des Rückzugs bietet der amerikanische Spielfilm *Nomadland* der Regisseurin Chloé Zhao, welcher 2021 mehrere Oscars gewann. Hier wird gezeigt, wie der finanzielle und soziale »Abstieg« zur Durchsetzung einer gewissen Autonomie führen kann, die die Bildung einer Gemeinschaft bedingt, welche auch utopistische Momente aufweist.

Viele Amerikaner:innen verloren durch die Weltfinanzkrise 2008 ihre Jobs und ihre Häuser. Das Sozialversicherungssystem der USA bewahrt Menschen, insbesondere Frauen, nicht vor Armut und Obdachlosigkeit, und der Niedriglohnsektor ist so ausgebaut, dass sich viele Menschen keine Wohnung leisten können, obwohl sie Vollzeit arbeiten. Immer mehr Menschen werden so zu modernen Nomad:innen, sie leben in Vans und Wohnmobilen und ziehen darin von einem Job im Niedriglohnsektor zum nächsten. Der Film folgt Fern, einer etwa 60-jährigen Frau, die sich mit ihrem ausgebauten Van in ein neues Leben auf der Straße aufmacht. Nach dem wirtschaftlichen Zusammenbruch ihrer Heimatstadt und dem Tod ihres Mannes beginnt sie das Leben der neuen Nomad:innen zu erkunden, eine Entscheidung, die sie zunächst nicht freiwillig trifft. Doch Angebote von partnerschaftlicher Liebe und Sesshaftigkeit auf dem Weg schlägt sie aus und wird zur Nomadin aus Überzeugung. Sie bastelt an ihrem Van herum, um ihn gemütlich zu machen, und hat Freundschaften mit Menschen, die sie nur ein paar Mal im Jahr sieht.

Fern erinnert mich etwas an Kapitän Nemo aus dem 1870 erschienenen Roman *20000 Meilen unter dem Meer* des französischen Schriftstellers Jules Verne. Statt wie Nemo im Unterwasserfahrzeug Nautilus durch die Weltmeere zu schippern, fährt Fern mit ihrem Van durch die Wüstengegenden und Canyons Nebraskas und Arizonas. Beiden ist es enorm wichtig, dosieren zu können, wie sie sich anderen Menschen aussetzen, beide haben sich ein Gefährt gebaut, das ihnen eine nomadische Mobilität ermöglicht. Nemo möchte nicht mehr unter Menschen leben[245], dennoch umgibt er sich mit ihrer Kultur und ihren Wissenschaften. Er hat eine riesige Bibliothek mit sich unter Wasser genommen, er schwimmt sozusagen in der menschlichen Kultur, ohne dem sozialen Druck und der Gewalt der Menschen ausgesetzt zu sein. Wohlweislich hat er in seiner Bibliothek keine Bücher über Staatsführung, wie sein unfreiwilliger Gast Professor Pierre Aronnax, den er vor dem Ertrinken rettete und aus dessen Perspektive die Geschichte erzählt wird, feststellt. Nemo hat die Sahnehaube unserer Zivilisation abgeschöpft und betreibt nun seine eigene Unterwasser-Wissenschaft, an der er Aronnax genussvoll teilhaben lässt. Aronnax beginnt die Gesellschaft eines so anregenden Gesprächspartners zu genießen und liebt es, die Unterwasserwelt mit ihm zu erkunden – so sehr, dass er Zweifel hegt, ob er jemals wieder auftauchen wird und kann. Jules Verne wusste, dass es ein abschreckendes Ereignis brauchen würde, um die beginnende Identifikation der Leserschaft mit Nemo und damit den Wunsch, der Welt den Rücken zu kehren, zu brechen. So lässt er Nemo am Ende des Romans einen Mord begehen, um ihn doch als menschlich verroht erscheinen zu lassen: Nemo torpediert ein Schiff, aus Selbstschutz zwar, nachdem es ihn angegriffen hat. Aber er lässt die Besatzung des Schiffes ertrinken, obwohl er sie retten könnte. Diese Grausamkeit veranlasst Aronnax am Ende des Romans, von der Nautilus zu fliehen. Fern umgibt sich in *Nomadland* mit dem Wissen eines anderen Teils der Zivilisation: neben dem Meer an Paketen voll mit Kulturgütern, die sie in Amazon-Lagerhallen bearbeitet, taucht sie auch in den selbstorganisierten Untergrund der Armen und Ausgestoßenen ein. Und auch in dieser Geschichte hadern einige Personen mit der Konfrontation der persönlichen Freiheit, die Fern ihnen vorlebt. Statt der Anerkennung ihrer komplexen Lebenslage, die sie neben allen Erschwernissen so gut wie möglich zu gestalten versucht, bekommt sie auf einem Familienbesuch den Vorwurf, sie habe alles leichtfertig hingeschmissen: Trotz sei der Grund ihres Lebensstils, nicht etwa Selbstbehauptung, die aus der Verzweiflung erwuchs, einem gewaltvollen System von Niedriglohnjobs und Wohnungsnot ausgesetzt zu sein. Trotz ist kindisch und unreif und ein gefälliger Vorwurf an die, die etwas anders machen wollen und genau damit Strukturen hinterfragen, denen sich andere gerade noch so anpassen konnten. Sie lösen bei den Angepassten das Unbehagen der Erkenntnis aus, dass man sich tatsächlich ein Stück weit entziehen kann, dass man alles auch ganz anders gestalten könnte, würde man seine eigene Komfortzone verlassen. Und wie Kapitän Nemo will auch Fern die Welt nicht mehr verbessern und nicht für Gerechtigkeit auf der Welt kämpfen, sondern einfach klarkommen und so gut wie möglich dosieren, wie sehr sie sich den Menschen und dem System, das sie erschufen, aussetzen muss.

Im Vergleich von *Nomadland* und dem südkoreanischen *Honjok*-Lifestyle kann man tendenziell nachvollziehen, welche unterschiedlichen Kulturtechniken jeweils das Analoge oder Digitale fördern. *Honjoks* wollen sich explizit nicht treffen, sie chatten, obwohl sie vielleicht nur einen Häuserblock entfernt leben, dafür vernetzen sie sich umso effizienter online und tauschen sich über ihre Handlungsoptionen aus. Die neuen Nomad:innen Nordamerikas organisieren regelmäßige Treffen, wie das *Rubber Tramp Rendezvous* in Arizona, wo sie mit ihren Vans und Wohnwagen temporäre improvisierte Städte bilden, in denen wie auf einem Festival Tausende Menschen zusammenkommen. Dort sitzen sie gemeinsam mit Unbekannten am Lagerfeuer, um Geschichten zu erzählen, teilen geldlos ihr Hab und Gut in Tauschbörsen und bilden sich politisch über ihre Situation weiter, auch über die Schwierigkeit, sich gewerkschaftlich oder anderweitig organisieren zu können. Die modernen Nomad:innen greifen den uramerikanischen Mythos vom Western, vom Unterwegssein, vom Einwander:in- und Pionier:insein und vom Leben *on the road* wieder auf, vielleicht mit dem Potenzial, manche Fehlentwicklungen wieder in die richtige Bahn zu lenken: Statt in neoliberalen Verhältnissen zu landen, in denen jeder sich in seiner überhöhten Erzählung von Autonomie und Freiheit selbst der Nächste ist, kann diese Freiheit nun als mobile flexible solidarische Gemeinschaft etabliert werden, die mehr ist als eine Notgemeinschaft.

Den großen Erfolg des Films erklärt wahrscheinlich, dass er

durch den Blick auf den Alltag der modernen Nomad:innen dem schönen Schein des amerikanischen Traums einen heilsamen Realitätscheck entgegensetzt. Dieser Realitätscheck durchzieht viele Ebenen, denn *Nomadland* zeigt keineswegs nur soziales Elend. Der Film zeigt ebenso, welche Solidarisierung *ganz unten* möglich ist, eine Solidarisierung, die Menschen abtrainiert wurde, die in der Erzählung der Leistungsgesellschaft vereinzelt in ihren Häusern der amerikanischen Vorstädte leben, in Angst, nicht mithalten zu können. So schwankt das Publikum beim Schauen des Films zwischen Bedauern und Bewunderung. Was für eine Freiheit ist das, die diese modernen Nomad:innen gestalten, wie viel Verlust liegt darin, wie viel Gewinn? Sie stellen viel infrage, müssen sich aber dennoch einem wirtschaftlichen System unterwerfen, das sie komplett instrumentalisieren kann.

Nomadland ist somit auch eine Art zeitgenössische Version des Romans *Früchte des Zorns* des amerikanischen Autors John Steinbeck, der vom Leid der Wanderarbeiter:innen während der Weltwirtschaftskrise Ende der 1930er-Jahre erzählt. In beiden Erzählungen geht es um die Armut und Entrechtung, in die Bürger:innen durch Immobilienspekulation, Großgrundbesitz und die systematische Überschuldung gedrängt werden. In *Früchte des Zorns* führt die Empörung über die Verhältnisse dazu, dass sich die Leute gewerkschaftlich und politisch organisieren. In *Nomadland* hingegen wird die Zuspitzung neoliberaler Verhältnisse von prekärer Zeitarbeit fast schon als Chance für die neuen flexibilisierten Nomad:innen gezeichnet: Ein Internetversandhandel wie Amazon profitiert von den neuen Nomad:innen, die die prekären Arbeitsverhältnisse ohne jede langfristige Absicherung nicht nur akzeptieren, sondern ihnen sogar hinterherreisen, je nach Bedarf des Arbeitgebers. Während bei Steinbeck die Früchte des Zorns der Arbeiter:innen noch eine solidarische Auflehnung gegen die ausbeuterischen Verhältnisse sind, scheint in *Nomadland* als Früchte des neuen Lebensstils eine diffuse Freiheit auszureichen, in der die Möglichkeit gelebt wird, mit wenig Geld auszukommen und somit unabhängiger vom Diktat der Konformität zu sein. Nur wohin geht dieser Weg? Die neue Realität, die Arbeitgeber:innen wie Amazon schaffen, deren Arbeitnehmer:innen ohne langfristige soziale Absicherung vor den Versandzentren campen müssen, weil der Lohn nicht für ein Eigenheim oder die Wohnungsmiete reicht, wird hingenommen. Vielleicht offenbart der Film aber gerade deshalb umso klarer die Fallstricke der eigenen Souveränität und Autonomie: Wenn sie nicht in eine verlässliche Gemeinschaft eingebettet ist, wird jede Inspiration, wie man sein Leben für sich neu gestalten kann, prekär. Kapitän Nemo gelang sein Tauchgang weg von den Menschen nur mit einem zuvor angehäuften finanziellen Vermögen.

Zu viel und zu wenig – Toxische Belohnungssysteme in den sozialen Medien

Der Philosophieprofessor Odo Marquard schrieb: »Was unsere Moderne plagt, quält und malträtiert, ist nicht nur – und schon gar nicht primär – die Einsamkeit, sondern vor allem der Verlust der Einsamkeitsfähigkeit.«[246] Er schrieb dies zu einer Zeit, als wir die Pflicht zur Geselligkeit noch nicht mal wie heute als technisches Gadget um unseren Hals mit uns herumtrugen. »Für christliche Gelehrte im Mittelalter bestand die grundlegende Strategie des Teufels darin, Menschen an einen Punkt zu bringen, an dem sie nie mehr allein sind mit ihrem Gott und auch keinen anderen Menschen von Angesicht zu Angesicht aufmerksam begegnen [...]. So betrachtet, kommt es mir vor, als sei das Handy für die Mächte der Hölle ein großer Durchbruch, [...] mit Handy ist der Mensch nie allein und nie wirklich aufmerksam für andere.« Zu diesem Schluss kommt, analog zu Marquard, Sara Maitland.[247]

Kapitän Nemo tauchte unter ins Meer und in seine Bibliothek, so wie Leute heute ins Internet eintauchen, um sich trotz ihres Alleinseins mit unserer Kultur zu umgeben. Doch neue Techniken werden auch immer erst einmal kritisch beäugt und als Untergangsszenario dargestellt. Viele Vorbehalte gegen das Internet, die sozialen Medien oder das Smartphone gleichen denen, die man vor 100 Jahren gegen das Telefon, das Fernsehen, die Großstadt und noch früher sogar gegen Bücher angebracht hat. Denn nicht neue Medien und Techniken sind das Problem an sich, sondern, dass wir noch nicht gelernt haben, sie gut zu dosieren.

Im Falle der heutigen sozialen Medien liegt das vor allem daran, dass sie unser Belohnungssystem auf perfide Art bedienen. Sie drillen uns auf schnelles Dopamin: Aufmerksamkeit durch permanente Sichtbarkeit, Anerkennung durch Likes und Kommentare im digitalen Raum. Das hat Suchtcharakter, weshalb man mit Jugendlichen über den Umgang mit den sozialen Medien ebenso das Gespräch suchen sollte wie über den Umgang mit Drogen.

Ein Smartphone bedeutet eine Verdichtung der zwischenmenschlichen Kommunikation in Echtzeit. Die ständige Erreichbarkeit und permanente Reizüberflutung haben oft auch eine übersteigerte Selbstaufmerksamkeit zur Konsequenz, man hat keine Distanz mehr zu sich selbst. Anders als bei der Selbstvergessenheit, hat man eben keinen Urlaub von seiner Selbst*bewertung* und gewissermaßen gar keine Freizeit von sich selbst mehr. Ein Teufelskreis wird daraus, wenn durch die Pseudokommunikation und Pseudotätigkeit jeder Raum der Einsamkeit und der Stille als so unangenehm empfunden wird, dass man mit permanenter Betriebsamkeit den Kontakt zu seinen eigenen Bedürfnissen und Gefühlen nicht mehr findet. Wer sich in (virtueller) Geselligkeit verliert, quält sich selbst und seine Umwelt mit innerer und äußerer Ruhelosigkeit. Die permanente Frage, wie die anderen einen sehen und beurteilen, führt zu einem gestörten, unreifen Selbstentwurf und zu einer obsessiven Selbstthematisierung, was wiederum Entfremdungs- und Isolationsgefühle nach sich ziehen kann. Denn die Diskrepanz zwischen dem menschlichen Wunsch nach sozialer Nähe »und dem gesellschaftlichen Imperativ – oder dem, was das Subjekt meint, das gesellschaftliche Norm sei –, dem Eingehen einer größtmöglichen Anzahl von Kontakten oberflächlicher Natur«[248] ist zu groß. Man kann dort nie satt von menschlichem Kontakt werden, denn vernetzt zu sein bedeutet nicht verbunden zu sein. Wenn wir alle mit oberflächlichen Kontakten beschäftigt sind, wird es immer schwerer, wahre Freundschaft und emotional intensive Beziehungen aufzubauen. Der Soziologe Richard Sennett räumte bereits 1974[249] mit dem Missverständnis auf, Menschen würden einander dann, wenn sie nur genug voneinander wissen, auch besser verstehen. Schließlich beurteilt man nur eine ständige öffentliche Performanz, die keinen Bezug zum komplexen Leben dahinter hat. Ebenso wenig, wie uns Facebooks Algorithmus für seine Werbeanzeigen richtig einschätzt, tun das unsere Follower:innen.[250] Aber es wertet die eigene Authentizität auf, die Fähigkeit zu besitzen, andere zu erkennen und einschätzen zu können. Statt uns unbefangen zu begegnen, müssten wir uns ständig psychologisieren und in alle Regungen Bedeutungen hineinlesen, was Beziehungen belastet. Gleichzeitig verlernen wir, starke innere Bindungen einzugehen, weil das schnelle wohlige Gefühl des oberflächlichen Kontakts und Urteils über Posts unser Belohnungssystem ankurbelt und freundschaftliche Verbindungen simuliert, ohne dass es sie tatsächlich gäbe. Dabei verlernen wir, allein sein zu können. Die permanente Betriebsamkeit der sozialen Medien ist eine hartnäckige Einladung und Ablenkung, sie verhindert das Alleinsein, weil sie ein ständiges Angebot der Zerstreuung ist. Wir verlernen, das Alleinsein auszuhalten und dessen Qualität zu entdecken. Uns mangelt es auch deswegen an Gelassenheit und der Fähigkeit, Dinge auf uns zukommen zu lassen. Was wir tatsächlich jetzt und im Moment erleben, verliert an Bedeutung gegenüber dem, was wir oder andere in den sozialen Medien darstellen können. Wenn man ständig das Gefühl hat, den neuen Kunst- oder Modetrend zu verpassen, das Konzert, die Ausstellung, die Reise, dann kann man nicht wertschätzen, was man tatsächlich im Moment hat und erlebt. Vielleicht das schöne und befreiende Nichts. Wenn Reisende nur an einen Ort kommen, um davon schnell ein Foto mit sich zu machen, um ihn dann gleich wieder zu verlassen, anstatt sich darin aufzuhalten und den Moment ohne Kamerafilter auf sich wirken zu lassen, bekommt das Inszenieren des Erlebten mehr Bedeutung als das Erleben selbst.

Das heißt auch, dass wir die Lust darin suchen, Anerkennung für das Inszenieren zu bekommen, anstatt das Erlebnis selbst zum Mittelpunkt unserer Lust zu machen. Der Moment ist nie genug, so wie man sich selbst nie genug ist. Das gilt auch für das Alleinsein: Im Alleinsein müssen wir dem Blick auf die eigenen Unzulänglichkeiten standhalten. Aber wir müssen uns auch nicht mehr andauernd vor irgendjemandem beweisen.

Eine Freundin, die sich gerade in Digital Detox versucht, erzählte mir: »Ich habe mal etwas ausprobiert: Ich habe den Gedanken, dass ich Anerkennung will, wie mit einem Schalter an- und ausgeschaltet. Wenn ich ihn ausschaltete und mir vorstellte, dass es überhaupt keine Rolle spielt, was andere von mir denken, überkam mich ein Gefühl von großer Leichtigkeit. Ich habe dadurch gemerkt, dass es weniger darum geht, was ich tatsächlich tue oder nicht. Es ist nur der Gedanke, dass es von außen bewertet wird, der sich so schlecht anfühlt.«

Medien - analog oder digital - mal einen Tag auszuschließen, kann tatsächlich einen immens wohltuenden Effekt haben. Man bekommt schnell das Gefühl, man könne viele bedrängende Erwartungshaltungen von außen einfach deaktivieren, den Wettbewerb von außen stumm schalten. Eine ähnliche Strategie, wie man sie in der 2000er-Jahren so formulierte: »Was macht man am besten gegen die Angst vor Terror?« - »Man macht den Fernseher aus.« In einer Studie der University of Pennsylvania kam heraus, dass Menschen, die es schafften, seltener soziale Medien zu nutzen, sich weniger isoliert und abgehängt fühlten. Durch Facebook zu scrollen hinterlässt zudem oft ein unbefriedigendes Gefühl, so als würden jede Menge Attribute und Emotionen in mich hineingeschüttet werden, die nicht ausgelebt werden können. Süß, traurig, ärgerlich, lustig, nachdenklich - das alles binnen 43 Sekunden. Permanent fliegt man durch die Gefühlswelten anderer, ohne irgendetwas durchzuhalten und zu Ende zu fühlen, bis in einem eine zähe Masse aus Ungewissheit, Unsicherheit und Unzufriedenheit zu quellen scheint. Und noch schlimmer: Unsere Angst davor, eventuell selbst durch Kommentare abgewertet zu werden, fördert das Bedürfnis, andere abzuwerten, denn das treibt unser Selbstwertgefühl für einen Moment in die Höhe. Die sozialen Folgen können in der Anonymität des Netzes leicht ignoriert werden, was uns skrupelloser macht, als wir es in realen Begegnungen sind.

Doch es gibt noch eine andere Dynamik von Alleinsein und Gemeinsamkeit, die in der Diskussion, in welchem Maß »soziale« Medien das Schlechte in uns hervorbringen, oft übersehen wird: Soziale Medien können auch Empathie fördern, da sie uns eine eigentümliche Ehrlichkeit erlauben, die mehr ist als nur Pose und Inszenierung. Es ist nämlich bei Weiten nicht so, dass alle nur ein perfektes Bild von sich präsentieren, viele gewähren auch einen ehrlichen und ungeschönten Blick auf das, was sie im Alltag beschäftigt. Die gleiche Blindheit, die zur niedrigschwelligen Skrupellosigkeit führt, kann auch zu einer heilsamen Offenheit führen, die dazu einlädt, sich selbst zu öffnen, sich mitzuteilen und Kontakt zu halten. Das kann einem beim Scrollen auch wieder Vertrauen in die Menschen geben. Mit bewundernswerter Unverblümtheit teilen Leute Intimes, Unsicherheit und Trauer. Soziale Medien kreieren in unserem Empfinden eine Art Semi-Anonymität: Man sitzt geschützt allein im eigenen Zimmer und hat das Gefühl, ein Tagebuch zu schreiben, in dem man eigene Fehler und Verletzlichkeit eher thematisieren kann, als wenn man sich gegenübersteht, wenn der Gruppenzwang uns dazu bringt, schnell und unüberlegt zu reagieren und sich beweisen zu müssen. Vielleicht kommen wir so sogar zu der Erkenntnis, dass wir uns nicht schützen, wenn wir uns verstecken, sondern wenn wir sichtbar werden und etwa unsere Ängste, Depressionen oder sogar Missbrauchserfahrungen teilen. Wenngleich es unter dem Begriff *Painporn* in unserer Aufmerksamkeitsökonomie auch etwas kalkuliert Voyeuristisches haben mag, sich verletzlich zu zeigen, offenbart es Probleme als Allgemeingut, etwas, was wir teilen und nicht isoliert ertragen müssen. Das kann uns - im Alleinsein - verbinden.

Soziale Medien treffen auf eine Zeit, in der wir konträr zu aller Selbstoptimierung auch vermehrt über die tiefen Wunden reden, die unsere Gesellschaft uns zufügt. Soziale Medien helfen uns, leichter Gruppen zu finden, die andere Narrative in uns stärken können als die, die uns verletzen. Gerade Menschen, die soziale Phobien haben und Unaussprechliches erlebten, können, während sie geschützt allein zu Hause sitzen, hier eine Gemeinschaft finden, in welche sie sich in der Realwelt nie hineingetraut hätten. Tatsächlich binden die sozialen Medien ihre Nutzer:innen leichter in größere Netzwerke ein, manche indirekten Kontakte werden zu direkten, die im »realen Leben« zu kompliziert erschienen und vielleicht unmöglich gewesen wären.

Aber neben der Schwere kann man auch die Leichtigkeit genießen: Von Zeit zu Zeit ist es schön, allein irgendwo zu sitzen und durch die Gedankenwelt anderer Geister zu scrollen, die mich dazu einladen, an der Kreativität und an persönlichen Geschichten anderer teilzuhaben, an die ich sonst nicht hätte anknüpfen können, eine lockere Eingebundenheit zu spüren und eigene Impressionen und Gedanken zu teilen. In einer mobiler werdenden Welt helfen soziale Medien, eine virtuelle Verbindung zu spüren, Feedback von weit her zu bekommen und leichter Kontakte zu halten, die verloren gegangen wären, wenn man allein hinaus in die Welt zieht.

6 | ALLEIN UND UNABHÄNGIG BLEIBEN DÜRFEN IN UND OHNE BEZIEHUNGEN: LIEBE, FAMILIE, PARTNERSCHAFT

Identität und Selbstwert in der Partnerschaft suchen – Die Hölle auf Erden

Allzu oft wird die Antwort auf die Frage nach einem zufriedenen Alleinsein davon abhängig gemacht, ob man in einer Liebesbeziehung steckt oder nicht. Dass die Zweierbeziehung aber sogar das Potenzial hat, einen Menschen vereinsamen zu lassen, wird selten bedacht. Nicht nur, dass Frauen in den letzten Jahrhunderten systematisch in die Privatsphäre der Kleinfamilie isoliert wurden, hat vielerlei Gründe: Manche sind ganz praktisch gelagert, weil man, unabhängig davon, ob die eigene Zweierbeziehung gut oder schlecht läuft, andere freundschaftliche Beziehungen vernachlässigt; andere Gründe sind ideell, weil man die Zweierbeziehung zum Maßstab für den eigenen Selbstwert und somit für das Empfinden des eigenen Abgehängtseins oder Außenseiterstatus macht.

Viele kennen das wahrscheinlich: langweilige Nächte, in denen man Dating-Profile durchforstet und nach spätestens einer halben Stunde verschämt den Computerdeckel schließt, weil man selbst angewidert von dem eigenen immer gleichen einfach gestrickten Beuteschema ist, das man wiederholt anklickt. Es schwant einem, dass Online-Dating das Schlechteste aus einem herausholt, nämlich die Tatsache, dass man Menschen wie Produkte im Supermarktregal auswählt. Man wird dazu veranlasst, eine Ware zu beschreiben, die man mit bestimmten Eigenschaften haben möchte. Oft ist man dann nicht mehr in der Lage, die schrulligen Eigenartigkeiten dieser Ware zu respektieren und lieben zu lernen, wenn sie nicht auf der Einkaufsliste standen. Aber es war nicht erst das

Online-Daten, dass diese Haltung förderte, wie kulturkonservative Stimmen uns glauben machen wollen, sondern bereits die Ehe. Man sucht nach Maßgabe von Erfolgskriterien die vorteilhafteste Partie, die Absicherung und sozialen Status verspricht.

Die Individualisierung der modernen Gesellschaft brachte viele Eckpfeiler der eigenen Identität ins Wanken, über die Menschen früher verfügten. Religionszugehörigkeit, Stand, Schicht und Heimat waren als Marker des Selbst nicht mehr so sicher bzw. war und ist die Sehnsucht groß, diese zu durchbrechen. Die alten Marker mussten weg, neue mussten her: Gerade da bietet sich die Einzigartigkeit der Liebe, der Ehe und der biologischen Kinder an, um die eigene Identität zu zeigen und zu feiern. In die Liebe durch Familie und eine:n Partner:in eingebunden zu sein hat nun einen ähnlichen Stellenwert wie früher die Zugehörigkeit zu einem Stand oder zu einer Glaubensgemeinschaft.

Für Frauen gibt es aufgrund von Diskriminierung, der Doppelbelastung durch unbezahlte Fürsorgearbeit und weil sie weniger gefördert werden, nach wie vor weniger Möglichkeiten in der Öffentlichkeit, in ihrem Beruf, in einem politischen Amt oder in den Wissenschaften und Künsten ihren Individualismus und ihren Wert unter Beweis zu stellen. Sie bekommen ihren Status leichter über ihre Beziehung zu anderen Menschen, über Kinder, oder den Ehemann, der ihnen als begehrens- und liebenswertes Objekt einen Wert verleiht. Nichts kann unseren Individualismus mehr heiligen als ein Mensch, der uns erwählt. So lernen schon Mädchen in jeder zweiten Zeitschrift, in zahlreichen Spielfilmen oder YouTube-Tutorials, sich mit Protagonistinnen zu identifizieren, deren Wohlergehen von einem Mann abhängig ist. Die Soziologin Stephanie Bethmann beschreibt dieses Phänomen so: Frauen haben ein Interesse an der Mit-Inszenierung und Erotisierung männlicher Überlegenheit, solange ihr Status von der Bindung an einen Mann und dessen Status abhängt – wenn sie ihn erhöhen, selbst zum Preis ihrer eigenen Herabsetzung, profitieren sie paradoxerweise unmittelbar selbst.[251]

Es ist nicht nur die finanzielle Abhängigkeit, die Frauen an Männer binden kann, denn dieses Ungleichgewicht wurde erotisch aufgeladen. Die soziale Stellung der Frau wurde im Patriarchat so konzipiert, dass sie abhängig ist von einem Mann, der ihr ihren Wert proportional dazu verleiht, wie sehr er sie liebt, sich um sie sorgt, was er bereit ist, für sie zu tun. »Schlimmer ist nur, dass uns dieses Ungleichgewicht, das die Liebe da zurechtgezimmert hat, auch noch so reizvoll erscheint. Richtiggehend sexy. Und zwar vor allem uns Frauen«, so die Autorin Gunda Windmüller in ihrem Buch *Weiblich, ledig, glücklich - sucht nicht.* »Frauen werden Bittstellerinnen der Liebe, obwohl sie dabei schlechter wegkommen.«[252] Allein ist sie wertlos, ungeliebt, Freiwild, Hexe, Schlampe. Eine toxische Erzählung, an der Frauen sich abarbeiten mit dem oft falschen Handwerkszeug aus Frauenzeitschriften und Psychologie-Ratgebern, die dieses Gefälle nur verstärken, statt es zu analysieren und alternative Perspektiven zu zeigen.

Sehnsucht ist oft nichts anderes als eine schlechte Gewohnheit. Sie hindert einen daran, zu erkennen, dass das, worin man es sich einrichten möchte, vielleicht kein richtiges Zuhause ist. Die Art, wie man Partnerschaften führt, ist so eine Sehnsucht, denn hier gerät die eigene tiefe Gefühlswelt mit gesellschaftlichen Idealen oft aneinander. Man versucht, die Schablonen übereinanderzulegen, und wundert sich, dass sie kein zufriedenstellendes Bild abgeben, oder man bringt sie gar nicht erst übereinander und wundert sich, dass man trotzdem zufrieden ist. Viele Menschen sind erstaunt, wie gut sie mit dem Alleinsein klarkommen, wie sehr sie es sich ersehnen, weil es in der heutigen Zeit kein Ideal darstellt. Doch Freiheit beginnt auch da, wo man es wagt, etwas jenseits seiner Vorstellungskraft zu suchen. Doch kulturelle Normen formen in unserem Bewusstsein, wie wir unsere Sehnsüchte und unser Begehren als authentisch wahrnehmen. Wenn man gelernt hat, als Prinzessin und Prinz zu begehren, kann sich der Versuch, dies zu erkennen und verlernen zu wollen, grausam ideologisch anfühlen. Das mag ein Grund sein, warum einige mit großer Abwehr à la »Genderwahn« dagegen vorgehen.

Viele erhoffen sich, dass die Liebe zu einem Identitätsgewinn führt, oft jedoch tritt das Gegenteil ein. Das Schlimme daran, dass Liebespartnerschaften mit den Maßstäben der Wettbewerbsgesellschaft verbunden sind, ist, dass wir unseren Partner:innen (insgeheim) nicht verzeihen, wenn sie/er diesen Idealen und Leistungsanforderungen nicht entspricht. Vielleicht ist dies einer der Gründe, warum Liebende zueinander manchmal so viel grausamer sind als Freund:innen. Freund:innen geben einander weniger das Gefühl, dem anderen nicht genug zu sein, man diktiert ihnen nicht, wie sie sich zu kleiden haben oder wie sie sich vor (anderen) Freund:innen zu benehmen haben. Manche Eheleute tun aber genau das. Sie mäkeln aneinander herum, weil der eigene Status mit dem des anderen steht und fällt und das Bild, das der andere abgibt, auf einen zurückstrahlt. Deshalb zerrt man mehr aneinander herum, bis zur Verachtung, wenn der andere dem Leistungsprofil nicht entspricht. Wenn man liebt, kreist man viel zu oft um sich selbst, man steckt in permanenten Such- und Bewertungsbewegungen fest und wird dabei immer unnachgiebiger.[253] Macht die Liebe einen eventuell viel egozentrischer, als es das Alleinsein je könnte? Der Rausch der Liebe verfliegt für viele so schnell, weil sie eine kurze Quelle der Selbstbestätigung darin sahen, welche auf Dauer aber nicht hält, was sie einst versprach. Im Grunde fördert diese Art der Zweierbeziehung den Narzissmus, bei dem es sich nicht um wirkliche Selbstliebe handelt, sondern um eine mangelnde Fähigkeit, seine eigenen Grenzen festzulegen und zu spüren. »Dem narzisstischen Subjekt erscheint die Welt nur in Abschattung seiner selbst«, sagt der koreanisch-deutsche Philosoph Byung-Chul Han.[254] Wir betrachten und disziplinieren die Liebe mit der Brille der Nutzenmaximierung des Spätkapitalismus. Vieles, was uns darin angeboten wird, unsere Freiheit und Individualität zu unterstreichen, fördert eigentlich die Konsumkultur und den Konformitätszwang. So ist das auch mit der Liebe. Han schreibt, dass die eigene Libido in der spätkapitalistischen Zeit auf sich selbst gerichtet ist, die eigene Subjektivität im Zentrum des Begehrens stünde – und nicht ein anderer Mensch.

Wir beschäftigen uns mehr damit, wie und dass wir geliebt werden, statt unsere eigene Liebe zu jemand anderem zu zelebrieren. Wir verbinden unser Selbstwertgefühl damit, geliebt zu werden, statt unsere Kraft wertzuschätzen, dass wir selbst in der Lage sind, etwas oder jemanden zu lieben.

Doch dass es uns so schwerfällt, den/die Partner:in so sein zu lassen, wie er/sie ist, liegt nicht nur darin begründet, dass der soziale Status voneinander abhängig gemacht wurde, sondern auch daran, dass er/sie in der Konstellation Haus, Hof und Finanzen für uns *funktionieren* muss. Vielleicht werden jetzt einige einwenden: Wenn man gemeinsame Kinder hat, muss man in Haus und Hof füreinander funktionieren. Das stimmt. Aber hier wirken viele gesellschaftliche Kräfte, die dies immens beeinflussen und die auch ganz anders aussehen könnten: Vor allem der Mangel an Selbstbestimmung, wie wir unseren Lebensunterhalt organisieren können, finanzielle Ressourcen, die Zeiten, mit denen Arbeitgeber:innen, Schule und Kindergarten vorgeben, wie wir unseren Alltag strukturieren müssen, die patriarchale Ideologie der geschlechtlichen Arbeitsteilung und moralische Vorurteile diktieren, wie eine *gute* Familie auszusehen hat. Eine bestimmte Vorstellung von Liebe ist hier der Zuckerguss auf der gesellschaftlichen Konformität. »Love don't make the world go around, it holds it right in place«, sang die Band Crass schon in den 1970er-Jahren.

Liebe und Romantik sind Geschenke der Götter, aber man kann sie nur lebendig gestalten, wenn man sie von gesellschaftlichen Zwängen befreit und nicht in perfektionistische Ideale hineinquetscht, die unserer Leistungskultur mehr zuarbeiten als uns selbst. Doch unter dem Gewicht des Pakets, das wir an die Liebe dranhängen – von Immobilienkrediten zu Schönheitsidealen –, zerkrümelt sie. In dieser Logik war eine Beziehung Zeitverschwendung, weil sie nach Erfolgsstandards nicht einmal hielt, bis der Kredit abbezahlt war.

Aber Liebe ist eigentlich der Raum, wo Gefühle wuchern, wachsen, verletzt und inspiriert werden und eine überwältigende Strahlkraft entwickeln. Die Ambivalenz der Einsamkeit ist vielleicht der der Liebe ähnlich, in der die eigene Subjektivität und Autonomie zunächst prekär werden kann, um sich dann neu finden zu können und gestärkt daraus hervorzugehen.

Die Einsamkeit der Paare

Viele Menschen leben die Liebe als eine Idee des *Eine:r für alle:s.* Das bedeutet aber einen Verlust des Ganzen. Gunda Windmüller schreibt: »Liebe als Abo auf das Rundum-sorglos-Paket: Sie soll uns ganz machen, unsere Identität absichern, uns erfüllen, unseren Geist erweitern, nachts wärmen und im Alter die Hand halten. Wer solche Erwartungen hegt, vergisst allerdings, dass die Liebe auch nur ein Mensch ist. Nur ein anderer Mensch.«[255] Wir tun uns keinen Gefallen, in einem anderen Menschen alles zu suchen, was uns stärkt und belebt: Zugehörigkeit, Abenteuer, Beständigkeit, Identität, Sicherheit, Freiheit und Zauber. Diese Dinge kann man in seiner eigenen Einstellung zum Leben finden, aber nicht von einem einzigen anderen Menschen abhängig machen. Diese Überfrachtung findet man aber ähnlich in Freundschaften. Schließlich gibt es das Ideal, einen großen Freundeskreis zu haben, im Grunde als soziale Währung. Er versorgt einen mit Beschäftigung und ist wie eine Trophäensammlung, die Aufschluss über die eigene Beliebtheit gibt und den eigenen sozialen Wert begründet. Es kann aber auch erleichtern, sich von dieser Überfrachtung frei zu machen, die die eigene Zufriedenheit und die eigenen Gefühle vom Tun oder Nichttun anderer Menschen abhängig macht. Eine Freundin erzählte mir, sie habe in ihrer Jugend sehr unter ihrer Einsamkeit gelitten. »Deshalb hatte ich lange eine große Sehnsucht nach einem großen Freundeskreis. Aber nun frage ich mich, ob diese Sehnsucht nur einem für mich falschen Ideal entsprach, denn tatsächlich habe ich mir in den letzten zwei Jahrzehnten dabei zugesehen, wie ich

Freundeskreisen und Gruppen eigentlich aus dem Weg gehe und gerne Sachen allein mache. Ich fühle mich sicherer und stabiler, wenn ich mich allein spüre, denn als Teil einer Gruppe, in der ich meine Position oft nicht verstehe.«

Dass Menschen Geselligkeit idealisieren, obwohl es nicht immer ihren wahren Bedürfnissen entspricht, offenbarte sich auch während der Corona-Lockdowns: Viele Menschen berichteten, dass sie sich plötzlich von dem Phänomen des FOMO, »Fear of Missing out«, also dem Gefühl, etwas zu verpassen und andauernd unter Leuten sein zu müssen, befreit fühlten. Sie fühlten sich weniger einsam, weil sie sich nicht mehr verglichen mit einem Lifestyle, der vorgibt, dass man andauernd mit anderen auf Veranstaltungen oder Partys gehen muss, weil es eben keine gab. Da dies im Grunde alle betraf, hatten sie den Raum zu merken, dass es ihnen gar nicht fehlte, sie eher Erleichterung von dem Druck spürten, mit einer Menschengruppe unterwegs sein zu müssen, um ihre Freizeit *richtig* zu nutzen.

Liebespartner:innen und Freund:innen sollten sich in ihrer Autonomie und Selbstliebe bestärken. Wenn man nur bestimmte Eigenschaften verlangt, kann man den Partner nicht lieben für das, was er oder sie ist, weil man nicht sieht, was er oder sie tatsächlich zu geben hat. In der Liebespartnerschaft erwarten wir von nur einem Menschen, was sonst eine ganze Gemeinschaft für uns geleistet hat, oder – und das ist keine Übertreibung – was Menschen früher von Gott erwartet haben. Menschen verwechseln Liebe als allumfassende Lebenseinstellung mit der Liebe zu einem einzigen Menschen. Diese Art von Liebe ist verhängnisvoll, weil man allzu schnell denkt, man könne ohne den anderen oder die andere nicht mehr leben. Man möchte in dem oder der anderen aufgehen, eine komplette gleißende Symbiose.

So wird Einsamkeit oft an falschen Merkmalen abgelesen, die sehr oft mit tatsächlicher sozialer Isolation gar nichts zu tun haben. In den Industrieländern hat sich die Anzahl der Singlehaushalte in den letzten 30 Jahren verdoppelt. Haushaltserhebungen in Kanada, Finnland, Estland, Norwegen, Deutschland im Jahr 2017 ergaben, dass der Einpersonenhaushalt der meistverbreitete ist. Diese Entwicklung hat sich in den letzten Jahren fortgesetzt. Eigentlich ist es also normal, allein zu leben. Das wird jedoch oft reflexhaft mit einem Zunehmen der Vereinzelung gleichgesetzt.

Doch der Beziehungsstatus sagt nichts über die Einsamkeit aus. Eheleute können komplett zurückgezogen leben und einsam an der Beziehung leiden, Singles können einen großen Freundeskreis haben und drei ehrenamtliche Positionen bekleiden. Menschen, die allein wohnen, sind mitnichten automatisch isoliert, unsozial oder kümmern sich nicht um andere. Menschen, die nicht verheiratet sind, haben statistisch betrachtet sogar mehr soziale Kontakte als Ehepaare.[256] Trotzdem kommen Feuilletonisten, die die Einsamkeit beklagen, nicht darauf, mit Sorge auf die vielen Menschen zu verweisen, die vor den Altar treten.

Singles haben oftmals mehr Freund:innen als Liebende oder Ehepartner:innen, die sich in einer Zweier-Symbiose verlieren. Viele Menschen berichten deshalb auch davon, wie ihr Freundeskreis nach einer Trennung von der Partnerin oder vom Partner abrupt anwuchs. Sie fühlten sich dann nicht mehr so einsam wie zuvor in ihrer Beziehung. Singlesein hat mit Isolation in den meisten Fällen also überhaupt nichts zu tun. Denn Alleinstehende pflegen oftmals bessere Beziehungen zu Kollegen, Nachbarinnen, Familie und Freunden. Allein leben wird trotzdem als temporärer Zustand gesehen, den es langfristig zu ändern gilt. Andere Beziehungen werden abgewertet: Das Ziel muss immer die traute Zweisamkeit sein. Menschen klopfen sich selbst misstrauisch darauf ab, ob sie beziehungsunfähig sind, weil sie seit zwei Jahren als Single leben, und verlieren aus dem Blick, dass sie jahrelange loyale Freundschaften haben. Wenn die Maßstäbe für Liebe und Partnerschaft Ehrlichkeit, Loyalität und Sinnlichkeit sind, sind sie für viele Eheleute nicht erfüllt. Zahlreiche Freundschaften haben hingegen alle Merkmale, die man sonst der romantischen Liebe zuordnen würde. Man kann eine außerordentlich romantische Beziehung sogar zu sich selbst haben. Doch wo liegt der Fehler im emotionalen Regelwerk, wenn man mit einem guten Freund zusammensitzt und sich dennoch einsam fühlt (oder glaubt, sich einsam fühlen zu müssen), nur weil man keine:n Liebespartner:in hat? Denn die Wahrheit ist eigentlich eine ganz andere, wie auch Gunda Windmüller schreibt: »Wenn man die Unzufriedenheit in allen Gruppen vergleicht, gibt es niemanden, der so unglücklich ist wie die unglücklich Verheirateten. Nicht die Geschiedenen, nicht die Verwitweten und nicht die Dauer-Singles.«[257] Nicht nur die Psyche und das Selbstwertgefühl, sondern sogar das Immunsystem leidet darunter, wenn man qua Ehevertrag zu Einsamkeit in der Zweisamkeit verurteilt ist, wie Wissenschaftler:innen der International Association for Relationship Research feststellten.[258] Oft sind die Gründe, warum man in einer unglücklichen Beziehung bleibt, rein formell: finanzielle Abhängigkeit (weil man sich die Miete nicht allein leisten kann oder weil man einen gemeinsamen Kredit aufgenommen hat), gemeinsame Kinder und die drohende Altersarmut der Frau, die wegen der Kinderbetreuung kaum Rente bekommt. Das sind die Fesseln, die die Kleinfamilie für den Fall des Trennungswunsches vorgesehen hat. Oft verharren Menschen aber auch nur in unglücklichen Beziehungen, weil sie befürchten, das soziale Leben würde bei einer Trennung Schaden nehmen. Man traut sich nicht zu, allein auszugehen oder in den Urlaub zu fahren. Man befürchtet einen sozialen Abstieg und Statusverlust, wenn man sich nicht mehr durch die Partnerschaft aufwerten kann. Ehepartner:innen verharren in ihrer Einsamkeit, weil sie Angst haben, als einsam zu gelten.

Die Kleinfamilie und das Mutterideal

Neben den individuellen gibt es viele strukturelle Gründe, warum die Form, wie wir Familie und Gemeinschaft bisher gedacht und gelebt haben, Einsamkeit produziert. Oft wird postuliert, dass gerade der Verfall der Familie – wobei unterschwellig die Frauenenmanzipation schuldig gesprochen wird – ein Grund dafür sei, warum heute so viele Menschen unter sozialer Isolation leiden, denn Familie und Mütterlichkeit sind mit unserer Vorstellung von Liebe, Gemeinschaft und Fürsorglichkeit eng verknüpft. Tatsächlich sieht es aber so aus, als ob Ideal und Realität gegenläufig seien und gerade die Kleinfamilie und das daran gebundene Mutterideal zu der viel beklagten sozialen Isolation in der heutigen Gesellschaft beigetragen haben. Die Art, wie uns beigebracht wurde, Gemeinschaft nur in der Kleinfamilie zu leben, führte zu folgenden schwerwiegenden Entwicklungen, die das Isolationsgefühl in unserer Gesellschaft förderten: 1. Frauen wurden in ihrer Arbeit als Mutter isoliert und abhängig gemacht. 2. Fürsorgearbeit wurde so in die Familie verlagert, dass sie nicht mehr als solidarisches Allgemeingut wahrgenommen wird, sondern unsichtbar und schlecht bezahlt vonstattengeht. 3. Das Zusammenleben in größeren Gemeinschaften und soziale Elternschaft wurden abseits der heteronormativen Mutter-Vater-Kind Struktur erschwert.

Die Entstehung der Kleinfamilie –
Wie konnte es zu dieser Vereinzelung kommen?

Die Form der Familie, die in den letzten 200 bis 300 Jahren etabliert wurde, gilt noch heute als die natürliche Form, sie ist aber eigentlich nur eine Folge der Effizienzanforderung am Arbeitsplatz, der Industrialisierung und Verstädterung und einer geschlechterungerechten Arbeitsteilung, die die strikte Trennung von privatem und öffentlichem Raum vorsieht. Diese Trennung hat viel mit der Entstehung der Kleinfamilie zu tun und diese wiederum mit den Strukturen, wie wir Kinderbetreuung und Pflegearbeit einerseits und Lohnarbeit andererseits heute organisieren. In der vorindustriellen Zeit lebten die Menschen auf großen Bauernhöfen. Großfamilie, Knechte und Mägde bildeten eine Hofgemeinschaft. Als sich die großen Familienverbände auflösten, suchten die jungen

Leute ihr Glück in der Stadt und – wir erinnern uns an die Romanfigur Gilgi – im Angestelltenverhältnis. Diese Individualisierungsprozesse eröffneten den Menschen auch neue Chancen, sie wollten die beschwerliche großbäuerliche Lebensweise hinter sich lassen, die noch sehr von Tradition, Feudalzwängen und strikten sozialen Normen geprägt war. Sie strömten in die Klein- und Großstädte, um dort ihr eigenes Leben kreieren zu können. In dieser Zeit wurde das bürgerliche Modell des männlichen Ernährers im Angestelltenverhältnis etabliert: Der Mann verlässt das Haus, um einer Lohnarbeit nachzugehen, und darf nicht daran gehindert werden, seine volle Arbeitskraft dem Arbeitgeber zur Verfügung zu stellen. Weshalb man die Kinderbetreuung und alle häuslichen Tätigkeiten sowie die Versorgung des Mannes komplett den Frauen zuschob, die dafür daheimbleiben sollten. Dem spielte in die Hände, dass Pädagogen wie Jean-Jacques Rousseau und Gottfried Wilhelm Leibniz die Idee erfolgreich durchgesetzt hatten, dass allein die biologische Mutter sich instinktiv richtig um das Kind kümmern kann und darin auch ihre einzige Erfüllung im Leben findet. Der Mutterinstinkt, die Erzählung also, dass Frauen eine natürliche Begabung für Pflege und Fürsorglichkeit hätten, ist eine Erfindung männlicher Pädagogen des 18. Jahrhunderts, die es legitimierte, diese Arbeit komplett den Frauen zuzuteilen. Auf dem Bauernhof, wo Familien und Arbeitskräfte zusammenlebten, hatten Kinder mehrere Bezugspersonen, nicht nur die Mutter. Die adelige Frau bemühte sich schon gar nicht um den eigenen Nachwuchs, sondern gab ihn in die Obhut von Ammen und Lehrkräften. Dass das Kind besonderen Schutzes bedarf und gefördert werden muss, ist eine wichtige Erkenntnis der damaligen Pädagogik, aber gleichzeitig brauchte man dafür »Personal«. Aus dieser Erkenntnis wurde von männlichen Wissenschaftlern wie auch Juristen der Schluss gezogen, dieses Personal müsse ausschließlich durch die Mütter gestellt werden, da Selbstlosigkeit und Fürsorglichkeit in der Natur der Frau lägen. Es ist hierbei wichtig zu verstehen, wie eine Vorstellung von weiblicher Liebe und Fürsorglichkeit erfunden wurde, die man unbezahlt abrufen kann und die eng damit verknüpft war, wie die Lohnarbeit organisiert wurde.[259]. So wurde die Kleinfamilie als Kernzelle der kapitalistischen Gesellschaft zu einem Käfig für Frauen.

Männer haben Hunderte Jahre lang »Fachliteratur« geschrieben, die in der Natur bestätigt sehen will, was wir kulturell erst hergestellt haben. Frauen sollen mit Liebe, Empfindsamkeit, Moral, Sentimentalität, Sinnlichkeit und ihrer Schönheit ausschließlich für das Heim zuständig sein und Männer für die Erwerbsarbeit und das öffentliche Leben, wozu auch die Politik und die Wissenschaften gehören. So machten sich Natur- und Geisteswissenschaftler daran, Frauen und Männern diametral entgegengesetzte Charaktereigenschaften zuzuschreiben, die unser Selbstbild bis heute prägen. Der Mann sei rationaler und somit der Politik und den Wissenschaften mehr zugetan, die Frau sei emotionaler und deshalb eher für Liebesdinge, Fürsorglichkeit und das Aufziehen der Kinder befähigt. Der »Mutterinstinkt« eignet sich bestens, um jede Emanzipationsbestrebung von Frauen zu unterdrücken, und wirkte als Propagandamittel, um Frauen an Kinder und das Heim zu binden und der Verfügungsgewalt von Staat und Ehemann zu unterstellen. Dies hält sich bis heute im pseudowissenschaftlichen Allgemeinwissen, sodass wir aufgrund der Geschlechterklischees eine Art Schattenboxen mit unseren Identitäten veranstalten müssen. Wenn Weiblichkeit einen Bezug zum Leben, zu Liebe und Fürsorge darstellen soll und Frauen ihrer Natur gemäß eine Kompetenz für Pflege und Einfühlsamkeit unterstellt wird, kann ihnen das schnell zum Nachteil gereichen: Denn wenn sie dem nicht nachkommen, gelten sie als selbstsüchtig, gefühlskalt und unnatürlich. So hat es eine lange Tradition, Frauen einzubläuen, dass sie durch ihre Gebärfähigkeit unfrei wären und ihr Heil besser im Heim suchten, statt allein eigene Wege zu gehen oder Räume für ihre eigenen Bedürfnisse zu fordern.

Es ist kein Zufall, dass die sogenannten Bindungstheorien just in den 1970er-Jahren ein Revival erlebten, als eine neue Frauenbewegung den Muttermythos infrage stellte und mehr Autonomie und gesellschaftliche Teilhabe jenseits der Familie forderte. Diese eng mit der Vorstellung des Mutterinstinktes verknüpften Bindungstheorien besagen, dass das Kind in den ersten Jahren unbedingt und alleinig den engen Bezug zur Mutter brauche. Sonst drohten Depressionen, Alkoholismus, Beziehungsunfähigkeit. Dem Verhalten des Vaters hingegen wurde kaum eine relevante Bedeutung zugeschrieben, wenn es um die Bedürfnisse des Kindes ging.

Starke Bindungen ermöglichen es Kindern, ein Grundvertrauen zu entwickeln, dabei hat es aber viele Vorteile, wenn ein Kind statt nur einer Person drei oder vier feste und stabile Bindungs- und Bezugspersonen hat, die ihm auch eine Bandbreite an Charaktereigenschaften aufzeigen. »Auch Mütter und Väter profitierten davon, wenn mehrere Personen sich an der Erziehung beteiligten, weil sie entlastet würden. Mehr Entspannung und weniger Stress stärke auch ihre Beziehung zum Kind«, sagt Fabienne Becker-Stoll, Direktorin des Staatsinstituts für Frühpädagogik in Bayern und Bindungsforscherin.[260] Doch mit der Betonung, nur die Mutter könne dies leisten, wurden lange Zeit die Argumente unterfüttert, die den Staat legitimieren, keine besseren Angebote zu machen, um Kinderbetreuung gesamtgesellschaftlich zu organisieren. Und die Frage, ob eine Frau, die allein in ihren vier Wänden mit ihren Kindern versauert, eine »gute Mutter« sein kann – überfordert in der Kinderbetreuung und unterfordert, wenn es um ihre eigenen Bedürfnisse und Weiterentwicklung geht –, fällt dabei unter den Tisch. So zeigt sich massiv auch an der hohen Zahl alleinerziehender Frauen, wie das Mutterideal zu Isolation führen kann. Es führte sogar dazu, dass es uns folgerichtig erscheint, ein komplexer und aufreibender Arbeitsbereich wie Kinderbetreuung könne nur an einer einzigen Person hängen bleiben, statt selbstverständlich von einer größeren Gemeinschaft getragen zu werden.

Wenn man einen Blick auf andere Kulturen und auf unsere eigene Geschichte wirft, erkennt man, dass es äußerst ungewöhnlich ist, wenn nur die biologische Mutter sich um den Nachwuchs kümmert. Wir selbst haben also diese Isolation geschaffen: Wir isolieren Mütter, die die Kinderbetreuung im Eigenheim bewerkstelligen sollen, wir isolieren Kinder, die nicht als normaler Bestandteil des öffentlichen Lebens angesehen werden, weil sie die Effizienz des Tagesablaufs stören, und wir isolieren ältere Menschen, die, nachdem sie die Kleinfamilie absolviert haben, nur schwer in einer größeren fürsorglichen Gemeinschaft wieder Anschluss finden. Aber man kann Eltern nicht vorwerfen, dass sie sich so abgrenzten und jeden Einfluss anderer Menschen als Gefahrenquelle identifizierten. Denn wir haben uns ein lustvolles Hobby daraus gemacht, Eltern (vor allem Müttern) grenzenlose Vorwürfe zu machen, wenn sie etwas nicht *richtig* machen. Diesen Schuldgefühlen geht man als Eltern lieber aus dem Weg und bleibt in den vorgegebenen Bahnen.

Sarghuna Nashir-Steck, die in Afghanistan aufwuchs, erzählte mir, dass sie überwältigt war von der Isolation, die sie als Mutter in Deutschland erlebte. In ihrem Heimatland war sie es gewohnt, dass Menschen mit Kindern sich gegenseitig unterstützen, dass man gemeinsam auf Kinder in der Öffentlichkeit aufpasst. Sie schilderte eine Situation auf einem Spielplatz, wo ein Kind von der Schaukel fiel und sie zu ihm eilte, um zu sehen, ob alles in Ordnung war. »Die Mutter des Kindes sah mich nicht freundlich, sondern strafend an, als hätte ich eindeutig meine Zuständigkeit überschritten. Sie riss mir das Kind aus den Händen, als müsste sie nun überdeutlich zeigen, dass sie sich richtig kümmerte. In Afghanistan ist es selbstverständlich, dass man sich um ein weinendes Kind sorgt, egal ob verwandt oder nicht.« Wenn man mit Menschen, die in afrikanischen oder arabischen Gesellschaften aufwuchsen, spricht, erzählen diese oft, dass sie das Aufwachsen nur bei der Mutter oder nur beim Vater nicht kennen, weil sie in einer Großfamilie mit Tanten, Onkeln und älteren Cousinen und Cousins aufwuchsen. Sie empfanden die Isolation von Müttern mit ihren Kindern in der westlichen Kultur als befremdlich. Eine Frau aus Benin erzählte mir, dass ihr als Kind erst nach und nach bewusst wurde, welcher der Menschen, die sich um sie kümmerten, eigentlich ihre biologische Mutter sei.

Die Kinderfeindlichkeit in Deutschland hängt auch damit zusammen, dass Mütter und Kinder in der Privatsphäre der Kleinfamilie unsichtbar gemacht wurden. Nicht nur, dass Kinder mittlerweile zu den größten Armutsrisiken gezählt werden, wir haben zudem gelernt, Kinder als Störenfriede unseres durchkapitalisierten Alltags wahrzunehmen. Frauen sollen ihre Mutterschaft daher um diesen auf Effizienz orientierten Alltag herum organisieren. So wurde auch unsichtbar gemacht, wie viel Arbeit Pflege und Fürsorge tatsächlich bedeuten (und dass diese Arbeit immer noch keinen hohen Stellenwert hat, zeigt sich in der niedrigen Entlohnung und Anerkennung von Erziehern und Pflegerinnen). Kinder zu isolieren bedeutet, Mütter (und inzwischen vermehrt auch Väter) zu isolieren. Kinder in den Alltag zu integrieren bedeutet, Eltern ein eingebundeneres und stressfreieres Leben zu ermöglichen. Wir müssen wieder lernen, dass Kinder ein normaler Bestandteil unserer Öffentlichkeit sind. Sie wären ein wichtiger *Motor* für einen entschleunigten und liebevolleren Alltag.

Dass die Kleinfamilie mehr mit Wirtschaft als mit Liebe zu tun hat, zeigt sich auch daran, dass sie nicht nur der Etablierung der geschlechtlichen Arbeitsteilung Schützenhilfe gibt, sondern auch sonst vieles am Laufen hält, was das kapitalistische System braucht: Das Kleinfamilienkonzept dient der Aufzucht des zukünftigen Humankapitals, und der Druck, wie eine gute Familie auszusehen hat, um dieses herzustellen, hält auch die Konsumgesellschaft am Laufen. Familien müssen Schulden machen, um dem Idealbild zu entsprechen, und diese Schulden binden umso mehr in den Kreislauf des Konsums und damit der Lohnarbeit ein, während sie gleichzeitig eine Ehescheidung erschweren. Das Familienideal gibt schließlich auch vor, wie Kinder so in die eigene Karriereplanung gepresst und mit passenden Werten ausgestattet werden, dass sie irgendwann selbst zuverlässige, »erfolgreiche« Lohnarbeiter:innen werden.

Das Staatswesen und die Form der Erwerbsarbeit waren schon im 18. Jahrhundert darauf ausgerichtet, dass die Frau abhängig von einem Mann war und ihm somit zur Verfügung stehen musste.[261] Die Erzählung vom Mutterinstinkt behauptet zwar, dass Frauen dies freiwillig tun, doch dass er dabei nicht ausreicht, um die Frau fügsam zu machen, er also vielleicht doch nicht so natürlich ist, zeigt sich darin, dass im Laufe der Jahrzehnte zahlreiche Gesetze erlassen wurden, die es Frauen massiv erschwerten, ein von Familie und Ehemann unabhängiges Leben zu führen, wie z. B. die Tatsache, dass Frauen bis 1962 kein eigenes Konto führen oder bis in die 1970er-Jahre hinein keine eigenen Anschaffungen tätigen durften. Die Frau wurde systematisch von Möglichkeiten, ihr eigenes Geld zu haben, abgeschnitten, damit sie vom Geld eines Ehemannes abhängig bleibt, Anerkennung und Status wurden ihr nur durch die Mutterschaft bzw. die Fürsorgearbeit als Mutter zuerkannt. Diese von Frauen verlangte »Fürsorgearbeit« betraf ebenso die sexuelle Verfügbarkeit für den Ehemann. Dass die Ehefrau die Bedürfnisse des Mannes zu befriedigen hat, ohne ihre eigene Lust leben zu können, findet darin seinen härtesten Beweis, dass Vergewaltigung in der Ehe bis 1998 nicht unter Strafe stand.[262] Sexuelle Selbstbestimmung außerhalb der Ehe war nur mit dem Risiko – auch wegen der Gefahr einer ungewollten Schwangerschaft – des Verlustes finanzieller und sozialer Absicherung zu leben. Die öffentliche Verachtung des realen, menstruierenden, schwangeren, lustvollen – und nicht idealen mütterlichen, sterilen und für Männer attraktiven – weiblichen Körpers hatte fatale Auswirkungen auf das Selbstbewusstsein von Frauen und ihr Vermögen, sich sinnlich ausdrücken und ausleben zu dürfen.

In den Jahren, in denen ich mit *Ciocia Basia* Frauen aus Polen dabei half, in Berlin einen Schwangerschaftsabbruch durchführen zu lassen, wurde mir klar, dass es uns nicht nur an dem viel zitierten Dorf fehlt, das sich selbstverständlich um Eltern und Kinder kümmert, sondern auch an dem Selbstverständnis, dass schwangeren Frauen uneingeschränkt vom ersten Tag an gezeigt wird, dass man sie mit Wohlwollen und Respekt unterstützen wird. Die Mischung aus Effizienz- und Leistungslogik und konservativer Familienmoral in unserer Kultur suggeriert Mädchen, dass Schwangerschaft etwas Bedrohliches ist, was ihr Leben ruiniert, ihre soziale Stellung und

Karriereplanung negativ beeinflusst. So erinnerte ich mich an meine Überraschung, als ich in meinen 20ern Afrikawissenschaften studierte und immer wieder Beschreibungen von afrikanischen Gemeinschaften las, in denen schwangere Frauen kompromisslos willkommen geheißen und unterstützt werden, ganz gleich, ob sie durch die Ehe einem Mann/Vater zugeordnet werden konnten.[263] Und es dämmerte mir, welch toxische Normalität mir selbst eingeimpft worden war. Diese Beschreibungen von afrikanischen Gemeinschaften galten allerdings *vor* der Zeit der Kolonisierung, denn im Zuge der christlichen Missionierung wurde Schwangerschaft (als sichtbare Konsequenz weiblicher Sexualität und Lust) bei Frauen, die nicht vorher den christlichen Bund der Ehe eingegangen waren, zu etwas, das schamhaft verborgen werden musste. Der Katholizismus schuf eine Welt, in der die Schwangerschaft einer Frau zu ihrer Ächtung führt, wenn sie nicht in ganz bestimmten Bahnen stattfindet. Sie machte aus einer Stärke der Frau eine Schwäche. Zahlreiche Frauen werden deshalb immer noch in dem Moment, in dem sie am meisten Unterstützung brauchen, nämlich, wenn sie schwanger werden, aus der Gemeinschaft verbannt und mittellos in die Isolation getrieben. Diese Perspektive lässt die behauptete Überlegenheit der »westlichen Zivilisation« sehr bizarr erscheinen. Gleichermaßen glaubt man Frauen immer noch in ihre Reproduktionsfähigkeit reinreden zu dürfen, als wäre sie ein öffentliches Gut. Das ist bei Kinderlosen ebenso wie bei Schwangeren und Müttern der Fall. Denn genau das bindet Frauen ideologisch an den Staat: die Reproduktionsarbeit, weshalb die Entwicklung und Legalisierung von Techniken der Familienplanung - von Verhütungsmitteln bis zum Schwangerschaftsabbruch - weiterhin umkämpft sind. Mit der Stigmatisierung der Kinderlosigkeit, der *Regretting Mothers* und der Abtreibung wurde schon immer verhindert, die tatsächlichen Bedürfnisse von Frauen anzuerkennen oder ihnen Gehör zu verschaffen. Die Eroberung ihrer Körper und Sexualität war und ist für Frauen ebenso wichtig wie das Wahlrecht und alle anderen Gesetze zur Gleichberechtigung.

Durch die Errungenschaften der Frauenbewegung fielen die ökonomischen und sozialen Zwänge weg, die Frauen wenige Optionen gaben, etwas anderes zu sein als Hausfrau und Mutter. Mit der weiblichen Selbstbestimmung droht die selbstverständlich eingeforderte Arbeitskraft der Hausfrau und Mutter verloren zu gehen und damit ein wichtiger Pfeiler in der aktuellen Wirtschaftsorganisation des Staates. Damit der Kleinfamilie aber nicht vollends das unbezahlte Personal ausgeht, wird das Bedrohungsszenario - oft in einem pseudowissenschaftlichen Gemenge über Biologie und Psychologie, also unserer Vorstellung von »Natur« - immer vehementer ausgemalt, dass Frauen als vereinsamte und als ungeliebte Singles zu enden, dass ihr Leben sinnentleert sei und sie depressiv würden, wenn sie kein Kind bekämen und keine Familie gründeten. Dass Singlefrauen heute ein größerer Makel anhaftet als Singlemännern, liegt schlichtweg daran, dass man Frauen vor dieser sozialen Abwertung Angst machen will, sodass sie sich in die nächstbeste Partnerschaft begeben, um weiterhin unbezahlte Fürsorgearbeit zu leisten. Die Angst vor Einsamkeit soll Frauen in die Isolation der Mutterschaft oder einer anderen Fürsorgearbeit drängen.

Fürsorgearbeit in der Familie und geschlechterspezifische Bewertung des Singledaseins

Die Aufteilung von Menschen in zwei Geschlechter, die mit einem bestimmten Set an Charaktereigenschaften und Fähigkeiten ausgestattet sind, ist Grundlage des asymmetrischen, bürgerlichen Geschlechterverhältnisses. Dazu gehört auch die Trennung der Gesellschaft in eine öffentliche männliche Sphäre (Staat, Ökonomie und Zivilgesellschaft) und eine private weibliche Sphäre (Familie und Haus).[264] Die Kleinfamilie ist also nicht der Garant für Liebe, Wärme, Sicherheit und Schutz gegen Einsamkeit, wie es gerade in Zeiten der Krise gerne propagiert wird[265], sondern ein Garant für die geschlechtliche Arbeitsteilung von öffentlich und privat, sichtbar und unsichtbar, bezahlt und unbezahlt. Die männlich codierte öffentliche Sphäre erfährt eine hohe gesellschaftliche Anerkennung, die weiblich codierte private Sphäre eher weniger. Wir befinden uns alle in einem System, in dem Lohnarbeit und Familie so strukturiert und organisiert sind, dass sie sich ergänzen sollen. Daraus ergibt sich ein geschlechtsspezifisches Alleinsein: Frauen werden isoliert, weil sie zu viel unbezahlte Fürsorgearbeit machen sollen, und Männer, weil ebendiese ihnen nicht zugemutet wird, auch nicht für sich selbst. So sitzen Frauen oftmals allein in der Küche und Männer allein vor dem Fernseher. Nur wenige Väter ergreifen von sich aus die Initiative, eigenverantwortlich die Familienarbeit zu übernehmen, und die wenigsten Väter sind bereit, dafür Abstriche bei der Karriere hinzunehmen. Aber es gibt auch immer engagiertere und eigenverantwortlichere Väter, und es ist bedauerlich, wenn sie durch persönliches Umfeld oder Arbeitgeber:in entmutigt werden. Sie scheitern ebenso am Mutterideal und können ihre fürsorglichen Potenziale nicht ausleben. Das Mutterideal schadet also nicht nur Frauen, sondern auch Männern, weil ihnen die Kompetenz zur Fürsorge aberkannt wird. Bedauerlich ist hierbei auch, dass es Männern schwer gemacht wird, ihre sozialen Kompetenzen auszubauen, was zur Folge hat, dass sie öfter Opfer der Einsamkeit werden – vor allem im Alter.

Den Unterschied von sozialer Isolation und dem heilsamen Alleinsein, in dem man sich selbst finden kann, kann man gut ablesen an Menschen, die sich um andere kümmern. Paradoxerweise landen die Menschen, die andere pflegen (und im Falle von älteren oder behinderten Menschen diese damit aus ihrer Isolation zu holen versuchen), selbst in der Isolation. Menschliche Beziehungen und Bedürfnisse lassen sich nicht eintakten und planen, sodass Pflegende rund um die Uhr tätig oder auf Abruf sind, was ihr soziales Leben erschwert.

In den letzten Jahren, in denen ich mich mit dem Mutterideal beschäftigte, wurde mir von kinderlosen Frauen immer wieder von einer Angst berichtet: »Ich will keine Mutter werden, weil ich dann in der Kleinfamilie *verschwinde.*« Einer der Hauptgründe, warum Frauen keine Kinder bekommen wollen, ist nicht, dass sie kinderfeindlich oder egoistisch sind, sondern dass sie die Isolation und Über- und Unterforderung durch die Mutterschaft vermeiden wollen.

Trotz höherer Erwerbsbeteiligung der Mütter sei unser Mutterbild in den 1980er-Jahren stehen geblieben, sagt die Schweizer Erziehungswissenschaftlerin Margrit Stamm. In der letzten Studie des Allensbach-Instituts aus dem Jahr 2013 über *Arbeits- und Lebenswelten. Wunsch und Wirklichkeit*[266] räumte beispielsweise jeder zweite Mann ein, dass Familien- und Hausarbeit zum großen Teil an den Frauen hängen bleibe, auch wenn beide Vollzeit arbeiten. Berufstätige Väter verbringen etwa zwölf Minuten täglich mit ihren Kindern, bei berufstätigen Müttern sind es drei Stunden. Dazu kommt, dass verheiratete Männer eher Führungspositionen erreichen und höhere Gehälter bekommen, eben weil sie eine Ehefrau haben, die sich um die Arbeit im privaten Heim kümmert. Für Frauen ist meist das Gegenteil der Fall: Sie verdienen schlechter und wenn sie Kinder haben, gehen sie oft in Teilzeit, was Einkommen, Alterssabsicherung und Karriereaussichten noch weiter verschlechtert. Wenn Frauen in ihren 20ern und 30ern noch ähnliche Gehälter wie gleichaltrige Männer haben, ändert sich dies mit der Eheschließung sehr oft. »Verbale Aufgeschlossenheit bei weitgehender Verhaltensstarre«, nannte Ulrich Beck dieses Phänomen, dass selbst in Ehen, in denen die Frau Vollzeit arbeitet, die Frau immer noch zwei Drittel der Hausarbeit und der Kinderbetreuung leistet.[267] Viele Männer kultivieren eine strategische Inkompetenz im Haushalt, damit die Frau es übernimmt.[268]

Und wie Frauen und Männer sich in Liebespartnerschaften zermürben, wird in der Studie durch die Punkte Hausarbeit und Kindererziehung bezeugt, die in 52 bzw. 47 Prozent Anlass aller Streitereien innerhalb der Beziehung sind. Diese Perspektive steht dem romantischen Klischee, dass das gemeinsame Kind jede partnerschaftliche Liebe krönt, entgegen. Viele meiner Interviewpartnerinnen, die ich für mein Buch *Die Uhr, die nicht tickt* interviewte, sagten, sie wollten verhindern, dass ihre Partnerschaft durch eine Familiengründung auf eine reine Versorgungsstation für das Kind reduziert wird. Paare ohne Kinder haben oft einen stärkeren inneren Zusammenhalt, da sie gemeinsamen Aktivitäten nachgehen, sich intellektuell mehr austauschen und sich darin unterstützen, ihre Ziele zu verfolgen. Sie weisen zudem oft gleichberechtigtere Beziehungsformen auf als Eltern. Viele Interviewpartnerinnen waren sich sicher, dass eine vorher gleichberechtigte Partnerschaft durch Kinder aus der Balance geraten würde, weil unsere gesellschaftlichen Strukturen – vom Steuergesetz über die Arbeitszeiten bis hin zur Erwartungshaltung ans Mutterideal – befördern, dass mehr Familienarbeit an der Frau hängen bleibt. Die Probleme der Mehrfachbelastung und Vereinbarkeit diskutieren wir nur, weil die Leistung der Hausfrau und Mutter vorher in der Kleinfamilie unsichtbar gemacht wurde. Erst seit Frauen vermehrt in die Lohnarbeit, die Universitäten, die Politik und andere Institutionen des öffentlichen Bereichs vordringen, stellt sich die Frage, ob da eine KiTa angeschlossen werden sollte. Denn wenn die Frauen aus der Wohnung ausbrechen, müssen sie die Kinder mitnehmen, für deren Erziehung sie bisher überwiegend allein verantwortlich gemacht wurden.

Durch die Ehe wird die Liebe zum Vertragsgeschäft, an das sich Arbeitsbedingungen im Haushalt und der Kinderbetreuung knüpfen, die jede Gewerkschaft ablehnen würde. Da diese Fürsorglichkeit an die Bedürftigkeit z. B. eines Kleinkindes oder Kranken gebunden ist, werden Frauen in einer Weise emotional erpressbar, die ihre Fähigkeit zur Selbstbestimmung und zum Gestalten ihrer Freiräume massiv untergräbt. »Weniger Geld, mehr Arbeit. Kein Wunder, dass Frauen immer noch lernen sollen, eine romantische Partnerschaft – und in der Konsequenz eine Familie – sei die Krönung ihres Daseins. Denn sähe man sich nur die Fakten an, käme wahrscheinlich niemand darauf, dass es hier um einen guten Deal geht«[269], sagt Gunda Windmüller.

In dem Bestseller *Regretting Motherhood* der israelischen Soziologin Orna Donath geht es darum, dass die Mütter ihre Kinder zwar lieben, aber die Arbeitsumstände hassen, unter denen die Mutterschaft gelebt werden muss. Ich finde es wichtig, hier tatsächlich auch über Arbeitsumstände zu sprechen, denn in unserer Gesellschaft ist Liebe für Frauen Arbeit geworden. Heteronormativität ist eben nicht nur die gesellschaftliche Normvorstellung, wie ein Mann und eine Frau als Liebespaar und als Arbeitende zu sein haben, sondern sie verblendet unsere realen Bedürfnisse. Und die Arbeitsumstände des Mutterideals besagen, dass Frauen sich eher um die Bedürfnisse anderer kümmern sollen als um ihre eigenen. Solange Fürsorgearbeit weiter als etwas Privates und Weibliches angesehen wird, wird es immer unbezahlt an den Frauen hängen bleiben, auch wenn man sie mit ein paar Hilfen zur Vereinbarkeit abspeist. Fürsorgearbeit wird als dienend und deshalb prestigelos betrachtet, was erklärt, warum häusliche und pflegerische Arbeiten so unattraktiv erscheinen, vor allem für Männer. Frauen werden aufgewertet, wenn sie in der männlichen Sphäre der Lohnarbeit bestehen, Männer, die in die weibliche Sphäre gehen, werden abgewertet. Hier liegt die Krux der Gleichberechtigung: Bis heute hält sich hartnäckig das Missverständnis, dass Gleichberechtigung erreicht sei, wenn Frauen in die Arbeitsbereiche der Männer, die eben mit mehr Autonomie verbunden werden, vordringen können. Nicht berücksichtigt wird, dass wirkliche Gleichberechtigung nur dann funktionieren kann, wenn auch Männer die Arbeit übernehmen, die mehrheitlich Frauen tun bzw. wenn diese gesamtgesellschaftlich organisiert und umverteilt wird: Fürsorge, Pflege, Haushalt und Kinderbetreuung. Fürsorglichkeit darf nicht mehr an ein Geschlecht gebunden, also als weiblich/mütterlich dargestellt werden, sondern als eine allgemein menschliche Qualität. Sonst gibt es keine Gleichberechtigung, sondern am Ende nur die Doppelbelastung für die Frau. Frauen haben nicht aufgrund ihrer Natur höhere fürsorgliche Kompetenzen als Männer. Männern wird nur eben zugestanden, dass sie sich leichter abgrenzen dürfen, ihnen wird nicht nahegelegt, wie wichtig emotionaler Austausch und Sorge um andere ist. Das Hormon Oxytocin, das unsere Wahrnehmung für fürsorgliches Verhalten schärft, wird bei Menschen ausgeschüttet, *während* sie sich um andere kümmern, und zwar bei Männern ebenso wie bei Frauen. Frauen haben von diesem Hormon nicht per se mehr als Männer. Die »mütterlichen« Qualitäten fallen für keine Frau vom Himmel – genauso wenig tun sie dies für Männer. Das zeigt, wie die Frauenemanzipation der gesamten Gesellschaft zugutekommen kann: Durch die Sichtbarmachung der Bedeutung von Fürsorgearbeit und gleichzeitiger Verweigerung, diese nebenher für alle zu erledigen, müssen nun auch Konzepte des Allgemeinwohls, der einengenden Verzahnung von Familie und Erwerbsarbeit sowie der politischen Gewichtung von Care-Konzepten neu gedacht werden. Fürsorglichkeit darf nicht nur symbolisch hoch bewertet werden, sondern muss faktisch der Lohnarbeit gleichgestellt werden. Fürsorgearbeit muss endlich den Platz in der Volkswirtschaft bekommen, der ihr ihrer Bedeutung gemäß zusteht.[270] Davon würde nicht nur die Gesellschaft im Ganzen profitieren, weil es einen ganz neuen Zugang erlauben würde, wie das Soziale in unsere Leben integriert wäre, sondern ganz konkret könnten auch Männer in ihrer Selbstwahrnehmung davon profitieren. Fürsorglichkeit ist eine Eigenschaft, die wir uns alle zu eigen machen sollten und die eine solidarische Gesellschaft braucht.

Dieses Buch ist nicht konsequent nach Geschlechtern getrennt, weil ich möchte, dass Männer und Frauen einander zuhören. Der Feminismus hat Männern sicherlich viele Denkanstöße ermöglicht. Nach Jahrzehnten des Widerstands zeigen Männer sich nun von der Frauenemanzipation vermehrt inspiriert, ihrem eigenen Geschlechterkäfig auf die Spur zu kommen. Wie leiden sie unter dem, was man von ihnen als Mann verlangt, in welchem Sumpf von Klischees stecken sie selbst knietief? Mit seinem Buch *Prinzessinnenjungs: Wie wir unsere Söhne aus der Geschlechterfalle befreien*[271] hat der vierfache Vater und Feminist Nils Pickert das Problem benannt, dass Jungs und Männer in tradierten Geschlechterrollen feststecken, die ihnen nicht guttun. Als sein fünfjähriger Sohn dafür gemobbt wurde, dass er gerne Röcke trug, zog Pickert sich aus Solidarität ebenfalls einen Rock an und begann, sich mit Rollenerwartungen, der Vorbildfunktion von Eltern und toxischer Männlichkeit zu beschäftigen. Denn was passiert mit Jugendlichen, die Körperkontakt und Gefühlsäußerungen ab einem bestimmten Alter nur noch übers (wenn auch spielerische) Kämpfen ausleben dürfen? Männer können dem Ideal von Stärke und Autonomie selbst meistens nicht entsprechen, ihnen wird es aber durch dieses Ideal umso schwerer gemacht, Zärtlichkeit auszutauschen oder Hilfe zu suchen.

Viele Männer verorten Berührung allein in der (Penetrations-) Sexualität. (Unerotische) Nähe und Zärtlichkeit gegenüber anderen befreundeten Männern wie Frauen ist in unserem westlichen Kulturkreis verpönt, weil die Angst groß ist, als homosexuell zu gelten und damit die Männlichkeit in Zweifel gezogen zu wissen, platonische Zärtlichkeit mit Frauen ist ebenfalls problematisch, weil die Geste der Macht häufig mehr Bedeutung bekommt als die der Zärtlichkeit. Diese eingeschränkte Sicht auf Körperkontakt wirkt sich aber auch auf die Qualität der Sexualität aus, in der die Komplexität von Sinnlichkeit keinen Raum bekommt. Das mag einer der Gründe sein, warum so viele Frauen immer noch sagen, sie hätten in der Sexualität mit Männern Probleme, zu einem Orgasmus zu kommen.

Auch wenn man vor allem Frauen die Angst vor dem Alleinsein einredet, ist Isolation eher ein Männerproblem. Frauen leiden an ihrem Singledasein, nicht weil sie tatsächlich vereinsamen, da sie meistens mehr Freundschaften zu Menschen pflegen, mit denen sie unterwegs ein können, sondern weil sie es als Entwertung empfinden müssen. Männer fühlen sich hingegen tatsächlich öfter isoliert, sie begehen aus diesem Grund öfter Selbstmord und haben mehr Probleme, außerhalb der Ehe Beziehungen zu pflegen, weshalb Männer auch nach einer Scheidung oder verwitwet eher isoliert sind als Frauen. Anders als das von Frauen, beruht unser Bild von Männern aber auf der Grundannahme, dass sie allein klarkommen, obwohl es statistisch gesehen eher andersherum ist. Männern wird nachgesagt, sie bräuchten nicht unbedingt eine stabile Partnerschaft oder überhaupt Beziehungen zu Menschen, sie können Erfüllung auf verschiedene Art außerhalb sozialer Kontexte finden. Das erzählt man den Männern und das erzählen sie sich gegenseitig, weil es der Vorstellung von überlegener Autonomie entspricht. Das ist eine schöne Fassade der Stärke, die Männern einen psychologischen Vorteil verschafft: eine behauptete Freiheit. Von Männern wird weniger verlangt, dass sie Verantwortung in Beziehungen, weder für Frauen noch für Kinder, übernehmen, sie seien eher diejenigen, die sich nicht binden wollen, die die freie Auswahl genießen möchten, die sie als Single haben, und die gerne in einer unaufgeräumten Junggesellenbude leben, welche sie als Freigeist markiert. So die Erzählung. Es setzt sie aber auch unter Druck, sich ein Verhalten antrainieren zu müssen, das sie im Alter mehr vereinsamen lässt als Frauen. Dennoch wird dieses Damoklesschwert des Aussortiertwerdens eher über Frauen gehängt. Der Umstand ihrer Einsamkeit wird nicht als das alles Definierende im Leben eines Mannes dargestellt, das unbedingt geändert werden muss, wie es bei Frauen so oft der Fall ist. Es wird ihnen auch nicht übel genommen, dass sie mit ihrem Singlestatus demonstrieren, dass sie sich um niemand anderen kümmern, so wie es Frauen angelastet wird.

Männer erlangen Status über Geld, Beruf und Machtpositionen. Aber was ist mit dem Großteil der Männer, die diese Statussymbole nicht vorzuweisen haben? »Dauerhafte Arbeitslosigkeit wirkt sich sozial schlimmer auf Männer als auf Frauen aus: Männer ziehen sich aufgrund von Unterlegenheitsgefühlen, Scham oder Stigmatisierungsängsten oft komplett aus dem sozialen Leben zurück«[272], stellt der Soziologe Jan Eckhard fest.

Tatsächlich sind es auch eher Männer als Frauen, die sich eine Beziehung wünschen, wie die Soziologin Stephanie Bethmann herausfand.[273] Das liegt auch daran, dass sie stärker davon profitieren. Denn sie bekommen darin Zärtlichkeit und Fürsorge, die sie in Männerfreundschaften weniger zu erwarten haben. Frauen kümmern sich oft um das seelische, körperliche, soziale und gesundheitliche Wohl ihrer männlichen Partner mit: Singlemänner essen ungesünder, trinken und rauchen mehr, gehen seltener zum Arzt, machen weniger Sport, sind in ihrer Freizeit weniger aktiv. Zwischen Singlefrauen und verpartnerten Frauen findet man solche Unterschiede nicht, da Frauen oftmals besser in der Lage sind, sich um ihr eigenes Wohlergehen zu kümmern bzw. anders priorisieren.

Es seien überwiegend die Frauen, die mit der Trennung oder Scheidung schließlich den Schlussstrich ziehen. In seinen Gesprächen höre der Soziologe Richard Schneebauer aber oft, dass viele Männer gar keinen guten Freund haben, mit dem sie in dieser emotionalen Ausnahmesituation offen sprechen können. Das mache Männer abhängig von Frauen: »Wenn da die emotionale Versorgungsleitung nicht steht, dann wird es für viele Männer eng. Sie werden von ihren eigenen Gefühlen überwältigt und stehen ihnen hilflos gegenüber, oft reagieren Männer dann mit Depression oder Aggression.«[274] Wie kommt es dennoch dazu, dass diese soziologische Tatsache weniger Medienaufmerksamkeit bekommt und stattdessen die tragisch suchende Singlefrau auf allen Kanälen präsent ist? Singlefrauen werden gerne pathologisiert: die schräge Alte, die Hexe, die Katzen-Lady. Der einsame Waldschrat wird mit Weisheit verbunden, er ist vielleicht verschroben, aber irgendwie weise. Männer genießen ihr Singledasein, das wird in jeder Boulevardzeitschrift betont, während bei Frauen mit Sorge gefragt wird, ob da jetzt noch endlich die Liebe (und Kinder) kommen. Man erzählt sich von Männern, die als Singles ihre Freiheit genießen und im hohen Alter noch Väter werden. Das Alleinsein wird je nach Geschlecht für Männer als Freiheit oder für Frauen voller trauriger Ersatzhandlungen gezeichnet. Der Mann hat seine Junggesellenbude, sein Reich, in dem er so sein kann, wie er will; keine Ehefrau als Hüterin des bürgerlichen Anstands quatscht ihm hier rein. Das Katzenhaus ist hingegen die armselige Endstation einer Frau, die *für* jemanden da sein will, dafür aber niemanden hat, jedenfalls keinen Mann.

Frauen steckt die Angst, als nicht konform wahrgenommen zu werden, nach jahrhundertelanger Pathologisierung, angefangen von Aristoteles über den Katholizismus und Sigmund Freud bis zu den meisten heutigen Frauenzeitschriften, noch in den Knochen, schließlich hatte Nonkonformität für sie ernste Folgen wie soziale Entwertung, Entmündigung, bis hin zu Freiheitsberaubung, Folter und Mord.[275]

Die erste Frau, der wir begegnen, die unabhängig, unverheiratet und kinderlos, selbstbestimmt, neugierig und wissensdurstig lebte, war die Hexe im Märchen. Die selbstbestimmte Frau sollte kein Vorbild, sondern ein Schreckgespenst sein, sie wurde deshalb als böse, alt und hässlich dargestellt, und sie spukt bis heute in unseren Köpfen herum.[276] Das Singlesein von Frauen ist deshalb von gesteigertem öffentlichem Interesse, denn die Frau, die aussteigt aus dem Hamsterrad der Mütterlichkeit, bedroht das komplette Gebilde der Gesellschaft, weil sie diejenige ist, die das Ganze hinter den Fassaden mit ihrer unsichtbaren Fürsorgearbeit, der Kinderbetreuung, dem Haushalt, der Pflegearbeit zusammenhalten soll. Um an der geschlechtlichen Arbeitsteilung festzuhalten, werden Frauen andauernd mit tickenden Uhren auf die Dringlichkeit ihrer Familienplanung hingewiesen – die sie deshalb auch eher forcieren –, während Männern nicht permanent vorgehalten wird, dass sie impotent werden, die Spermienzahl und -qualität zurückgehen, sie älter werden und dann zu erschöpft sind für Kinder. Dieser Mythos, dass Männer endlos viel Zeit mit der Familiengründung hätten, hält sich beständig, obwohl er die Ausnahme ist und ebenso prekär. In Talkshows und Celebrity-Magazinen ist er trotzdem immer wieder eine Meldung wert. Die Mehrheit der Männer bekommt, analog zu den Frauen, auch keine Kinder mehr, wenn sie über 40 Jahre alt sind. Der Vorteil scheint ein psychologischer zu sein, und er wird benutzt, um Männern mehr emotionale Unabhängigkeit zu attestieren. Aus einer unabhängigen Frau hingegen macht man ein Opfer der Frauenemanzipation, die ihre »natürlichen« Bedürfnisse nicht mehr sehen kann, sie wird als tragisch und einsam gezeichnet. Ihr Drang nach Unabhängigkeit tut ihr angeblich nicht gut.

Die Männer vereinsamen jedoch stillschweigend, für diese Geschichten gibt es in der dominanten Erzählung kaum einen Platz, denn darin zeigt sich eine Handlungsunfähigkeit, die mit den Idealen der Männlichkeit unvereinbar wäre. Doch diese Realität bricht sich immer mehr Bahn, sodass es sogar seit ein paar Jahren im deutschen Fernsehen nennenswerte Serien gibt, die diese Anfälligkeit der Männlichkeit behandeln: *Dittsche, Der Tatortreiniger* und die beiden vom westdeutschen Kapitalismus aussortierten Brandenburger Arbeiterphilosophen von *Warten auf'n Bus* machen eine Männlichkeit sichtbar, die auf sympathische Weise vor jeglichen Männlichkeitsidealen kapituliert. Das macht sie als Schritt der Sichtbarmachung für eine Emanzipation der Männer umso wichtiger.

»All diese Geschichten darüber, wie hart es für Singlefrauen sein muss, sind ziemlich sinnlos, wenn man sich mal anschaut, was wirklich los ist. Singlemänner sind viel schlimmer dran. Wenn sie heiraten, verbessert sich ihre psychische Gesundheit massiv,« schreibt der Sozialwissenschaftler Roland Kessler.[277]

Der Leiter einer interkulturellen Vätergruppe in Helsinki erzählt in dem SWR-Radio-Feature *Imported Fathers*[278], dass die teilnehmenden Männer, egal aus welchem Teil der Welt sie kommen, vor einem Problem stehen: Sie wollen ein anderes Männer- und Väterbild leben als das, welches sie von ihren Vätern vermittelt bekommen haben. Doch Vorbilder, Ermutigung und Unterstützung hierfür fehlten. Ihre Väter waren disziplinierend und weniger liebend, zärtlich und emotional zugewandt, viele Väter waren auch einfach abwesend. Sie hingegen wollen ihren Kindern in einer Weise emotional zugewandt sein, die sie selbst aber nie gelernt haben. Die größte Herausforderung sei es, sich von den Mustern zu lösen, die man von seinen Vätern gelernt hat. Dazu zählt sicherlich auch, die eigene Unsicherheit im emotionalen Umgang mit Kindern mit Coolness und Egal-Einstellung zu überspielen, was aber die Trennung nur vertieft. Das Wichtige sei auch, zu verstehen, dass Kinder ihre Gefühle nur zeigen und teilen können, wenn das Gegenüber es auch tut. Die Männer müssen selbst erst mal lernen, wie das geht. Aber auch, dass dies erwünscht und akzeptiert anstatt belächelt wird. In Finnland gibt es inzwischen Entwicklungen, die das fördern: Eine sechsmonatige Elternzeit wird inzwischen selbstverständlich den Männern angeboten. Ein Teilnehmer der Gruppe erzählt, dass er seine Vaterschaft in Finnland als viel einfacher lebbar empfindet, als in den USA. Er könne hier der Vater sein, der er sein möchte, der sich gleichberechtigt verhält, einer, der präsent und involviert und eigenverantwortlich ist, das wird hier geschätzt. »Wenn wir alle besser sind als unsere Väter, wäre die Welt ein besserer Ort. Wäre das nicht großartig?« Auch der Verfasser des Features sagt, er habe als Vater einen weiteren Horizont in Finnland bekommen, als es in Deutschland möglich gewesen wäre.

Viele Männer, die sich an Care-Arbeit beteiligen, bekommen zwar erst mal viel Applaus (während das bei Frauen selbstverständlich vorausgesetzt wird), viele stoßen aber auch auf wenig Unterstützung an ihrem Arbeitsplatz und müssen viel Abwertung und Häme einstecken. Doch wenn Männer zu einem besseren Bezug zu Zärtlichkeit und Fürsorge für sich und andere ermutigt werden, hätte ihr Alleinsein ohne Partnerin womöglich nicht die oben genannten negativen Auswirkungen. Zudem würden sie den Frauen mehr Räume zum Alleinsein ermöglichen, weil die Mehrarbeit der Fürsorge nicht nur auf deren Schultern lasten würde.

Care-Politik

Care-Arbeit kann ökonomisch gesehen nicht effizient organisiert werden, denn ihre Beschleunigung wirkt sich negativ auf ihre Qualität aus. Das zeigt sich nicht nur in unserer individuellen Lebensgestaltung, sondern auch in der Organisation professioneller Pflegeberufe, denkt man beispielsweise an die neu eingeführten

Fallpauschalen und die Zerlegung von Pflege in genau abgesteckte Einzelaufgaben in Kliniken. Viele Politiker:innen haben in den letzten Jahren zwar in ihrer Rhetorik Soziales aufgewertet (es würde wahrscheinlich nicht mehr passieren, dass ein Bundeskanzler dieses als »Gedöns« abwertet, wie es Gerhard Schröder getan hat), dennoch scheint es klar, dass Sparen vor allem im sozialen Bereich, bei Löhnen, bei Renten, an Schulen, in Krankenhäusern, bei der Sozialhilfe, an der öffentlichen Infrastruktur legitim ist. Wenn man sich das aber »nicht mehr leisten« kann, wird automatisch davon ausgegangen, dass es von Frauen in den Familien geleistet wird, auch wenn sie sich diese Arbeit auch nicht leisten können. Denn der Bedarf an Sozialem verschwindet nicht, er ist kein Luxus, den man sich gönnt, aber auch streichen könnte. Weil wir Menschen sind und menschliche Bedürfnisse haben, weil wir krank werden und großgezogen werden müssen, weil wir eben keine Uhrwerksmenschen sind. Die Verantwortung für diese Bedürfnisse wird aber vermehrt aus der öffentlichen Sozialstaatlichkeit den Familien und Individuen zugeschoben. Viele Empfehlungen der Europäischen Kommission für Länder, die ihr Schuldendefizit reduzieren müssen, klingen vermeintlich geschlechtsneutral, gehen in der Realität aber meistens zulasten von Frauen. Das ist auch deshalb dramatisch, weil ein immer größerer Bereich der unbezahlten Care-Arbeit in der Kleinfamilie nur erbracht werden kann, wenn Frauen keine Vollzeitstellen annehmen und damit neben Einkommenseinbußen auch Kürzungen an der sozialen Sicherung in Kauf nehmen müssen, vor allem nach einer Scheidung, und wenn sie unter Umständen alleinerziehend sind.

Dass *Care*, also das Sorgen für die körperlichen und emotionalen Bedürfnisse von Menschen, ein zentraler Bestandteil der Ökonomie ist, wird von der traditionellen Wirtschaftswissenschaft noch immer weitgehend geleugnet und ist eine direkte Konsequenz daraus, dass der öffentliche vom privaten Bereich getrennt wurde: Da Erwerbsarbeit als Dreh- und Angelpunkt für Absicherung und Status etabliert worden ist und alle Arbeiten im privaten Bereich unsichtbar gemacht und naturalisiert wurden, wurde gleichermaßen die Fürsorgearbeit als zentral für den Erhalt der Gesellschaft missachtet.

Alles, was fürs Kapital gratis sein soll, sagt die deutsche Soziologin und Politologin Claudia von Werlhof, »wird zur Natur erklärt«. Die feministische Wirtschaftswissenschaft spricht hier davon, dass die kapitalistische Ökonomie mit einem Eisberg verglichen werden kann. Nur der kleine Teil, der aus dem Wasser rausragt, gilt als Wirtschaft, bestehend aus Kapital, Finanzwirtschaft und Lohnarbeit, sie ist männlich, weiß/euro-amerikanisch und an Wachstum orientiert. Diese beruht und bedient sich aber an der unsichtbaren »Unterwasserökonomie«, dazu zählen der informelle Sektor, Subsistenz, (Haus-)Frauen und natürliche Ressourcen, die als freies Gut gelten und ohne Kosten ausgebeutet werden können, damit die sichtbare Ökonomie funktioniert, ohne sie in ihren Theorien und Berechnungen aber berücksichtigen zu müssen. Somit wird verschleiert, dass das Ausbeuten dieser Ressourcen Konsequenzen und Kosten hat, die von den Unternehmen, die diese ausbeuten, nicht ausgeglichen wird. Das betrifft Carearbeit von Frauen ebenso wie die Zerstörung der Umwelt.[279]

Soziales wird generell von Politik und Wirtschaft abgewertet und finanziell ungenügend ausgestattet, eben weil man es als selbstverständlich erachtete, dass die Arbeiten darin unbezahlt und *wie von selbst* von Frauen bzw. Müttern erledigt werden. Ebendiese Frauen haben dann keine Zeit mehr, in die Politik zu gehen, um diese blinden Flecken anzusprechen. Und gerade weil die Räume des Politischen, sei es im Bundestag oder in einer aktivistischen Gruppe, eher durch einen männlichen Habitus von Hierarchien, Dominanz und einem ungesunden Gegeneinander geprägt sind, werden Menschen dort weniger zur Teilhabe animiert, sondern müssen sich ihr Mitbestimmungsrecht erkämpfen. Politik wurde bisher vor allem von Männern gemacht, deren Frauen ihnen »den Rücken freihielten« und die deshalb unsensibel für diese Problematik waren, auch weil sie davon profitierten. Obwohl die Care-Arbeit so bedeutend ist und die Gesellschaft am Laufen hält, ist sie oft schlecht bezahlt oder unbezahlt. Sie kehrt die Scherben der sozialen Isolation wieder auf, die in der Leistungsgesellschaft liegen bleiben, wenn alles in die Brüche gegangen ist, aber sie wird nicht in Wirtschaftszahlen gemessen und somit nur als nette Randerscheinung wahrgenommen, die von gelangweilten Hausfrauen erledigt wird. Menschen, die unsere Ideale von Liebe und Fürsorge erfüllen sollen, bekommen vielleicht symbolische Anerkennung, werden in ihrer Lebensrealität jedoch oft im Regen stehen gelassen. Das hat die Diskussion um das Pflegepersonal während der Corona-Pandemie besonders deutlich gezeigt. Klatschen und ein geringer Bonus - ja, grundsätzlich ein angemessenes Gehalt, besserer Personalschlüssel und bessere Arbeitsbedingungen - nein.[280] Die strategische Unterfinanzierung der Pflegebereiche funktioniert, weil man sich darauf verlässt, dass in ihnen Menschen arbeiten, die bereit sind, unbezahlte Überstunden zu leisten, was zu Erschöpfung und Krankheit führt. Die finanzielle Abwertung von Pflegearbeit folgt aus einer jahrhundertelangen Tradition, in der weibliche Fürsorge und Pflegearbeit schlecht entlohnt wurden. Gleiches gilt für die Mutterschaft, und kaum eine Frau kann sich dieser manipulativen Idealisierung und Erpressbarkeit entziehen, genauso wenig wie ein Großteil des Pflegepersonals das Handtuch geworfen hat, obwohl die monetäre Anerkennung nach wie vor ausbleibt. Deshalb ist es umso wichtiger, dass Menschen, meistens Frauen, die oft am besten um die Probleme der Fürsorgearbeit wissen, in politische Ämter kommen. Aber hier schließt sich fatalerweise wieder der Kreis, denn ebendie Menschen, die sich damit auskennen, weil sie diese Arbeit leisten, haben kaum noch Zeit für politische Arbeit, um die Stellschrauben mitzugestalten, die diese Arbeit bedingt. Eine Welt, die aber nur auf Effizienz (die Effizienz, die nur funktionieren kann, wenn Frauen die nicht effiziente Arbeit zu Hause machen) aus ist, produziert Isolation und Unsichtbarkeit.

Frauen werden so selbstverständlich von den Bedürfnissen anderer in Beschlag genommen, dass ihnen Zeit und Raum fehlen, allein für sich zu sein, ihre eigenen Bedürfnisse zu sehen und ihnen nachgehen zu können. Obwohl inzwischen nicht mehr der Mann der Haupt- oder Alleinernährer ist, haben Frauen nicht unbedingt mehr Freiheit gewonnen. Dass nach und nach die Arbeitsverhältnisse abgeschafft wurden, dank denen nur eine Person nötig war, um eine Familie finanziell ausreichend auszustatten, führte dazu, dass nun beide Eltern sich der immer stärker prekarisierten und entwerteten Lohnarbeit widmen müssen, was zeitliche Ressourcen für Hausarbeit und Kinderbetreuung nimmt bzw. zur Aufforderung der Doppelbelastung an die Frau wurde, da immer noch daran festgehalten wird, dass ihre Kompetenzen hierfür naturgegeben seien bzw. Männern diese »minderwertigen« Tätigkeit des Putzens und Windelwechseln nicht zugemutet werden kann.[281] Die Fürsorgepflichten der Frau wurden ungerechterweise sogar zum Argument der schlechteren Bezahlung der Frau, da sie dem Arbeitgeber dadurch angeblich nicht voll zur Verfügung stehe.[282] Teilzeit bzw. flexible Arbeitszeiten kommen dem Lebenskonzept vieler Menschen mit Familien sehr entgegen, werden jedoch seitens der Unternehmen häufig genutzt, um Arbeitnehmerstandards und die soziale Sicherung auszuhöhlen. Gleichzeitig sind die Renten und Sozialversicherungen noch auf die Normalarbeitsverhältnisse mit einer lebenslangen Vollzeitstelle ausgerichtet, was für die meisten Frauen nie und für immer weniger Männer zutrifft, was vermehrt Altersarmut, Pflegenotstand und das viel beschworene Rutschen durch alle sozialen Netze zur Folge hat. Entsolidarisierung und Abgrenzung erscheinen für das Individuum als die einfachere Problemlösung, weil allen das Wasser bis zum Hals steht und man sich gerade noch so um sich selbst kümmern kann.

Die Kleinfamilie scheitere nicht nur an unrealistischen Vorstellungen der Liebe und der Arbeit, die innerhalb der Familie geleistet werden soll, sondern auch an der Arbeitswelt, in die sie sich einzufügen hat, sagt die Politikwissenschaftlerin Mariam Irene Tazi-Preve in einem Gespräch mit Judith Wittwer im *Tages-Anzeiger*.[283]

Viele junge Menschen träumen heute zwar vom Familienglück, denn je unsicherer die Welt, in der wir leben und arbeiten, desto größer sei die Sehnsucht nach einem stabilen Rückzugsort. Ein guter Arbeitsplatz, ein funktionierendes Familienleben, ein schönes Haus – das alles gehört demnach zu einem erfüllten Leben oder zumindest der Vorstellung davon. Man erhofft sich darin Geborgenheit und Stabilität sowie Erlösung vor Einsamkeit, der Sinnlosigkeit, der Zukunftsangst. Es scheint fast, als ob Angst vor der Welt *da draußen* das stabilste Fundament der Ehe sei. Die Familie sei dabei aber nur eine vermeintliche Idylle, die allzu oft gescheiterte Ehen, allein gelassene Mütter, verunsicherte Väter und traurige Kinder hinterlasse, schreibt Tazi-Preve. Das Problem ist in ihren Augen nicht nur die lebenslange Liebe, die eingefordert wird, sondern auch, »dass Erwerbssystem und Kleinfamilie heute nach gänzlich konträren Logiken funktionieren«[284]. Auf dem Arbeitsmarkt herrschen Konkurrenzdenken, Kosten-Nutzen-Logik und Profitmaximierung. Im Familienleben hingegen ist emotionale Zuwendung und Empathie wichtig. Die Werte beider Sphären widersprechen einander. Sie in der Vorstellung der Work-Life-Balance vereinbaren zu können, wird es zur Norm, dass das Ökonomische immer mehr in das Soziale eindringt und dieses mitbestimmt. Warum erscheint es uns als akzeptabel, dass das soziale Leben sich den Bedingungen der Wirtschaft anpassen muss, statt umgekehrt die Arbeitswelt an die familiären oder individuellen Bedürfnisse? All die Anforderungen an Flexibilität, Mobilität und Leistung, die an uns gestellt werden, dienen dem Wachstum und der Gewinnmaximierung von Unternehmen – nicht unserer Lebensqualität. Durch die permanente Erreichbarkeit im Zuge der Digitalisierung wird heute sogar noch mehr aus der Arbeitswelt in den Familienalltag hineingetragen, was den Stresspegel einerseits und die Unaufmerksamkeit für unser soziales Umfeld andererseits noch erhöht. Man redet zwar immer von

Arbeitsentlastung und Vereinbarkeit, aber das ändert die unhinterfragte Prämisse nicht, warum die Arbeitswelt das Privatleben überhaupt dominieren darf. Die Heilsversprechen, die die Moderne uns bietet, sind Familie und Arbeit. Es bleiben kaum Zeit- und Denkräume mehr, diese Sphären zu verlassen und sie zu hinterfragen.

Es scheint, als ob das Liebesversprechen (bzw. die Androhung, diese Liebe nicht zu bekommen) auch dazu dient, die Form der Kleinfamilie am Leben zu halten. Wenn man seine Lebensplanung davon abhängig macht, Familienplanung mit Liebe verwechselt, dann wird die Liebe zur Bürde, während sie gut dosiert Wunder vollbringen kann. Wir sind so gedrillt, dass unser eigenes Belohnungssystem durch Erfolg und Prestige im Berufsleben und der Familie funktioniert, obwohl beides uns auslaugt. »Es ist unmöglich, in der Kleinfamilie alle menschlichen Bedürfnisse nach emotionaler Unterstützung, körperlicher und seelischer Erholung, Nestwärme und erfüllender Sexualität zu befriedigen und darüber hinaus die Voraussetzungen für eine erfolgreiche Berufstätigkeit zu schaffen«, sagt Mariam Irene Tazi-Preve.[285]

Die Versprechungen der Emanzipation stoßen unweigerlich an ihre Grenzen, wenn Kinder kommen, denn Paare bedienen oft aus pragmatischen Gründen die altbackenen Geschlechterkonzepte, die in der Kleinfamilie angelegt sind: Der Mann verdient aufgrund des Gender Pay Gap und der Old Boys Networks, also der Interessenvertretungsgruppen von Männern in Machtpositionen, mehr, der Frau werden mehr Teilzeitangebote gemacht, das Steuersystem mit seinem Ehegattensplitting lädt zudem dazu ein, dass die Frau sich mit weniger Gehalt zufriedengibt, und gegen das Mutterideal und den Vorbehalt, dass Männer weniger kompetente *Caregiver* seien, kommen Frauen und Männer emotional und strukturell kaum an. Es wird Frauen schwer gemacht, die Mitarbeit ihrer Ehemänner entsprechend einzufordern, wenn es immer heißt, dass sie es aber besser können und verantwortlich für das Wohlergehen des Kindes sind. Ihnen wird das Talent zu Multitasking unterstellt, was nichts anderes bedeutet, als dass man von ihnen verlangt, die

Mental Load eines Familienlebens auf dem Schirm zu behalten. So geraten viele Beziehungen, die auf Gleichberechtigung basierten, aus der Balance, wenn Kinder kommen. Es ist nicht verwunderlich, wenn viele Frauen sagen, dass sie mit um die 30, wenn sie Kinder bekamen und die Karriere ins Stocken kam, begannen, sich für feministische Debatten zu interessieren, von denen sie vorher glaubten, dass sie diese nicht (mehr) brauchen.

Die Probleme der ungerechten Arbeitsverteilung, Anerkennung, Entlohnung und Absicherung zwischen den Geschlechtern sind keine historischen, sie befinden sich zwar in Auflösung, sind aber immer noch extrem wirkmächtig, wie spätestens in den Corona-Lockdowns sichtbar wurde. Diese lange Phase hat deutlich gezeigt, wie sehr Frauen selbstverständlich zum sozialen Bereich gezählt werden, in dem sich auch KiTas und Schulen befinden: Sie wurden zu deren Außenstellen und mussten alles auffangen, was diese nicht mehr leisten konnten. Wann soll frau da noch allein sein können?

Das fatale Ideal der perfekten Mutter

Da Frauen mehrheitlich immer noch weniger Anerkennung in der Öffentlichkeit – in der politischen Teilhabe wie im Berufsleben – bekommen als Männer, suchen sie diese häufig nach wie vor in der Privatsphäre: in Liebesbeziehung und Mutterschaft. Im Moment ist sogar eine Tendenz zu beobachten, dass Frauen vermehrt aus den oft erbärmlichen Bedingungen der Doppelbelastung und Lohnarbeit zurück in die häusliche Sphäre fliehen und beginnen, diese als natürlich zu romantisieren, obwohl es vor allem eine Flucht vor neoliberalen Arbeitsverhältnissen mit Garantie auf Burn-out ist. Auch erweist es sich immer noch als Falle, dass Frauen dazu erzogen werden, als zentrale Quelle ihres Selbstbewusstseins ihr Äußeres zu bemühen, da ihnen Anerkennung dafür im Alter, wenn sie die klassischen Standards an Jugend und Schönheit nicht mehr erfüllen, wieder entzogen wird. Stattdessen wird ihnen dann angeboten, ihr Selbstwertgefühl durch Ehe und Kinder wiederherzustellen. Die Liebe und das Begehren sind so sehr an die Identität von Frauen geknüpft worden, dass sie sich ausgeschlossen fühlen müssen, wenn sie diesem Bild nicht entsprechen. Alleinstehenden Frauen, die sich entziehen, wird vorgehalten, sie verschenkten ihre Jugend, die Zeit, in der sie alles erreichen müssen, das ihnen einen Wert gibt, ergo: einen Mann zu finden, um eine Familie zu gründen. Als markierten die Wechseljahre die Grenze für das Gründen eines erfolgversprechenden Unternehmens. Man kann den Müttern keinen Vorwurf machen, dass sie sich aus diesem Konstrukt nur schwer befreien können oder wollen, denn Kinder werden zum Gradmesser ihres Erfolgs, sodass Mütter einander häufig zeigen müssen, wie gelungen ihre Kinder sind. Sonst hätten sie nämlich unverzeihliche Fehler gemacht. Das heutige Verständnis von Elternschaft verlangt, den Nachwuchs vom ersten Tag an optimal zu fördern, damit dieser in der Arbeitswelt später nicht untergeht. Elternschaft ist zum Vollzeitjob geworden, eine streng durchgetaktete Kindheit, die nur erfolgreich organisiert werden kann, wenn ein Elternteil – in der Regel die Frau – das »Projekt Kind« übernimmt. Für die Sinnsuche haben nun kapitalistische Werte den Staffelstab der traditionell patriarchalen oder religiösen Werte übernommen, um uns zu willigen Selbstausbeutern zu machen. Denn was bei der (Lohn)-Arbeit funktionierte, funktioniert auch bei der Familienarbeit: den eigenen Wert und Leistungsbereitschaft, aber auch die eigene Einzigartigkeit durchs Kind zu beweisen.

Die Erfolgschance eines anderen Menschen hängt dabei angeblich von der Opferbereitschaft der Mutter ab. Daraus kann man Frauen einen unendlich langen Strick drehen. Auch die Werbung hat entdeckt, dass Mutterschaft integraler Bestandteil der Leistungsgesellschaft geworden ist: Bilder von glücklichen Kindern und der perfekten Familie machen Eltern immens erpressbar, sie müssen in die Gesundheit, die Leistungsfähigkeit und das Wohl des Kindes investieren: Mütter hetzen mit ihren Kindern durchs Leben, vom Sprachkurs zum Sport, zur Therapie und wieder zurück.

Kindergeburtstage werden zum Entertainment-Contest, Markenkleidung und -spielzeug zum Statussymbol für Kind und Mutter gleichermaßen, wodurch schon Kinder lernen müssen, sich zu überbieten und ihren Wert an Konsumgütern zu messen. Durch diesen Wettbewerb werden Solidarität und ein zunächst individuelles und dann gemeinsames Nachdenken verhindert, das diese Strukturen hinterfragt und zu ändern in der Lage ist. So wird es Frauen schwer gemacht, ehrlich über ihre Überforderung in der Familienarbeit und andererseits der Unterforderung, wenn es um ihre eigenen Lebenspläne und Entfaltungsmöglichkeiten geht, zu sprechen. So finden Mütter (ebenso wie ihre Kinder) kaum Räume zur Ruhe, zum Alleinsein, zur Muße. Die Freiräume für ihre Lebensgestaltung, die die Frauenbewegung so hart erkämpft hat, werden ihnen wieder genommen, weil Mutterschaft der Beweis ihrer Erfolgsbiografie geworden ist. Nicht zufällig scheint das Mutterideal mit einer literarischen Figur absolut nicht in Verbindung zu bringen zu sein: dem Slacker (von *to slack*, engl. für Rumhängen), Faulenzer, Nihilisten oder Antihelden, der seine Arbeitskraft der Gesellschaft nicht in den geordneten Bahnen zur Verfügung stellt. Er stellt mit seinem Verhalten das vorherrschende Arbeitsethos und falsche Ideale infrage. Es ist bezeichnend, dass diese Figur bisher meistens männlich ausgerichtet war: Sie sucht ihren Lebenssinn weder im Arbeitsleben noch in einer Familiengründung bzw. entzieht sich der Verantwortung ihrer Vaterschaft. Die Mutter ist die Gegenspielerin des Slackers, sie repräsentiert die konservative Konformität, die den nach Unabhängigkeit strebenden Mann zu disziplinieren versucht, während der Slacker in seinem Ausbrechen aus den bürgerlichen Ketten heroisiert wird. Mütter konnten keine Slackerinnen sein, denn selbst wenn sie sich dem Arbeitsleben entziehen wollen, haben sie noch ihre Arbeit als Mutter. Wenn doch mal eine Slackerin in Literatur oder Film sichtbar wird, wird diese als Tragödie inszeniert; die Frau, die ihr Leben nicht nach Familienwerten ordnet, muss traurig oder zumindest zweifelnd statt lebenslustig dargestellt werden. Die Qualität, dass sie viel Zeit für sich hat, scheint wertlos zu sein.

Eigener Nachwuchs wird emotional und ökonomisch als sinnstiftend für die bürgerliche Existenz dargestellt und das Kind zum zentralen Symbol der weiblichen Erfolgsbiografie, weshalb Mutterschaft professionalisiert werden muss. Das hat zur Folge, dass Frauen in Konkurrenzverhältnisse zueinander gestellt werden. Wer hat die von außen betrachtet beste Familie? Wer wird am meisten von seinem Mann geliebt oder wer wird betrogen und damit als unbegehrtes Objekt aussortiert? Und mit wie viel Häme machen Frauen dabei mit, um selbst besser dazustehen? Diese Konkurrenz unter Müttern, in den USA inzwischen unter dem in vielerlei Hinsicht schwierigen Begriff »Mommy Wars« etabliert, ist das perfekte Ablenkungsmanöver, um nicht gemeinsam zu analysieren, was hinter der Idee des Mutterideals steckt, die viele Frauen so unfrei macht. Statt von stärkenden Frauenfreundschaften zu profitieren, sollen sich Frauen eifersüchtig um die Wertschätzung eines Mannes bzw. der Gesellschaft buhlend gegenseitig misstrauen.[286]

Dass Frauen nahegelegt wird, den Umstand, kein Kind zu haben, als ihr größtes Problem zu identifizieren, weil sie sonst nicht genug Liebe und Lebenssinn finden, hat aber auch eine ganze Industrie entstehen lassen: Unsummen für Tests, Medikamente, Nahrungsergänzungsmittel für die Frau, die schwanger werden will, In-vitro-Fertilisation, Embryonenspenden. Und wenn man Themen wie Leihmutterschaft und Eizellenspenden dazu nimmt, hört die Disziplinierung beim eigenen Körper nicht auf: Ein ganzer Industriezweig nährt sich von der Hoffnung auf Liebe und Status durchs Kind und instrumentalisiert die Frauenkörper – den der Auftraggeberin und den anderer »Dienstleisterinnen«, aufgrund ihrer Armut.

Das Mutterideal bzw. die Erwartungen, die an Ehefrau und Mutter gestellt werden, haben aber noch eine weitere Dienstleistungsindustrie hervorgebracht: Wenn die Ehefrau es nicht mehr schafft, Care-Arbeit und Lohnarbeit unter einen Hut zu bringen, kauft sie Services von anderen Frauen ein: Tagesmütter, Pflegeheime, Hausarbeiterinnen, Putzhilfen, Kinderkrippen. Da diese Arbeit so billig wie möglich eingekauft werden soll oder muss, bringt dies eine ganze Kette an Migration mit sich: Das deutsche Paar engagiert eine Frau aus Polen als Putzhilfe, die wiederum eine Rumänin für die gleiche Arbeit in ihrer eigenen Familie oder die Betreuung ihrer Kinder in Polen anheuert. Diese Rumänin baut dann auf ihre Großmutter, wenn es um die Versorgung der eigenen Kinder geht, solange sie in Polen arbeitet. Ganz gleich, wie umgeschichtet wird: Care-Arbeit bleibt überwiegend weibliches Terrain und ohne gesellschaftlich wahrgenommenen Wert, und zwar global. Nicht zu ignorieren ist dabei auch, welche Isolation es mit sich bringen kann, wenn Frauen aufgrund von Sprachbarrieren und mangelnder Ressourcen wie Zeit und Geld keinen Anschluss an eine lokale Gemeinschaft finden. Wie viele Frauen aus osteuropäischen Ländern sitzen allein in den Häusern ihrer Arbeitgeber in Deutschland, wo sie deren Kinder oder andere Familienmitglieder pflegen? Das Gleiche gilt für philippinische Frauen in Saudi-Arabien oder mexikanische Frauen in den USA. Gleichzeitig finden diese Frauen in ihrer Vereinzelung meistens keine Möglichkeit, sich gewerkschaftlich zu organisieren oder Arbeitnehmer:innenrechte einzufordern. So isoliert diese Frauen einerseits sein mögen, so sehr fehlt ihnen dann wiederum ein konkreter Raum zum selbstgewählten Alleinsein, weil sie in vielen Arbeitsverhältnissen Tag und Nacht von den Bedürfnissen der Familie in Beschlag genommen werden.

Alleinsein, wenn man sich ständig um andere sorgt – Gespräch mit Gisela, einer alleinerziehenden Pflegekraft

Wie man es schafft, in der ständigen Sorge um andere in der Arbeit und im Privatleben bei sich zu bleiben, erzählt mir Gisela:

»Der Fernseher ist eine Attrappe, der war noch nie an, ich bin auch weder auf Facebook noch bei Instagram, auch wenn ich mit dem Auto fahre, mache ich kein Radio an. Früher wäre ich bei so viel Stille verrückt geworden, heute gönne ich sie mir. Wenn ich von der Arbeit komme, möchte ich dem Raum und Zeit geben, was ich gerade erlebt habe, es sacken lassen. Wenn ich es bewusst nachwirken lasse, kann ich es viel besser filtern und wegstecken, als wenn ich mich gleich davon ablenken würde.«

Gisela arbeitet seit ein paar Jahren mit suchtkranken Menschen in einer Beschäftigungstagesstätte. Sie kümmert sich um deren psychisches Wohlergehen ebenso wie um die Formalitäten des Alltags, ihre Post, Anträge oder medizinische Unterlagen. Darüber hinaus ist sie Alleinerziehende eines dreijährigen Sohnes.

»Du stabilisierst jemanden in einer Krise, und am nächsten Tag unternimmt er einen Suizidversuch. Mit so was klarzukommen, lernt man nicht in der Ausbildung, da reden alle nur vom ›Idealsüchtigen‹, den es nicht gibt. Und wie man selbst damit umgeht, wie sehr das einen auch emotional berühren kann, lernt man auch nicht. Man muss da sehr gute Antennen haben und gut bei sich sein. So kann ich mir auch meine Gefühle erlauben und mich dennoch klar abgrenzen.«

Gisela erzählt, sie könne auch aufgrund ihrer Familiengeschichte gut mit psychischen Erkrankungen und Suchterkrankung umgehen und auch, »weil ich viel Humor habe. Von meiner Familie kenne ich das Prozedere schon, wenn Angehörige in die Klinik oder in die Geschlossene mussten, von meinem Opa und meinem Cousin. Da hatte ich nicht die Wahl, ich musste lernen, damit klarzukommen. Ich fand es nicht nur schlecht, dem ausgesetzt zu sein, du lernst viel fürs Leben. Ich hab zuerst auch gezögert, ob ich mir diese Arbeit zutraue, weil ich vor denen als Kind auch Angst hatte. Aber dann konnte ich sehr gut damit umgehen, auch ihre Wahrheiten filtern, mich abgrenzen und trotzdem für sie da sein.«

Sie vermutet, dass es auch hilfreich war, sich mit alkoholkranken Menschen zu konfrontieren, weil sie nun als Erwachsene demgegenüber viel handlungsfähiger ist. »Ich konnte die Ängste von damals aufarbeiten, statt dass sie blöde Vorbehalte geblieben wären, die ich nie überprüfen konnte.«

Gisela sagt, es sei ein Fehler, es nur als tragisch darzustellen, wenn man in der Familie mit »schwierigen« Menschen konfrontiert war.

»Es gilt das Ideal, möglichst ›unbeschadet‹ aus der Herkunftsfamilie hervorzukommen. Als könne man nur ein stabiler Mensch sein, wenn in den Familien alles perfekt war. Diese Erzählung stresst ja auch die Eltern immens und lässt sie unrealistische Ansprüche an sich stellen, die wiederum vielleicht gar nicht so gute Auswirkungen aufs Kind haben, wenn es von allem abgeschirmt wird. Wenn ein bisschen Mist passiert, kann das einen auch sehr positiv formen, man kann die Eigenarten der Menschen verstehen und lernen, damit umzugehen. Sonst bekommt man keine Antennen, mit denen man erspüren kann, wo man bei sich bleiben muss und auch ein bisschen Panzer aufbauen muss. Ich schließe hier aber Erfahrungen von Gewalt und körperlichen Übergriffen ganz klar aus.«

Es würde auch den Blick auf Gesellschaft und Gemeinschaft weiten, denn:

»Jeder hat einen Alkoholiker in der Familie. Jeder. Redet nur keiner drüber. Jeder hat den seltsamen Onkel oder Tante in der Familie. Mein Cousin war so eng mit mir wie mein Bruder. Als er mit 18 wegen Suizidgefährdung in die Geschlossene kam, musste ich mich ganz neu sortieren. In der Zeit habe ich vor allem gelernt, dass ich mir Hilfe suchen darf und kann, wenn ich nicht weiterkomme. Ich finde es auch nicht schlimm, wenn ich ein Problem habe, dass ich da auch mal verweilen kann und mich dem hingeben kann. Ich habe dann auch eine Kurzzeittherapie gemacht, um manche Sachen zu verstehen, zum Beispiel wie ich damit umgehe, wenn ein nahestehender Mensch mich plötzlich ablehnt. Ich hatte viele Verlustängste, der Gedanke daran, dass jemand stirbt, war das schlimmste. Ich sterbe lieber vorher, bevor ein anderer geht. Da ging's viel um meinen leiblichen Vater, der mich schon immer abgelehnt hat, der ist auch ein Trinker. Ich schau manchmal auf berlin.de, ob er noch lebt.«

Gisela war durch Nebenjobs in die Arbeit als Betreuerin gerutscht. Dort entwickelte sie in einem Pflegeheim eine engere Beziehung zu einer älteren Frau mit Demenz. Als diese im Sterben lag, begleitete Gisela sie auf diesem Weg, obwohl sie den Themen Tod und Sterben vorher aus dem Weg gegangen war.

»Ich hätte mich nie dafür entschieden, selbst in die Sterbebegleitung zu gehen, ich dachte, ich dreh dabei durch. Aber in dem Moment war es eine Herzensentscheidung, weil ich mit dieser Frau sehr vertraut war, da bin ich natürlich auch bei ihr, wenn sie stirbt. Und ich habe gesehen, dass ich das sehr gut konnte. Die Feinheiten wahrzunehmen, wenn jemand geht, was braucht sie und was nicht, auch wenn es um körperliche Nähe geht. Da gibt es ja auch viele Tabus, aber viele wollen einfach nur körperliche Nähe, auch Männer. Das ist doch schade, wenn man das Leuten versagt, nur weil viele da was Sexuelles reinlesen.«

In der Sterbehilfe festigte sich eine Erkenntnis bei Gisela:

»Wir machen uns so verrückt wegen nichts. Es braucht so unfassbar wenig, um glücklich zu sein. Dieses Höher, Schneller, Weiter ... ich weiß gar nicht, was die alle haben mit Instagram. Ich hab das nicht und lebe trotzdem. Wenn man gut mit sich ist, braucht man weniger Bestätigung von außen. Es ist sehr selbstermächtigend, sich von dem ganzen Scheiß loszumachen, wenn man dem Tod gegenübersteht. Diese Erkenntnisse nehmen wir uns auch, wenn wir Sterbende nicht richtig begleiten. Das zu erleben stellt alles infrage. Der ganze Blödsinn, um den man sich im Alltag Sorgen macht, oder was andere über einen denken.«

Gisela bringt die Gelassenheit und Geduld, die sie in ihrer Arbeit aufbringt, auch damit in Zusammenhang:

»Ich bin deshalb auch sehr frei, abzuwarten, was die Menschen, die ich betreue, von mir wollen und brauchen. Ich habe gelernt, ihre Geschichten anzusehen und anzunehmen, ohne es groß zu beurteilen oder in meinem Sinne ändern zu wollen. Ich akzeptiere sie so, wie sie sind, und zerre nicht an ihnen herum, weil ich mir eine Erfolgsgeschichte für sie ausgedacht habe. Ich halte gewisse

Formen von Erfolgsstreben in meinem Beruf für fatal. Ich assistiere bei dem, was sie schaffen, und ich weiß, dass ich für ihr Schicksal nicht zuständig bin. Mein Job ist es, greifbar und verbindlich zu sein. Ich begleite sie, wenn sie an Suizid denken, ebenso, wie wenn sie eine neue Arbeitsstelle annehmen oder wenn sie wieder zur Entgiftung gehen. Ich habe seit Jahren gute einzelne Freunde, die kennen sich auch alle untereinander nicht. Es ist wichtig, dass man Freundschaften pflegt, aber auch, dass man so sein darf, wie man ist. Ich habe jetzt ein gutes Gespür, welche Menschen zu viel fordern und dass die Leisen viel mehr Aufmerksamkeit brauchen als die Lauten.«

Dass Gisela mit einem guten Gespür für ihre Energie auch mit ihren Grenzen gut haushalten kann, zeigt sich auch an ihren »Weltschmerztagen«, wie sie sie nennt:

»Ich ziehe mich zwei bis drei Tage zurück, wenn ich dann mein Kind am Wochenende dem Vater geben kann. Dann kann ich auch richtig gut auf der Couch verwahrlosen und mich der Traurigkeit und meiner Verletzlichkeit hingeben. Oder ich bau mir eine Bettenburg, in der ich den ganzen Tag chille und nur rumliege, damit ich runterkomme und Ruhe habe, ich höre Musik oder räume auf, bestelle Essen ... schlafe ... An manchen Weltschmerztagen weine ich aber auch, weil mir das Leben ... der Job ... meine Gefühle zu viel sind ... weil mich was bewegt hat ... weil es zu stressig war ... weil ich ein schlechtes Gewissen habe, dass ich als Mama zu viel gemeckert habe, an denen mich was aus der Zeit der Trennung einholt ... Es ist eine Auszeit, in der ich in keiner versorgenden Rolle bin. Weder als Mama oder als Sozialarbeiterin. Es sind Tage, an denen ich keine Verantwortung habe ... nichts und niemandem gerecht werden muss und wo meine Gedanken mir gehören und nicht im Stress untergehen, frei von Ballast, damit ich gut und sortiert weitermachen kann. Meine Gedanken werden meistens auch lauter, wenn ich mich nicht mit ihnen befasse und ich sie nicht sacken lasse, und das kostet Energie, weil ich sie dann mitschleppe. Die Weltschmerztage geben mir Zeit für alles. Somit tanke ich neue Energie und habe wieder die Motivation für meinen Alltag. Ich gönne mir, was ich brauche, und feiere mich auch, indem ich mir selbst Geschenke mache. Danach ist aber auch wieder gut. Ich brauche die Ruhe, um gerne mit komplizierten Leuten zu arbeiten.«

Gisela erzählt mir von dem Begriff des »Krankheitsgewinns«, der bedeutet, dass Patient:innen ihr Leiden benutzen, um keine Verantwortung für ihr eigenes Wohlbefinden übernehmen zu müssen, und das anderen aufbürden. Im Arbeitsleben mag es leichter fallen, sich abzugrenzen, im Privatleben mit Freunden oder Partnern ist das schwerer. Ihr Partner hatte sich nach der Geburt des gemeinsamen Kindes immer mehr zurückgezogen:

»Nach ein paar Monaten habe ich gemerkt, dass hier was aus dem Ruder läuft, ich habe die Vermutung, dass er davon überfordert war, wie viel Verantwortung er plötzlich als Vater übernehmen muss. Wir haben dieses Familienmodell zu sehr gewollt und uns dabei verkrampft. Vielleicht hatte er Angst, davor nicht bestehen zu können, und hat sich dann komplett rausgezogen. Ich denke auch, dass er eifersüchtig auf das Kind war. Ich habe das alles viel zu lange mitgemacht. Ich konnte mich damals überhaupt nicht abgrenzen, hatte große Verlustangst. Wahrscheinlich konnte ich auch nicht loslassen, weil es keine Auflösung gab, was genau eigentlich mit ihm los war. Ich habe mich darin verloren, versucht ihn mitzuziehen, einmal habe ich die halbe Wohnung renoviert, um es uns schön zu machen, habe gegen seine Passivität mit umso mehr Aktivität gesteuert. Er lag nur noch auf der Couch rum und wurde dann auch richtig fies. Er hat mir noch vorgeworfen, dass mein Körper sich nach der Schwangerschaft zu sehr verändert hat. Ja, klar, da war auch ein Kind drin. Das war sehr anstrengend, sehr belastend, eng und einsam. Ein Gefängnis. Ich war co-abhängig von seiner Depression und es ist so schwer, sich da rauszuwühlen, weil du denkst, du musst dem anderen doch helfen. Du kannst ihn doch gerade jetzt nicht im Stich lassen. Und dabei gehst du selbst unter. Ich war total am Ende, und er hat sich keine Hilfe gesucht, hat keine Veränderung in Aussicht gestellt und sich um nichts gekümmert. Meine erste Schicht beginnt, wenn mein Kleiner morgens die Augen aufschlägt und sagt: ›Mama, mir ist langweilig.‹ Und ab da gibt's den ganzen Tag neben Zuneigung auch Kreischen und Heulen, was nahtlos an die Arbeit mit den Suchtkranken anschließt. Und wieder zu Hause am Feierabend waren da wieder zwei Bedürftige, mein Sohn und mein Mann.«

Gisela erzählt, dass sie in dieser Zeit, gerade weil sie sich um alles selbst kümmern musste, auch immer unabhängiger wurde. Sie beendete ihr Studium und machte den Führerschein.

»Ich habe mich emotional immer unabhängiger von ihm gemacht und hatte Ansprüche an mein Leben. Im ersten Jahr habe ich ihm noch ganz viele Angebote gemacht, wie wir trotzdem eine Familie sein können, auch wenn es ihm nicht gut geht. Er ist darauf nicht eingegangen, und weil ich mich aber neben dem Kind nicht auch noch um ihn kümmern konnte, musste ich nach zwei Jahren die Notbremse ziehen. Vor anderthalb Jahren kam es dann zur Trennung. Nach der Trennung wurde mir von allen Seiten gesagt, hoffentlich findest du einen neuen Partner, hoffentlich bist du nicht lange allein. Als würde ich allein gar nicht klarkommen. In der Tagesstätte sind viele alte Männer, die sagten auch immer: ›Du brauchst einen Mann im Haus!‹ Die alleinerziehende Mutter wird immer so defizitär dargestellt. Natürlich ist es sehr anstrengend, und Pausen wären schön, aber dafür brauche ich nicht unbedingt einen Mann. Ich bin in keiner Weise im Privaten abgestumpft, aber die Erfahrungen in der Arbeit helfen mir, dass ich mittlerweile klare Entscheidungen treffen kann. Wahrscheinlich gehört die Trennung vom Kindsvater auch dazu. Als ich dann vor anderthalb Jahren hier in die Wohnung gezogen bin, habe ich sehr viel in mir sortiert, ich habe gemerkt, ich kann das alles allein, auch die Sachen, die ich vorher gerne abgegeben habe, bekomme ich alle geregelt. Dann suche ich halt ein Video im Internet, wie man einen Scheinwerfer am Auto wechselt. Mittlerweile habe ich gelernt, wie ich mich sehr gut auch in Liebesbeziehungen abgrenzen kann. Auch wegen des Kindes.«

Nach der Trennung hatte Gisela ein paar Monate eine Affäre, beschloss aber, den Raum dafür klar abzustecken:

»Ich habe ihn zum Beispiel nie in meine Wohnung eingeladen, wir waren immer bei ihm. Für mich war das ein Ausflug. Ich verlasse hier meine Mama-Wohnung, meine Mama-Welt, und lasse mein Arbeitsumfeld hinter mir, aber er gehörte hier nicht mit rein. Er war mir auch zu grau, ich bin einfach bunter, und als Mama ist man zudem oft bekleckst bunt. Ich dachte auch, wenn einer hierherkommt, dann kriege ich den vielleicht auch nicht so leicht wieder weg. Was ist, wenn der nicht mehr gehen will? Ich will derzeit außer für mein Kind keine weitere Verantwortung für einen Menschen in meinem Privatleben übernehmen. Aber da ich ja wusste, dass ich alles allein kann, hatte ich gar nicht den Anspruch oder den Wunsch, dass ein Mann dazukommt. Und es ist sehr schön, eine Beziehung zu einem Mann zu haben, wo vor allem Sinnlichkeit und Begehren Platz hat, ohne Steuererklärung, ohne Alltag, ohne Mama-Sein, ohne ein Studium abschließen müssen, ohne Wohnung planen und Kredit abzahlen. Das ist eine Weile toll. Da konnte ich einfach so eine Seite von mir ausleben, einfach ich sein. Die Leidenschaft komplett auszulagern ist reizvoll, aber auf Dauer muss das gar nicht sein. Aber dann sehe ich, dass es auch schön ist, mit jemandem den Alltag zu teilen, sodass das Zusammenleben mehr Facetten bekommen kann. Nicht unbedingt Kredit abzahlen, aber alltägliche Dinge gemeinsam bewältigen. Auch mal Routine. Aber eben nur, weil ich auch heute weiß, wie ich mir viel mehr Räume für mich nehmen kann. Ich habe einen Mann gebraucht, um zu verstehen, dass ich keinen Mann brauche.«

Kinderfrei und nicht allein

Gerne wird die kinderlose Frau als verhärmte Karrierefrau präsentiert. So wird im Gegensatz zur Erfolgsbiografie Mutterschaft die kinderlose Frau als Unfall der neoliberalen Freiheit inszeniert: Sie will zu viel, sodass sie das Wichtigste verpasst: ihre Mutterschaft. Aber dass die Karrierefrau als das dominanteste Gegenmodell zur Mutter konstruiert wird, ist in Anbetracht der gläsernen Decke, der Lohnungleichheit und der verschwindend geringen Anzahl von Frauen in Führungspositionen ohnehin lächerlich. In den von mir geführten Interviews gaben Frauen an, dass sie kaum Karriere gegen Kinder abwägten, sondern dass sie mit ihrer Kinderlosigkeit verhindern wollten, in viel komplexere gesellschaftliche, partnerschaftliche und finanzielle Zwänge hineinzugeraten. So sahen viele gerade in ihrer Kinderlosigkeit die Chance, sich den Strukturen der Leistungsgesellschaft und sozialen Normen über Weiblichkeit und Mutterschaft zu entziehen, aus der Mühle von Konsum, Wettbewerb und Leistung herauszutreten: weniger Abhängigkeit von Lohnarbeit, um eine Familie zu finanzieren, weniger Stress, weniger Bürokratie, weniger Kompromisse auch in der Partnerschaft und mehr Zeit und Freiräume, um das Leben wirklich selbst zu gestalten. Es waren nicht Kinder, sondern die Art, wie man Mutterschaft leben muss, die sie zu dieser Entscheidung brachten. Durch die politisch und ökonomisch durchstrukturierten Bereiche von Lohnarbeit und Familie gerät man schnell in eine Pattsituation und von Frauen muss viel mehr als von Männern durchdacht, geplant und abgewogen werden, in wie viel Fremdbestimmung sie dadurch geraten, wie viel Freiräume und somit auch Räume zum Alleinsein sie damit verlieren.[287]

Dass die Entscheidung gegen ein eigenes Kind bedeutet, keine gesellschaftliche Verantwortung tragen zu wollen, ist ein viel bedientes Klischee, um Kinderlosigkeit als Symptom für die wachsende Entsolidarisierung in der Gesellschaft abzukanzeln. Viele Kinderlose geben sogar an, dass sie ohne Kind mehr Kapazitäten hätten, sich sozial und gesellschaftspolitisch zu engagieren, statt sich nur um ein oder zwei Kinder zu Hause zu kümmern. Von Verantwortungslosigkeit oder Selbstbezogenheit keine Spur. Generell beschrieben sie die Kleinfamilie mehr als etwas, das sie von der Gesellschaft fernhält, als dass es sie enger in sie einbinden würde.

Die kinderlose Frau macht die Schieflage, in die altbackene Familienkonzepte und Geschlechterklischees geraten sind, offensichtlich und beweist, dass sich Frauen dem überhaupt entziehen können. Das ist wahrscheinlich der Hauptgrund, warum die kinderlose Frau als Mangelwesen, gefühlskalt und unsolidarisch gezeichnet wird und ihr diese Abwertung eingeimpft wird: Sie soll sich in ihrer Freiheit nicht wohlfühlen, sondern soll sie mit Ängsten und Gefühlen von Schuld und Mangelhaftigkeit verbinden. Denn freiwillig kinderlose Frauen hinterfragen ein allzu enges Konzept von Weiblichkeit und laden alle anderen ein, dies auch zu tun.

Wie die Kleinfamilie ein solidarisches Miteinander und soziale Elternschaft erschwert

Aber auch in ganz anderer Hinsicht müssen wir uns die Frage stellen, welche Fallen wir uns selbst gestellt haben, insofern wir an der Überzeugung festhalten, dass unser Bedürfnis nach Liebe vor allem im eigenen biologischen Nachwuchs und in der Kleinfamilie erfüllt werden kann. Die Kleinfamilie hat nicht nur die Liebe in einer bestimmten Form institutionalisiert und damit durch Gesetze und soziale Stigmatisierung vorgeschrieben, wie sie auszusehen hat, sie hat nicht nur zahllose Frauen in Isolation, Alkoholismus und Altersarmut getrieben, sondern wir haben als Gesellschaft verlernt, uns in größeren Solidargemeinschaften zu denken, in denen Menschen mit oder ohne Kinder sich selbstverständlich umeinander kümmern. Dies wird weiter verschärft, indem die Arbeitsbedingungen im globalen neoliberalen Kapitalismus es erschweren, verantwortungsvolle Bindungen einzugehen. Man hofft für sich selbst so etwas wie Stabilität zu erlangen, bevor man daran denken kann, sich um andere zu kümmern. Das betrifft nicht nur Elternschaft - wir steuern generell auf eine Gesellschaft zu, in der man es sich zeitlich und finanziell kaum leisten kann, neben der Lohnarbeit (oder Auseinandersetzungen mit der kafkaesken Bürokratie des Jobcenters) in irgendeiner Form sozial engagiert zu sein. Gerade deshalb brauchen wir Angebote, Gemeinschaft kreieren zu können, die nicht nur die alten einengenden Formen sind.

Meines Erachtens ist die viel beklagte Vereinzelung in unserer Gesellschaft gerade das Resultat davon, dass viele Menschen nicht mehr in der gängigen Formation der Kleinfamilie leben wollen, neue Konzepte des Zusammenlebens jedoch erst noch etabliert werden müssen. Auch dass zahlreiche ältere Menschen allein in ihrer Wohnung sitzen, ist ein unmittelbares Resultat der Tatsache, dass sie sich durch Gesetze und Normen jahrzehntelang nur auf die kleinste Einheit von Mutter-Vater-Kind konzentrieren sollten, statt in größere solidarische Gemeinschaften eingebettet zu sein. Gerade wenn Kinder im Spiel sind, wurden und werden andere Formen der Gemeinschaft als unnatürlich und als schlecht für das Kindeswohl stigmatisiert. Aber welchen Wert hat eine Gemeinschaft, wenn ihr Funktionieren sich darauf verlässt, dass Einzelne darin keinen Raum für persönliche Emanzipation finden?

Die Singlegeneration ist nicht als Einbahnstraßenphänomen zu denken, das in die Vereinsamung führt, sondern ein Signal für einen Umbruch. Raus aus den alten einengenden Formen, auf der Suche nach neuen. Singles und Kinderlose, Alleinerziehende, die sich zusammentun, (nicht heteronormative) Patchworkfamilien, die nicht unbedingt auf Liebesbeziehungen, sondern auf Freundschaft basieren, sie alle sind keine Anzeichen einer egoistischen Gesellschaft, sondern stellen eine Art Reset-Knopf dar. Sie etablieren das Nachdenken über Alternativen, die auch wieder das Zusammenleben mit Kindern und älteren Menschen in Mehrgenerationenhäusern und Wohngemeinschaften ermöglichen, auch wenn es sich nicht um Blutsverwandte handelt. Wie viel Stress, Isolation, Gefühle der

Unzulänglichkeit und des Versagens könnten wir vielen Frauen und Männern ersparen, würden wir andere Formen der Gemeinschaftlichkeit normalisieren, anstatt die Kleinfamilie mit eigenem Nachwuchs weiter zu bevorzugen, denn viele scheitern an der Arbeit, diese nach dem Ideal aufzubauen und zu erhalten.

Kinder, um die man sich kümmern kann, gibt es eigentlich genug, und auch außerhalb der Kleinfamilie kann man dies tun – und zwar nicht als Kompensation der eigenen Kinderlosigkeit, sondern weil es einfach menschlich ist, sich um andere zu kümmern. Auch hier zeigt sich die Bedeutung von »Randgruppen«, die neue Ideen umsetzen, denn wenn man Vorbilder schafft, zieht die Politik irgendwann mit: In Kanada ist schon im Jahr 2015 ein Gesetz verabschiedet worden, das es bis zu vier Personen erlaubt, mit denselben Rechten und Pflichten Eltern eines Kindes zu sein, unabhängig von Trauschein und sexueller Orientierung, dafür aber mit rechtlicher Absicherung der Loyalität und Beständigkeit. Die Verantwortung für ein Kind liegt in vielen Konstellationen auf mehreren Schultern sicherer als auf den oft sowieso schon überbeanspruchten Schultern einer Zweierkonstellation (die Liebespaar ist oder einmal war). Es ist zu hoffen, dass der neue Vorschlag von Justizminister Marco Buschmann für ein gesetzliches Modell für »Verantwortungsgemeinschaften« Schritte in diese Richtung gehen wird.[288] Unsere Gesetze spiegeln jedoch nach wie vor wider, dass die Kleinfamilie mit heterosexuellen Eltern der Standard ist und dies auch sein soll. Finanzielle Maßnahmen für das Zusammenleben mit Kindern sind fast ausschließlich auf die Kleinfamilie zentriert. Die Fokussierung auf die Kleinfamilie führt sogar zu abstrusen Phänomenen wie der Tatsache, dass durch das Ehegattensplitting Ehepaare ohne Kinder besser gestellt sind als Alleinerziehende mit Kindern, was auch verdeutlicht, dass diese Maßnahmen sich weniger an dem viel beschworenen »Wohl des Kindes« orientieren, sondern an den heteronormativen Ideen von Arbeitsteilung und Partnerschaft. Sind Scheidungen für Kinder vielleicht u. a. auch deshalb so schwierig, weil sie es gewohnt waren, Liebe und Zugehörigkeit nur am Zusammenleben zweier Menschen zu messen und dann im Zerbröseln dessen zerrieben zu werden? Ist es für die charakterliche Entwicklung nicht von Vorteil, wenn man nicht nur einer Person mit ihren Launen, ihrer Über- und Unterforderung ausgesetzt ist? Das soll nicht heißen, dass es prinzipiell schlecht ist, wenn Kinder bei einem alleinerziehenden Elternteil aufwachsen, sondern zeigt nur, wie kurzsichtig es ist, wenn man ein einziges klar definiertes Modell als das perfekte für die Kinderbetreuung manifestiert. Doch statt dass das Leben mit Kindern gemeinschaftlicher organisiert wird, separieren sich Gruppen von Eltern und Kinderlosen voneinander und haben offenbar keine gemeinsame Sprache. Kinderlose suchen sich Freunde, bei denen sie sich nicht als Außenseiter:innen fühlen, und Eltern wollen nichts mehr von der Freiheit ihrer kinderlosen Freunde hören. Bei dem Keil, der zwischen Kinderlose und Eltern getrieben wird, handelt es sich in erster Linie um einen von Politik und Medien generierten Konflikt. Die Stereotype von den verantwortungslosen Egoist:innen bzw. den Freigeistern auf der einen Seite und den kümmernden Bewahrer:innen bzw. den konservativen Bürgerlichen auf der anderen Seite werden instrumentalisiert, um zu prophezeien, dass eigentlich progressive Entwicklungen die Gesellschaft spalten würden. Die Debatten darum, wer hier das richtige oder falsche Leben führt, sind in erster Linie ein großes Ablenkungsmanöver davon, Strukturen, die unser aller Leben unfrei machen, zu hinterfragen und zu verändern. Vielleicht sind die gezeichneten Individualist:innen und Gemeinschaftswesen gar nicht so konträr eingestellt?

Wenn soziale Elternschaft normaler wäre, könnten wir alle besser zwischen Alleinsein und Familienleben hin und her gleiten. Wenn man gesellschaftliche Verantwortung unabhängig von der Kleinfamilie denken und den Blick auf die Gesellschaft im Ganzen richten würde, wäre eine größere Form von sozialem und solidarischem Bewusstsein möglich. Das Netz der Gemeinschaft wäre deutlicher sichtbar, weil es nicht vor der eigenen Haustür aufhören würde.

Bei meinen Vorträgen zur sozialen Elternschaft kommt oft die Anmerkung, das scheitere schon an mangelndem Wohnraum, der größere Gemeinschaften wie Mehrgenerationenhäuser, die ältere Menschen ebenso wie Mütter aus ihrer Isolation holen, oder das Zusammenleben zweier Patchworkfamilien nicht zuließe. Solcher Wohnraum muss gezielt politisch gefördert werden. Soziale Elternschaft öffnet den Blick auf Verantwortungsgemeinschaften von Kinderlosen und Eltern, um der Falle der mangelnden Selbstsorge und der Doppelbelastung zu entgehen. Kinderlose können sich in soziale Elternschaften einbringen, und Menschen mit Kindern können durch ein Netzwerk von sozialer Elternschaft und gesamtgesellschaftlich organisierter Kinderbetreuung mehr Zeit für sich, ihre Bedürfnisse, Gelüste, Kreativität und ihr Engagement haben. Die Vorteile liegen auf der Hand: Alle sind entlastet und haben mehr Zeit und Raum für das wohltuende Alleinsein, in dem sie ihrer Muse und Erholung nachgehen können, was am Ende der ganzen Gemeinschaft zugutekommt.

Alleinsein ohne Partnerschaft – die »alte Jungfer« und der »alte Sack«

Meine Verwunderung, als ich die Bezeichnung »alte Jungfer« zum ersten Mal hörte und die Wortherkunft hinterfragte, speiste sich vor allem aus der Tatsache, dass Leute davon auszugehen scheinen, unverheiratete Frauen hätten keinen Sex. Die englische Bezeichnung »Spinster« hat eine andere Wortherkunft, sie leitet sich von dem wenig renommierten Beruf der Spinnerin ab, der im 14. Jahrhundert alleinstehenden Frauen offenstand. Abgesehen vom Statusverlust der Unverheirateten hatten diese Frauen über die Jahrhunderte aber auch immer wieder Vorteile: Sie durften eigenen Besitz haben, Verträge unterzeichnen und sich selbst vor Gericht vertreten. Als Ehefrau hätten sie all diese Rechte an einen Mann abgeben müssen. Dennoch wurde die Frau, die nicht im Ehegefängnis sitzt, häufig eher als abschreckendes Beispiel instrumentalisiert. Dabei war das Unverheiratetsein von Frauen durch die Geschichte hindurch immer wieder eine der temporären gesellschaftlichen Situation geschuldete Normalität – z. B. durch Männermangel infolge von Kriegen und Emigration oder durch wirtschaftliche Krisen und Heiratsverbote – und wurde nicht immer als beschämendes persönliches Versagen betrachtet. Eine Volkszählung in England ergab 1851, dass es aufgrund der vielen Männer, die in den britischen Kolonien lebten oder die in den Napoleonischen Kriegen gefallen waren, Millionen von alleinstehenden Frauen gab. Doch im Zuge der Etablierung der Kleinfamilie mit ihrem Mutterideal als bürgerlichem Richtwert wurden unverheiratete Frauen immer mehr zur Zielscheibe des öffentlichen Spotts und der Verachtung, wurden von Karikaturisten, Journalisten und Autoren lächerlich gemacht. Sie waren aber nicht nur Häme ausgesetzt, sondern zudem einer paternalistischen Disziplinierung und Bestrafung: Als vermeintliche Prostituierte oder *leichte Mädchen* wurden sie nicht selten ins Gefängnis geworfen oder in Erziehungsanstalten verbannt.

Zwischen den beiden Weltkriegen gab es erneut »überzählige« Frauen, die politisch aktiv waren und um das Frauenwahlrecht ebenso kämpften wie um politische und soziale Reformen. Da sie Geld verdienen mussten, vervielfältigten sich die Berufsmöglichkeiten für Frauen. Und es ist legendär, wie die asexuell gezeichneten »alten Jungfern« in Berlins goldenen 1920er- und 1930er-Jahren eine queere Kultur erblühen ließen. In Kriegszeiten wurden ihnen plötzlich die härtesten Arbeiten zugetraut, nur um sie in den 1950er-Jahren als angeblich unfähige Fräuleins umso härter mit Gesetzesverboten wieder als unbezahlte Fürsorgearbeiterinnen – als Mütter – in die Familien zu scheuchen. Der Beitrag der Frauen, die als alte Jungfern verunglimpft wurden, wurde belächelt oder ihre Unabhängigkeit als bedrohlich dargestellt. Und wenn man bedenkt, wie damalige Freiräume in der Nachkriegszeit wieder kassiert wurden, versteht man auch, dass der Backlash auch aktuell möglich ist.

Kaum einer würde heute noch offen sagen, dass eine Frau eine alte Jungfer ist. Aber der Begriff wirkt nach. Denn wenn man Frauen unabhängig von Reproduktion, Mutterschaft und der Rolle als begehrenswertes Sexualobjekt unsichtbar macht, verändert man den Wert der Frau an sich und somit auch den Rahmen, in dem Frauen sich selbst als zufriedenes Subjekt wahrnehmen können, denn auch sie haben dieses Bild verinnerlicht. Über den Kampf mit diesem Bild erzählt auch die schwedische Theaterautorin Malin Lindroth. Sie beschreibt in ihrem Buch *Ungebunden* ihr eigenes Verhältnis dazu, mit 50 unfreiwillig Single zu sein, und ihr Unbehagen daran, sich selbst als alte Jungfer zu sehen. Sie will die Situation nicht schönreden, sondern in all ihrer Ambivalenz betrachten. Sie wolle aus Scham und um sich emanzipiert zu geben, nicht so tun müssen, als sei das Alleinsein ihre Wahl, sondern sagen dürfen, dass man manchmal darunter leide. »Von klein auf wird einem beigebracht, dass die Erfüllung des Lebens darin liegt, von einem Mann begehrt und gewollt zu werden. Die glückliche Zweisamkeit wird als Naturgesetz dargestellt. Aber wenn dieser romantische Wunsch, der von allen Seiten genährt wird, nicht in Erfüllung geht, redet man darüber besser nicht. Oder man entzieht sich dem, indem man sagt, ich bin lieber allein. Das ist auch eine Art von Schweigen. Ich wollte das Schweigen brechen«, sagt sie in einem Interview mit der *Süddeutschen Zeitung*.[289] Als hätte man als Frau keine Geschichten zu erzählen, wenn sie nicht im Kontext der Zweisamkeit spielen. »Die gesellschaftliche Stellung der Jungfer ist ganz, ganz unten. Es ist, als würde sie nicht existieren.«[290] Die ältere alleinstehende Frau ist immer irgendwie erbärmlich, schwach und ein Opfer. Sie ist gefühlskalt und verbittert; sie wurde ausrangiert und kann sich nur noch mit Katzen umgeben, als Ersatz für ihr Bedürfnis, Wärme und Fürsorge zu geben. Würde man das eine Narrativ, alleinstehende und ältere Frauen seien als Frau entwertet, verändern, gäbe es mit Gewissheit bald neue Erzählungen, die bessere Vorbilder kreieren, die zudem diverser wären. Weil es diese Vorbilder jedoch zumindest mehrheitlich noch nicht gibt, heiraten viele Frauen auch deshalb, weil sie keine alte Jungfer sein oder werden wollen – und nicht unbedingt aus Liebe oder wahrer Überzeugung vom Konzept Ehe. »Wir haben eine solche Angst davor, dass uns das Schicksal der ungewollten Frau ereilt, dass manche Frauen lieber in einer schrecklichen Beziehung sind als in keiner«, sagt Lindroth.[291] Sie selbst beschreibt sich in den Phasen, die sie in einer Beziehung verbrachte, als viel zu angepasst und bemüht darum, die Bedürfnisse des Partners zu erfüllen. »In meinen Zwanzigern war ich sehr gut darin, die Bedürfnisse der Männer zu erahnen und zu befriedigen.« Weich und demütig sei sie gewesen. Wenn man sich für einen Mann so anpasst, mache man sich auch unsichtbar.[292] Viele Frauen seien allein geblieben, damit sie spannende Dinge tun konnten, die sie als Ehefrauen und Mütter nicht hätten vollbringen können. »Aber ich kann nicht sagen, wer von diesen Frauen dieses Leben gewählt hat und wem es passiert ist [...]. Es ist ein schmaler Grat zwischen dem selbstgewählten Alleinsein und dem unfreiwilligen Alleinsein, manchmal ist man wirklich zwischendrin. Aber wir sind in unserer Kultur besessen vom freien Willen. Wir denken, man hat immer eine Wahl.«[293]

Unter dem Bild der alten Jungfer leiden aber nicht nur Frauen. Lindroth berichtete in dem Interview, dass sie von Männern, die ihr Buch gelesen haben, höre, dass sich die persönliche Erfahrung, nicht gewollt und begehrt zu werden, bei ihnen ähnlich anfühlt. Männer fänden es ebenso beschämend, nicht gewollt zu werden. Ihnen würde zwar weniger aufgedrängt, sich im Alter defizitär zu fühlen, als sexlose verbrauchte Typen. Aber weil sie der starke Held, der selbstgenügsame Waldschrat, der weise Eremit, der einsame Cowboy und Abenteurer sein müssen, dem Einsamkeit nichts ausmacht, könnten sie ihre Probleme und ihre Sehnsucht auch weniger artikulieren. Die angebliche Autonomie, die ihnen eigentlich einen psychologischen Vorteil verschaffen soll, verhindert, dass sie sich sichtbar machen dürfen und darüber sprechen können.

Mein Bekannter Oliver, der seit vier Jahren Single und auf Beziehungssuche ist, erzählt mir, dass ihm die Bilder über alternde

Männer auch nicht gerade behagen: »Die Perspektive, irgendwann als alter geiler Sack wahrgenommen zu werden, ist auch nicht so schön. Sie werden als lächerlich dargestellt, wie sie Glatze und Bauch kaschieren, oder sogar als Bedrohung wahrgenommen, als potenzielle Täter, die junge Frauen und Mädchen belästigen. Und dann kommt noch die große Bedrohung der Erektionsprobleme oder gar Impotenz, die aber auch schon junge Männer im Schlaf verfolgt. Diese Ängste müssen wir mit vorgeschobener Stärke und Unabhängigkeit kaschieren.« Schließlich leiden wir alle unter diesen Klischees, die uns dazu bringen, unsere eigenen Entwicklungen mit Misstrauen zu betrachten, sie verfestigen sich in den Köpfen und werden oft genug zur selbsterfüllenden Prophezeiung. Nur ereilt dieses Klischee Männer, wenn sie tatsächlich alt werden, während Frauen bereits in ihren Dreißigern davon eingeholt werden können.

»Warum fühlt sich das immer noch schlecht an?«, fragte mich Marion, die ich bereits für *Die Uhr, die nicht tickt* interviewt hatte. »Wir entsprechen zwar nicht mehr dem Bild der alten Jungfer, aber es fühlt sich immer noch als Stigma an. Und das, obwohl ich einen guten Job habe, gutes Einkommen, einen tollen und liebevollen Freundeskreis, Hobbys, die mich erfüllen. Und doch fühle ich mich wie ein Teenager, weil ich keine Familie habe. Gleichzeitig weigert sich etwas in mir, diesem Bild von Mann mit Kind im Haus zu entsprechen. Vielleicht haben wir alle zu viele Filmromanzen gesehen? Arbeiten diese Bilder denn in uns wie ein Virus?« Eine andere Freundin erzählte mir von ihrem Entsetzen, als sie bemerkte, dass sie selbst gelernt hatte, alte Jungfern lächerlich oder bedauernswert zu finden: »Ich habe verinnerlicht, alles, was sie tun, als Ersatz für ihre Bedeutungslosigkeit zu beäugen. Und jetzt bin ich selbst eine und sehe, dass alle Versuche, mein Leben schön zu finden, als *Schönreden* betrachtet werden. Wie kommt man da raus? Nicht aus dem Zustand des Singleseins, denn anscheinend habe ich mir nie große Mühe machen wollen, das tatsächlich zu ändern, sondern aus dem Klischee?

Das vermeintliche Elend der Singlefrau oder anderer Menschen, die von der Norm defizitär gezeichnet werden, taugt schließlich auch dazu, zu trösten, wenn Menschen mit ihrem eigenen Lebensstil und den darin enthaltenen faulen Kompromissen unzufrieden sind. Lieber beugt man sich der Norm, als dieses Elend darzustellen. Wenn die romantische Paarbeziehung als Gradmesser für Glück, Vollkommenheit und Zufriedenheit gesetzt wird, kann die kinderlose Singlefrau nur verlieren. Die kinderlose Singlefrau ist nicht der Beweis dafür, dass es auch anders geht, sondern sie ist einfach keine *richtige Frau*. Der Käfig des Stigmas ist deshalb so eng, weil er einem die Möglichkeit einer individuellen Erzählung nimmt und die eigene Wahrnehmung und Empfindung unsichtbar macht. Alles, was sie tut und lässt, wird als psychischer Knacks gedeutet. Wenn sie keine eigenen Kinder hat, aber sich um andere kümmert, ist das nicht eine normale menschliche Regung, sondern angeblich eine »Ersatzhandlung«. Alles ist nur schnöde Kompensation: Ehrenamt, Katzen, Extremsport. Das, was der alleinstehenden Frau am meisten fehlt, ist nicht ein Mann, sondern eine Gesellschaft, die ihr zutraut, zufrieden zu sein.

Schämt man sich dann auch noch für diesen Zustand, verschlimmert man laut Lindroth das Problem weiter, weil man das eigene Singledasein nicht als normale Alltagserfahrung teilen könne. »Über diese Erfahrung nicht offen reden zu können, macht die Einsamkeit viel schlimmer als die schiere Tatsache, dass man keinen Mann hat. Das ist doch immer das Schlimmste: ein anderer Mensch zu sein als der, der man vorgibt zu sein.« Sie wolle keinen Trost, sondern ganz normal darüber sprechen können.[294] Lindroth beschreibt sich als einen glücklichen Menschen, auch wenn sie manchmal traurig darüber sei, etwas nicht bekommen zu haben, was sie sich gewünscht hatte. Deshalb sei ihr Leben aber nicht ruiniert. Und außerdem: Viele ihrer Freundinnen seien jahrelang verheiratet gewesen, heute jedoch geschieden und lebten ähnlich wie sie. Da kann man sich auch fragen, was einem alles erspart geblieben ist, wenn man gar nicht erst geheiratet hat.

Um dieser Frage auf den Grund zu gehen, sitze ich in der Küche meiner liebsten alten Jungfer Erica. Erica ist Ende 40 und sie ist mit mir in der längsten Freundschaftsbeziehung, die ich je hatte. Ich lernte sie bei einem Filmdreh in San Francisco kennen, als ich 24 war. Damals rotteten wir uns zusammen, um nach den nervigen Drehs mit kapriziösen Filmleuten unser wohlverdientes Feierabendbier zu trinken, während wir den Blick auf die Bay im dunklen Straßenlaternenlichtermeer genossen. Sie ist eine der lustigsten Personen, die ich kenne. Erica erzählt:

»Auf einer abstrakten Ebene kommt man sich immer noch komisch vor, so lange Single zu sein, weil es überall so viel um Partnerschaften und Familie geht. Aber eben nur abstrakt, ich habe nie darunter gelitten, wenn mein Plus 1 auf einer Hochzeitsfeier kein Mann war. Es beschäftigt mich nicht weiter. Und manchmal wundert es mich, dass es mich nicht beschäftigt, aber anscheinend ist das für mich nicht wichtig.«

Erica hatte seit 15 Jahren keine Liebesbeziehung mehr. Über die eigene Verwunderung, ein ganz anderes Leben geführt zu haben, als das, was einem als Normalität vorgelebt wurde, sagt sie den schönen Satz:

»Mir fehlte das Gefühl, dass es mir gefehlt hat. Dadurch habe ich mir viele Sorgen gespart, die wohl sowieso Zeitverschwendung sind. Ich glaube, ich habe mir verwundert dabei zugesehen, dass ich intuitiv ganz andere Wege gegangen bin, als die Standards zu bedienen, die von Kindesbeinen verlangt wurden. Das ist auch ambivalent, da nagt der Zweifel, man ist verunsichert, andererseits sieht man sich selbst dabei zu, wie man sich nicht wirklich darum schert. Ich habe das Leben fließen lassen, ohne mir die Frage nach dem Mangel zu stellen, stattdessen habe ich gestaltet, was ich vorfand, ohne mich an Erwartungen abzuarbeiten. Das spielt sich doch nur im Kopf ab, dass einem was fehlen würde, weil man es nicht so macht wie die anderen.«

Erica ist eines der besten Beispiele für gesunde Ignoranz, die ich kenne.

Die Autorin Emma John empfiehlt alleinstehenden Frauen in ihrem Buch *Self-Contained: Scenes from a Single Life,* sich die Figur der alten Jungfer spielerisch anzueignen und positiv umzudeuten, statt sich dadurch von außen nachteilig definieren zu lassen. Ebenso wie Frauen sich den Begriff der Hexe und der Schlampe angeeignet haben, wird die Fremdbestimmung durch ein selbstgewähltes Maskenspiel ad absurdum geführt, und die intendierte Beschämung funktioniert dann nicht mehr.[295]

Frauen wird suggeriert, sie hätten ein Verfallsdatum, was es ihnen doppelt schwer macht, aktiv einen Partner zu suchen. Ein Freund erzählte mir, dass es ihn selbst überhaupt nicht stören würde, eine Frau jenseits der 40 zu daten, er aber den Eindruck gewonnen hätte, dass diese Frauen sich selbst weismachen, nicht mehr attraktiv und begehrenswert zu sein, nicht mehr flirten zu können oder zu dürfen, weil das peinlich wirken könnte.

Die Angst davor, was andere denken könnten, steckt wahrscheinlich den meisten von uns in den Knochen - und sie macht uns einsam. Während Männer ganz normal allein in der Kneipe sitzen, finden viele Frauen die Idee, allein in eine Bar oder ein Restaurant zu gehen, immer noch unangenehm, beschrieb die Journalistin Elisa Doucette.[296] Man unterstellt ihr, ihr fehle etwas, sie suche etwas … wahrscheinlich einen Mann.

Erica zeigt, dass man sich als Außenseiterin wohlfühlen kann:

»Ich war sowieso immer eine Außenseiterin und habe mich damit angefreundet, nie bei den coolen und schicken Leuten dabei zu sein. Ich hab mein eigenes Ding gemacht. Meine Schwester war da anders, sie hat sich viel mehr Gedanken gemacht, wie andere sie sehen.«

Erica erzählt mir, dass ihre Schwester und sie lange Zeit ein Konkurrenzverhältnis hatten, in dem es hauptsächlich um ihre unterschiedlichen Lebensweisen ging.

»Wenn ich mir die Mädchen von früher aus der Schule anschaue, die in ihrem Freundeskreis viel Anerkennung bekommen haben, scheint es mir, als hätten sie sich leichter im Spinnennetz der Geschlechterklischees verheddert. Der Applaus von damals hat sie nicht weit gebracht, meistens nur in das Reihenhaus um die Ecke. Meine Schwester hat gerade einen Workshop gemacht, in dem sie lernt, Grenzen zu ziehen. Und nun sagt sie plötzlich, dass sie mich dafür bewundert, dass ich meinen Weg gegangen bin, dass ich mehr Platz für andere Dinge in meinem Kopf hatte, als mir darüber den Kopf zu zerbrechen, was andere über mich denken.«

Der Verhaltensforscher Paul Dolan beschrieb, dass das Glücksversprechen nicht nur in der Arbeitswelt nicht aufginge, sondern auch nicht in der Familienplanung. Er zeigte, dass kinderlose Singlefrauen im Durchschnitt zufriedener mit ihrem Leben seien als Mütter und Ehefrauen. Das Feedback war immens, berichtet er in einem Artikel im *Guardian*.[297] Viele Frauen hätten ihm gedankt, weil Leute ihnen endlich glaubten, wenn sie sagten, es gehe ihnen gut. Noch heftiger, allerdings negativ, aber war die Reaktion von denen, denen diese Aussage nicht ins Konzept passte. Viele Menschen wollten es nicht wahrhaben, dass man Glück finden kann, ohne sich gängigen Lebensentwürfen gefügt zu haben.

Mitte der 2010er-Jahre ging die Schlagzeile durch die Medien, dass japanische Frauen sich nun selbst heiraten könnten. Was nach noch einem Beispiel für das Klischee der »verrückten Japaner« klang, thematisierte allerdings nur das Konzept einer einzigen Geschäftsfrau, die Frauen anbot, sich wie für die eigene Hochzeit herzurichten und fotografieren zu lassen.[298] Es handelte sich mehr um das Nachspielen von Mädchenfantasien dieses sagenumwobenen Ziels der romantischen Hochzeit und hatte amtlich keinerlei Verbindlichkeit. Dieses Phänomen bezeugt aber auch, dass eine Hochzeit und das Verheiratetsein vor allem für Frauen eher schöne Fantasien sind, die über den tatsächlichen Tag der Hochzeit kaum hinausreichen: Man darf sich einen Tag als Prinzessin fühlen, um danach unbezahlte Putzhilfe zu werden. In Japan ist die Heirat für Frauen aufgrund der traditionellen Rollenverteilung oft mit dem Karriereende verbunden, weshalb Frauen diese immer weiter hinauszögern oder ihr ganz aus dem Weg gehen. Eine Umfrage des japanischen Instituts für Bevölkerung und Sicherheit aus dem Jahr 2011 brachte ans Licht, dass etwa die Hälfte aller Japanerinnen keine Beziehung hat. Das waren 10 Prozent mehr als 10 Jahre zuvor. 90 Prozent der Frauen gaben an, sie würden das Singlesein einer Ehe vorziehen.[299] Denn 60 Prozent der verheirateten Frauen fristen ein sehr eingeschränktes Hausfrauendasein. Einem japanischen Sprichwort zufolge ist die Hochzeit »das Grab des Lebens«. Immer mehr Japanerinnen wollen nicht mehr in der Familie und im Mutterdasein verschwinden. Um sie dennoch zu diesem Schritt zu bewegen, werden Frauen als totale Verliererinnen dargestellt, wenn sie die 35 überschritten haben und noch unverheiratet sind.

Die meisten Kundinnen dieser Solo-Hochzeiten sind älter als 35 Jahre. Und nur 70 Prozent der Klientinnen sind überhaupt Single. 20 Prozent sind bereits verheiratet, aber die Hochzeit sei nur bürokratisch abgelaufen, diese Frauen möchten wenigstens einmal in ihrem Leben ein schönes Hochzeitskleid tragen. Die restlichen 10 Prozent seien geschiedene Frauen. Zu Beginn wurde den Kundinnen auch angeboten, einen hübschen Bräutigam für die Fotos an die Seite gestellt zu bekommen, doch keine der Frauen nahm das in Anspruch.[300] Ist die Solo-Hochzeit also ein hilfreiches Ventil, das es Frauen ermöglicht, sich die Ehrung als Braut anzueignen, ohne die Konsequenzen tragen zu müssen? Aber ist es vielleicht besser, wenn der Kessel explodiert, statt nur einmal ein bisschen Dampf abzulassen, damit er weiter das gleiche Gleis entlangstottern kann? So schrieb die Kolumnistin des *Guardian* Eva Wiseman einen wütenden Kommentar darüber, dass dieses Nachspielen der Solohochzeit nun auch in Großbritannien zum Trend wurde. Es bestätige das System, dass eine Frau die Insignien einer Heirat brauche, um sich komplett zu fühlen.[301]

Der goldene Käfig der Ehe, der Frauen in die geschlechtliche Arbeitsteilung der Kleinfamilie lockt, scheint so attraktiv zu sein, dass Frauen sich und anderen diese Attraktivität selbst weismachen. Es geht um die Aufrechterhaltung des schönen Scheins, der von Frauenmagazinen propagiert wird. Ähnlich wie viele Frauen behaupten, sie würden es »für sich selbst« machen, wenn sie sich Schönheitsoperationen und anderen schmerzvollen »Schönheits«-Prozeduren wie Waxing und Diäten unterziehen oder High Heels tragen, die auf die Dauer ihre Gelenke kaputt machen, als sei das eine Art Empowerment? Würden sie es in einer Welt ohne männliche Bewertung auch »für sich« machen? Man kann es auch einfach machen wie Emma Watson und sich als selbstverpartnert bezeichnen.

Erica ist in Großbritannien aufgewachsen und empfindet den Familienplanungsdruck dort ähnlich hoch wie in Deutschland.

»Überall steht ein Zeitlimit drauf, sodass wir wie Rädchen funktionieren sollen: Kinder kriegen, Kredite aufnehmen, um ein Haus zu kaufen, und dafür arbeiten. Das ist in England ein riesiges Thema, dass man ein Haus kaufen muss für die Familiengründung. Dir wird gesagt, wenn du das nicht alles erfüllst, dann bist du ein Witz, du bist nicht richtig erwachsen. Und dann wirst du allein sein. Dabei wird die Einsamkeit künstlich erzeugt, wenn wir dann alle allein in unseren Häusern sitzen. Es gibt so wenige Vorbilder von älteren Frauen, die ohne Familie und Kinder ihr eigenes Ding machen, schon gar nicht in der Nachbarschaft. Vielleicht mal im Fernsehen, und dann sind es oft traurige Geschichten. Als Teenager war ich war davon ausgegangen, dass das auf mich zukommen muss: Arbeit-Haus-Familie wie ein geschlossenes Paket.«

Mit Anfang 20 ging Erica nach Berlin und machte mehrere Praktika, um auszuprobieren, welche beruflichen Wege sie einschlagen möchte.

»Ich bin nach Berlin, um das *Davor*, vor dem Einfamilienhaus, noch zu genießen. Ich hab mich auf das Entdecken, den Genuss und die Freiheit konzentriert. Und dann bin ich einfach nicht zurückgegangen, einfach nicht in dem Gleis eingerastet, das auf dieses Einfamilienhaus zuführt. Das war gar keine so klare Entscheidung, ich habe einfach keinerlei Hebel in Bewegung gesetzt, um in dieses Gleis zu geraten. Ich hatte auch Angst vor den Frauen, die dir gezeigt werden, die mit Mitte 30 austicken, oh Gott, ich habe keine

Familie. Das war aber auch der einzige Grund, warum ich glaubte, es haben zu müssen. Vielleicht entspricht mir das Nomadische mehr, und ich habe in Berlin einen Ausweg gesucht, um nicht sesshaft werden zu müssen.«

Ericas Mutter entstammt der Generation, die die Luft der Freiheit schon schnupperte, ohne diese auskosten zu können. Wie so viele Mütter dieser Jahrgänge bläute sie ihren Töchtern ein, den letzten entschlossenen Schritt zu machen, um nicht in alten Mustern festzustecken, die ihre Klebefähigkeit noch nicht verloren hatten.

»Meine Mutter vermittelte mir sehr deutlich, wie wichtig Eigenständigkeit für Frauen ist. Der mütterliche Rat war, das volle Leben kann man nicht mit Mann und Kindern haben. Frauen müssen Familienplanung konsequent durchdenken, wir mussten weit in die andere Richtung schwimmen, um nicht im Strudel der falschen Kompromisse unterzugehen. Deshalb entwickelt man einen gewissen Selbstschutzpanzer und wehrt sich gegen alles, um nicht in die Fallen zu geraten, in die Mütter geraten können. Wir sind weniger gelassen, wenn wir Ungerechtigkeit sehen, weil wir verstanden haben, dass das systematisch ist. Und wie leicht verschwinden wir darin, wenn wir uns nicht wehren. Wir mussten noch lernen, die eigene Abwehr gegen altmodische Muster zu dosieren, denn ich habe auch nicht immer Lust darauf, wütend zu sein.«

Zwischenzeitlich verließ Erica Berlin und lebte und arbeitete für ein paar Jahre in Bonn. Dort erlebte sie als über 40-jährige Singlefrau einen gewissen Realitätscheck, denn so offen wie in Berlin war man dort nicht:

»In Bonn habe ich mich plötzlich einsam gefühlt, wie ich es als Single in Berlin nie erlebt habe, weil die Leute, z. B. auch Arbeitskolleg:innen, dort schon konservativer sind. Die steckten in ihren abgeschlossenen Familien, sodass es schwerer war, neue Freundschaften zu knüpfen und Anschluss zu finden. Neue Leute waren schwer zu finden, deshalb bin ich in eine WG gezogen. Da waren die Leuten alle 15 Jahre jünger als ich. Das funktionierte auch gut, aber bei über 30-Jährigen habe ich meinen Lebensstil nicht gefunden.«

Erica erzählt mir, dass sie noch nie so recht verstanden habe, warum so viele Menschen überzeugt davon seien, für ihre innere Stabilität eine Liebesbeziehung zu brauchen. Sie empfinde Liebesbeziehungen eher als destabilisierend.

»Ich höre mir jetzt seit 20 Jahren von Freund:innen an, wie schlimm Beziehungen sind. Ich hatte noch nie eine Liebesbeziehung, wo ich mich wirklich aufgehoben gefühlt habe, also fehlt sie mir auch nicht. Wenn man das kennt, würde man das vielleicht eher vermissen. Ich bin sehr autark und dramatisiere Einsamkeit nicht. Ich habe mich nie auf die Sicherheit und Geborgenheit einer Beziehung verlassen oder danach gesehnt. Gerade in Zeiten, die ich ruhelos und unsicher fand, verkomplizierten Flirts alles noch mehr, als es zu verbessern. Am Anfang ist man offen und freut sich. Man will Sensibilität und eine Art Hyperbewusstsein für den anderen haben, was auch schön ist. Man sucht eine neue Energie in einer Beziehung, aber wenn man sich da völlig reinwirft, kommt man von sich selbst ab. Zu Beginn macht man das gerne, doch dann verliert man sich und versteckt sich. Ich würde mir dann immer nur bewusst machen, was der andere will. Ich würde klein werden und mich nicht mehr spüren. Dann würde ich deshalb auf den anderen wütend werden, weil ich für ihn zu viele Kompromisse mache. Man hört so viel Negatives über Beziehungen in meinem Bekanntenkreis. Da kam keine Sehnsucht danach in den letzten Jahren auf.«

Es anderen recht machen zu wollen, identifiziert Erica als ihre negativste Angewohnheit, und eine Beziehung sei der schlechteste Ort, um ein negatives Muster zu verstehen und zu ändern.

»Gerade deshalb habe ich anscheinend meine Beziehungen sehr gut ausgewählt. Weil ich weiß, dass ich leicht zu viele Kompromisse mache, bin ich Dingen aus dem Weg gegangen, in denen man das tun muss. Ich hätte immer die Befürchtung, dass ich mich zu sehr auf den anderen beziehe und Dinge tue, die sich schlecht anfühlen.

Ich denke nicht, dass ich meine Angst vor einer Beziehung in einer Beziehung hätte heilen können, das wäre wie in einer Prüfung gewesen. Ich bin gewohnt, Veränderungen selbst herbeizuführen und nicht mit jemandem gemeinsam. Ich denke, weil wir Beziehungen so symbiotisch denken, gehen Leute mit Abgrenzungsproblemen der Liebe komplett aus dem Weg. Eigentlich ist es sehr schade, dass somit fast nur die Wahl zwischen Ehe und Einsamkeit besteht. Diese Extreme sind es, die die Leute verrückt machen. Aber deshalb kann ich ja auch Freundschaften führen, da gibt es dieses Ideal der Symbiose nicht. Ich muss da nicht etwas Unwirkliches leben, was eh nicht gelingen kann. Wenn ich einen Liebespartner so haben kann wie einen guten Freund, ginge das bestimmt.«

Weil wir uns die Liebe so vorstellen, dass man sich alles von den Augen ablesen können muss, weil man auf eine Art erkannt werden möchte, die Erklärungen unnötig macht, glauben wir auch, dass es entzaubernd wirkt, wenn man klar sagt, was man braucht. Deshalb kommt es aber auch zu so vielen unnötigen Missverständnissen. Man ist leicht enttäuscht, wenn man glaubt, die oder der Partner:in »hätte von selbst etwas wissen müssen«, und verkennt, wie liebevoll es eigentlich ist, wenn man einander nicht auf die Probe stellt, sondern klare Ansagen über Bedürfnisse macht.

Ihre Schwester gab Erica den Rat, einfach mal zu üben, sich in Beziehungen abzugrenzen, indem sie sich auf Affären einlässt und dort beobachtet, wie das funktioniert.

»Meine Schwester hat ›geübt‹ (Erica lacht, als sie das sagt, und malt Anführungsstriche in die Luft), sie benutzte Online Dating Apps, hatte Boyfriends und viele Kapriolen mit komischen Typen. Irgendwann hat sie zu mir gesagt: ›Vielleicht hast du es intuitiv besser gemacht.‹ Es war so eine halb bewusste Entscheidung von mir, nicht zu daten. Partnerschaften und Affären würden meine schlechten Seiten hervorholen, und irgendwie wusste ich, dass es auch nicht so viele Menschen gibt, mit denen man das üben will. Und die, mit denen man das üben möchte, kommt es am Ende dann doch zu einer ernsteren Verstrickung – und eventuell doch zu Verletzungen. Es gibt ja das Phänomen, dass Menschen in ihren Partnerschaften immer ihre Traumata wiederholen. Ich glaube, es ist keine gute Idee, Liebe als Therapie zu nutzen, da fügt man sich unbewusst nur die gewohnten Verwundungen zu, um sie besser zu verstehen. Deshalb suchen traumatisierte Leute ja auch so oft zum Beispiel furchtbare Narzissten als Partner, weil sie sich an denen abarbeiten können. Ich habe Vertrauen in die Zeit gehabt, dass in mir Entwicklungen stattfinden. Und währenddessen war ich lieber ohne Partner als in einer schlechten Beziehung.«

So gesehen ist eine schlechte Beziehung auch eine Kompromittierung der Selbstliebe, die man sich mühsam errungen hat. Das Gefühl, dass man sich selbst genug ist, wird durch den Versuch, eine Beziehung zu führen, wieder unterbrochen und infrage gestellt.

Jetzt, mit Mitte 40, bereut Erica es keineswegs, nicht mehr in Liebesbeziehungen investiert und ausprobiert zu haben. Nun, wo sie Jahre Zeit hatte, ihre schlechten Gewohnheiten mit sich auszuhandeln, kann sie sich nun auch wieder vorstellen, eine Beziehung zu beginnen.

»Ich habe mich bisher nur gegen das Bild gewehrt, das mir aufgedrängt wurde, und war froh, dass der Kelch an mir vorbeigegangen ist. Jetzt kommt die Frage: Wie will ich es denn gestalten? Ich habe jetzt ein leeres Papier und Stifte und fange an zu malen. Ich kann das Bild selbst malen, nicht nur das, was ich nicht will, sondern, was ich will. Das Papier ist ein Blankoschein.«

Ich frage Erica, ob es ihr vielleicht viel mehr entspricht, dass es gar kein Bild gibt. Sie sagt: »Ja, es klingt bisher vielleicht so, als ob ich nur aus negativen Erfahrungen heraus keine Beziehung wollte. Aber tatsächlich wollte ich einfach gar keinen Plan haben.«

Agnes schildert diesbezüglich Ähnliches:

»Ich sehe doch, was um mich herum passiert. Ich habe den Eindruck, ab 40 werden die Karten noch mal komplett neu gemischt, weil die Leute aus den Kleinfamilien ausbrechen. Um mich herum gibt es nur noch Trennungen, und die Leute schlittern in neue Beziehungen und Patchwork-Konstellationen hinein, die sie sich auch nie so vorgestellt und geplant haben. Aber es muss noch nicht mal sein, dass man als Liebespartner in eine Patchwork-Konstellation reingerät, sondern man kann sich auch noch mit 50 oder 60 in Familien einbringen und Gemeinschaften finden. Das geht ja auch ohne Liebesbeziehung. Aber wenn ich sehe, wie um mich herum jetzt die klassische Familienkonstellation auseinanderfällt, fühle ich mich darin bestätigt, dass ich das nie mitgemacht habe. Ich habe mir da was erspart. Die andere Geschichte ist, dass ich mich nun stärker fühle und viel mehr bereit bin, eine Beziehung einzugehen. Ich kann mir das jetzt vorstellen, weil es mir gut geht, eben weil ich die letzten Jahre so bei mir geblieben bin, weil ich nicht zu viele falsche Kompromisse eingegangen bin. Ich habe nicht mehr die Ängste wie als junge Frau, mich in einer Beziehung zu verlieren. Was Beziehungen betrifft, war ich im Winterschlaf und komme jetzt gestärkt aus der Höhle. Ich hab mich an die Bärenhöhle gewöhnt, aber ich denke, ich will raus in die kalte Welt, bin neugierig und möchte mal nachschauen, was es dort zu finden gibt.«

Und Erica erzählte noch:

»Ich finde die 40er so interessant, weil sie dir zeigen, was für ein Mensch du tatsächlich bist. Ich betrachte mein Leben und denke *Ach, interessant, rückblickend sehe ich, was also meine wahren Bedürfnisse waren, offenbart in dem, wie ich tatsächlich gelebt habe.* Es fühlt sich so an, als würde man auf einem Plateau stehen, auf dem man sein Leben überblicken kann, wie es nach den ganzen Erwartungen und Plänen tatsächlich aussieht. Auf dem man darüber nachdenken kann, ob man das alles so gut findet oder nicht, denn auf dem Plateau sieht man auch, ob man bisher eher ängstlich und feige war, aber darin liegt schließlich auch eine Weisheit. Es ist eine Einstellungssache, ob man Entscheidungen als Fehler betrachtet oder als Lehre. Man macht die Dinge nun mal so, wie man es kann. Dann schaut man sie sich an, und wenn einem etwas nicht gefällt, kann man versuchen zu korrigieren. Deshalb trennen sich ja auch so viele Leute in den 40ern, lassen sich scheiden, beginnen neue Jobs, steigen aus. Man hat sich verpuppt, und aus dem Kokon kommt ein ganz anderer Schmetterling, als man dachte. Mein Unbewusstes hat nebenher gearbeitet und insgeheim Wege beschritten, die mit diesen offiziellen Bildern und Erwartungen gar nichts zu tun haben. Andere nennen das Midlife-Crisis. Ich habe mir eher dazu gratuliert und war auch etwas stolz auf mich, dass ich mir selbst vertrauen konnte, dass meine Intuition stimmte, dass ich mache, was mir entspricht, in meinem Tempo. Intuition und Vertrauen in sich sind wohl besser, als sich zu viele Gedanken zu machen.«

Ericas Gedanken erinnern an ein Bild, das man bei Lindroth nachlesen kann: Alleinsein sei wie ein Haus, in dem man es sich eingerichtet hat und das jetzt so schön sei, dass man es nicht mehr verlassen will.[302]

Ich frage Erica: »Hast du den Eindruck, dass das Alleinsein so behaglich ist, dass man aus Bequemlichkeit nicht mehr da rauskommt?«

»Einsamkeit ist für mich keine generelle Grundstimmung. Ich bin es gewohnt, mich mit vielen Dingen zu beschäftigen, und ich habe viel zu tun und genug Freunde. Ich habe kaum Zeit, allein zu sein, auch schon ohne Beziehung. Ich brauche eher mehr vom Alleinsein.«

Erica erzählt, dass sie Gefühle von Einsamkeit höchstens überkommen, wenn es einen konkreten Anlass gibt:

»Zum Beispiel wenn Freund:innen oder Kolleg:innen essen gehen und ich aus irgendeinem Grund nicht mitkommen kann. Also eine eventbezogene Einsamkeit«, lacht sie. »Während der Corona-Pandemie habe ich im Gespräch mit mehreren Freund:innen festgestellt, dass es auch ein ganz anderes Phänomen der Einsamkeitsgefühle in dieser Zeit gab. Wir fühlten uns in Pandemiezeiten nämlich tatsächlich weniger einsam, weil es weniger Anlässe gab, bei denen wir das Gefühl hatten, dabei sein zu müssen bzw. uns ausgeschlossen fühlten, wenn etwas ohne uns stattfand. Es gab viel weniger Anlässe, die uns dazu brachten, uns zu vergleichen und daran unsere Zufriedenheit ins Verhältnis zu setzen. So ist das doch auch mit der Mutter-Vater-Kind-Familie. Man denkt ja nur, das würde einem fehlen, wenn man es überall als Norm vor der Nase hat.«

Unabhängig bleiben in der Partnerschaft

Es sind nicht nur Gesetze, die begünstigen, dass Liebe zu Abhängigkeit führen kann, manchmal bis zum Lebensende, sondern auch die festgefahrene Vorstellung, wie eine »funktionierende Partnerschaft« auszusehen habe. So kann es nicht verwundern, dass manche überzeugte Singles sagen, sie wollten keine Beziehung führen, weil man in ihr so viele Kompromisse eingehen müsse. Eine Bekannte erzählte mir, sie wolle nicht ihre ganze Freizeit mit einem Partner verbringen müssen, und das am Ende vielleicht nur noch auf der Couch vor dem Fernseher. Das würde ich ihr auch nicht empfehlen, die Frage ist nur, warum sie glaubt, dass ein Liebesbekenntnis sie jede freie Minute neben diesen Menschen auf die Fernsehcouch fesseln müsste. Die Tatsache, dass Partner:innen auf Biegen und Brechen alles teilen sollen, auch wenn es ihnen nicht guttut, beginnt bei banalen Dingen wie dem Ehebett, das im gemeinsamen Schlafzimmer zu stehen hat. Ich werde nie den Blick der beiden Berater in einem Wasserbetten-Fachgeschäft vergessen, als ich ihnen bestätigte, dass ich tatsächlich ein Wasserbett mit einer Mono-Matratze nur für mich allein möchte. Sie fragten besorgt nach, ob ich verstanden hätte, dass es auf das Bett 20 Jahre Garantie gab, in denen ich meine (ich ergänzte für mich: noch fruchtbaren) Jahre allein verbringen wolle. Ich schlafe aber nicht nur gerne aus, ich schlafe auch sehr gerne allein in meinem Bett. Das hat zwei Vorteile: Erstens schlafe ich besser, zweitens bleiben gemeinsame Übernachtungen etwas Besonderes, was man bewusst schön gestaltet.

Eine außerordentlich erholsame und produktive Art des Alleinseins ist tatsächlich der regelmäßige Schlaf. Er ist die natürliche

Form des Rückzugs aus der Welt, ein temporäres Ausklinken aus der Kommunikation mit anderen, ein stilles Bei-sich-Sein. Er ist zudem eine eigenständige Form geistiger Tätigkeit, in der das Unbewusste seine Sortierarbeit machen kann und Eindrücke und Entschlüsse »überschlafen« werden können. Schlafforscher:innen betonen, wie wichtig es sei, dass Menschen zu ihren eigenen Bedingungen schlafen können, dass man es sich im Bett einrichten kann, wie man mag, nach dem eigenen Biorhythmus, bei offenem oder geschlossenem Fenster, mit eigener Decke usw. Vor allem ohne jemanden nebenan, der sich im Schlaf wälzt oder schnarcht und diese Ruhephase stört oder dem zuliebe man sich selbst einschränkt, weil man den anderen nicht stören will. »Vor allem Frauen passen am Anfang einer Beziehung ihre Schlafgewohnheiten dem Partner an«, meint der Schlafforscher Jürgen Zulley. »Ich hatte einige Patientinnen, die ihrem Partner getrennte Betten vorgeschlagen hatten. Das kam für die meisten Männer aber nicht infrage«[303], so Zulley. Dass es verpönt ist, getrennte Ehebetten zu haben, hat Millionen von Frauen den Schlaf geraubt. Doch das Stigma des getrennt schlafenden Paares hält sich hartnäckig. Es kommt für viele dem Anfang vom Ende einer Beziehung gleich. Schätzungsweise 80 bis 90 Prozent der deutschen Paare halten also – freiwillig oder gezwungenermaßen – am Doppelbett fest. Dabei deuten gerade getrennte Betten oft auf eine sehr gute Beziehung hin, meint Jürgen Zulley. »Immerhin ist es zwei Menschen gelungen, einen Konflikt zu erkennen und zu lösen.«[304] Es zeigt, dass man für die Individualität des Partners sensibel ist und sie mehr wertschätzt, als unbedingt am Ideal des Doppelbetts festzuhalten. Wer aber auf Biegen und Brechen versucht, die Nacht im gemeinsamen Bett zu verbringen, erhöht eventuell auch noch Müdigkeit und Stress, wodurch die Wahrscheinlichkeit für Streit und Eheprobleme steigt und Ressentiments, der Partner würde nicht auf die eigenen Bedürfnisse eingehen, der Boden bereitet wird.

Das Gefühl von Vertrautheit und Geborgenheit im Bett ist wichtig, aber warum soll das so stark an alltäglichen Schlaf gebunden werden? Man kann sich extra Raum schaffen, gemeinsam Zeit im Bett zu verbringen, auch unabhängig von Schlaf, übrigens auch unabhängig von Sex.

Sonja, die eine Liebesbeziehung zu einem alleinerziehenden Vater hat, erzählt mir:

»Ich bringe meinen Freund gerne ins Bett und kuschel ihn in seine Bettdecke ein, nachdem er seine Kinder ins Bett gebracht hat. Und dann genieße ich es, noch kuschelwarm durch die Dunkelheit und Kühle nach Hause zu fahren, und mich dann in meinem Bett in aller Einsamkeit breitzumachen. Ich empfinde es als Luxus, zwei Wohnungen haben zu können. Man kann sich auf das gemeinsame Übernachten freuen, wie auf eine Pyjamaparty, aber vielleicht nur zweimal die Woche.«

Und Agnes sagt dazu:

»Wenn ich mit einem Partner zusammenziehen würde, will ich dennoch ein eigenes Zimmer und mein eigenes Bett. Dann können wir entscheiden, ob wir die Nacht zusammen verbringen wollen oder nicht. Beides sehr schön. Aber wenn ich Leuten von diesem Vorhaben erzähle, sehen die mich an, als sei ich komplett beziehungsunfähig. Was glauben die, wie man sich für eine Beziehung zu verbiegen hat?«

Der romantische Gedanke der symbiotischen Liebe mag für manche Menschen auf den ersten Blick verführerisch erscheinen. Doch vielleicht kann man die Symbiose temporär eingrenzen, damit aus Loyalität und Liebe nicht Abhängigkeit und das Nachahmen betonharter Muster werden? Möglichkeiten dafür gäbe es, etwa die Finanzen getrennt zu verwalten und getrennt zu leben. *Living Apart Together* bezeichnet diese Form des Zusammenseins, die losgelöst von sozialen Konventionen an Bedeutung gewinnt und viele Nachahmer:innen findet.

Sonja liegt dieses Beziehungskonzept, da sie über Jahre eine Fernbeziehung gewohnt war, und erzählt, dass sie froh sei, durch diese räumliche Trennung die Vorzüge von getrennten Lebenssphären kennengelernt zu haben. So behielten sie ihre getrennten Wohnungen bei, auch wenn sie und ihr Freund nun in derselben Stadt wohnen:

»Wir wohnen schon deswegen getrennt, weil man so verschiedene Routinen im Haushalt oder in der Art, wie man den Wohnraum gestalten möchte, hat. Es kommt doch erst zu Streit, weil man die unterschiedlichen Gewohnheiten unbedingt aufeinander abstimmen und so abändern muss, dass sie unter ein Dach passen. Ich und mein Freund, wir sind verschiedene Tiere, die sich unterschiedlich in ihre Höhle einnisten. Und ich mag es, dass wir zwei unterschiedliche Tiere mit ihren Eigenheiten sind. Einen regt eher auf, wenn etwas nicht an seinem Platz steht, den anderen stört es, wenn die Brotkrümel vom Frühstücken um 16 Uhr noch den Tisch verzieren oder wenn etwas zu steril aufgeräumt sein muss. Einer mag Rot, die andere Blau im Badezimmer. Ich stecke mein Geld zum Beispiel auch lieber in Reisen und Freizeit statt in die Wohnung. Aber ich besuche meinen Freund gerne in seiner Höhle. Ich mag unseren Rückzugsraum, wenn wir zusammen sind, und ich liebe es, durch seine gestaltete Wohnung zu gehen, als sei ich irgendwie in seinem Kopf. Manchmal bin ich da gern drin, aber dann auch wieder gerne ganz draußen. Wir gehen zusammen gerne über Flohmärkte und suchen Dinge, um unsere jeweilige Wohnung einzurichten. Es macht uns Spaß, uns für unser jeweiliges Nest zu beraten, aber es bleiben zwei Nester. So kann man die Eigenheiten des anderen eher schätzen, wenn sie einem nicht im Weg rumstehen.«

Tom, ein alter Studienfreund, lebt seit fünf Jahren in einer Beziehung. Auch er erzählt ähnlich wie Sonja, dass er zu seinem Glück gezwungen wurde, dass er und sein Freund durch äußere Umstände erfahren hätten, welche Vorteile es bringt, in getrennten Wohnungen zu leben.

»Es gab Momente, in denen ich damit unzufrieden war, aber ich bin mir nicht sicher, ob das nur von dem Zwang herrührt, normal wie die anderen sein zu wollen. Ich genieße es sehr, unseren Alltag zu teilen, aber Alltag nur drei Mal die Woche klappt wahrscheinlich besser als jeden Tag Alltag. Es gibt so viele Paare, die unzufrieden werden, weil sie glauben, immer aufeinander rumhängen zu müssen, und dann auch einfallslos werden, was man *ohne* einander machen kann. Wenn wir uns sehen, können wir wirklich 100 Prozent Aufmerksamkeit füreinander haben. Ich glaube, deshalb landen Liebespartner so oft vorm Fernseher, weil sie keine Energie mehr haben, sich miteinander auseinanderzusetzen, aber sich dann doch auf engem Raum aufeinander einlassen müssen. Für mich wäre so eine TV-Beziehung furchtbar. Wenn man mehr Zeit allein verbringt, gibt es viele Gespräche darüber, was man Neues entdeckt hat und dem Liebsten zeigen will. Man weiß den anderen mehr zu schätzen und betrachtet ihn nicht als so selbstverständlich, dass er in gewisser Weise auch unsichtbar wird. Manchmal frage ich mich, ob Paare ohne Kinder im Grunde nur eine Beziehungsform kopieren, die für das Zusammenleben mit Kindern vorgesehen war, sie befinden sich immer noch in denselben Schlaufen und denken, so müsse das sein.«

Aber man kann auch mit Kind aus festgefahrenen Mustern ausbrechen. Dazu spreche ich mit Nina, die seit sieben Jahren mit ihrem Partner zusammen ist und mit ihm ein dreijähriges Kind hat:

»Wir haben sogar ein gemeinsames Kind und leben nicht zusammen. Wir machen alles fifty-fifty. Samuel ist 50 Prozent bei mir oder bei meinem Freund, wir haben ein Gemeinschaftskonto fürs Kind und sonst getrennte Kassen. In einem Haushalt mit Kind und Partner wäre so vieles zwischen uns ausschließlich aufs Funktionieren ausgerichtet, das wollten wir nicht. Ich finde Alltagsroutine nicht unbedingt unromantisch. Aber statt einen Putzplan mit meinem Lover haben zu müssen, haben wir lieber richtige Treffen, wo wir zusammen etwas unternehmen. Ich finde es auch sehr angenehm, dass man dem anderen Elternteil besser überlassen kann, wie man mit dem Kind umgeht, was uns vielleicht nicht so gelungen wäre, wenn wir das jeden Tag unter einem Dach aufeinander abstimmen müssten. Wir geben dem Kind unterschiedliche Freiräume, aber in einem festen Gesamtrahmen, und mein Eindruck ist, dass mein Sohn daraus viel Gutes lernt. Dass ich Samuel auch mal die Hälfte der Woche komplett an meinen Partner abgeben kann, macht es mir leichter, mich auf meine Interessen zu fokussieren und Zeit für mich zu haben. Zudem gelingt es mir besser, meine Zeit mit dem Kind auch mit anderen Freunden zu gestalten, die Beziehungen zu ihm knüpfen und mal auf es aufpassen, statt mich nur auf meinen Freund als Freizeitpartner zu beziehen.«

Nadia, die in einer Einrichtung für betreutes Wohnen arbeitet, erzählt, wie schwer es ihr fiel, den neu gewonnenen Freiraum ihrer ersten Wohnung für eine Partnerschaft aufzugeben.

»Meine erste eigene Wohnung hat mir viel bedeutet, da meine Familie ziemlich übergriffig war. Es hat dann etwas gedauert, bis ich zu schätzen wusste, mit jemanden zusammenzuhausen, den man liebt. Das Zusammenziehen konnte ich mir dennoch vorstellen, da wir beide im Schichtdienst arbeiten. Wir legen unsere Schichten sogar so, dass jeder häufig mal einen ganzen Tag für sich allein hat. Man sagt ja gerne, Schichtdienst sei schlecht für Beziehungen, weil man sich dann kaum sehen kann, aber gerade das ist ja auch das Gute! Es bedeutet nämlich, dass wir regelmäßig abends oder morgens die Wohnung für uns allein haben. Wir sehen uns sonst schon genug und verabreden uns für unsere freien Tage, die wir im Bett verbringen oder an denen wir Unternehmungen machen. Dieses andauernde Aufeinanderhocken sehe ich sogar eher als Gift für eine Beziehung. Ich genieße die Vorfreude aufeinander, dann werde ich immer sehr romantisch.«

Alyn, die ich bei der Arbeit mit Ciocia Basia kennenlernte, erzählt, dass sie nach einem gemeinsamen Jahr mit ihrem Partner feststellte, dass sie besser wieder in getrennte Wohnungen ziehen, was von Freunden sehr misstrauisch beäugt wurde.

»Wenn ein Paar, das zusammenwohnte, wieder auseinanderzieht, scheint das für Außenstehende ein Scheitern der Beziehung zu sein, dabei ist es eher ein Zeichen von Reife, gutem Verständnis und Rücksichtnahme. Ein Zeichen dafür, dass man die Bedürfnisse des anderen respektiert und darauf eingeht. Oder wenn man wissen will, ob Beziehungsprobleme sich auflösen, wenn man wieder getrennte Wohnungen hat, anstatt sich gleich zu trennen.«

Viele Paare ziehen auch aus finanziellen Gründen zusammen, oder sie ziehen nicht auseinander, obwohl es besser für sie wäre. Den Luxus, trotz der Liebe seinen Lebensraum getrennt gestalten zu können, gönnt man sich oft nicht nur durch falsche Idealvorstellungen nicht, sondern auch, weil der Wohnungsmangel bzw. die Mietpreise gerade in Großstädten nahezu zum Zusammenleben zwingen. Viele können es sich aufgrund von überzogenen Mietpreisen schlichtweg nicht leisten, getrennte Schlafzimmer oder Wohnungen zu haben. Alyn schildert, dass es auch von Klassenprivilegien und rassistischen Ressentiments abhängt, wie und ob Leute ihre Beziehungen gestalten können:

»Bei dem jetzigen Mangel an Wohnraum ist es nicht leicht, mal auszuprobieren, wie es wäre, zusammenzuleben. Heutzutage darf man keine Wohnung mehr aufgeben. Schon gar nicht mit meinem türkischen Nachnamen, der es einem schwerer macht, etwas Neues zu finden.«

Wie wichtig aber gerade dieses Ausprobieren ist, schildert Regina, die lange Zeit der Überzeugung war, Beziehungen komplett aus dem Weg gehen zu müssen, wenn diese nur in bestimmten Formen stattfinden können:

»Liebesbeziehungen haben oft das Schlechteste aus mir herausgeholt: Ich war eifersüchtig, ängstlich, kontrollierend, so wollte ich nie sein. Es war mir so unangenehm, ›die Freundin von‹ einem Mann zu sein, das passte nicht zu meinem Selbstbild einer unabhängigen Frau. So habe ich mir immer einen notcoolen Panzer angelegt, war unfreundlich zu seinem Freundeskreis und wollte unverbindlich bleiben. Ich habe erst mit Ende 30 herausgefunden, wie ich Beziehungen führen will, sodass ich mich nicht in so unschönen Abgrenzungen verliere. Das gelang mir, indem ich die Liebesbeziehung eben nicht so symbiotisch führe, sodass ich mich weiterhin als Einzelperson spüren kann. Mit meinem jetzigen Freund gelingt mir das. In unserem Freundeskreis werden wir oft nicht wie eins wahrgenommen, weil wir nicht zusammenwohnen und unser Sozialleben auch nicht ständig gemeinsam verbringen. Dabei sind wir total füreinander da und haben uns füreinander entschieden. Aber wir haben dennoch unsere jeweiligen Freunde, mit denen wir etwas unternehmen, und unsere eigenen Aktivitäten, wir fahren auch mal getrennt in Urlaub. Irgendwie zelebrieren wir gerade eine Art Singleleben in einer loyalen Zweierbeziehung. Bekannte finden das oft merkwürdig, da ist die Haltung meistens, dass alles gemeinsam gemacht werden muss, am besten noch mit Kind. Da wird oft gefragt, ob wir gerade Probleme haben, wenn einer allein loszieht. Wie ungewöhnlich das erscheint, bemerkte ich spätestens, als ein entfernter Bekannter anfing, mit mir zu flirten, weil er annahm, dass das mit meinem Freund nichts Ernstes ist, wenn wir nicht zusammenwohnen. Dabei geht das mit uns schon seit fünf Jahren. Eine Freundin hat es mal ganz gut auf den Punkt gebracht. Sie meinte, wir hätten einen reinen Raum des Eros kreiert: Wir nehmen uns ganz bewusst Zeit nur für uns, die etwas abgeschnitten von allem anderen ist, und deshalb gelingt es uns, unsere Lust aufeinander mehr von Konventionen zu befreien. Wir wissen genau, wie wir zusammen Zeit verbringen wollen, und tun das dann auch sehr intensiv. Ich finde es paradox, wenn Leute Beziehungen, die vor allem auf Lebenslust basieren und das Ziel einer Familiengründung nicht verfolgen, als oberflächlich abtun. Denn in diesem Raum des reinen Eros kann man sich ganz anders entfalten und zeigen und vielleicht eine viel profundere Beziehung führen. Hat für sie das Funktionieren mehr Wert als die Lust? So viele Eheleute haben schließlich Geliebte nebenbei, um diesen Raum des Eros wieder erschaffen zu können, was ihnen in einer durchorganisierten Ehe nicht mehr gelingt.«

Sven fiel in seiner Arbeit ein interessantes Phänomen auf. Er ist seit sechs Jahren als Sozialarbeiter in einem Gefängnis mit Insassen tätig, die wegen Mordes lebenslänglich bekommen haben. Beim Zusammensitzen mit seinen Kolleg:innen, meistens Frauen, fällt ihm immer wieder auf, dass sie alle nicht verheiratet oder in einer typischen Zweierbeziehung sind.

»Wir reden viel über Privates, sie scheinen alle sehr zufrieden, und erzählen mir von ihrem Freundeskreis und wie sie aktiv Freizeit gestalten. Aber die Suche nach einer klassischen Partnerschaft mit gemeinsamer Wohnung etc. taucht als Thema nicht auf. Das Gefängnis ist einerseits voll von Regeln und Hierarchien, da will man das nicht, wenn man nach Hause kommt, da ist das ein rotes Tuch geworden. Gleichzeitig muss man so viele intensive Gespräche führen, permanente Beziehungsarbeit mit Schwerverbrechern, da kann man nach Feierabend nicht noch über den Haushalt diskutieren. Jeden Tag sehen wir Unfreiheit und mangelnde Selbstständigkeit. Dieses System von mangelnder Entscheidungsfreiheit ist unser täglich Brot. Und in der Ehe gibt es nur lebenslänglich und keinen offenen Vollzug«, lacht er. »Man muss mal überlegen: Bis Ende der 1970er-Jahre wurden für Beamte Disziplinarverfahren eingeleitet, wenn sie sich scheiden ließen, und sie wurden auch nicht befördert, wenn sie unverheiratet waren. Verrückt.« In Supervisionen haben Sven und seine Kolleg:innen Gelegenheit, ihr Verhalten in Bezug auf Nähe und Distanz zu reflektieren, das hilft zu verstehen, welche Beziehungen man wie aufrechterhalten möchte oder für welche man keine Energie mehr hat. »Es geht nicht nur um die Liebe, sondern ich will generell keine unnötigen sozialen Kontakte haben, ich bin lieber am Waldsee statt auf einer Feier.«

Älter werden – Potenzial für Freiräume

Das Alter birgt immenses Potenzial für (neue) Freiräume. Man hat sich so sehr mit Leben und Lebenserfahrung vollgesogen, dass man nun gut und gerne auch eine ruhige Zeit allein genießen kann. Die beiden Hauptzielsetzungen eines bürgerlichen Lebens, Familienplanung und Karriere, hat man hinter sich gelassen oder zumindest den Realitätscheck machen können, wie sehr man sich dafür noch aufreiben möchte. Man weiß, wie wichtig es ist, eigene Interessen und Passionen ebenso zu pflegen wie einen guten Freundeskreis. Die Zeit, in der man dachte, Anerkennung sei alles und deshalb Einsamkeit vielleicht als schmerzlich empfand, hat man hinter sich und weiß, wie viel es wert ist, Zeit für sich selbst zu haben und bei sich zu bleiben. »Ich lebe in jener Einsamkeit, die peinvoll ist in der Jugend, aber köstlich in den Jahren der Reife«, sagte Albert Einstein.[305]

Was die Vielschichtigkeit des tatsächlichen Lebens von älteren Menschen betrifft, kleben wir nur an ein paar wenigen Bildern fest, die wir uns hier und da zurechtschieben. Auch die grausamen Zeiten, in denen wir alten Menschen Liebe und Sexualität abgesprochen haben, es sogar als lächerlich abgetan haben, wenn sie eine neue Partnerschaft suchten, sind noch nicht ganz vorbei, aber es tut sich etwas. Allerdings erneuert sich auch hier das offizielle Bild langsamer als die Fakten, die die Menschen schon längst geschaffen haben. Mittlerweile gibt es Ü70-Speeddating und auch bei einer Reality-TV-Sendung wie *First Dates* gehen viele ältere Menschen auf die Liebespirsch. Aber die Angst, sich lächerlich zu machen, ist omnipräsent, denn alte Leute – vor allem Frauen – werden oft als peinlich empfunden, wenn sie Begehren oder Lust zeigen. Das mindert das Selbstbewusstsein und Selbstvertrauen, was wiederum die Wahrnehmung der eigenen Handlungsfähigkeit massiv einschränken kann. Sie trauen sich nicht mehr zu zu flirten und treten als sexuelle und sinnliche Menschen in den Hintergrund. Gleichzeitig zeigen mir persönliche Gespräche mit Männern immer wieder, dass es mit dem schönen Schein der emotionalen Unabhängigkeit von Alterungsprozessen bei ihnen für viele nicht weit her ist: »Altern ist für Männer viel schlimmer als für Frauen, und das fängt schon mit 30 an. Frauen sind in den 30ern und 40ern noch so attraktiv, wir aber kriegen ruckzuck einen Bauch und Glatze. Wir sind mit der Angst vor Erektionsstörungen schon beschäftigt, da denken Frauen noch lange nicht an die Menopause«, erzählte mir ein Freund beim Bier.

»Die öffentliche Meinung ist ein schwacher Tyrann im Vergleich zu unserer Privatmeinung. Was ein Mensch von sich selbst denkt, das ist es, wodurch sein Schicksal bestimmt [...] wird«, schrieb bereits Thoreau.[306]

Ich erinnere mich, wie meine Oma Käthel einmal rauchend im Garten saß und mir davon erzählte, wie nach dem Tod meines Opas Heini die verwitweten oder geschiedenen Männer in ihrem Dorf plötzlich bei ihr auf der Matte standen. Sie wollte aber keinem Mann mehr die Socken waschen. Auf meinen Einwand, dass man das nicht automatisch müsse, wenn man eine nette Zeit mit einem Mann verbringen möchte, schnippte sie nur die Asche auf einen Kuchenteller.

Männer über 60 begegnen häufig Frauen gleichen Alters, die zwar eine Liebesbeziehung mit ihnen haben dabei aber ihr eigenes Leben behalten möchten und weder heiraten noch zusammenziehen wollen.[307] In der geschlechtlichen Arbeitsteilung der alten Schule waren es Männer gewohnt, dass Frauen sich um die emotionalen, sozialen, häuslichen und gesundheitlichen Bedürfnisse des Ehemannes kümmern. Deshalb verbinden Männer das Zusammenziehen mit einer Frau mit diesen Annehmlichkeiten, während Frauen gerechtfertigtermaßen vor ebendieser Mehrbelastung zurückschrecken. Viele heterosexuelle Frauen der älteren Generationen haben die Erfahrung gemacht, dass eine Beziehung, die als Liebe anfing, sich dann mehr und mehr darum drehte, einen Mann im Haushalt zu versorgen und sich um seine Bedürfnisse zu kümmern. In diese Falle wollen sie nicht noch mal tappen. So wollen viele ältere Frauen nach dem Tod des Gatten gar keine Partnerschaft mehr, weil sie bezweifeln, dass sie es schaffen, ihren gerade gewonnenen Freiraum zu behalten und ihre eigenen Grenzen geltend machen zu können, wenn ein Mann einzieht. Was also gerne als tragisch dargestellt wird, ist von vielen Frauen selbstgewählt und wird als Befreiung empfunden.

Ältere Männer haben oft nicht gelernt, einen Haushalt zu führen, und sehnen sich nach dem nächsten warmen Nest, das sie durch den Verlust ihrer Partnerin verloren haben. Frauen kümmerten sich zudem oft vermehrt um die sozialen Kontakte und Freundschaften. Viele Männer haben ebenso kaum gelernt oder es wieder verlernt, Freundschaften zu pflegen oder außerhalb des Arbeitsplatzes neue Bekanntschaften zu suchen. Alleinstehende Frauen haben größere Freundeskreise, während Männer berichten, dass ihnen das Alleinsein schwerfällt.

Es wird immer gerne betont, dass es mehr Frauen gibt, die im Alter allein leben, da sie statistisch gesehen länger als Männer leben. Tatsächlich hat das aber mehr und mehr auch damit zu tun, dass sie selbst im hohen Alter die Scheidung einreichen. In Kanada beispielsweise verdreifachte sich zwischen 1981 und 2016 die Anzahl geschiedener oder getrennt lebender Menschen im Alter. Nicht der Tod beendet das Zusammenleben, sondern vermehrt die Entscheidung einer Frau, die zur Scheidung führt. Laut Daten des General Social Survey 2017 der Universität Chicago berichten 72 Prozent der getrennten Frauen, dass sie allein sehr glücklich seien.[308] In den USA liegt die Scheidungsrate bei den über 50-Jährigen am höchsten, meistens reichen die Frauen die Scheidung ein.[309] Vor allem die größere finanzielle Unabhängigkeit der Babyboomer hält die Frauen nicht mehr in Ehen, die sie als lieblos und festgefahren empfinden. Auch wenn geschiedene Frauen immer noch aufgrund ihrer unbezahlten Mutterzeit, Teilzeit und des Ehegattensplittings ein größeres Risiko haben, in die Altersarmut zu rutschen, haben sie eine gewisse finanzielle Absicherung und fühlen sich vom sozialen Status der Ehefrau unabhängiger als noch ihre Mütter und Großmütter.

Die öffentliche Erzählung ist aber eine andere: Während Frauen prophezeit wird, dass sie im Alter ihr Leben ohne Liebe und Sexualität verbringen müssen, wenn sie keine Ehe eingegangen sind oder diese verlassen, sind Promi-Magazine voll mit Männern, die jüngere Freundinnen haben. Dazu muss man wissen, dass ein Altersunterschied von mehr als zehn Jahren mit nur 6 Prozent eine Ausnahme bleibt. Und die Statistik zeigt zudem, dass bei Verheirateten, die ein Altersunterschied von mehr als zehn Jahren trennt, die Wahrscheinlichkeit einer Scheidung (im Vergleich zu gleichaltrigen Partnern) um 40 Prozent erhöht ist. Liegen bis zu 20 Jahre zwischen den Partnern, ist die Wahrscheinlichkeit sogar um 95 Prozent erhöht.[310] Männer, die mit 40 oder 50 noch mal eine jüngere Partnerin haben, können im höheren Alter also auch schnell wieder Single sein, da die Wahrscheinlichkeit hoch ist, dass die jüngere Frau sich wieder von ihnen trennt. Dieses Unhappy End der Liebesgeschichte wird aber kaum thematisiert. Anders als das gängige Bild der »aussortierten älteren Frau, die vom Ehemann wegen einer Jüngeren verlassen wurde«, gibt es wenige Illustriertenartikel, die Männer davor warnen, in Isolation zu enden, wenn sie sich noch mal eine Jüngere suchen. Diese Männer, zumal wenn sie prominent sind, werden stattdessen zelebriert. Gleichzeitig finden sich zahlreiche Beispiele, in denen die Boulevardpresse danach giert, Anzeichen dafür zu finden, dass die Beziehung zwischen einer älteren Frau wie etwa Demi Moore und dem jüngeren Asthon Kutcher endlich zerbricht. Das hat sie nun davon, ein Privileg der Männer für sich reklamiert zu haben: Jetzt ist sie wieder allein.[311]

Als Sara Maitland nach der Scheidung von ihrem Mann und dem Auszug ihrer Kinder allein in eine Wohnung auf dem Land zog, merkte sie, dass sie die Freiheit des Alleinseins und der Stille liebte, nachdem sie für den Alltag einer großen Familie verantwortlich gewesen war. Allein schon zu essen, wann und was sie wollte, ihren Wohnraum selbst gestalten zu können, ihren Tagesablauf selbst planen zu können und nur Verantwortung für sich selbst zu haben, empfand sie als großen Genuss. Sie fühlte sich insgesamt weniger getrieben und hektisch und lernte den Raum zu lieben, in dem sie sich mit sich selbst gesellig fühlte. Für Frauen mittleren Alters und in den Wechseljahren, wenn gängige Erzählungen wie Mutterschaft oder eine junge begehrte Frau sein zu müssen, nicht mehr greifen, gibt es wenige Wegweiser und Vorbilder, wie sie das Leben gestalten können. Es herrscht Scham und Schweigen über die Wechseljahre, eine mangelnde Sprache und mangelndes Wissen, sodass auch Frauen sich untereinander zu wenig darüber austauschen: »Erst bist du Prinzessin, dann Mutter, dann verschwindest du von der Bildfläche und tauchst als altes Weib wieder auf.«[312] Es gibt wenige Vorbilder, die die Ängste vor diesem Verschwinden auffangen. Die unzähligen Frauen, die im Alter kreativ waren und den Wissenschaften nachgingen, sind in unserem öffentlichen Bewusstsein nicht präsent, was zeigt, wie wichtig es ist, dass eine feministische Geschichtswissenschaft diese Frauen ausgräbt.[313]

Maitland wertet die Hinwendung zu Stille und Ruhe nach der Familienzeit als »bedeutungsvolle Übergangsphase« auf, was aber als Rückzug und Resignation gelesen werden könnte. Als sie begann, die Stille zu lieben, war das kein Davonlaufen. »Im Gegenteil, ich wollte *mehr*. Was ich bisher gelebt und gehabt hatte, reichte mir nicht. Stille ist eine Ergänzung zu Geselligkeit, Freundschaft und Zeiten tiefer emotionaler beruflicher Zufriedenheit – keine Ablehnung.«[314] Maitland betont die Vorteile, die ein solches Experiment hat, wenn man es in einem Alter durchführt, in dem man sozial stärker eingebunden ist und soziale Verpflichtungen hat, die einen nach dem Experiment wieder zu den anderen zurückziehen. Solche Experimente gehen eher schief, wenn die Leute jung sind, mutmaßt sie. Doch das Alter bietet den Raum, in dem sie endlich wieder zu sich finden können.

So gesehen kann man auch die Wechseljahre als Held:innenreise betrachten, denn Frauen müssen diese Erfahrung immer noch weitestgehend allein machen – der private und öffentliche Austausch ist rar, auch wenn es inzwischen einige Publikationen dazu gibt. Bisher schwirren noch die Bilder in unseren Köpfen, dass die Hausfrau, wenn die Kinder aus dem Haus sind, einen Töpferkurs macht, weil sie sonst nichts mit sich anzufangen weiß. Ihre Kreativität wird belächelt, statt ihre Lebenserfahrung zu feiern. Joseph F. Coughlin, Direktor des AgeLab des renommierten Massachusetts Institute of Technology, sagt, dass dieses Bild nichts mit der Realität zu tun hat, denn ältere Frauen wissen ihre Ressourcen im Alter besser zu nutzen als Männer. Während Männer im Rentenalter immer passiver werden, sind ältere Frauen ungemein aktiv, neue Handlungsoptionen und Interessensgebiete zu entdecken. Ihr neues autarkeres Selbstbewusstsein können sie fruchtbar wieder in die Gesellschaft einbringen. Er schrieb, Frauen über 50 seien eine der größten unterschätzten innovativen Ressourcen, sie haben eine Familie und einen Haushalt gemanagt, sind gut ausgebildet, und nun haben sie Zeit und die Verve, ihre Ideen in die Gesellschaft einzubringen.[315]

Meine Oma machte nie wieder einem Mann den Haushalt, sie wohnte allein in ihrer Wohnung bis zu ihrem Tod. Hätten wir damals schon von Bildungsstätten, die das Wissen älterer Menschen schätzen, von Mehrgenerationenhäusern oder Kuschelpartys gehört, wäre sie vielleicht da hingegangen.

Selbstlust und Selbstliebe – Gespräch mit Melanie Bonajo

Wir schätzen unseren Individualismus sehr, wollen dann aber nicht allein mit unserem hochgeschätzten Selbst sein? Dabei birgt Selbstliebe die größte Freiheit, es ist aber eine, die man sich nur selbst geben kann. Der eigene Selbstwert ist nicht verhandelbar, er speist sich nicht aus dem Alter, der Kleidergröße, dem Gewicht oder dem Gehalt, der Zahl der Follower oder dem Beziehungsstatus. Die eigene Existenz und Wahrnehmung an sich reicht aus, sie birgt eine

Fülle und ist das Wertvollste, was man hat, und zwar von Anfang an und ohne dass man es sich erst verdienen muss. Es ist ein Geschenk, das Leben als eigenes Versuchslabor betrachten zu können, in dem man nachlesen und nachfragen kann, aber sich größtenteils das Recht nimmt, aus eigenen Erfahrungen und Fehlern lernen und dem eigenen Begehren nachgehen zu dürfen. Daran ist nichts Narzisstisches, denn es bedarf einer starken Selbstliebe, bevor man andere wirklich schätzen und lieben kann. Wer gut auf sich achtet und zärtlich mit sich umgeht, hat auch mehr Kapazitäten und Verständnis, offener und wohlwollender zu anderen zu sein. Denn wie sehr öffnet sich unser Blick, wenn wir kooperativ mit uns selbst und unseren Fähigkeiten und Schwächen sind, wenn wir uns dadurch selbst als kooperative Wesen verstehen, denn als erbitterte Konkurrent:innen.

Wenn man sich mit eigenen negativen Einsamkeitsgefühlen auseinandersetzt, empfinden viele es als tragisch, dass sich niemand anderes darum kümmert. Man sollte es aber vielmehr als Kraft begreifen, dass man für sich selbst zuständig ist und der eigene Selbstwert dem Wohlwollen anderer nicht passiv ausgeliefert ist. Analog zu diesem Wust an defizitärem Denken, das die Wettbewerbsgesellschaft einem aufzwingt mit der Maßgabe, sich den eigenen Selbstrespekt erarbeiten zu müssen, haben viele Menschen internalisiert, dass ihre Selbstliebe nur in der Bestätigung durch äußere Strukturen gewährt wird, so suchen sie diese auch in einer anderen Person. Das Fehlen eines Liebespartners empfinden wir auch deshalb als schmerzhaft, weil wir gelernt haben, unser Glück und unsere Bestätigung von einer anderen Person abhängig zu machen, seien es Ehepartner:in oder Arbeitgeber:in (und es ist kein Zufall, dass es diese beiden Instanzen sind, die in unserer Gesellschaft den Selbstwert von Menschen verwalten, sie greifen in unserem Bild von einem funktionierenden Bürger ineinander). Viele Menschen delegieren es an andere, ihnen selbst das Gefühl zu geben, wichtig zu sein und dass sie würdig sind, in eine Gemeinschaft aufgenommen zu werden, oder gar, dass sie ihrer eigenen Selbstliebe würdig sind. Unser Individualismus lässt uns insoweit nicht wirklich autonomer werden, wenn wir ihn von der Aufmerksamkeit und den Bewertungen anderer abhängig machen.

Ein anderer Mensch kann ein wichtiger Rückzugsraum für uns sein, um Wunden zu lecken, und eine Inspiration, um zur Selbstliebe zu finden. Doch die Grundfesten der eigenen Zufriedenheit oder Selbstliebe findet man nur in sich selbst. Die Erwartung, dass ein anderer Mensch einem die eigene Selbstliebe schenkt, kann nur enttäuscht werden, sodass man an der Liebe selbst zu zweifeln beginnt. Der Schriftsteller Cesare Pavese suchte sein Leben lang einen Ausweg aus der Depression und der Einsamkeit in der Liebe. Einsamkeit beschreibt Pavese als ein gebrochenes Dasein, als eine Art Zerfall, ein Verschwinden von Teilen der Persönlichkeit. Vor allem das Bedürfnis, die eigene soziale Maske in der Beziehung abzulegen, sich nicht mehr verstecken zu müssen, werde bitter enttäuscht, da gerade in der Liebe alle Masken trügen. So fand er nur dysfunktionale Ehe- und Familienkonstellationen, quälende Partnerschaften und gelangweilte Sexualität vor und beschrieb sie in seinen Erzählungen. Die Liebe führe nicht aus der Isolation heraus, sondern verursache eine fatale Einsamkeit in der Zweisamkeit. Nirgends sei die Erfahrung von Einsamkeit verzweifelter als in einer enttäuschenden Liebesbeziehung, auch und gerade wenn man diese Beziehung weiterführe.[316] Paveses großes Thema waren die Widersprüchlichkeit der Liebe und ihr Versagen vor ihrer eigentlichen Aufgabe, die er darin sah, den Menschen aus seiner Einsamkeit zu befreien. Die Liebe versage aber nicht nur in ihrer Praxis, sondern sei auch schon in ihrer Anlage zutiefst paradox: »Man kann keinen mehr lieben, als man sich selbst liebt.«[317] Und da man nicht lernen könne, sich selbst zu genügen, kann man sich auch nicht selbst lieben. Liebe sei also logisch unmöglich, nur ein »Tanz des einsamen Ich« und führe in umso größere Isolation, desto mehr Hoffnungen man mit ihr verbinde. Dabei hat Pavese den Schlüssel in der Hand, wenn er sagt: »Wer sich nicht von allein rettet, den rettet keiner.«[318] Scheinbar gelang es ihm nicht, diese Weisheit auf sich anzuwenden, und er offenbart damit den fatalsten Denkfehler, die Geschwulst, die wir uns alle immer wieder vom Herzen schneiden müssen: eine gänzlich falsche Erwartung und Vorstellung der Liebe, die sie erst zum Paradox werden lässt. Wir missbrauchen sie als Heilmittel und Zuflucht, ohne zuerst Selbstheilung betrieben zu haben. Ich muss zunächst einmal wissen, wie ich ganz bei mir sein kann, um jemanden lieben zu können oder die Liebe eines anderen Menschen überhaupt zu verstehen. Die Dinge, die ich nicht in mir erkennen kann, kann ich nicht in anderen erkennen. Und wenn ich nur ganz bestimmte Dinge im anderen suche, kann ich nicht finden, was der andere tatsächlich zu geben hat.

Der deutsche Philosoph und Therapeut Karl Jaspers war überzeugt, dass der Mensch immer wieder einsam sein muss, damit er überhaupt gut kommunizieren kann. Denn erst in der Abgrenzung zu anderen konstituiere er das eigene Ich. »Ich muß die Einsamkeit wollen, wenn ich selbst aus eigenem Ursprung zu sein und darum in tiefste Kommunikation zu treten wage.«[319] Die Fähigkeit zur Einsamkeit ist somit auch eine emotionale Mündigkeit und ein »integraler Bestandteil des Zusammenseins und Zusammenlebens mit anderen«[320], denn die Unfähigkeit hierzu bedeutet vor allem, dass man die Gemeinschaft mit sich selbst nicht erträgt, dass man sich selbst entkommen will. »Was nun andererseits die Menschen gesellig macht, ist ihre Unfähigkeit, die Einsamkeit und in dieser sich selbst zu ertragen«, schrieb ein weiterer deutscher Philosoph, Arthur Schopenhauer.[321] Die Verantwortung für die eigene Selbstliebe ist keine Bürde, sondern das Geschenk, sich mit allen Ecken und Kanten zu spüren und umarmen zu können. Der erste Schritt zur Selbstliebe ist nicht auf andere zu, sondern ein Schritt auf sich selbst zu, sagt die Psychologin Doris Wolf.[322] Wie und ob wir allein sein können, formt unsere Beziehung zu anderen, aber vor allem gibt das Alleinsein uns uns selbst zurück.

Sara Maitland stellte fest, dass die Stille und das Alleinsein sie gesucht und gefunden hatten und nicht andersherum.[323] »Ich hatte meine Leine abgestreift und war ausgebüxt. Ich war offen für alles, was geschehen mochte«, schreibt sie.[324] Doch auch wenn man gerne allein ist, kann die Erzählung an einem nagen, es würde eine Sache fehlen, wenn man etwas nicht eingebunden in eine Gemeinschaft erlebt. Man lernt, seine Lust am Alleinsein misstrauisch zu betrachten oder gar tragisch zu finden. Auch hier zeigt sich wieder: Sehnsucht nach etwas ist manchmal nichts anderes als eine schlechte Gewohnheit. So gehen viele Menschen etwas aus dem Weg, das ihnen guttun würde: Zeit und Raum für sich.

Das zeigt sich ebenfalls in den Räumen unserer Intimität, also auch in unserer Sexualität. Meine Bekannte Doris ist Teil einer freundschaftlich verbundenen Gruppe, die sich ausgiebig über ihre Körper und Sexualität austauschen. In Theorie und Praxis. Etwa einmal im Monat verbringen sie ein Wochenende in einem Haus.

»Es begann als Chatgruppe, in der man sich über sexuelle Fantasien und Erfahrungen austauschte, und irgendwann kam die Idee, sich gemeinsam zu treffen und auch Sachen auszuprobieren oder sich gegenseitig zu zeigen. Das ist keine ›wilde Orgie‹, wie man sich das beim verklemmten Fernsehabend vielleicht ausmalen würde. Es ist eine Zeit der Empfindsamkeit, der Sinnlichkeit und des Austausches. Langsamkeit, viel Reden, Kuscheln und dazwischen erblüht auch mal ein Orgasmus.«

Sie sind zu zwölft, manche kannten sich schon vorher, man ist freundschaftlich verbunden, es sind Singles und Paare darunter, manche verbindet auch eine polyamore Beziehung, manche sind monogam auch mit Partner:innen außerhalb der Gruppe, alle sexuellen Orientierungen sind präsent.

»Gerade dadurch lernen wir so viel, weil alle Praktiken, alle Erfahrungen dabei sind, aber auch alle Probleme, über die wir genauso sprechen.«

Doris kennt noch eine ähnliche Gruppe, die nur aus Frauen besteht.

»Die haben als gemischte Gruppe angefangen, dann aber einsehen müssen, dass die Männer bei den Gesprächen und der Fürsorge umeinander nicht wirklich mitgemacht haben. Irgendwann haben sie sich gedacht, dass sie weiterkommen, wenn sie als Frauengruppe weitermachen. Dann konnten sie sich besser auf Erkenntnisprozesse konzentrieren. Bei uns klappt das gut mit den Männern. Manche von denen hatten weniger Angst, ihre Verletzlichkeit zu zeigen, weshalb sich auch die anderen mehr trauen, ihre Unsicherheit zu teilen.«

Gerade weil die Gruppenmitglieder verschiedene partnerschaftliche Konstellationen leben, gibt es viele Gespräche über Eifersucht, Besitzdenken und Hemmungen und darüber, Neues zu probieren.

»Wir betrachten das alles recht liebevoll und geduldig und vor allem ohne Rechthaberei oder den unterschwelligen Wunsch, seinen Lebensstil als besser darzustellen. Wir sind vielmehr wie ein Korrektiv füreinander, wir können die Vor- und Nachteile all dieser Konstellationen offenlegen, und gerade deshalb fühlt sich alles nicht so schlimm oder als Sackgasse an, weder das Singlesein noch die unterschiedlichen Formen der Verpartnerung.«

In den vier Jahren, in denen die Gruppe existiert, hatte Doris wenig Bedürfnisse nach einer festen Partnerschaft. Gerade weil diese Gruppe ihr zeigte, dass es auch anders geht, dass Singlesein nicht bedeuten muss, dass man einen Mangel an körperlicher Sinnlichkeit haben muss.

»Das hat schließlich immens viel mit unserer Vorstellung von Exklusivität und Besitz zu tun, die klar definiert, wer in einer Beziehung ist und wer nicht, und dazwischen gibt es ein Berührungsverbot, sodass Singles tendenziell in unserer Gesellschaft zu wenig Zärtlichkeit bekommen. In der Gruppe können wir vieles hinterfragen, was uns hemmt, gute Beziehungen zu führen. Ich kann dort den Spieltrieb meiner körperlichen Intelligenz austoben und habe deshalb auch mehr Mut und Muße, anderswo Ähnliches zu suchen. In der Gruppe habe ich auch generell einen selbstverständlicheren zärtlichen Umgang mit Menschen gelernt.«

Der Fokus auf partnerschaftlicher Sexualität, der Gedanke, dass Sex nur dann schön und vollwertig ist, wenn man von jemand anderem als begehrenswert bestätigt wird, dass man für den Sex erwählt werden muss, führte auch zu einer Abwertung jeglicher Form der spielerischen Lust mit sich selbst. Doch in der Einsamkeit der Corona-Lockdowns wurde vieles denkbar, dessen Intimität vorher vielleicht als peinlich betrachtet worden wäre.

Die queere niederländische Künstlerin Melanie Bonajo ist Mitbegründerin der Gruppe Skinship in Berlin, in der Politik, Körper, soziale Gerechtigkeit und Aktivismus zusammenkommen und in der Blickwinkel ermöglicht werden, die in heteronormativen Räumen wenig Platz bekommen. Im Dezember 2020 initiierte diese Gruppe die *21 Days of Self-Pleasure*: Jeden Tag wurde eine neue Audiodatei an eine Telegramgruppe gesendet mit einer angeleiteten Sitzung, wie man Lust mit sich selbst erleben kann. Obwohl die Gruppe zunächst in einem kleineren Kreis geteilt wurde, hatte sie innerhalb von zwei Tagen über 400 Mitglieder. Melanie erzählt:

»*21 Days of Self-Pleasure* entstammte auch der Idee, uns eine Art Adventskalender zu basteln, aber fernab von einem körperfeindlichen Katholizismus. Deshalb begannen wir am Welt-Aids-Tag und endeten an der Wintersonnenwende. Es passte so gut, am Welt-Aids-Tag zu beginnen, denn zu Zeiten der Aids-Epidemie fanden homosexuelle Männer Techniken der Lust, ohne sich und andere mit Geschlechtsverkehr zu gefährden. Das brauchten wir während des Lockdowns auch. Wir sind alle Gemeinschaftswesen, aber wir können uns auch im Alleinsein verbinden. Wir kreierten ein großes Laboratorium für die Sinne. Die durchkapitalisierte Konsumgesellschaft lehrt uns, dass sich alles, was wir wollen und zu brauchen meinen, außerhalb von uns befindet, wir müssen es kaufen oder uns dessen würdig erweisen. Wenn Menschen denken, sie würden nicht aus sich heraus glücklich und zufrieden sein können, wenn sie kein gutes Verhältnis zu sich haben und sich selbst genug sind, sind sie leichter manipulierbar. Weil man ihnen dann erklären kann, was sie angeblich brauchen.«

So ist auch unser Verhältnis zu unseren Körpern immens geprägt, wir verfallen der Annahme, dass wir jemand anderes brauchen, um Lust zu erfahren. Das verursacht aber auch emotionale Abhängigkeit, Eifersucht und Besitzdenken und ein Gefühl des Mangels, wenn gerade niemand Passendes da ist. Masturbation wird nur als Ersatz für *das Richtige* betrachtet. Man ist sich selbst immer ungenügend, wenn man durch Einsamkeit von seiner eigenen Lust abgeschnitten ist. Melanie sagt dazu:

»Genauso wie die meisten denken, dass sie heiraten müssen, um sich komplett zu fühlen, denken sie auch, dass wir einen Partner brauchen, um Lust und Freude haben zu können. Oder gar zu dürfen. Allein ist das irgendwie daneben. Ich glaube wirklich, wenn wir Jugendlichen beibringen würden, bevor du Sex mit jemand anderem hast, finde heraus, wie du am schönsten Sex mit dir selbst hast, dann hätten wir eine ganz andere Gesellschaft, mit zufriedeneren, unabhängigeren Menschen. Ich wünschte, jemand hätte mir das gesagt, anstatt darauf zu warten, dass eine andere Person mir zeigt, was sich schön für mich anfühlt. Für Mädchen ist es dann sogar cooler zu behaupten, dass man Solo-Sex nicht brauche. Als sei das ein Zeichen von Unabhängigkeit, davon, dass man sich unter Kontrolle hat. Wir wissen mittlerweile alle, dass Solo-Sex nicht blind macht und dass er nicht zu Gicht führt, wie Kleriker und die frühen Sexualaufklärer warnten. Aber wir haben noch nicht das Gefühl hinter uns gelassen, dass es etwas Defizitäres ist und einen peinlichen Mangel, nämlich den eines Partners aufzeigt. Dabei geht es beim Solo-Sex nicht um eine Ersatzhandlung, sondern darum, eine Beziehung zu sich selbst zu stärken und zu ergründen. Dass ich nur mit mir selbst so viel Lust empfinden kann, so einen riesigen Raum der Praktiken, Spielereien und Gefühle haben kann, ist berauschend schön und befreiend. Beim Solo-Sex lernt man Präsenz und Aufmerksamkeit. Man lernt, dass alles am Körper lustvoll sein kann: atmen, in verschiedenen Umgebungen spazieren, Haare kämmen, essen, schlafen. Wenn das erst mal aktiviert ist, ist das Leben ziemlich wundervoll. Die ganze Wahrnehmung expandiert, wenn man alles in seiner Sinnlichkeit wertschätzen und die Welt mit der ganzen Haut observieren kann, anstatt einfach nur stumpf zu überleben. Sex und Sinnlichkeit betreffen ja den ganzen Körper, nicht nur die Genitalien.«

Doch wie viele Leute haben Sex, obwohl sie nur Zärtlichkeit wollen? Wie viele Leute versuchen, sich menschliche Wärme über Sex und Dating-Apps einzukaufen, weil sie nicht wissen, dass man einfach sagen kann, ich will nur kuscheln? Auch Kuschelpartys sind bisher noch ein Thema, das entweder belächelt wird oder als trauriges Beispiel unserer Vereinsamung dargestellt wird. Dabei liegt darin eine befreiende Erkenntnis: zum einen, dass wir alle das Bedürfnis nach Zärtlichkeit haben, und zum anderen, wie nahe wir uns als Menschen eigentlich kommen können, ohne gleich eine monogame sexuelle Beziehung führen zu müssen. Melanie weiter:

»Ein wichtiger Teil deiner Autonomie ist es auch zu wissen, wann du gehalten werden musst, das ist kein Widerspruch. Sich hingeben ist sehr kraftvoll und eine aktive Entscheidung. Wir sind auch so darauf fixiert, dass man Zärtlichkeit nur in einer Partnerschaft bekommen kann, dass wir unter Freunden nicht kuscheln. Mit Freunden kuscheln fühlt sich für viele unangenehm an, vielleicht weil wir die Folgerichtigkeit erlernt haben: Kuscheln muss zu Sex führen. Wir wissen noch nicht, wie wir uns Kuscheln außerhalb so einer heteronormativen Folgerichtigkeit aneignen können. Der Gedanke treibt mich um, warum unsere Körperlichkeit so beschränkt wird in unseren sozialen Verhaltensweisen. Sich nach einem stressigen Tag selbst zu kraulen und zu streicheln, das sagt schon viel über das Verhältnis zu sich selbst aus, wenn man sich um sich kümmert wie um die beste Freundin und mit den eigenen Bedürfnissen großzügig umgeht. Wenn man sich selbst streichelt, kann man mit Hand und Haut genießen. Man lernt von beiden Seiten, wie sich etwas anfühlt. Zudem – und das ist beim Solo-Sex ebenso wie mit dem Alleinsein im Allgemeinen –, wenn man den Raum hatte herauszufinden, was man mag, kann man das einem Partner auch besser erklären. Je besser und ungehemmter du das mit dir kannst, desto besser geht das auch mit anderen. Ich tausche mich mit meiner Partnerin gerne über unseren Solo-Sex aus, und wir integrieren das dann in unsere Sexualität. Wie tief du mit dir selbst gehen kannst, beeinflusst ja auch, wie tief du mit anderen gehen kannst. Wie viel unserer Energie und unseres Selbstbewusstseins uns genommen wurde, da wir verschämt auf unsere Sexualität schauen, ist kein Zufall einer missverstandenen Moral, sondern auch das hat System. Menschen, die kein gutes Verhältnis zu sich selbst haben, kann man leichter manipulieren. Welche Art von Liebhaberin du für dich sein kannst, beeinflusst, welche Art von Liebhaberin du für die Welt sein kannst. Die Idee von Rationalismus und Wissen verorten viele nur im Kopf, nicht umsonst haben wir das Irrationale, Intuitive, Körperliche und auch das Weibliche entwertet, als etwas, was vom als männlich gedachten Intellekt dominiert werden muss. Ich denke, deshalb tun so viele auch alles, was mit Sinnlichkeit zu tun hat, als esoterisch ab. Was an den Audios wichtig war, ist die Erkenntnis, dass man sich für sich selbst Zeit nehmen muss. Man muss Geduld haben, um der Sensibilität Raum zu geben, bis sie alle Stellen des Körpers durchdringt. Das kann ein langer Weg sein, bis man den Körper wieder von innen betrachten und sich aneignen kann, was man sonst nur mit Blick von außen bewertet. Eine Qualität von Solo-Sex ist natürlich, dass alles aus dir herauskommen kann, die Idee von außen, wie Sex auszusehen hat, spielt gar keine Rolle mehr, du spürst nur von deinem Inneren aus und musst dich nicht von der Erwartungshaltung eines Partners beeinflussen lassen. Wenn Masturbation als etwas erlernt wird, in dem man nur heteronormative Vorstellungen nachspielt und das man schamhaft und deshalb schnell auf der Toilette erledigen muss, kann man schwer das ganze Potenzial ergründen. Eventuell lernt man damit, auch im Sex mit einem Partner ebenso schnell und oberflächlich zu sein. Vielleicht haben deshalb so viele Männer Probleme mit vorschneller Ejakulation, Langsamkeit und Zärtlichkeit. Wenn ich allein bin, habe ich auch mehr Möglichkeiten, mich unabhängig von unbewusst oder bewusst verinnerlichten Klischees zu befreien, wie Lust für bestimmte Geschlechter auszusehen hat. Ich kann dann androgyner, non-binärer, hermaphroditischer denken und fühlen. Gender spielt nur eine Rolle, wenn jemand da ist, der mich z. B. als Frau wahrnimmt, und ich mich infolgedessen bewusst oder unbewusst dazu verhalte. Für Frauen kann das konkret heißen, dass sie, wenn sie allein sind, ihre Vulva und Vagina als sehr aktive Körperteile wahrnehmen können und nicht passive, wie sie es beim Sex mit einem Mann oft erleben. Wie viele Frauen haben Probleme, zum Orgasmus zu kommen, weil sie sich nicht trauen, während dem Sex mit einem Partner selbst ihre Klitoris zu stimulieren, weil sie dem Partner nicht das Gefühl geben wollen, er wäre nicht genug?«

Menschen können nicht zu sich kommen, ihren eigenen Erfahrungsraum erweitern und auskundschaften, wenn er den gängigen Ideen von Geschlechtsstereotypen und der Erfolgsperformance wie in männlich orientierter Pornografie entsprechen soll. Deswegen drehen sich Menschen im Kreis, wenn sie Sexualität als Form des individuellen Ausdrucks suchen, aber doch nur einen heteronormativen Ausdruck einer als unveränderlich imaginierten Biologie reproduzieren, wenn sie östliche Praktiken und Lehren wie Meditation und Zen-Buddhismus adaptieren, aber doch nur, um in der Wettbewerbsgesellschaft besser zu funktionieren, wenn sie sich mit ihrem Körper und Schönheitsidealen so intensiv beschäftigen, dass es zu Selbsthass, zu Magersucht und »korrektiven Schöhnheits«-Operationen statt zu bedingungsloser Selbstliebe führt. Wenn einem der Raum fehlt, zu sich zu kommen, übt man sich in Selbstverleugnung, und der eigene Körper und das eigene Leben werden zur Leinwand, um die normativen Ideen zu wiederholen. Melanie sagt:

»Es braucht Zeit, diese Gewohnheiten zu durchbrechen, um freie Bahn zu bekommen, und wenn ich allein bin, bin ich freier davon, das für mich neu zu bewerten. Es ist unglaublich, wie ich mich ganz anders berühren kann, wenn ich mich nicht mehr an dominanten Bildern orientiere. Wie viel Lust geht uns verloren, weil wir sie in den vorgegebenen Bahnen, wie wir mit unserem Frauen- oder Männerkörper umzugehen haben, leben. Wie viele

Leute finden keine Lust, weil die Rollenvorbilder, über die Sex dargestellt wird, ihnen nicht entsprechen. Ich will mir Zeit nehmen, damit mein Körper selbst mir was zeigen kann, und nicht schnell in Workshops oder Büchern auswendig lernen, okay, das ist mein Kundalini-Chakra und damit muss ich so umgehen, sondern ein intuitives Learning by Doing. Aber ich lasse mich gerne von alten und neuen Lehren inspirieren und sehe mich gerne in dieser Linie, neue Räume zu gestalten: wie der Taoismus Lesben inspirierte, Frauen Masturbation beizubringen, wie Homosexuelle in der Aids-Krise inspiriert wurden, Lust ohne Infektionsrisiko zu gestalten, was wiederum alle möglichen Körpertherapien bis hin zu queerem Bodywork und zu Annie Sprinkles Ecosex inspirierte, wobei vieles von dem leider illegalisiert oder behindert wird, weil es als Sexarbeit gebrandmarkt ist. Aber diese Spielwiese kann man auch mit sich allein erleben. Es ist eine ganze Landschaft mit Tälern und Burgen und Bergen und Seen.«

Melanie erzählt, dass es auch Leute in der Chatgruppe gab, die sich darüber austauschten, wie sie nach Gewalterfahrungen versuchten, wieder ein gutes Verhältnis zu ihrem Körper zu bekommen.

»Das ist auch ein Aspekt von Self-Pleasure: nach schlechten Erfahrungen mit anderen Menschen wieder einen Zugang zu seiner eigenen Lust und Sinnlichkeit zu finden, sich seine Genitalien und Körper wieder liebevoll anzueignen, zu den eigenen Bedingungen. Die eigene Verletzlichkeit in den Sex zu integrieren, kann auch sehr heilsam sein. Denn man kennt seine Grenzen viel besser, und man lernt, nichts mehr zu tun, um anderen zu gefallen.«

Melanie ergänzt, dass ihr auch das Altern half, diese Landschaften zu erkunden:

»Als ich 40 wurde, habe ich mich zuerst total isoliert gefühlt und musste mich von den missmutigen Bildern übers Altern und den Leuten, die so pessimistisch damit umgehen, befreien. Ich habe dann all die tollen, aktiven, autonomen, kreativen Frauen über 40 gesucht. Mittlerweile habe ich keinerlei Angst mehr vorm

Altern, denn jetzt beginnt die Zeit, in der ich unbeeinflusst von Geschlechterstereotypen und Ängsten meine Sinne genießen kann. Mittlerweile identifiziere ich mich auch als non-binär. In meinen 20ern und 30ern hatten gesellschaftliche Normen einen viel schlimmeren Zugriff auf mich und meine Gefühle, jetzt bin ich viel freier davon und kann die Welt und mich besser spüren. Ab den 40ern passiert der Reifungsprozess, dass du wirklich dich in dir spürst und ganz bei dir sein kannst. Das bin ich. Dafür braucht man aber auch das Alleinsein. Ich habe mich früher oft als Geist empfunden, in einer Welt geboren worden zu sein, wo ich nichts fand, was zu meinen inneren Werten passte. Ich habe mich nicht zugehörig gefühlt, bis ich anfing, meine eigenen Strukturen zu weben, wo ich dazugehören kann. Ich habe lange einen Ort gesucht, wo ich meine Werte finden kann. Die Wiederaneignung der Lust für einen selbst ist eine der kraftvollsten Erfahrungen am Alleinsein. Vielleicht ist das die Heldenreise, die ich in allen Erzählungen sehe: Befremdung, Rückzug in die eigene Geborgenheit und das Auffinden der Räume, in die man wirklich eingebettet sein kann und möchte.«

7 | DIE UNERTRÄGLICHE AMBIVALENZ DER EINSAMKEIT – GEGEN DIE ABSCHAFFUNG DES ALLEINSEINS

Warum wird Einsamkeit – ob selbstgewählt, ambivalent oder traurig – überwiegend als Störung im Betriebsablauf eines »normalen« sozialen Lebens interpretiert?

Weil wir evolutionär gesehen keine Einzelgänger:innen sind, heißt es oft. Es war überlebensnotwendig, in kleinen Verbänden zu leben. Nicht von ungefähr galten Exil und Verbannung in vielen Kulturen als Höchststrafe. In Wüstengegenden oder nördlich des Polarkreises, wo die betroffene Person ohne die Gemeinschaft kaum überleben kann, konnte diese Form der Bestrafung den Tod bedeuten. Auch heute noch ist die Isolationshaft eine der höchsten Strafen, die psychologischer Folter entspricht. Ist Einsamkeit also eine schlimme Strafe, egal ob sie innerhalb oder außerhalb der Gesellschaft stattfindet? Anthropologisch betrachtet könnte man aber auch sagen, Einsamkeit ist ein Luxus und ein Glück, zu dem wir manchmal gezwungen werden, die wir uns manchmal aber auch leisten können. Wir haben eine Gesellschaft kreiert, in der sie nicht nur nicht mehr tödlich ist, sondern in der es für unsere kulturelle Weiterentwicklung entscheidend ist, allein sein zu können, um eigene Ideen und Ziele zu verfolgen oder um den Wunsch auszubilden, nicht zu viele falsche Kompromisse einzugehen, auch um bestimmte Traditionen zu überwinden, die die Gemeinschaft als Ganzes hemmen.

Doch ebenso wie Melancholie oder Trauer passt die Einsamkeit als ambivalentes Gefühl kaum in die heutige Zeit. Schon bei den christlichen Mystiker:innen wird auf die Unaussprechlichkeit der Erfahrung von Trauer und Melancholie hingewiesen. Die Melancholikerin ist sich ihrer Sterblichkeit, des Nichts, der Abgründe bewusst, sie verdrängt die Wehmut aber nicht angesichts des Schrecklichen, sondern verfeinert ihre Fähigkeit zur Wahrnehmung und lebt gerade deshalb in ihrem Hier und Jetzt. Sie findet in der Melancholie eine Lebendigkeit, die zur Bedingung der Möglichkeit ihres ästhetischen Schaffens wird. Melancholie und Empfindsamkeit gingen Hand in Hand und wurden zur notwendigen Voraussetzung für eine Vielzahl literarischer, musikalischer und künstlerischer Werke. So wie im 19. Jahrhundert der Weltschmerz fast eine Modeerscheinung war, so waren es im 18. Jahrhundert Melancholie und Wehmut.

Schauen wir auf die Gegenwart, wird schnell klar, dass in unserer auf Effizienz und Profit ausgerichteten Arbeitswelt Empfindsamkeit und Melancholie keinen Platz mehr haben sollen. Denn wir sollen bedürfnislos sein. Dabei sind beide Stimmungslagen Gefühle, die uns etwas mitteilen wollen. Die Ambivalenz des Alleinseins wirkt manchmal wie ein Verfremdungseffekt, der einem hilft, durch das Getöse der Konformität durchzuschauen und sich besser davon abgrenzen zu können. Anstatt sie zu unterdrücken oder in Normen zu pressen, sollten wir diesen Gefühlen zuhören. Wir wollen Gefühle, die essenziell zum Menschsein dazugehören, abschaffen, Gefühle, die nicht in unser Bild einer funktionierenden Maschine passen, in der jedes Zahnrad seinen Platz hat und reibungslos ins andere zu greifen hat.

Vor allem die Trauer ist ein Zustand, in dem viele Menschen plötzlich bedingungslos Raum für sich fordern (müssen), weil es nicht mehr anders geht. Trauer kann uns vor dem Einfluss anderer schützen, um in Ruhe zu uns zu kommen. Wenn man das zulässt, kann man gestärkt aus Trauerphasen hervorgehen. Die Literaturwissenschaftlerin und Schriftstellerin Gisela Dischner schreibt, dass Melancholie ein Zustand der Freiheit sei, der, wenn er unterdrückt wird, zu der Unfreiheit der Depression führt. Depression lähmt, während in der Melancholie eine Schaffenskraft steckt. So lähmt auch die Isolation, während in der Einsamkeit und im Alleinsein eine Schaffenskraft steckt. Sie ist das Gegenteil der Entfremdung, die eine Gesellschaft ausmacht, die Anerkennung von außen braucht. »Die Melancholie ist ein paradoxer Zustand, denn alles Schöne und Schreckliche wird zum Stoff eines Gestaltungswillens.«[325] Melancholie ist auch eine körperliche Erfahrung: tiefes Atmen, Schaudern, Freudentränen, Zittern, Leichtigkeit und Schwere, Kälte und Wärme manifestieren sich im Körper. Vielleicht ist Melancholie eben der Zustand, in dem Schmerz und Lust, Trauriges und Glückliches zu einer Einheit werden und in dem deren Gegensätzlichkeit aufgehoben wird, um Teil einer Lust am Gestalten zu werden. Das Gefühl von – auch der traurigen – Einsamkeit abschaffen zu wollen, wäre vergleichbar damit, Melancholie und Trauer abschaffen zu wollen. So wie man die Tiefe des Lebens ergründen kann, wenn man die eigene Sterblichkeit anerkennt, so kann man durch Einsamkeit die Tiefe von Gemeinsamkeit erleben.

Die Fallen der Pathologisierung und des Kulturkonservatismus

Es fällt schwer, eine gemeinsame Sprache zu finden, wenn es um das Thema Einsamkeit geht, weil die Erfahrungen mit ihr etwas sehr Individuelles sind und auch über das semantische Grundverständnis des Begriffes nicht unbedingt Konsens besteht. Seit der ersten Hälfte des 20. Jahrhunderts wird Einsamkeit vor allem mit Depression, Sinnkrise, Neurose, Auflösung von Gemeinschaft, Werteverlust und Vereinsamung in Zusammenhang gebracht. Wenn man »Ratgeber« und »Einsamkeit« in die Suchmaschine eingibt, findet man derzeit an die 23 Publikationen aus den letzten fünf Jahren. Sie thematisieren im Schwerpunkt, welche Defizite aus Kindertagen spätere Einsamkeit begründen, welche Strategien und Übungen es gegen die Einsamkeit gibt, wie man Gefühle der Scham und Angst überwinden kann, was die Gesellschaft tun muss, um die Menschen vor Einsamkeit zu »bewahren«. Eines wird klar, wenn man all diese Bücher in den Blick nimmt: Wir müssen grundsätzlich an uns arbeiten. Wir müssen alle in Therapie. Wenn in solchen Büchern gesellschaftliche Faktoren eine Rolle spielen, dann ist es meist ein kulturkonservativer Blick auf irgendeinen *Werteverfall.* Wenn Einsamkeit eine Krankheit ist und ein privates Problem, kann sich eine Horde von Heiler:innen von der Psychologin bis zum (selbsternannten) Coach auf individualisierte Problemlösung fokussieren, können Ratgeber-Autor:innen, wie der Professor für Psychiatrie Manfred Spitzer, eine Marktnische finden, in der sie ein neues Gesundheitsrisiko benennen, von dem wir alle bedroht sind. Eine leichte Übung, denn die Angst vor der Einsamkeit treibt uns alle um: Einsamkeit sei Todesursache Nummer eins, ebenso wie Smartphones und Internet süchtig, dumm, krank und eben einsam machen, und wenn einmal nicht die moderne digitale Technik schuld ist, dann eben der Verfall der Familien.

»Alle meinen zu wissen, dass du irgendwas ›verleugnest‹, deine ›wirklichen Gefühle unterdrückst‹ oder an einem ›falschen Bewusstsein‹ leidest«,[326] schreibt Sara Maitland. Die meisten Menschen verstünden nicht, dass sie nicht das Nichts suchte, sondern die Fülle auskundschaften wollte, die in Stille und Einsamkeit liege. Es sei keine Midlife-Crisis, sondern eine neu gefundene Leidenschaft gewesen, schreibt sie, als sie sich entscheidet, mehrere Monate allein in einer abgelegenen Hütte im schottischen Moor zu verbringen. In ihrem Bekanntenkreis erlebt sie Bewunderung, aber auch viel Sorge über ihre Hinwendung zu Einsamkeit und Stille. Prinzipiell können ihre Freunde zwar nachvollziehen, dass sie in die Einsamkeit geht, nur zweifeln sie an der Dosierung. »Kann man zu weit in die richtige Richtung gehen?«, fragt Maitland daraufhin.[327]

Kann man aus dem Misstrauen gegenüber der Einsamkeit eventuell ablesen, dass die Gesellschaft Menschen mit ihrem individuellen Weltbild und eigenen Maßstäben schwer erträgt? Konsequent seine individuellen Bedürfnisse zu entdecken und ihnen nachzugehen, wird misstrauisch beäugt. Die Verlockung, Menschen durch die Brille der therapeutischen Fachsimpelei zu betrachten, wirft das Problem auf, dass man Menschen, die normabweichendes Verhalten zeigen und sich auch noch wohl damit fühlen, vorschnell vorwirft, sie würden sich ihre Situation zurechtlegen, projizieren, schönreden, verdrängen: Es darf nicht sein, dass Singles (schon gar nicht, wenn sie Frauen sind), Kinderlose oder Menschen, die gerne allein sind, sich einfach so wohlfühlen. Sie müssen irgendeinen Knacks haben, der zu der Abweichung führte. Die unhinterfragte negative Stigmatisierung der Einsamkeit ist dabei ein probates Mittel, um zu verhindern, dass vorgeblich Glück versprechende Normen hinterfragt werden.

Dieses *Bei-sich-Sein* in der Einsamkeit als Kontemplationsraum, was früher ein philosophisches oder religiöses Ideal darstellte, ist mittlerweile Marker für eine soziale Katastrophe geworden. Die Bewertung der Einsamkeit wurde weg von der Kunst und Philosophie zum Thema der Soziologie und Psychologie verschoben. Deren Suche nach Fehlern, Optimierung und Vereinheitlichung wird uns nicht dabei helfen, die Komplexität und Lust des Alleinseins und wie Menschen sich diese zu eigen machen, auszukundschaften.

Einsamkeit wird als gefährliche Zivilisationskrankheit betrachtet und mit einer Reihe von Krankheitssymptomen in Verbindung gebracht. Der Philosoph Joachim Kahl spricht sogar von einem ganzen »Zeitalter der Einsamkeit«[328]. Die Einsamkeit bzw. die tiefer gehende soziale und politische Beschäftigung mit ihr greift um sich, zumindest in Industrieländern wie Großbritannien und Deutschland. Als Industrienationen haben sie sehr früh ein Menschenbild entworfen, das auf gesundheitliche Fitness und körperliche Leistung schaut und mögliche seelische Belastungen aus dem Bild zu streichen versucht. Einsamkeit erscheint darin ähnlich wie Melancholie eben dysfunktional. Doch gerade weil menschliche Bedürfnisse weggedrückt wurden, mögen Depression und Burn-out in der Arbeitswelt eine logische Folge sein.

Mittlerweile gibt es ein differenzierteres Verständnis davon, wie Körper und Geist hinsichtlich der Gesundheit des Menschen zusammenhängen, und man kann nachweisen, dass Stress und soziale Isolation Krankheiten auslösen können: Herz-Kreislauf-Erkrankungen, Suchterkrankungen, chronische Krankheiten, Depression. Studien zeigen, dass sich sozial isolierte Menschen tendenziell ungesünder ernähren, mehr Alkohol und Zigaretten konsumieren, sich weniger bewegen und ein geschwächtes Immunsystem haben – sie sind ihrer Gesundheit gegenüber oft unaufmerksamer, was zur Konsequenz haben kann, dass sich ein ohnehin schon beeinträchtigter Gesundheitszustand verschlechtert und zu einem Krankheitsbild entwickelt. Das hat auch damit zu tun, dass Personen, die sozial besser integriert sind, in der Regel Menschen um sich herum haben, die auf sie aufpassen, sie motivieren, zum Arzt zu gehen, Sport zu machen, rauszugehen, ihnen Impulse für ein gesundes Leben geben. Zudem teilen sie ihre Ressourcen wie Geld, Zeit und Wissen über Ärzt:innen und Krankenkassen oder Krankheitssymptome. Sich in Krisenzeiten mit anderen über Probleme auszutauschen kann helfen, mehrere Strategien zur Problembewältigung zu finden – und was Menschen Mut und Hoffnung gibt, ist mitunter entscheidend für die Selbstheilungskräfte.

Das *Deutsche Ärzteblatt* schreibt, soziale Isolation sei gleichbedeutend mit permanentem Stress, man sei in erhöhte Alarmbereitschaft versetzt, wahrscheinlich, weil man fühle, dass man Probleme allein bewältigen muss, was zu chronischem Stress und zu Depressionen führen könne. Daraus folgen schlechterer Schlaf, und folglich unausgeruhte Tage. Ein hoher Adrenalin- und Blutzuckerspiegel sowie erhöhter Blutdruck können daraus resultieren. Da der Körper dadurch also permanent Baustellen habe, werden körpereigene Reparaturmaßnahmen auf die lange Bank geschoben, was u. a. ein schlechteres Immunsystem und verlangsamten Knochenaufbau mit sich bringen könne.[329]

Die britische Regierung begann sich für dieses Thema zu interessieren, weil offenbar wurde, dass soziale Isolation enorme Gesundheitskosten verursacht. In Großbritannien gibt es deshalb seit 2018 einen Regierungsposten unter der Federführung des Ministeriums für Sport und Zivilgesellschaft (*Ministry for Sport and*

Civil Society) zur Bekämpfung der Einsamkeit. Tracey Crouch ist nun die erste »Einsamkeitsministerin« Großbritanniens. Bei ihrer Ernennungsrede wies sie darauf hin, dass die »sozialen Spannungen Großbritanniens [...] eng mit depressiven Einsamkeitsgefühlen zusammen[hingen]«. Mehr als 9 Millionen Briten und Britinnen – 14 Prozent – würden sich immer oder oft einsam fühlen.

In den USA liegt die Quote bei einem Drittel der Gesamtbevölkerung. Dort war es die Opiat-Sucht-Welle, die das Thema in die Medien und somit vermehrt in die Politik spülte. In Japan führen die sich mehrenden Selbstmorde bei Älteren zur erhöhten Aufmerksamkeit für das Thema der sozialen Vereinzelung. 2019 befragte das Meinungsforschungsinstitut Kantar Public 4001 repräsentativ ausgewählte Personen in Deutschland, wie sie den gesellschaftlichen Zusammenhalt bewerten, ob sie sich sozial eingebunden fühlen und was sie von der Zukunft und der Politik erwarten. Richtig sozial isoliert fühlen sich demnach rund 14 Prozent.[330]

Auch der SPD-Gesundheitsexperte Karl Lauterbach forderte, bevor er Ende 2021 sein Amt als Gesundheitsminister antrat, im Mai 2019 einen Regierungsposten, der sich um das Problem anhaltender Isolation in der Gesellschaft kümmert – aus medizinischen Gründen.

Bemerkenswert ist, dass das britische Ministerium der Einsamkeit nicht im Ministerium für Wirtschaft, Gesundheit oder Bildung angesiedelt ist, sondern in dem für Zivilgesellschaft, also auch für wohltätige Zwecke. Eventuell werden nun also Mitarbeiter:innen von NGOs und staatliche Verwaltungsbehörden lukrative Programme, Wohltätigkeitsfeiern und emotional aufgeladene Kampagnen schneidern, die die fehlende Verbundenheit in der Gesellschaft angehen wollen.

Awareness-Plakate an Bushaltestellen mit fetzigen Sprüchen, Bingo-Abende in Sozialzentren und Seelsorgetelefone werden an den Ursachen der sozialen Isolation aber wenig ändern, denn die liegen vor allem in der mangelnden Umverteilung von Wohlstand. Es ist in erster Linie eine neoliberale Konkurrenzgesellschaft, die

Menschen isoliert, zudem halten finanzielle Notlagen Menschen davon ab, Verantwortung für andere zu tragen und emotionale Verbindlichkeit zu wagen. Die Autorin und Comiczeichnerin Tina Brenneisen schreibt dazu: »Zwischenmenschliche Begegnungen, die außerhalb dieses Leistungsmodells stehen, werden zunehmend rarer. Automatisierung und Rationalisierung ersetzen einen Großteil der Berührungspunkte zwischen Menschen. Da, wo der Gemeinschaftssinn des Einzelnen gefragt wäre, wo seine Solidarität als Bindungsmittel zum Tragen kommen könnte, all jene Situationen deckt ein zunehmend allumfassender Markt über Angebot und Nachfrage ab. Bis weit hinein ins Privatleben, in Freundschaften und Partnerschaften bestimmt der Markt mit seinen ökonomischen Regeln das Verhalten der Menschen. Dadurch wird das Solidaritätsprinzip allmählich mit dem der Effizienz und Funktionalität auch in persönlichen Beziehungen ersetzt. Das verhindert nicht nur, dass Menschen eigenständig Bindungen aufbauen, sondern Gemeinschaft überhaupt.«[331]

Wenn die Maßnahmen gegen die Einsamkeit aber vor allem zivilgesellschaftlich und individualisiert ausgerichtet werden, offenbart sich zudem das Grundproblem der philanthropischen Wohltätigkeit: Wir leben in einem Gesellschaftssystem, das es einigen wenigen ermöglicht, so viel Wohlstand und Ressourcen anzuhäufen, dass sie gnädig kleine Brotkrumen in Kampagnen oder NGOs stecken können, um Leid zu lindern, das aber erst entstand durch und in dem System, das Voraussetzung für ihren Wohlstand ist, weil es wirkliche Umverteilung verhindert. Überspitzt könnte man sagen: Reiche geben kleckerweise ein wenig von dem Geld zurück, das sie vorher z. B. durch den Ausbau des Niedriglohnsektors der Allgemeinheit gestohlen haben. Philanthropie ist somit eine Art Ablasshandel, um mit gutem Gewissen weiterhin die Privilegien zu genießen, die die Schere zwischen Reich und Arm erst verursacht. Charity ist ein Teil des Business geworden: Unternehmen können sich mit demonstrativ in Szene gesetztem sozialen Bewusstsein zur Selbstvermarktung brüsten und verschleiern damit doch nur ihren Anteil an der grundlegenden Ungerechtigkeit von Niedriglöhnen und schlechten Arbeitsbedingungen. »Wohltätigkeit« ist integraler Bestandteil des kapitalistischen Systems: Sie dient dazu, dass es nicht an dem Leid, das es selbst produziert, kollabiert und nimmt der konsequenten Forderung nach gerechter Umverteilung den Wind aus den Segeln. Denn sie mildert Leid nur in dem Maße, dass das eigene Gewissen beruhigt ist und der Laden weiterlaufen kann, aber nicht auf eine Art, dass Ressourcen so zugänglich werden, dass die Handlungsfähigkeit aller Menschen gestärkt wird. Denn neoliberale Verhältnisse drängen Menschen immer mehr an den sozialen Rand, statt allen Menschen die Möglichkeit und die Ressourcen bereitzustellen, diese Gesellschaft aktiv mitzugestalten und daran teilzuhaben.

Isolation ist oft eine soziale Frage, sie trifft Menschen mit niedrigem sozioökonomischem Status stärker als reiche Menschen. Helfen würden ein Ausbau von Kinderbetreuung, mehr Geld und Zeit für Pflege, Büchereien und öffentliches Vereinsleben, Ausbau öffentlicher Plätze, die nicht an Konsum ausgerichtet sind, ein gut ausgebautes günstiges öffentliches Verkehrsnetz und eine Politik, die verhindert, dass Immobilienspekulation dazu führt, dass soziale Netzwerke zerrissen werden, weil Menschen aus ihren Kiezen wegziehen müssen. Höhere Renten und Sozialleistungen sind ebenso eine wichtige Stellschraube, denn Altersarmut ist ein Faktor, der die soziale Isolation maßgeblich ansteigen lässt: Menschen ohne gute Brille und Hörgerät, ohne Bus und Bahn, ohne Vereinsmitgliedschaft oder Geld für kulturelle Veranstaltungen, ohne ordentliche Kleidung, in der sie sich vor die Tür trauen, Menschen mit psychischen Problemen, mit körperlichen Beeinträchtigungen oder durch Sprachbarrieren eingeschränkte Menschen werden durch die Strukturen, die wir als Gesellschaft schaffen, aktiv davon abgehalten, am öffentlichen Leben teilhaben zu können.[332]

Gerade Theresa May, die Frau, die ihr Land in die Isolation geführt habe, sorge sich nun um mangelnde soziale Kontakte der Inselbewohner, kommentiert die Autorin Jagoda Marinić bereits 2018 in der *Süddeutschen Zeitung.*[333] Das sei durch den Brexit nur noch massiver geworden: »Das Ministerium erweckt den Eindruck eines Trostpflasters für all diejenigen, die unter dem Rückzug ins Eigene und unter der Vereinzelung der Gesellschaft leiden. Ob die Abschottung der richtige Weg ist, um sich vor den Einflüssen der Welt zu schützen und Fremdes draußen zu halten, ist fraglich. Denn es ist eine Binsenweisheit, dass man sich durch den Ausschluss von anderen auch selbst einschließt«, schreibt Marinić.[334] Schließlich war das Thema Zuwanderung einer der Gründe für das Brexit-Referendum, und wir erinnern uns an die 58 Prozent der Migranten und Flüchtlinge in London, die Isolation als ihre größte Herausforderung erfahren. Das Einsamkeitsministerium scheint eher ablenken zu wollen von dem Umstand, dass diese politisch-strukturellen Probleme hausgemacht sind. So wird über weiche emotional aufgeladene Themen die Aufmerksamkeit weg von den harten Ungerechtigkeitsfragen gelenkt, und die Vereinzelung wird zum Privatproblem gemacht. Das betrifft Zugezogene ebenso wie Staatsbürger:innen: Wer Kommunen dazu drängte, gemeinschaftsstiftende Einrichtungen wie Bibliotheken, Vereine oder Sozialzentren wegzusparen, sollte sich nicht über wachsende Isolation wundern.

Es gibt noch ein anderes Trostpflaster, das überdeckt, wo eigentlich grundlegende Veränderungen in krank machenden und isolierenden Strukturen vonnöten wären: Das Medikament Pregnenolon wird von den Herstellern als Mittel gegen Einsamkeit angepriesen, da es Ängste in sozialen Situationen mildern kann. Und es scheint geeignet, sich in die Reihe von Drogen zu stellen, wie Ritalin oder Valium, die verschrieben werden, damit Menschen den überzogenen Ansprüchen unserer Gesellschaft entsprechen können. Wir alle fühlen uns mal einsam, unsicher oder schüchtern, mal zu müde und unkonzentriert, um uns in ein Team einzufinden, eine Arbeit effizient und schnell zu leisten, und zu unruhig und unausgeglichen, um Stress standzuhalten. Doch solche Gefühle werden als Störfaktor im Fluss der Arbeitswelt betrachtet. Ist das aber gleich therapiebedürftig bzw. benötigen wir ein Medikament dagegen?

Soziale Isolation und die schweren Krankheiten, die aus ihr resultieren können, müssen ohne Zweifel sehr ernst genommen werden, aber Einsamkeit und Überforderung sind ambivalente Gefühle, die auch heilsam sein können, weil sie einem die eigenen Grenzen aufzeigen und dabei helfen, Grundlegendes zu hinterfragen und zu ändern. Denn hinter den Grenzen kommen die Antworten. Nicht wenige Menschen schaffen es nach dem Burn-out oder der Zeit der Isolation, ihr Leben fundamental infrage zu stellen und zu ändern. Dieses Potenzial verpufft, wenn den Menschen geraten wird, nur an ihrer *Wahrnehmung* der Welt zu arbeiten, und Verhaltenstherapie und Medikamente angeboten werden, damit sie weiter im Hamsterrad bleiben können.

Es ist ein Fortschritt, dass psychische Erkrankungen und therapeutische Ansätze entstigmatisiert wurden, es ist wichtig zu zeigen, dass Einsamkeit etwas ist, worunter wir alle auch mal leiden (oder eben auch nicht, weil wir sie gerade einfach einmal brauchen), und nichts, was uns entwertet, weil wir nur daran gemessen werden, wie liebenswürdig und sozial wir sind. Doch schnell führt das zu einer starren Nabelschau am Individuum, die ursächliche Faktoren von Politik und Gesellschaft nicht mehr einzubeziehen weiß. Kurios ist dabei, dass der oder die Einsame somit bereits vereinzelt gedacht wird und nicht als eingebunden in eine Gesellschaft, die ihn oder sie zuallererst isolierte bzw. einsam machte. Sosehr ich dafür bin, die eigene Handlungsfähigkeit im Blick zu haben und auszuschöpfen, sosehr empfehle ich es, auch einen Blick über sich hinaus zu werfen: Welche Form von Gesellschaft wird uns da aufgebürdet? Wie krank macht sie uns und könnte es ganz anders sein?

Im Großteil der Ratgeberliteratur haben Melancholie und Kontemplation kaum Platz und Muße, Achtsamkeit und Intuition nur, wenn es darum geht, am Ende doch wieder im Job zu performen, wenn möglich, noch besser als vorher. Doch was soll es bringen, wenn man Menschen nach der Behandlung mit Pillen und Therapie in die gleiche Arbeits- und Fürsorgeumwelt zurückschickt, die sie isolierte, überforderte und krank gemacht hat? Sollen wir alle

Burn-out und Performance in Rotation leben? Uns darin abwechseln, wenn einer aus der Therapie kommt, übernimmt er den Platz von dem, der gerade ausbrannte, und immer so fort? Es lohnt sich, auch ambivalente Gefühle der Einsamkeit auszuhalten, sie dürfen nicht wegtherapiert werden, um wieder in den alten Bahnen zu landen.

In Großbritannien muss nun bis 2023 jeder Hausarzt eine Fortbildung zum Thema Einsamkeit gemacht haben. Könnte das bei einem überbelasteten Gesundheitssystem dazu führen, dass Ärzte kostengünstig und für sie lukrativ gewohnheitsmäßig Medikamente verschreiben? Damit wir nicht mehr spüren, was uns eigentlich krank macht, und uns dagegen wehren?

Einsamkeit, Singleleben oder Kinderlosigkeit werden derzeit als ein zunehmendes Risiko gesehen, das unsere Gesellschaft in eine Abwärtsspirale reißen könnte. Wenn die Freiheit des Individuums wächst und Bindungsformate brüchig sind, so wachsen auch seine Überforderung und Ängste, sich permanent selbst darum bemühen zu müssen. Gerade deshalb ist es so wichtig, dass wir lernen, nicht wie in Schockstarre vor der bedrohlichen Einsamkeit zu hocken, der wir passiv ausgeliefert sind, weil uns eingeimpft wurde, dass die *anderen* die Macht haben, darüber zu entscheiden, ob wir es wert sind, in eine Gemeinschaft aufgenommen zu werden und innerhalb dieser sinnvolle Betätigungsfelder zu finden, sondern dass wir das Alleinsein als Raum betrachten, den wir aktiv gestalten können. Als Luxus, den wir uns leisten können, um Neues zu kreieren. Denn die Perspektive ändert sich, wenn man diese Phänomene nicht als Verschlechterung, sondern als Umbruch wahrnimmt: In Gesellschaften gibt es nie Stillstand, sie sind dynamisch, und Veränderungen tragen viel Potenzial in sich. Aber man verherrlicht und romantisiert allzu oft die Welt *davor*, beschwört Werte, die angeblich verfallen. Doch Werte lösen sich nicht auf, sie verändern sich, weil wir uns als Gesellschaft weiterentwickeln. Die konservative Sichtweise lässt uns an alten Werten festhalten, so als wären nach ihnen keine mehr da. Diese Sichtweise negiert das Potenzial von Veränderungen und will den Menschen als Wesen sehen, das die alten Strukturen braucht und ohne sie orientierungslos bleibt, statt Neues, vielleicht Besseres, gestalten zu können. Die Singlehaushalte sind angeblich eine Konsequenz des Verfalls der Familie, als wäre die Familie immer ein Hort der Gemeinschaft und nicht auch der Isolation, Ungerechtigkeit und allzu oft auch der Gewalt. Ein hohes Maß an Individualismus wird mit Egoismus gleichgesetzt, verkorkste Kinder liegen angeblich in Homoehen und der Lohnarbeit der Mutter begründet, statt in dem bürgerlichen Perfektionismus, wie eine angeblich gute Familie auszusehen hat. Die konservative Lesart: Wir vereinsamen, weil die alten Strukturen verfallen.

Ich denke, wir vereinsamen, weil wir aus den alten einengenden Strukturen ausbrechen und neue suchen, die durch die alten noch verhindert werden, weil sie in überholte Gesetze und Normen eingemeißelt sind. Wir vereinsamen, weil diese Veränderungen noch nicht *weit genug* gehen. Es gibt so viele Singlehaushalte, weil Menschen nicht in die festgefahrenen Bahnen der Kleinfamilie geraten wollen, aber noch zu wenig Alternativen an anderen Gemeinschaftsformen (auch mit Kindern) finden. Nachbarschaft zerfällt nicht wegen zunehmender Individualisierung und Egoismus, sondern gerade, weil wir alle nur in unseren Einfamilienwohnungen hocken, in denen wir gelernt haben, dass wir nur für uns selbst verantwortlich sind. Die Vereinsamung *begann* mit der Kleinfamilie, ebenjener Formation, die nun als Heilmittel gegen Einsamkeit angepriesen wird. In ihr haben wir gelernt, dass wir nur für die kleinstmögliche Gruppe verantwortlich sind, in ihr haben wir gelernt, dass Fürsorge wie unsichtbar nur von einer Person geleistet wird, statt von allen getragen zu werden, in ihr haben wir gelernt, unseren Besitz gegen andere abzuschirmen, in ihr haben wir gelernt, dass nach dem Tod des Ehegatten der Hinterbliebene weiterhin allein in der Wohnung versauert, statt selbstverständlich Teil einer größeren von der Blutsverwandtschaft unabhängigen Gemeinschaft zu sein, die den Hinterbliebenen auffängt, in ihr haben wir gelernt, dass vor allem die Mutter sich um das eigene biologische Kind kümmern kann, weshalb es so ein Konzept wie Alleinerziehende überhaupt gibt, wenn die Kleinfamilie scheitert. Die hohe Zahl der Alleinerziehenden sowie der Menschen, die im Alter einsam sind, und der Menschen, die an Überforderung des romantischen, aber finanziell kaum noch zu stemmenden Familienideals scheitern, die hohe Zahl der Menschen, die weder Zeit noch Raum haben, andere soziale Kontakte und Verbindlichkeiten einzugehen, und sich deshalb isoliert und uninspiriert fühlen, das alles ist eine *Konsequenz* des Ideals der Kleinfamilie, in der alle ökonomischen und emotionalen Ressourcen eines Individuums, um eine Gemeinschaft zu bilden, per Gesetz nur auf sie konzentriert sein sollen.

So kann es nicht verwundern, wie schnell plötzlich in Zeiten der Flexibilisierung der Arbeit und der Frauenemanzipation die Kleinfamilie aufbricht, die doch als so natürlich gezeichnet wurde. Viele Menschen wollen keine durch den Staat und geschlechtliche Arbeitsteilung geprägte Liebesbeziehung mehr, müssen sich aber noch in neue Konzepte hineinfinden, die unabhängig davon sein können. Viele Frauen wollen ihr Leben nicht mehr am Mutterideal messen, viele Männer nicht mehr am Ideal des Familienernährers, weil man an beiden nur scheitern kann. Deshalb schwören sie womöglich jeglicher Familienplanung ab, weil ihnen Familie nur als einengende ökonomische Einheit von Mutter-Vater-Kind verkauft wurde, statt als Möglichkeit, eine Verantwortungsgemeinschaft mit mehreren Menschen zu gestalten, die den Bedürfnissen der einzelnen entspricht. Dies wird zudem erschwert, wenn neue Konzepte an den alten Mustern gemessen werden, also als »normal« oder »unnormal« (Letzteres häufig verkleidet im Begriff »alternativ«) eingestuft werden, und noch mehr, wenn Gesetze und Moralvorstellungen, z. B. wer auf welche Art Familie sein darf und wie sie ihr Geld verdienen und versteuern und wer auf wen eifersüchtig sein soll, Menschen davon abhalten und Ungleichheit fördern. Viele Menschen, die Verantwortungsgemeinschaften mit Kindern bilden wollen, werden paradoxerweise daran gehindert. Wir beweinen die Einsamkeit und halten gleichzeitig Leute davon ab, Gemeinschaft zu bilden, weil ihre sexuelle oder körperliche Identität nicht den Gesetzesvorschriften von vor 150 Jahren entspricht. Das Argument des Kindeswohls wird dabei immer wieder instrumentalisiert. Kindeswohl wird durch Liebe und Stabilität hergestellt, und das heißt, nicht dadurch, ob jemand einen *richtigen Mann* oder *die richtige Frau* spielt. Und eine größere Zahl an Bezugspersonen und Ansprechpartner:innen außer der Mutter hat für Kinder den positiven Effekt, dass das Risiko von Vernachlässigung vermindert wird und dass sie weniger einem einseitigen Weltbild oder gar Gewalt ausgesetzt sind.

Die Behauptung eines Werteverfalls wird von Leuten unterfüttert, die progressive Entwicklungen wie die Frauenemanzipation oder die Antidiskriminierungsbewegung für LGBTIQ als Gefahr für die eigenen Privilegien und Infragestellung ihrer eigenen Identität empfinden: *traditionelle* und *Familienwerte* werden von Männern romantisiert, die einfach keine Lust haben, selbst den Haushalt zu machen und die Windeln zu wechseln, eine heterosexuelle Orientierung als Norm wird behauptet, weil man sich von Kindesbeinen an mit der eigenen performten Heteronormativität (also der Idee, wie eine richtige Frau oder ein richtiger Mann zu sein hat und welches Begehren zwischen beiden bestehen soll) identifiziert hat. Man will nicht infrage gestellt sehen, wonach man ein Leben lang selbst glaubte, streben zu müssen.

Der amerikanische Soziologe und Erziehungswissenschaftler David Riesman benannte bereits 1950 in seinem Buch *The Lonely Crowd*, dass Isolation vor allem in Gesellschaften entstehe, deren Mitglieder sich mehrheitlich von außen leiten lassen. Sie orientieren sich in ihrem Handeln an Konventionen, an dem, was in ihrem Umfeld »üblich« sei, unabhängig von der Frage, ob das »Übliche« den eigentlichen Bedürfnissen entspreche. Das Gefühl von Isolation und Einsamkeit entstehe demnach, weil die tatsächlichen Bedürfnisse des Individuums und die Normen, an die es seine

Bedürfnisse anpassen müsse, nicht übereinstimmen, man sich in dieser Diskrepanz aber nicht mitteilen könne.

Normen sind klebrig, weil sie als gegeben behauptet werden, ohne sich sachlich legitimieren zu müssen. Man hängt daran, weil alle daran hängen. Normen entsprechen zu wollen bewahrt einen aber nicht davor, permanent an sich selbst zu zweifeln, ganz im Gegenteil. Menschen, die ihr Leben an Normen ausrichten, können diese Ideale meistens nicht erfüllen, während Leute, die normative Rahmen durchbrechen, auch weil sie es müssen (z. B. weil sie den Maßgaben, wie man Gemeinschaft leben soll, nicht entsprechen), wenigstens schon einmal einen Anlass dafür haben, nach Handwerkszeug dafür zu suchen, wie man den Konformitätszwang hinterfragen kann. Wobei der Umstand, noch keine Sprache zu finden, die das eigene *unnormale* Leben rechtfertigen konnte, viele Menschen nicht nur vereinsamen ließ, sondern dazu führte, dass sie zu Kriminellen oder für verrückt erklärt wurden. »Die Logik bringt dich von A nach B, deine Vorstellungskraft bringt dich überall hin«, schrieb Albert Einstein.[335]

Die Pathologisierung von progressiven Stimmen hat eine lange Tradition, unzählige Frauen, die ein unabhängiges Leben anstrebten und eben deshalb von Familienangehörigen in psychiatrische Anstalten verbannt wurden, zeugen davon.[336] Wer das Gefüge stört und bezweifelt, wird an den Rand gedrängt, darf kein Vorbild sein. Es mag die banalste Erkenntnis sein, doch dass man sie sich immer wieder vergegenwärtigen muss, zeigt, auf welche Wirkungsmacht sie hinweist: Nichts an unserer Gesellschaft entspricht etwas *Normalem* im Sinne von Natürlichkeit, Essenz oder Wahrhaftigkeit, es ist alles veränderbar. Die Einsamkeit hilft dabei, diese Veränderung zu ersehnen, zu imaginieren – und herbeizuführen.

AUSBLICK

Um mit dem Alleinsein und der Einsamkeit in unseren Zeiten, wie auch immer man sie verstehen möchte, umzugehen, muss man versuchen, sie besser zu ergründen, und mit diesem Verständnis neue Werte, Bilder und Strukturen schaffen, die etwas Produktives in Gang setzen können. Wenn man hingegen an alten Schablonen und Strukturen festhält, wird man daran verzweifeln, dass diese mit den Menschen und der Art, wie sie Gemeinschaft gestalten, nicht mehr zusammenpassen.

Ich bin sicher, dass das Alleinsein nicht zur vorherrschenden Lebensform wird, aber zu einer, die sich Menschen immer wieder aneignen wollen, sodass immer mehr flexiblere Gemeinschaften entstehen, die menschlichen Bedürfnissen der Nähe und Distanz, des Eingebettetseins und des Rückzugs, der Solidarität und der einsamen Muße besser gerecht werden können.

Da die meisten emanzipatorischen Impulse seltener »von oben« kommen, sondern entstehen, wenn Menschen in der Bevölkerung etwas vorleben und neue Strukturen schaffen, ist es umso wichtiger, die politische Teilhabe durch Sichtbarkeit und das Mitspracherecht aller zu fördern, damit Gesetze progressive Entwicklungen unterstützen, statt diese zu behindern. In neuen Experimenten und Gedanken brechen sich menschliche Bedürfnisse Bahn, sie brechen durch eine Oberfläche, die zugepflastert ist von Konkurrenzdenken, Konformität, Konsum und Misstrauen. Um diese Oberfläche durchbrechen und Kurskorrekturen machen zu können, brauchen Menschen ein gesundes Maß an Rückzug, Alleinsein-Können und -Dürfen sowie Selbstreflexion, um sich selbst wieder vertrauensvoll und produktiv in der Gesellschaft verorten zu können.

Es ist nicht verwunderlich, sondern notwendig, dass in den Debatten um soziale Isolation neben neuen Formen der Verantwortungsgemeinschaft und sozialer Elternschaft zunehmend auch die Stadtplanung und die Wirtschaft in den Fokus rücken. Es gibt zahlreiche Ansätze, die zeigen, was passieren kann, wenn man im Allgemeinen darauf vertraut, dass Menschsein und Solidarität eins ist. Der Isolation verursachenden Wettbewerbsgesellschaft stellt man Kieze als lebendige und integrative Lebensräume und -konzepte gegenüber: Mehrgenerationenhäuser, große Wohnprojekte und Verantwortungsgemeinschaften, Genossenschaften und Verbünde sozialer Elternschaften, Gemeinschaftsgärten und Shared Mobility, Grundeinkommen, Kooperation und Umverteilung, Gemeingut, bei dem Ressourcen von Kollektiven verwaltet werden und nicht von Marktgesetzen, von denen nur Einzelne profitieren. Solche Strukturen machen unser Leben selbstbestimmter gestaltbar und eröffnen Freiräume für das Alleinsein des Einzelnen, welches auch der Gemeinschaft zugutekommt, denn Menschen, die ihre Bedürfnisse kennen und ihnen nachgehen können, können auch besser auf die Bedürfnisse einer Gemeinschaft eingehen. Diese Konzepte eröffnen Räume und Netzwerke, die uns in unseren Fähigkeiten unterstützen und unserer Entfaltung nicht im Weg stehen, sondern diese in einer sozial reicheren, vielfältigeren, solidarischen, wenig hierarchischen und selbstorganisierten Gesellschaft mittragen – Räume, die uns unser Bedürfnis nach dem Alleinsein weder übel nehmen noch die Rückkehr in die Gemeinschaft erschweren.

Gerade Frauen können davon profitieren, denn die Strukturen und Ideale unserer Gesellschaft sind immer noch darauf angelegt, ihre Unabhängigkeit und ihr Selbstwertgefühl einzuschränken. Die Aufwertung der selbstbestimmten Einsamkeit kann gerade ihnen dabei helfen, eingeimpfte Ängste reflektieren und abstreifen zu können, sodass sie diese Räume des Alleinseins, der Selbstfürsorge und der Emanzipation selbst gestalten können. Und gerade deshalb sind Frauen auch als Ideengeberinnen so wichtig, wenn es darum geht, wie man eine Gesellschaft gestalten kann, in der ein gewisser Grad an Autonomie und das Leben in einer Solidargemeinschaft kein Widerspruch sind – eine große WG, ein Refugium, in der man die Tür auch mal zu machen kann, um ein Zimmer für sich allein zu haben.

Das eigene Menschenbild beeinflusst das eigene Verhalten. Das Vertrauen, das ich mir und der Welt entgegenbringen kann, prägt fundamental meine Fähigkeit zum Alleinsein. Dieses Vertrauen ist ähnlich wie die Einsamkeit ein Möglichkeitsraum, von dessen Aufwertung wir alle profitieren. Wir füttern uns mit dem, was unser Empfinden und unsere Bewertung durch kulturelle Erwartungen geprägt hat: Das, was wir erwarten in der Einsamkeit vorzufinden, werden wir finden.

In Gesprächen kommt mir immer wieder der Gedanke, dass das Elend des Menschseins darin begründet liegt, dass wir Leitbilder schaffen, denen wir auf Biegen und Brechen entsprechen müssen, weil uns das Grundvertrauen fehlt, mit unseren eigenen Charakteristika und Bedürfnissen schon makellos und komplett zu sein. Doch wenn wir es wagen, Schritte in diesem Nichts des Alleinseins zu gehen, können wir das Vertrauen erlangen für die Fülle, in der wir uns im Inneren und Äußeren bereits bewegen. Das Alleinsein kann der Raum sein, in dem wir uns unbehelligt von äußeren Erwartungen mit uns selbst voll und ganz fühlen können.

Wie sehr die Einsamkeit im Grunde bevölkert ist, habe ich im letzten Jahr selbst nachvollziehen können. Als ich begann, dieses Buch zu schreiben, wusste ich noch nicht, wie vielen Themen und Menschen ich begegnen würde. Meine Wege kreuzten sich mit früheren und gegenwärtigen Denkerinnen, Kulturschaffenden, Polarforschern, Aktivistinnen, Trampern, Eremitinnen und immer auch mit den Gedanken von Weggefährt:innen im Freundes- und Bekanntenkreis. Überall traf ich Menschen oder Werke, die mir halfen, allein, für mich, am Schreibtisch, die Einsamkeit auszukundschaften – und mich ihnen dabei verbunden zu fühlen. Denn wenn ich allein bin, ist die ganze Welt bei mir.

ANMERKUNGEN

1 Vgl. S. Delianidou, *Lohnarbeit und Müßiggang in Irmgard Keuns* Gilgi – Eine von uns, in: *Ökonomie des Glücks. Muße, Müßiggang und Faulheit in der Literatur*, hg. v. M. Gemmel und C. Löschner, Berlin 2014, S. 171

2 So wurde das Nähen als christliche Tugend der Hausfrau dargestellt, jede freie Zeit solle damit gefüllt werden, statt dem Müßiggang (oder Nachdenken) zu frönen oder den Mann von seiner Arbeit ablenken zu können, wie Richard Sennett in seinem Buch *Handwerk* feststellt. (R. Sennett, *Handwerk*, Berlin 2008, S. 69)

3 I. Keun, *Gilgi – Eine von uns*, Berlin 2006, S. 136

4 Ebd., S. 104

5 Ebd., S. 168

6 Ebd., S. 262

7 R. Walser, *Der Arbeiter*, in: *Poetenleben. Das Gesamtwerk, Band 3.*, Genf und Hamburg 1967, S. 114 f. Hier sollte jedoch nicht missverstanden werden, dass ein elitärer Aristokrat auf abgehobene Weise unterprivilegierte Arbeiter:innen verhöhnt. Walsers Kritik am falschen Arbeitsethos bezieht sich auf die Leistungsträger aller Schichten.

8 G. Dischner, *Wörterbuch des Müßiggängers*, Basel 2009, S. 72

9 H. Arendt, *Vita activa oder Vom tätigen Leben*, München 2008, S. 119 f.
Die Unterscheidung zwischen hart arbeitenden Leistungsträgern und parasitären Arbeitslosen war aber nicht erst ein ideologischer Schachzug des Neoliberalismus. Karl Marx hatte die Arbeiterklasse bereits in vermeintlich gute (Industrieproletariat) und schlechte (Lumpenproletariat) Teile sortiert. Zum »Lumpenproletariat« zählten u. a. Vagabunden, entlassene Soldaten, entlassene Zuchthaussträflinge, entlaufene Galeerensklaven, Gauner, Taschendiebe, Bordellhalter, Literaten, Lumpensammler und Bettler. Im *Kommunistischen Manifest* heißt es, diese stellen die »passive Verfaulung der untersten Schichten der alten Gesellschaft« dar, welche sich leicht von reaktionären Kräften kaufen lasse und dementsprechend nicht Teil der eigentlichen ehrenhaften Arbeiterklasse sei. So kritisiert Arendt auch Karl Marx, dass er Tendenzen, die seit dem 16. Jahr-

hundert stattfinden, unhinterfragt übernimmt: die Marx'sche Betrachtung der Arbeit als Menschwerdung, also dass der Mensch nicht mehr von Gott, sondern erst durch seine Arbeit zum Menschen werde, würde sich unkritisch in die Verherrlichung der Arbeitsgesellschaft in der Neuzeit einfügen, statt den Menschen als politisch Handelnden zu betonen und zu fördern.

10 Ebd.

11 D. Graeber, *Bullshit Jobs: Vom wahren Sinn der Arbeit,* Stuttgart 2018

12 Es ist wichtig, sich hierbei zu vergegenwärtigen, dass Anarchie »ohne Herrschaft« bedeutet und nicht etwa »chaotisch«, wie es die konservative Lesart widerspiegelt: dass Menschen chaotisch seien, würden sie nicht beherrscht werden. Dieses Missverständnis hat sich leider in unserem Sprachgebrauch durchgesetzt und die Ideen der Anarchie in Verruf gebracht.

13 Vgl. P. Lafargue, *Das Recht auf Faulheit,* Hamburg 2014

14 F. Nietzsche, *Die fröhliche Wissenschaft,* in: *Kritische Studienausgabe, Band 3,* München 1999, S. 558

15 H. Ford, *The International Jew. The World's Foremost Problem. 4 Bände,* Dearborn, MI 1920–1921. Deutsch: *Der internationale Jude. Ein Weltproblem. 2 Bände,* Leipzig 1921–1922

16 Vgl. H. Ford, *Erfolg im Leben. Mein Leben und Werk,* Leipzig 1923

17 A. Huxley, *Schöne Neue Welt. Ein Roman der Zukunft,* Frankfurt am Main 2007

18 F. Schlegel, *Lucinde,* Stuttgart 1992, S. 37

19 B.-C. Han, *Agonie des Eros,* Berlin 2012, S. 15

20 Nils Markwardt in der ZEIT schreibt, dass »Klassismuskritik als eine Art ideologisches Placebo von jenen entdeckt wird, die sich dezidiert gegen eine Umverteilung nach unten stellen, seien es wirtschaftsliberale Politikerinnen oder Arbeitgeberverbände« (N. Markwardt, *Du gehörst nicht dazu!,* in: *DIE ZEIT,* 15.2.2021, https://www.zeit.de/gesellschaft/2021-02/klassismus-soziale-gruppen-soziologie-literatur-gesellschaft/komplettansicht (zuletzt abgerufen am 7.3.2022)

21 J. Allmendinger, *Junge Mütter sind die größten Leidtragenden. Jutta Allmendinger im Gespräch mit Dieter Kassel,* in: *Deutschlandfunk Kultur,* 8.1.2021, https://www.deutschlandfunkkultur.de/soziologin-allmendinger-ueber-corona-und-100.html (zuletzt abgerufen am 7.3.2022)

22 I. Kant, *Anthropologie in pragmatischer Hinsicht* [1798]. Zitiert aus B. Himmelmann (Hg.), *Kant und Nietzsche im Widerstreit: Internationale Konferenz der Nietzsche-Gesellschaft in Zusammenarbeit*

mit der Kant-Gesellschaft, Naumburg an der Saale, 26.-29. August 2004, Berlin/Boston, MA 2012, S. 283

23 R. Sennett, *Verfall und Ende des öffentlichen Lebens. Die Tyrannei der Intimität*, Berlin 2008, S. 218

24 Q. Buchholz, *Vom Glück der Langsamkeit*, Gütersloh 2019, S. 93

25 Mittlerweile bestätigen Mediziner:innen, dass langes Sitzen für den Körper schwerwiegende gesundheitliche Schäden mit sich bringt, dennoch werden die Bedingungen von täglich acht Stunden Schreibtischarbeit hingenommen, als wäre es alternativlos.

26 Vgl. M. Magercord, *Faulheit – Todsünde oder Tugend? André Rauch im Gespräch mit Michael Magercord*, in: *Deutschlandfunk*, 6. 12. 2020, https://www.deutschlandfunk.de/faulheit-todsuende-oder-tugend-102.html (zuletzt abgerufen am 8. 3. 2022)

27 Diese Narrative führen auch zu rechtlichen Schablonen, die schwer aufzulösen sind, so müssen wir uns noch mit einer Familienpolitik herumschlagen, die graue Hornbrillenträger sich in der 1950er-Jahren ausgedacht haben.

28 Vgl. P. Dolan, *Happy Ever After: Escaping the Myth of the Perfect Life*, London 2019

29 M. M. Smith / S. B. Sherry / C. Ray / P. L. Hewitt / G. L. Flett, *Is perfectionism a vulnerability factor for depressive symptoms, a complication of depressive symptoms, or both? A meta-analytic test of 67 longitudinal studies.* In: *Clinical Psychology Review* 84 (3/2021), Amsterdam

30 Statussymbole resultieren zudem direkt im unnötigen Verbrauch von ökologischen Ressourcen, wie Land, Wasser und Energie. Konsumkultur bedeutet darüber hinaus, dass wir nicht verstehen, dass wir nicht nur gesundes Gemüse essen sollen, sondern auch ein gutes Verhältnis zum Gemüsehändler und Anbauer haben sollten, dass wir also nicht einfach bestimmte Sachen nur in uns reinstopfen, um uns zu verbessern.

31 Dementsprechend scheint auch unsere Lust an Katastrophenfilmen und -erzählungen eine Sehnsucht nach einer Art Tabula Rasa darzustellen: Da wir es selbst nicht schaffen, einengende Strukturen von Grund auf zu ändern, imaginieren wir die totale Zerstörung durch Zombies, Meteoriten oder Außerirdische, um daraufhin selbstorganisiert Neues erschaffen zu können.

32 Vgl. H. Cixous, *Le Rire de la Méduse*, in: *L'Arc*, 1975, S. 39–54. Deutsch: H. Cixous., *Das Lachen der Medusa*, hg. v. E. Hutfless, G. Postl u. E. Schäfer, Wien 2017

33 Juliette Drouet, die über 50 Jahre bis zu seinem Tod die Verbündete

Victor Hugos war und maßgeblich an *Les Misérables* mitarbeitete, wurde in der früheren Literaturgeschichte »nur« als seine Geliebte abgetan. Auch ist mittlerweile bekannt, dass Elisabeth Hauptmann, Ruth Berlau und Margarete Steffin gemeinsam mit Bertolt Brecht Werke verfassten, die aber nur unter Brechts Namen erschienen, um nur wenige bekannte Beispiele zu nennen. Vgl. E. Pfister, *Brechts Frauen*, in: *Deutschlandfunk*, 7.10.2002, https://www.deutschlandfunk.de/brechts-frauen-100.html (zuletzt abgerufen am 8.3.2022)

34 V. Woolf, *Ein Zimmer für sich allein*, Stuttgart 2020, S. 102

35 Vgl. H. Cixous, *Medusa*, a.a.O.

36 V. Woolf, *Zimmer*, a.a.O., S. 49

37 Wie aktuell dieses Problem immer noch ist, zeigte sich während der Corona-Lockdowns: So stellten beispielsweise Wissenschaftsmagazine fest, dass sie signifikant weniger Artikel von Frauen eingesendet bekamen, weil diese wegen der Kinderbetreuung zu Hause keine Zeit und Raum zum Arbeiten fanden, (im Gegensatz zu den Vätern, denen in der Familie dieser Raum viel mehr zugestanden wurde).

38 Sibylle Duda beschreibt diese Langeweile sehr anschaulich in ihrem Porträt über Bertha Pappenheim und bringt dies mit dem Krankheitsbild der Hysterie in Verbindung. Vgl. *Wahnsinns-Frauen*, hg. v. S. Duda und L. F. Pusch, Frankfurt am Main 1994, S. 123 ff.

39 H. Cixous, *Medusa*, a.a.O., S. 83

40 I. de Courtivron, *Violette Leduc's ›L'affamée‹: The Courage to Displease*, in: *L'Ésprit Créateur, Vol. XIX, No. 2*, 1979, S. 95–106

41 V. Leduc, *La Chasse à l'amour*, Paris 2000

42 R. Claussen, *Einsamkeit – Zur Begriffsgeschichte eines Gefühls*, in: *Semiosis – Internationale Zeitschrift für Semiotik und Ästhetik*, 17. Jahrgang, Heft 1–4, 1992, S. 23

43 Vgl. M. Albers, *Sie haben Post*, https://www.welt.de/print-wams/article616163/Sie-haben-Post.html (zuletzt abgerufen am 5.4.2022)

44 Ebd.

45 In einem Brief an Franz Overbeck vom 30. Juli 1881 schrieb Nietzsche, wie berührt er war, als er zum ersten Mal Spinoza las. Er verglich ihre Ideen und war begeistert, wie diese sich über Zeit und Raum hinweg ergänzten. Er sagte, dass durch das Lesen seiner Texte seine Einsamkeit eine Zweisamkeit geworden sei. Und doch war er allein im Raum, als er das schrieb, und Spinoza längst in seinem Grab. Vgl. den Brief in F. Nietzsche, *The Portable Nietzsche*, hg. v. W. Kaufmann, New York City, NY 1954

46 S. Hazard, J. (Moderation), *A Conversation with Terence McKenna*,

Interviewed by John Hazard, 1999, online unter *Terence McKenna's Final Interview*, https://www.youtube.com/watch?v=GdEKhIk-8Gg, (zuletzt abgerufen am 6. 3. 2022)

47 Anmaßend kann man das nur finden, wenn man das Urteil einer sich selbst legitimierenden Elite über seine eigenen Ziele und Wünsche stellt. Ich würde gerne alle einladen, kreativ zu sein und sich nicht von elitären Strukturen einschüchtern zu lassen, die diktieren, wessen Kreativität etwas wert ist und wessen nicht. Kreativität sollte man nur an der Lust messen, die sie einem selbst bereitet, auch wenn es nicht dazu kommt, sie mit anderen zu teilen.

48 F. Dostojewski, *Weiße Nächte. Ein empfindsamer Roman (Aus den Erinnerungen eines Träumers)*, Köln 2007, S. 13

49 S. Maitland, *How to Be Alone*, London 2014, S. 57. Übersetzt von Sarah Diehl

50 Vgl. R. Louv, *Last Child in the Woods: Saving Our Children from Nature-Deficit Disorder*, New York City, NY 2008

51 H. Benesch, *Suggestions-Imaginationstherapien, Imaginationstherapien*, in: Ders., *Enzyklopädisches Wörterbuch, Klinische Psychologie und Psychotherapie*, Weinheim 1995, S. 799 f.

52 H. D. Thoreau, *Walden: oder Leben in den Wäldern*, Hamburg, 2020, S. 14.

53 Ebd., S. 14

54 Ebd., S. 115

55 Ebd., S. 36 f.

56 Ebd., S. 101

57 Ebd., S. 48

58 Ebd., S. 19

59 K. Schulz, *Cat Tales*, in: *The New Yorker*, 12. 7. 2021, S. 74–80

60 Vgl. H. D. Thoreau, *Walden*, a. a. O., S. 30

61 Ebd., S. 29

62 A. Dillard, *Pilger am Tinker Creek*, Berlin 2016, S. 245

63 Ebd., S. 250

64 Ebd., S. 265

65 Ebd., S. 242

66 Brief an Marie de Bondy, 15. 7. 1906, zitiert in: P. Hillyer, *Charles de Foucauld*, in: *The Liturgical Press*, Collegeville, MN 1990, S. 129

67 S. Maitland, *How to Be Alone*, a. a. O., S. 8 (eigene Übersetzung)

68 A. Dillard, *Pilger*, a. a. O., S. 215

69 Ebd., S. 216

70 Ebd., S. 218

71 Ebd., S. 218

72 Ebd., S. 295

73 M. Jacobus, *Romantic Things*, nach U. K. Le Guin, *Am Anfang war der Beutel. Warum uns Fortschritts-Utopien an den Rand des Abgrunds führten und wie Denken in Rundungen die Grundlage für gutes Leben schafft*, Klein Jasedow 2020, S. 81

74 Ebd., S. 81 f.

75 D. Fossey, *Gorillas im Nebel. Mein Leben mit den sanften Riesen*, München 1983, S. 215 f.

76 Vgl. den Film *Was uns heilig ist (4/5). Die Erfahrung des Alleinseins*, Regie: T. Janssen und F. Lenoir, Frankreich 2020, https://www.arte.tv/de/videos/088393-004-F/was-uns-heilig-ist-4-5/ (zuletzt abgerufen am 26.03.2022)

77 H. Hesse, *Stufen – Ausgewählte Gedichte*, Frankfurt am Main 1974, S. 45

78 Vgl. J. G. Fichte, *Die Bestimmung des Menschen*, Leipzig 1976

79 A. Einstein, *Mein Weltbild*, hg. v. C. Seelig, Zürich 1953, S. 137

80 M. Tamcke, *Tolstojs Religion. Eine spirituelle Biographie*, Berlin 2010, S. 61

81 C. S. Dorchain, *Mystik – Der mystische Begriff des »Abgrunds« und der Prozess der Selbsterkenntnis durch Tiefenerfahrung*, in: *IZPP. Ausgabe 1/2019. Themenschwerpunkt »Mythos und Rationalität«*, http://www.izpp.de/fileadmin/user_upload/Ausgabe_1_2019/009_Dorchain_1_2019.pdf (zuletzt abgerufen am 13.12.2021)

82 Ebd.

83 K. Yamada, *Das Tor des Zen*, Berlin 2017, S. 49

84 D. a.-D. Rumi, *Masnawi*, Xanten 2020

85 R. Solnit, *Die Kunst, sich zu verlieren. Ein Wegweiser*, Berlin 2020, S. 125

86 Den Begriff Liebe benutze ich nicht im Sinne einer romantischen Liebe zu einer Person, sondern als Gefühl tiefer Verbundenheit zur Welt, zur Menschheit, zur Existenz.

87 S. Maitland, *Das Buch der Stille. Über die Freuden und die Macht von Stille*, Berlin 2017

88 Ebd., S. 22 f.

89 V. Woolf, *Zum Leuchtturm*, Frankfurt am Main 1991, S. 68

90 S. Maitland, *Stille*, a. a. O., S. 7

91 Ebd., S. 56

92 Ebd., S. 60

93 Ebd., S. 95 f. Dabei ist die Zeitmessung, an die wir so bange unser Bewusstsein klammern, noch gar nicht so alt. In Großbritannien wurde eine nationale Zeiteinheit erst durchgesetzt, als präzise Fahrpläne durch den Ausbau des Eisenbahnnetzes erforderlich wurden.

94 A. de Saint-Exupéry, *Wind, Sand und Sterne*, Düsseldorf, S. 78

95 S. Maitland, *Stille*, a. a. O., S. 79

96 Ebd., S. 113

97 A. Einstein, *Antwort vom 24. März 1954 auf einen Brief von J. Dispentiere, New Jersey, vom 22. März 1954*, in: Einstein Archives 59–495 und 59–494

98 R. E. Byrd, *Allein! Auf einsamer Wacht im Südeis*, Leipzig 1939, S. 85

99 Ebd., S. 83

100 S. Maitland, *Stille*, a. a. O., S. 94

101 Ebd., S. 91.

102 Den Mann/Frau-Käfig zu verlassen und ins Nicht-Binäre einzusteigen ist da nur das offensichtliche Beispiel. Man bildet sich ein, es würde einen schützen, wenn

man eine klare Identität hat, die man sich und anderen erklären kann, aber vielleicht beschränkt dies einen nur in der eigenen üppigen Flexibilität.

103 Vgl. den Film *Was uns heilig ist (4/5) Die Erfahrung des Alleinseins*, a. a. O., (zuletzt abgerufen am 21. 08. 21)

104 M. Starkmann (Moderation), *Ilan Stephani über Sexualität, Spiritualität und Selbstliebe*, https://www.youtube.com/watch?v=cxy3LDM_rkY (zuletzt abgerufen am 6. 3. 2022)

105 Ş. Kurt, *Radikale Zärtlichkeit – Warum Liebe politisch ist*, Hamburg 2021; S. Gräfen, *Radikale Selbstfürsorge. Jetzt! Eine feministische Perspektive*, Hamburg 2021; L. Hornscheidt, *Zu Lieben. Lieben als politisches Handeln: Kapitalismus entlieben*, Hiddensee 2018

106 Ein Film, der auch nur deshalb entstand, weil ich allein mit einer gebrauchten Kamera, aber ohne Team oder Budget in Südafrika und Polen loszog, um Interviews zu machen. Ich kann nur jeder:m empfehlen, wenn einen ein Thema packt, auch durchaus erst mal auf eigene Faust loszugehen und einen Dokumentarfilm zu drehen, da die technischen Voraussetzungen mittlerweile auch vieles allein ermöglichen. Hätte ich erst mal versucht, Filmförderung und ein professionelles Team zu organisieren, hätte ich den Film vielleicht nie gemacht.

107 Vgl. H. Marcuse, *Der eindimensionale Mensch. Studien zur Ideologie der fortgeschrittenen Industriegesellschaft*, hg. v. P.-E. Jansen, Springe 2014; vgl. auch *M. Czollek, Desintegriert euch!*, München 2018

108 Vgl. *bell hooks & Gloria Steinem at Eugene Lang College*, 8. 10. 2014, https://www.youtube.com/watch?v=tkzOFvfWRn4 (zuletzt abgerufen am 6. 3. 2022)

109 Rebecca Solnit schreibt: »Wie in den Schöpfungsmythen der Hopi, in denen die Menschen und die anderen Wesen der Unterwelt entstammen, entsteht auch in unserer Zivilisation unsere Kultur aus dem Untergrund.« Aus: R. Solnit, *Die Kunst*, a. a. O., S. 87

110 Vgl. B. Akomolafe, *The Times are Urgent, Let us slow down*, 2. 9. 2019, https://m.youtube.com/watch?v=9qWaWGHNvyo, (zuletzt abgerufen am 6. 3. 2022)

111 A. Walker, *Die Erfahrung des Südens – Good Morning Revolution. Essays*, München 1988, S. 254

112 Vgl. ebd., S. 17

113 Z. N. Hurston, *Ich mag mich, wenn ich lache*, Zürich 2000, S. 22

114 Z. N. Hurston, *Sweat*, hg. v. C. A. Wall, New Brunswick, NJ 1997, S. 43

115 Auf Deutsch ist *Vor ihren Augen sahen sie Gott* Anfang 2022 mit einem Vorwort von Zadie Smith erneut erschienen: Z. N. Hurston, *Vor ihren Augen sahen sie Gott*, Zürich 2022

116 Z. N. Hurston, *Dust tracks on a road. A Memoir*, New York City, NY 1996, S. 174. Übersetzt von Sarah Diehl

117 S. Hartman, *Wayward Lives, Beautiful Experiments: Intimate Histories of Riotous Black Girls, Troublesome Women, and Queer Radicals*, New York City, NY 2019

118 Vgl. ebd., S. xiv f.

119 Vgl. Okeowo, A., *How Saidiya Hartman Retells the History of Black Life. The scholar's provocative writing illuminates stories that have long gone untold*, in: *The New Yorker*, 19. 10. 2020, https://www.newyorker.com/magazine/2020/10/26/how-saidiya-hartman-retells-the-history-of-black-life (zuletzt abgerufen am 6. 3. 2022)

120 A. Walker, *Die Erfahrung*, a. a. O., S. 115 f.

121 Ebd., S. 116

122 Ebd., S. 117

123 Z. N. Hurston, *Their Eyes Were Watching God*, Urbana, IL 1991, S. 106

124 A. Walker, *Die Erfahrung*, a. a. O., S. 118

125 A. Bontemps, *The Harlem Renaissance Remembered*, New York City, NY 1972, zitiert nach A. Walker, *Die Erfahrung*, S. 143

126 A. Walker, *Die Erfahrung*, a. a. O., S. 118

127 Ebd., S. 119

128 Ebd., S. 120

129 Der damalige Erfolg dieses Filmes, der auf einem Roman von Tania Blixen beruhte, spiegelt die Sehnsucht vieler weißer Frauen wider, die in einem durchnormierten bürgerlichen Leben feststeckten. Die »unberechenbaren Leben«, die Hartmann beschrieb, drehen sich auf bemerkenswerte Weise um, wenn weiße Frauen in den kolonialen Gewaltstrukturen Afrikas einen Raum sahen, wo sie sich in ihrem Freiheits- und Abenteuerdrang austoben und ihre romantischen Fantasien leben konnten, der ihnen zu Hause verwehrt blieb. Diese Strukturen wirken bis heute nach und zeigten sich auch in der Verfilmung von Dian Fosseys Leben in *Gorillas im Nebel* mit Sigourney Weaver, der auf diesen Sehnsuchtsraum Bezug nahm.

130 I. Keun, *Gilgi*, a. a. O., S. 218

131 Die frühen Eremiten zogen sich noch in eine Natur zurück, die als feindlich und gefährlich galt, Hunger und mangelnde Hygiene konnten gesundheitliche Konsequenzen haben.

132 *Saalfelden sucht einen Einsiedler*, in: *saalfelden.at*, o. J., https://www.saalfelden.at/Saalfelden_sucht_einen_Einsiedler (zuletzt abgerufen am 6. 3. 2022)

133 F. Käsmann und J. Schreiber, *Weltentrückt im Hier und Jetzt? Aussteiger, Einsiedler, Eremitinnen*, in: *br.radio.de*, 4. 9. 2021, https://www.br.de/radio/bayern2/sendungen/bayerisches-feuilleton/

eremiten-aussteiger-und-einsiedler-100.html (zuletzt abgerufen am 6. 3. 2022)

134 Ebd.

135 S. Maitland, *Stille*, a. a. O., S. 175

136 Ebd., S. 274

137 Vgl. V. Mackenzie, *Das Licht, das keinen Schatten wirft. Die außergewöhnliche Lebensgeschichte von Tenzin Palmo*, Bielefeld 2010

138 So sagte die mittelalterliche Philosophin Héloïse, dass die Heirat vom Teufel komme, weil es die Leute zur Scheinheiligkeit und somit zum Bösen führe.

139 A. Sieck, *Mystikerinnen: Biographien visionärer Frauen*, Ostfildern, 2011, S. 99

140 P. Adamson, *Women Thinkers in Antiquity* a. a. O.

141 I. Leicht, *Marguerite Porete – eine fromme Intellektuelle und die Inquisition*, Freiburg 1999, S. 88

142 Vgl. D. Müller, *Beginenmystik als ketzerische Frauentheologie?*, in: *Auf der Suche nach der Frau im Mittelalter*, hg. v. B. Lundt, Paderborn 1991, S. 213–232

143 G. Werner, *Eremiten im barocken Bayern. Mentalität und Wandel*, Münster 2017

144 L. Tieck, *Der Jahrmarkt*, Oldenburg 2020

145 M. Zollinger, *Der Einsiedler möchte auf der Insel bleiben*, in: *Neue Zürcher Zeitung*, 15. 8. 2020, https://www.nzz.ch/panorama/italiens-bekanntester-einsiedler-moechte-auf-der-insel-bleiben-ld.1570862?utm_source=pocket-newtab-global-de-DE (zuletzt abgerufen am 6. 3. 2022)

146 J. Klein, *Die Chancen gegen das Vertraute. Zum Denken der Philosophin Simone Weil*, 15. 02. 2009, Deutschlandfunk, https://www.deutschlandfunk.de/die-chancen-gegen-das-vertraute-100.html (zuletzt abgerufen am 8. 3. 2022)

147 J. Campbell, *Der Heros in tausend Gestalten*, Berlin 2011

148 P. Rodis, *Nina Simone: An Historical Perspective*, 1970, https://player.vimeo.com/video/3541316 (zuletzt abgerufen am 8. 3. 2022)

149 Vgl. J. Campbell, *Pathways to Bliss: Mythology and Personal Transformation*, hg. v. D. Kudler, Novato, CA 2004, S. 132 f.

150 Ebenso wurde der Kunstmarkt zu einer riesigen Maschinerie, die Unternehmen nutzen, sich sozial und kulturell aufzuwerten, er wird ebenso für Geldwäsche oder Spekulation genutzt.

151 U. K. Le Guin, *Am Anfang*, a. a. O., S. 72 f.

152 U. K. Le Guin, *Am Anfang*, a. a. O., S. 77

153 B. Chatwin, *Traumpfade*, Frankfurt am Main 1992, S. 8

154 S. Maitland, *Stille*, a. a. O., S. 253

155 Vgl. U. K. Le Guin, *Am Anfang*, a. a. O.

156 Vgl. E. Fisher, *Woman's Creation. Sexual Evolution and the Shaping of Society*, New York City, NY 1975, S. 58

157 U. K. Le Guin, *Am Anfang*, a. a. O., S. 16

158 Ebd., S. 25

159 So kann es einem so vorkommen, als seien spirituelle Lehren und Rituale Versuche, den Überlauf an Sinneserfahrungen zu beschreiben (der in den späteren Erzählungen der Naturwissenschaften keinen Platz hatte). Denn was machte man mit den ganzen Sinneseindrücken, die über die Körpergrenzen hinauszugehen schienen? Die Impressionen unserer Zellen und Nerven stoppen nicht an der eigenen Haut.

160 Ebd., S. 34

161 Vgl. O. de Gouges, *Erklärung der Rechte der Frau und Bürgerin*, o. D., https://olympe-de-gouges.info/frauenrechte (zuletzt abgerufen am 6. 3. 2022)

162 G. Thiele-Knobloch, *Olympe de Gouges – oder Menschenrechte auch für Frauen?*, Berlin 1989, S. 11

163 Ebd., S. 11

164 *Salut Public*, Organ der Republik, November 1793, zit. nach https://www.fembio.org/biographie.php/frau/biographie/olympe-de-gouges (zuletzt abgerufen am 7. 3. 2022)

165 O. de Gouges, *Denkschrift der Madame de Valmont*, hg. v. G. Thiele-Knobloch, Frankfurt am Main 1993, S. 263

166 S. Maitland, *Stille*, a. a. O., S. 145

167 Ebd., S. 7 f.

168 Ebd., S. 8

169 Ebd., S. 12

170 Ebd.

171 Ebd., S. 38

172 Ebd., S. 15

173 Ebd., S. 13

174 C. Ritter, *Eine Frau erlebt die Polarnacht*, Berlin 1986, S. 118

175 Ebd., S. 144

176 F. Mulville, *The Loneliness of the Long Distance Sailor*, in: *Yachting Monthly*, Nr. 132, Mai 1972, S. 686, auf Deutsch übersetzt in: S. Maitland, *Stille*, a. a. O., S. 111

177 B. Moitessier, *Der verschenkte Sieg*, Bielefeld 2016, S. 82

178 C. Rohrbach, *Solange ich atme*, Kiel 2009, S. 188

179 Ebd., S. 190

180 Ebd., S. 87

181 Vgl. ebd., S. 171

182 Ebd., S. 189

183 C. Rohrbach, *Botschaften im Sand*, München 1992

184 Ebd., S. 57 ff.

185 Ebd., S. 78

186 *Über Grenzen – Mit Vollgas in den Ruhestand*, Regie: J. Meier, SWR 2021

187 R. Solnit, *Die Kunst*, a. a. O., S. 189

188 Dabei ist es wichtig zu wissen, dass viele Pilgerrouten bereits in der Zeit vor den Weltreligionen entstanden. Die Pilgerroute zum Ende der Welt (Finisterre) in Spanien, zu der man ging, um dort die Sonne im Meer versinken zu sehen, haben sich im 8. Jahrhundert Katholiken angeeignet und als Jakobsweg vermarktet, der ab da in Santiago de Compostela endete.

189 H. Arendt, *Rahel Varnhagen. The*

Life of a Jewish Woman, New York City, NY 2022, S. 34. Übersetzt von Sarah Diehl

190 Ein Pilger sagte mir einmal, dass, wenn wir Menschen alle das Göttliche repräsentieren, man beim Pilgern eine große wundervoll verkorkste Götterselbsthilfegruppe träfe, eine Bemerkung, die mir in einer tiefen Krise half.

191 C. Thürmer-Rohr, *Fremdheiten und Freundschaften. Essays*, Bielefeld 2019, S. 23

192 K. Vieweg, *Hegel. Der Philosoph der Freiheit*, München 2019, S. 9

193 R. Solnit, *Die Kunst*, a. a. O., S. 10

194 Vgl. den Radioessay von A. von Westphalen, *Altruismus – Der Mensch in Zeiten der Katastrophe*, 19. 7. 2020, https://www.deutschlandfunk.de/altruismus-der-mensch-in-zeiten-der-katastrophe-100.html (zuletzt abgerufen am 7. 3. 2022)

195 Vgl. R. Bregman, *Im Grunde gut. Eine neue Geschichte der Menschheit*, Hamburg 2021

196 So mehren sich anthropologische Studien, die die Fassadentheorie auf den Kopf stellen: Hat uns erst die Zivilisation grausam und egoistisch gemacht, als wir vor 10 000 Jahren sesshaft wurden und begannen, Ackerbau zu betreiben? Erst dann begannen territoriale Kriege, das Einhegen von Besitz, auch in Familienzusammenhängen, und die geschlechtliche Arbeitsteilung. Vgl. C. v. Schaik und K. Michel, *Die Wahrheit über Eva. Die Erfindung der Ungleichheit von Frauen und Männern*, Hamburg 2020; vgl. M. Stoverock, *Female Choice. Vom Anfang und Ende der männlichen Zivilisation*, Stuttgart 2021

197 Vgl. die Berichterstattung zur Flutkatastrophe in Rheinland-Pfalz: *Mangelnde offizielle Organisation und unterwanderte Helfer*, Autor:innen: M. Anthes, N. Maurer, S. Rainer-Esderts, C. Saathoff, C. Stracke, SWR 3. 8. 2021, https://www.ardmediathek.de/video/report-mainz/flutkatastrophe-rlp-mangelnde-offizielle-organisation-und-unterwanderte-helfer/das-erste/Y3JpZDovL3N3ci5kZS9hZXgvbzE1MDc2MDA/ (zuletzt abgerufen am 7. 3. 2022). Das gegenteilige Bild hierzu ist der Prepper, der sich für Notfallzeiten schon einen Bunker baut, angefüllt mit Nahrung und eventuell sogar Waffen. Prepper gehen davon aus, dass sie sich auf den Egoismus anderer in Katastrophenzeiten vorbereiten müssen. Sie werden wahrscheinlich die Ersten sein, die so brutal und egoistisch handeln, wie es ihr Menschenbild diktiert, nur dass sie sich einbilden, es sei Notwehr, wenn sie zum ersten Schlag gegen andere ausholen.

198 Vgl. C. Keysers, *Unser empathisches Gehirn. Warum wir verstehen, was andere fühlen*, München 2013

199 F. Warneken und M. Tomasello,

Altruistic Helping in Human Infants and Young Chimpanzees, in: *Science, Vol. 313*, 2006

200 A. von Westphalen, *Altruismus*, a. a. O.

201 Vgl. H. Arendt, *Vita Activa*, a. a. O.

202 Macht scheint etwas zu sein, wovon sich weniger empathische Menschen angezogen fühlen, die diese Strukturen dann entsprechend formen und unser Bild von Realität prägen. Das wird ein Grundproblem in allen Gesellschaften bleiben, die nicht versuchen, die politische Teilhabe aller zu fördern.

203 Vgl. die SWR-Sendung von Odysso: *Gesund aus eigener Kraft – Geheimnisvolle Selbstheilung*, in: *swr.de*, 3. 2. 2022, https://www.swr.de/wissen/odysso/geheimnisvolle-selbstheilung-100.html (zuletzt abgerufen am 7. 4. 2022)

204 Vgl. ebd.

205 R. Sennett, *Verfall*, a. a. O., S. 196

206 Vgl. B. Bettelheim, *Die Kinder der Zukunft. Gemeinschaftserziehung als Weg einer neuen Pädagogik*, Wien 1971

207 H. D. Thoreau, *Walden*, a. a. O., S. 61

208 Vgl. A. Gotthardt, *How to Be an Artist, According to Georgia O'Keeffe*, in: *artsy.net*, 11. 3. 2018, https://www.artsy.net/article/artsy-editorial-artist-georgia-okeeffe? (zuletzt abgerufen am 7. 3. 2022)

209 Vgl. ebd.

210 Vgl. ebd.

211 Vgl. S. Maitland, *Stille*, a. a. O

212 Vgl. *Sibirien: Die Helden der Urzeit*, Regie: Barbara Lohr, in: *arte.tv*, 3. 11. 2017, https://www.arte.tv/de/videos/078777-000-A/sibirien-die-helden-der-urzeit/ (zuletzt abgerufen am 7. 4. 2022)

213 Vgl. M. Haushofer, *Die Wand*, Gütersloh 1963

214 Vgl. zum 100. Geburtstag von Marlen Haushofer den Radioessay von B. Neumann, *»Ich schreibe nicht aus Freude«*, in: *Deutschlandfunk*, 9. 4. 2020, https://www.deutschlandfunk.de/zum-100-geburtstag-von-marlen-haushofer-ich-schreibe-nicht.700.de.html?dram:article_id=474382 (zuletzt abgerufen am 7. 3. 2022)

215 Vgl. D. Strigl, *Marlen Haushofer. Die Biographie*, München 2000

216 Bewusstsein und Schmerzempfinden bilden sich erst ab der 24. Woche heraus, da das Gehirn vorher noch nicht so weit entwickelt ist. (Vgl. Royal Association of Gynacology and Obstretics, *Fetal Awareness – Review of Research and Recommendations for Practice*, März 2010, http://www.avortementancic.net/IMG/pdf/rcogfetalawarenesswpr0610.pdf (zuletzt abgerufen am 15. 9. 2021))

217 Langzeitstudien zeigen, dass 95 % Frauen nach einer Abtreibung angeben, dass sie den Eingriff nicht bereuen und keinerlei psychologische Beeinträchtigung davon-

trugen (vgl. Major, B., Applebaum, M., Beckman, L., Dutton, M. A., Felipe Russo, N. und West, C., *Report of the Task Force on Mental Health and Abortion*, American Psychological Association, Washington DC, 2008), während es aber zu Beeinträchtigungen kommt, wenn Frauen gedrängt werden, eine ungewollte Schwangerschaft auszutragen, vgl. D. Greene Foster, *The Turnaway Study, Ten Years, a Thousand Women, and the Consequences of Having—or Being Denied—an Abortion*, New York, 2021, https://www.ansirh.org/research/ongoing/turnaway-study (zuletzt abgerufen am 7. 4. 2022)

218 Vgl. C. S. Dorchain, *Mystik*, a. a. O.

219 F. Nietzsche, *Menschliches, Allzumenschliches II. Ein Buch für freie Geister*, Chemnitz, 1879, S. 348

220 U. K. Le Guin, *Am Anfang*, a. a. O., S. 26

221 R. Solnit, *Die Kunst, a. a. O.*, S. 123

222 S. Maitland, *Stille*, a. a. O., S. 34

223 Ebd., S. 35

224 T. Merton, *Raids on the Unspreakable*, New York, 1964, zitiert nach: J. H. Forest, *Thomas Merton: A Pictorial Biography*, London 1980, S. 283, zitiert nach S. Maitland, *Das Buch der Stille*, a. a. O.

225 T. Merton, *Turning Toward the World: The Pivotal Years, The Journals of Thomas Merton*, Vol. 4: 1960–1963, London, 1997

226 P. B. Shelly, *Mont Blanc*, in: *bergwelten.com*, 8. 8. 2019, https://www.bergwelten.com/a/percy-bysshe-shelley-mont-blanc (zuletzt abgerufen am 4. 12. 2021)

227 H. Thoreau, *Die Welt und ich. Aus den Tagebüchern, Schriften und Briefen (1837–1861)*, Oelde 1996, Tagebucheintrag vom 7. 1. 1857

228 Vgl. S. Maitland, *Stille*, a. a. O., S. 321

229 Ebd., S. 322.

230 H. Marcuse, *Über Revolte, Anarchismus und Einsamkeit. Ein Gespräch*, Zürich 1969, S. 43

231 G. Gaus, *Hannah Arendt im Gespräch mit Günter Gaus*, in: *ZDF, Zur Person*, 28. 10. 1964, https://www.youtube.com/watch?v=J9SyTEUi6Kw (zuletzt abgerufen am 7. 3. 2022)

232 H. Arendt, *Sokrates. Apologie der Pluralität*, Berlin 2016, S. 58

233 H. Arendt, *Das Leben des Geistes. Teil 1: Denken*, München 1989, S. 187

234 H. Arendt, *Vita activa*, a. a. O., S. 317

235 Vgl. H. Arendt, *Elemente und Ursprünge totaler Herrschaft* München/Zürich, 1986

236 Vgl. ebd.

237 Vgl. hierzu den Bericht der *Jo Cox Loneliness Commission* von 2017, https://www.jocoxfoundation.org/loneliness_commission (zuletzt abgerufen am 7. 3. 2022)

238 *Moby Dick* gilt heute in seiner literarischen Form als seiner Zeit weit voraus. Doch bei Erscheinen

des Romans galt er als zu komplex und verkaufte sich kaum. Dies beendete Melvilles Schriftstellerkarriere, den man vorher für seine Abenteuerromane geschätzt hatte, sodass er fortan seinen Lebensunterhalt als Zollbeamter bestreiten musste. Sein eigener Lebensweg vom Abenteurerphilosophen hin zum Büroarbeiter mag sich im »I prefer not to«, auf das ich im Folgenden eingehen werde, widerspiegeln.

239 Vgl. M. Kauffmann, *Gesichtsverlust ist ausgeschlossen*, in: *die tageszeitung*, 19.5.2005, https://taz.de/!606788/ (zuletzt abgerufen am 7.3.2022)

240 Gesprächsausschnitt aus I. Rottscheidt, *Japans verschwundene Jugend*, in: *Deutsche Welle*, 15.7.2004, https://www.dw.com/de/japans-verschwundene-jugend/a-1262808 (zuletzt abgerufen am 7.3.2022)

241 N. Wang, *Generation Z will nicht mehr schuften*, in: *ZEIT online*, 22.6.2021, https://www.zeit.de/wirtschaft/2021-06/china-arbeitsmarkt-entwicklung-generation-z-arbeitsbedingungen-wandel-leistungsgesellschaft-wohlstand/seite-2 (zuletzt abgerufen am 7.3.2022)

242 A. Babe, *Tune in, Drop out*, in: *rest of world. Reporting Global Tech Stories*, 14.7.2020, https://restofworld.org/2020/south-korea-honjok-loneliness/ (zuletzt abgerufen am 7.3.2022)

243 O.V., *Europas Jugend ist arbeitslos: Wer sind die NEETs?*, in: *jugendpolitikineuropa.de*, 20.7.2016, https://www.jugendpolitikineuropa.de/beitrag/europas-jugend-ist-arbeitslos-wer-sind-die-neets.10368/ (zuletzt abgerufen am 12.8.2020)

244 A. Kunze, *Lasst mich in Ruhe*!, in: *ZEIT Wissen*, 05/2006, https://www.zeit.de/zeit-wissen/2006/05/Depressive_Kinder.xml/ (zuletzt abgerufen am 7.3.2022)

245 Auch wenn es im Roman unklar bleibt, was genau ihn mit der Menschheit entzweite, haben Literaturwissenschaftler:innen in der Rezeption von Vernes Werk zusammengepuzzelt, dass es mit der Brutalität und Ungerechtigkeit der britischen Kolonisierung Indiens zusammenhängt. Denn Kapitän Nemo ist Inder, das geht in den populären Darstellungen seiner Person oft unter. Vgl. V. Dehs, *Nachwort*, in: J. Verne, *20000 Meilen unter dem Meer*, Düsseldorf 2007, S. 698f.

246 O. Marquard, *Plädoyer für die Einsamkeitsfähigkeit*, in: Ders., *Skepsis und Zustimmung*, Stuttgart 1994, S. 110–122

247 S. Maitland, *Stille*, a.a.O., S. 182

248 Ebd.

249 R. Sennett, *Verfall und Ende des öffentlichen Lebens. Die Tyrannei der Intimität*, Frankfurt am Main 2008

250 Auch wenn der Algorithmus der sozialen Medien oft noch zu lach-

haften Ergebnissen führt, bereitet es große Sorge, wie das Internet den Überwachungsstaat und eine Akzeptanz für Datenspeicherung normalisiert. Hier wirkt die Normativität des Faktischen – die Standards dafür, was uns normal erscheint, werden durch die technischen Neuerungen gesetzt. Als 1983 eine Volkszählung angekündigt wurde, führte dies noch zu einer der größten Demonstrationen der Bundesrepublik, mittlerweile regt sich nur von Einzelnen Protest gegen die allumfassende Verwertung unserer Daten. Ein Großprojekt wie Identity 2020, das alle unsere Daten von Banktransfers über Reisepässe bis hin zu Gesundheitsdaten koppeln und weltweit nachvollziehbar machen will, bekommt von zivilgesellschaftlicher Seite wenig Aufmerksamkeit oder Gegenwind. Unsere Möglichkeiten, sich diesen Systemen zu entziehen, werden immer geringer.

251 Vgl. S. Bethmann, *Liebe – Eine soziologische Kritik der Zweisamkeit*, Weinheim 2013

252 G. Windmüller, *Weiblich, ledig, glücklich – sucht nicht*, Hamburg 2019, S. 42

253 Großzügig zu bleiben, dem Partner oder der Partnerin Freiräume zu lassen, gelingt einem nicht, wenn man ängstlich auf die Taten des anderen schaut, die den eigenen Status zum Beispiel durch »Fremdgehen« verhunzen. Eifersucht ist deshalb ein so großes Problem in der Liebe; für Männer, weil sie ihren Besitz nicht unter Kontrolle haben, und für Frauen, weil dadurch ihr eigener Status als exklusiv begehrenswertes Objekt abhandenkommt. Schon Nietzsche schrieb: »So sprach mir ein Weib: ›Wohl brach ich die Ehe, aber zuerst brach die Ehe – mich!‹« F. Nietzsche, *Also sprach Zarathustra. Ein Buch für alle und für keinen*, Stuttgart 1975, S. 234

254 B.-C. Han, *Agonie des Eros*, a. a. O., S. 6

255 Vgl. G. Windmüller, *Weiblich*, a. a. O., S. 200

256 Vgl. N. Gerstel und N. Sarkisian, *Marriage: The Good, the Bad, and the Greedy*, in: *Contexts*, Vol. 5, Issue 4, S. 16–21, 2006

257 Vgl. G. Windmüller, *Weiblich*, a. a. O., S. 214

258 Vgl. B. DePaulo, *Singled out – How Singles are stereotyped, stigmatized an dignored, and still live happily ever after*, New York, 2006, S, 49

259 Vgl. E. Rulffes, *Die Erfindung der Hausfrau – Geschichte einer Entwertung*, Hamburg 2021

260 Vgl. S. H. Engel, *Und dann kam Tony*, in: *ZEIT online*, 3. Mai 2021, https://www.zeit.de/zeit-magazin/leben/2021-04/frauen-kinderwunsch-verwandte-kinder-bezugsperson-kinderlos/komplettansicht (zuletzt abgerufen am 7. 3. 2022)

261 Vgl. z. B. Allgemeines Landrecht

für die Preußischen Staaten von 1794, §2 und §184

262 Viele Männer, die heute noch hohe politische Ämter innehaben, stimmten damals dagegen: u. a. auch der Bundesvorsitzende und Fraktionschef der CDU Friedrich Merz.

263 Vgl. M. Stoverock, *Female Choice. Vom Anfang und Ende der männlichen Zivilisation*, Stuttgart 2021

264 In ihrem Buch *Die Wahrheit über Eva. Die Erfindung der Ungleichheit von Frauen und Männern* zeigen Carel van Schaik und Kai Michel anhand anthropologischer Studien und religionswissenschaftlicher und historischer Forschungen, dass wir in unserer langen Menschheitsgeschichte auf flache Hierarchien und gemeinschaftliches Handeln und Geschlechtergerechtigkeit angelegt waren. »In der Natur liegt die Frauenbenachteiligung nicht begründet. Es handelt sich um eine kurze, veränderbare kulturelle Abweichung in einer langen Menschheitsgeschichte«, sagte Schaik im Interview. Vgl. C. v. Schaik und K. Michel, *Die Wahrheit über Eva*, a. a. O.

265 Tatsächlich gewinne ich in persönlichen Gesprächen öfter den Eindruck, man suche eine generelle intensive Liebe und Verbundenheit zum Leben, die von den Erwartungen des Alltags verschüttet ist und die man hofft, durch ein Kind finden zu können.

266 *Der Mann: Arbeits- und Lebenswelten. Wunsch und Wirklichkeit*, Institut für Demoskopie, allensbach am Bodensee, 2013

267 Vgl. U. Beck und E. Beck-Gernsheim, *Das ganz normale Chaos der Liebe*, Frankfurt am Main 1990

268 Vgl. S. Speck, *»Unterschiedliche Sauberkeitsstandards.« Wie heterosexuelle Paare sich über die ungleich verteilte Hausarbeit belügen*, in: *Analyse und Kritik*, Nr. 615, 19. April 2016, https://www.akweb.de/politik/wie-sich-heterosexuele-paare-beluegen/ (zuletzt abgerufen am 7. 3. 2022)

269 G. Windmüller, *Weiblich*, a. a. O., S. 116

270 Die juristischen und wirtschaftlichen Konsequenzen der Kinderbetreuung werden immer noch vor allem von Frauen getragen. Weder Arbeitgeber noch besser verdienende Partner werden in dem Maße in die Pflicht genommen, in dem sie von der Fürsorgearbeit von Frauen profitieren. So zeigt auch die Novellierung des Unterhaltsrechts von 2008 leider eine gegenläufige Bewegung: Hier wird Care-Arbeit von Frauen nicht anerkannt, zudem wird es Frauen erschwert, sich scheiden zu lassen, weil ihre finanziellen Einbußen nicht kompensiert werden. Vgl. S. Diehl, *Mutterschaft und Fürsorge als Dienst an der Leistungsgesellschaft*, in: *Zonen der Selbstoptimierung. Berichte*

aus der Leistungsgesellschaft, hg. v. F. Klopotek und P. Scheiffle, Berlin 2016

271 N. Pickert, *Prinzessinnenjungs. Wie wir unsere Söhne aus der Geschlechterfalle befreien*, Weinheim 2020

272 J. Eckhard, *Einsamkeit als Folge von Armut und Marginalisierung*, in: *Das Einsamkeits-Buch. Wie Gesundheitsberufe einsame Menschen verstehen, unterstützen und integrieren können*, hg. v. T. Hax-Schoppenhorst, Bern 2018, S. 176–184

273 S. Bethmann, *Eine soziologische Kritik der Zweisamkeit*, Weinheim 2016, S. 22

274 S. Bach, *Neue Rollen sind unbequem. Was will der Mann?*, in: *ntv.de*, 18. 8. 2020, https://www.n-tv.de/leben/Was-will-der-Mann-article21978781.html?utm_source=pocket-newtab-global-de-DE (zuletzt abgerufen am 7. 3. 2022)

275 Was in diesem Zusammenhang immer gerne verdrängt wird, ist, dass »Hexenverbrennung« kein Märchen ist, sondern »Frauenverbrennung« bedeutet. Vgl. S. Federici, *Caliban und die Hexe. Frauen, der Körper und die ursprüngliche Akkumulation*, hg. v. M. Birkner, Wien 2017

276 Deshalb ist es nicht verwunderlich, dass die lesbische Frau ebenso abgewertet wurde: Da ihr Selbstwertgefühl weniger davon abhängig ist, von einem Mann erwählt zu werden, kann sie sich einem patriarchalen System tendenziell eher entziehen.

277 G. Windmüller, *Weiblich*, a. a. O., S. 114

278 J. Rothlaender, *Imported Fathers*, in: *SWR*, 31. 1. 2021, https://www.swr.de/swr2/doku-und-feature/imported-fathers-swr2-feature-am-sonntag-2021-01-31-100.html (zuletzt abgerufen am 7. 3. 2022)

279 Vgl. M. Mies, *Patriarchat und Kapital*, junge Welt, 16. 3. 2003, Nr. 163, S. 6 f.)

280 Diese Schieflage wurde nochmal besonders deutlich, als nach Beginn des Angriffskriegs gegen die Ukraine entschieden wurde, dass der Bundeshaushalt 2022 mit einem Sondervermögen von 100 Milliarden Euro für die Bundeswehr ausgestattet werden soll und der Verteidigungsetat von nun an mehr als 2 Prozent des Bruttoinlandsprodukts betragen soll. Alles Gelder, die von anderen Bereichen abgezweigt werden müssen. Dass dies binnen von zwei Tagen entschieden wurde, zeugt davon, dass keineswegs mit Interessenvertreter:innen anderer Bereiche die Konsequenzen abgewogen wurden.

281 Vgl. D. Hobler, C. Klenner, S. Pfahl, P. Sopp und A. Wagner, *Wer leistet unbezahlte Arbeit? Hausarbeit, Kindererziehung und Pflege im Geschlechtervergleich*, in: *WSI Report*, Nr. 35, 2017, https://

www.boeckler.de/pdf/p_wsi_report_35_2017.pdf (zuletzt abgerufen am 7.3.2022)

282 Dabei hat sich mittlerweile auch in Vorständen herumgesprochen, dass Mütter die effizientesten Angestellten sind, weil sie durch ihre Familienarbeit die besten Zeit-Manager sind.

283 J. Wittwer, *»Die Familie ist nur eine vermeintliche Idylle.«*, in: *Tages-Anzeiger*, 29.4.2017, https://www.tagesanzeiger.ch/leben/gesellschaft/die-familie-ist-nur-eine-vermeintliche-idylle/story/10497363 (zuletzt abgerufen am 7.3.2022)

284 Ebd.

285 Ebd.

286 Konkurrenz unter Frauen zu schüren hat ebenso bereits eine lange Tradition. Zur selben Zeit, als die Abhängigkeit der Frau vom Ehemann in der Kleinfamilie zementiert wurde, wurden zunehmend Frauenfreundschaften misstrauisch betrachtet oder in der Literatur als unmöglich gezeichnet: zersetzend, intrigant und oberflächlich, sexuell verdächtig, manipulativ, eifersüchtig, hinterlistig und leicht von einem Mann auseinanderzubringen. Die Verbindung zwischen Frauen wird als sehr brüchig dargestellt, letztendlich erscheint es ihnen immer wichtiger, die Gunst eines Mannes zu gewinnen, denn schließlich war es der Ehegatte, der den wichtigsten möglichen Wegbereiter für sozialen Status und finanzielle Absicherung darstellte.

287 In dem Seminar »Will ich Kinder?«, das ich mit der Körpertherapeutin und Coach Anna Schmutte leite, berichten uns Frauen immer wieder, dass der Großteil der *Mental Load* schon bei der Klärung der Frage, wie sie und ihr Partner ein mögliches Leben mit Kindern gestalten können und die Familienarbeit aufteilen, bei ihnen liegt. Viele Männer machen sich keine Vorstellung, was eine Familiengründung bedeutet, weil sie mehr oder weniger bewusst davon ausgehen, dass ihre Partnerin die Mehrbelastung ausgleichen wird. Siehe auch www.diekinderfrage.de

288 O. V. (AFP/epd/ott), *Justizminister Buschmann will neues Lebensmodell einführen*, in: *welt.de*, 25.12.2021, https://www.welt.de/politik/deutschland/article235864958/Justizminister-Buschmann-will-neues-Modell-fuer-Lebensgemeinschaften.html?fbclid=IwAR0F1wJ1e44xi4PSOFtvQ9CkdRVJrEkebdhNKHM5K7vHHCCCVZcJG-UbFLk (zuletzt abgerufen am 7.3.2022)

289 G. Herpell, *»Eine alleinstehende Frau ist immer das Opfer«, Interview mit Malin Lindroth*, in: Süddeutsche Zeitung, 2.10.2020, https://sz-magazin.sueddeutsche.de/liebe-und-partnerschaft/

malin-lindroth-interview-89268? (zuletzt abgerufen am 7.3.2022)

290 Ebd.

291 Ebd.

292 Ebd.

293 Ebd.

294 Ebd.

295 Vgl. E. John, *Self-Contained. Scenes from a Single Life,* London 2021. Das passiert tatsächlich bereits: Es gibt Bands, Restaurants und Kosmetikmarken, die sich den Begriff Spinster spielerisch aneignen.

296 E. Doucette, *Single People – It's Not Them, It's You,* in: *Forbes,* 25.2.2011, https://www.forbes.com/sites/elisadoucette/2011/02/25/single-people-its-not-them-its-you/?sh=6d3032d83aaa (zuletzt abgerufen am 7.3.2022)

297 P. Dolan, *The money, job, marriage myth: are you happy yet?,* in: *The Guardian,* 6.1.2019, https://www.theguardian.com/books/2019/jan/06/happiness-index-wellbeing-survey-uk-population-paul-dolan-happy-ever-after (zuletzt abgerufen am 7.3.2022)

298 Bezeichnenderweise erwuchs diese Idee tatsächlich aus ihrem vorherigen Geschäftsmodell, Reisepakete für allein reisende Japanerinnen nach Europa zu organisieren.

299 L. Schnabl, *Ich heirate. Mich!,* in: *NZZ am Sonntag,* 26.6.2016, https://nzzas.nzz.ch/gesellschaft/solo-hochzeit-japan-ich-heirate-mich-ld.146164#back-register (zuletzt abgerufen am 7.3.2022)

300 Auch in Deutschland normalisieren Reality-TV-Shows wie *Vier Hochzeiten und eine Traumreise* oder *Zwischen Tüll und Tränen* die Idee, dass man Liebe und Hochzeit als paradiesisches Statussymbol teuer erkaufen muss.

301 E. Wiseman, *It's finally time to say ›I don't‹ to the solo wedding craze,* in: *The Guardian,* 26.2.2017, https://www.theguardian.com/lifeandstyle/2017/feb/26/why-marrying-yourself-is-a-truly-awful-idea (zuletzt abgerufen am 7.3.2022)

302 G. Herpell, *»Eine alleinstehende Frau ist immer das Opfer«,* a.a.O.

303 Vgl. S. Winkler, *Allein im Bett: Viele Paare verbringen die Nacht lieber getrennt,* in: *Berliner Kurier,* 1.9.2020; vgl. auch dies., *Schlafende Paare: Lieber allein im Bett?,* in: *Berliner Zeitung,* 29.8.2020

304 Ebd.

305 A. Einstein, *Mein Weltbild,* a.a.O., S. 23

306 H.D. Thoreau, *Walden,* a.a.O., S. 39

307 In einer Studie von 2019 von Statistics Canada gaben heterosexuelle Männer signifikant öfter an, dass sie mit einer neuen Freundin zusammenziehen wollen, als das für die Frauen der Fall war. Frauen genießen die Zeit,

in der sie sich nicht mehr verantwortlich für andere fühlen, bestätigen die Interviews, die 2013 von Karen Kobayashi, Professorin für Soziologie der University of Victoria, und Laura Funk, Professorin für Soziologie an der University of Manitoba, geführt wurden.

308 Vgl. auch Z. Bielski, *The new reality of dating over 65: Men want to live together; women don't*, in: *The Globe and Mail online*, 26.11.2019, https://www.theglobeandmail.com/life/relationships/article-women-older-than-65-dont-want-to-live-with-their-partners/ (zuletzt abgerufen am 7.3.2022)

309 Vgl. A. Pawlowski, *Why older women will rule the world: The future is female, MIT expert says*, in: *nbcnews.com*, 5.12.2017, https://www.nbcnews.com/better/business/why-older-women-will-rule-world-future-female-mit-expert-ncna826736 (zuletzt abgerufen am 7.3.2022)

310 A. Rastorguev, *Altersabstand bei Paaren: Wie viel Altersunterschied ist zu viel in einer Beziehung?*, in: *Cosmopolitan*, 26.6.2018, https://www.cosmopolitan.de/altersabstand-bei-paaren-wie-viel-altersunterschied-ist-zu-viel-in-einer-beziehung-68347.html#das-sagt-die-statistik (zuletzt abgerufen am 7.3.2022)

311 V. Simon, *Partnerwahl ist keine Privatangelegenheit*, in: *Süddeutsche Zeitung*, 29.10.2013, https://www.sueddeutsche.de/leben/altersunterschied-bei-paaren-partnerwahl-ist-keine-privatangelegenheit-1.1800467 (zuletzt abgerufen am 7.3.2022)

312 S. Maitland, *Stille*, a.a.O., S. 28

313 Wer in Deutschland Abitur macht, liest möglicherweise kein einziges Buch einer Frau. Staatliche Bildungseinrichtungen setzen so die Unterdrückung weiblicher Stimmen wissentlich fort. Vgl. S. Sales Prado, *Warum in der Schule nur männliche Autoren gelesen werden*, in: *Süddeutsche Zeitung Magazin*, 19.5.2020, https://sz-magazin.sueddeutsche.de/literatur/frauen-literatur-schullektuere-88783? (zuletzt abgerufen am 7.3.2022)

314 S. Maitland, *Stille*, a.a.O., S. 50

315 A. Pawlowski, *Why older women will rule the world, a.a.O.*

316 Vgl. R. Claussen, *Einsamkeit*, a.a.O., S. 15

317 Ebd., S. 14

318 Ebd., S. 15

319 K. Jaspers, *Philosophie. Existenzerhellung (Bd. 2)*, Frankfurt am Main 1965, S. 61

320 H. Arendt, *Sokrates*, a.a.O., S. 81

321 A. Schopenhauer, *Parerga und Paralipomena, Aphorismen zur Lebensweisheit*, Leipzig 2013, S. 13

322 Vgl. das Radiofeature von B. Reinartz, *Only the Lonely*, in: *Deutschlandfunk*, 20.12.2009

323 S. Maitland, *Stille*, a.a.O., S. 25

324 Ebd., S. 59

325 G. Dischner, *Melancholie und Müßiggang*, in: *Ökonomie des Glücks*, a. a. O., S. 10

326 S. Maitland, *Stille*, a. a. O., S. 41

327 Ebd., S. 47.

328 Vgl. J. Kahl, *Kleine Philosophie der Einsamkeit*, o. D., http://www.kahl-marburg.privat.t-online.de/kahl-einsamkeit.pdf (zuletzt abgerufen am 7. 3. 2022)

329 Vgl. Cacioppo, J. und Cacioppo, S., *Social Relationships and Health: The Toxic Effects of Perceived Social Isolation*, in: *Social and Personality Psychology Compass* 2014, zitiert nach J. Simmank, *Einsamkeit. Warum wir aus einem Gefühl keine Krankheit machen sollten*, Zürich 2020, S. 17

330 Vgl. M. Horx und O. Horx-Strathern, *Das Monster der Moderne. Einsamkeit*, in: *zukunftsinstitut.de*, (o. D.), https://www.zukunftsinstitut.de/artikel/zukunftsreport/das-monster-der-moderne-einsamkeit/ (zuletzt abgerufen am 7. 3. 2022)

331 T. Brenneisen, *»Das gelbe Pony«*, a. a. O., S. 87

332 Vgl. J. Simmank, *Einsamkeit*, a. a. O.

333 Vgl. J. Marinić, *Einsamkeit*, in: *Süddeutsche Zeitung*, 27./28. 1. 2018, zitiert nach http://www.izpp.de/fileadmin/user_upload/Ausgabe_2_2018/004_Schellhammer_2_2018.pdf (zuletzt abgerufen am 7. 3. 2022)

334 Ebd.

335 A. Einstein, *Mein Weltbild*, a. a. O., S. 46

336 Vgl. *WahnsinnsFrauen*, a. a. O.

LITERATUR

Améry, J., *Hand an sich legen. Diskurs über den Freitod*, Stuttgart 2021

Arendt, H., *Vita activa oder Vom tätigen Leben*, München 1981

Arendt, H., *Elemente und Ursprünge totaler Herrschaft*, München/Zürich 1986

Arendt, H., *Das Leben des Geistes. Teil 1: Denken*, München 1989

Arendt, H., *Vita activa oder Vom tätigen Leben*, München 2008

Arendt, H., *Sokrates. Apologie der Pluralität*, Berlin 2016

Arendt, H., *Rahel Varnhagen. The Life of a Jewish Woman*, New York City, NY 2022

Beck, U. und Beck-Gernsheim, E., *Das ganz normale Chaos der Liebe*, Frankfurt am Main 1990

Benesch, H., *Suggestions-Imaginationstherapien, Imaginationstherapien*, in: Ders., *Enzyklopädisches Wörterbuch, Klinische Psychologie und Psychotherapie*, Weinheim 1995

Bethmann, S., *Liebe – Eine soziologische Kritik der Zweisamkeit*, Weinheim 2013

Bettelheim, B., *Die Kinder der Zukunft. Gemeinschaftserziehung als Weg einer neuen Pädagogik*, Wien 1971

Bontemps, A., *The Harlem Renaissance Remembered*, New York City, NY 1972

Bregman, R., *Im Grunde gut. Eine neue Geschichte der Menschheit*, Hamburg 2021

Brenneisen, T., *»Das gelbe Pony« – Einsamkeit und Überflussgesellschaft*, in: *Das Einsamkeits-Buch. Wie Gesundheitsberufe einsame Menschen verstehen, unterstützen und integrieren können*, hg. v. T. Hax-Schoppenhorst, Bern 2018, S. 83–88

Buchholz, Q., *Vom Glück der Langsamkeit*, Gütersloh 2019

Byrd, R. E., *Allein! Auf einsamer Wacht im Südeis*, Leipzig 1939

Cacioppo, J. und Cacioppo, S., *Social Relationships and Health: The Toxic Effects of Perceived Social Isolation*, in: *Social and Personality Psychology Compass*, 2014, S. 58–72

Campbell, J., Pathways to Bliss: Mythology and Personal Transformation, hg. v. D. Kudler, Novato, CA 2004

Campbell, J., *Der Heros in tausend Gestalten*, Berlin 2011

Chatwin, B., *Traumpfade*, Frankfurt am Main 1992

Cixous, H., *Le Rire de la Méduse*, in: *L'Arc*, 1975, S. 39–54. Deutsch: H. Cixous, *Das Lachen der Medusa*, hg. v. E. Hutfless, G. Postl u. E. Schäfer, Wien 2017

Claussen, R., *Einsamkeit – Zur Begriffsgeschichte eines Gefühls*, in: *Semiosis – Internationale Zeitschrift für Semiotik und Ästhetik*, 17. Jahrgang, Heft 1–4, 1992, S. 23

Courtivron, I. de, *Violette Leduc's ›L'affamée‹: The Courage to Displease*, in: *L'Ésprit Créateur*, Vol. XIX, No. 2, 1979, S. 95–106

Czollek, M., *Desintegriert euch!*, München 2018

Dany, H.-C., *Morgen werde ich Idiot. Kybernetik und Kontrollgesellschaft*, Hamburg 2013

Dehs, V., *Nachwort*, in: J. Verne, *20 000 Meilen unter dem Meer*, Düsseldorf 2007, S. 698 f.

Delianidou, S., *Lohnarbeit und Müßiggang in Irmgard Keuns* Gilgi – Eine von uns, in: *Ökonomie des Glücks. Muße, Müßiggang und Faulheit in der Literatur*, hg. v. M. Gemmel und C. Löschner, Berlin 2014

DePaulo, B., *Singled Out – How Singles are Stereotyped, Stigmatized and Ignored, and Still Live Happily Ever After*, New York City, NY 2006

Diehl, S., *Mutterschaft und Fürsorge als Dienst an der Leistungsgesellschaft*, in: *Zonen der Selbstoptimierung. Berichte aus der Leistungsgesellschaft*, hg. v. F. Klopotek und P. Scheiffle, Berlin 2016

Diehl, S., *Die Uhr, die nicht tickt. Kinderlos glücklich*, Hamburg 2014

Dillard, A., *Pilger am Tinker Creek*, Berlin 2016

Dischner, G., *Wörterbuch des Müßiggängers*, Basel 2009

Dischner, G., *Melancholie und Müßiggang*, in: *Ökonomie des Glücks. Muße, Müßiggang und Faulheit in der Literatur*, hg. v. M. Gemmel und C. Löschner, Berlin 2014, S. 7–16

Dolan, P., *Happy Ever After: Escaping the Myth of the Perfect Life*, London 2019

Dostojewski, F., *Weiße Nächte. Ein empfindsamer Roman (Aus den Erinnerungen eines Träumers)*, Köln 2007

Duda, S. und Pusch, L. F. (Hg.), *WahnsinnsFrauen*, Frankfurt am Main 1994

Eckhard, J., *Einsamkeit als Folge von Armut und Marginalisierung*, in: *Das Einsamkeits-Buch. Wie Gesundheitsberufe einsame Menschen verstehen, unterstützen und integrieren können*, hg. v. T. Hax-Schoppenhorst, Bern 2018, S. 176–184

Einstein, A., *Mein Weltbild*, hg. v. C. Seelig, Zürich 1953

Federici, S., *Caliban und die Hexe. Frauen, der Körper und die ursprüngliche Akkumulation*, hg. v. M. Birkner, Wien 2017

Fichte, J. G., *Die Bestimmung des Menschen*, Leipzig 1976

Ford, H., *The International Jew. The World's Foremost Problem. 4 Bände*, Dearborn, MI 1920–1921. Deutsch: *Der internationale Jude. Ein Weltproblem. 2 Bände*, Leipzig 1921–1922

Ford, H., *Erfolg im Leben. Mein Leben und Werk*, Leipzig 1923

Fossey, D., *Gorillas im Nebel. Mein Leben mit den sanften Riesen*, München 1983

Gerstel, N. und Sarkisian, N., *Marriage: The Good, the Bad, and the Greedy*, in: *Contexts*, Vol. 5, Issue 4, S. 16–21, 2006

Gouges, O. de, *Denkschrift der Madame de Valmont*, hg. v. G. Thiele-Knobloch, Frankfurt am Main 1993

Graeber, D., *Bullshit Jobs. Vom wahren Sinn der Arbeit*, Stuttgart 2018

Graeber, D., *Schulden. Die ersten 5000 Jahre*, Stuttgart 2021

Gräfen, S., *Radikale Selbstfürsorge. Jetzt! Eine feministische Perspektive*, Hamburg 2021

Greene Foster, D., *The Turnaway Study. Ten Years, a Thousand Women, and the Consequences of Having—or Being Denied—an Abortion*, New York City, NY 2021, https://www.ansirh.org/research/ongoing/turnaway-study (zuletzt abgerufen am 7.4.2022)

Guin, U. K. Le, *Am Anfang war der Beutel. Warum uns Fortschritts-Utopien an den Rand des Abgrunds führten und wie Denken in Rundungen die Grundlage für gutes Leben schafft*, Klein Jasedow 2020

Han, B.-C. *Agonie des Eros*, Berlin 2012

Hartman, S., *Wayward Lives, Beautiful Experiments: Intimate Histories of Riotous Black Girls, Troublesome Women, and Queer Radicals*, New York City, NY 2019

Haushofer, M., *Die Wand*, Gütersloh 1963

Hax-Schoppenhorst, T. (Hg.), *Das Einsamkeits-Buch. Wie Gesundheitsberufe einsame Menschen verstehen, unterstützen und integrieren können*, Bern 2018

Hesse, H., *Stufen – Ausgewählte Gedichte*, Frankfurt am Main 1974

Hillyer, P., *Charles de Foucauld*, in: *The Liturgical Press*, Collegeville, MN 1990, S. 129

Himmelmann, B. (Hg.), *Kant und Nietzsche im Widerstreit: Internationale Konferenz der Nietzsche-Gesellschaft in Zusammenarbeit mit der Kant-Gesellschaft, Naumburg an der Saale, 26.-29. August 2004*, Berlin/Boston, MA 2012

hooks, b., *All about love. New Visions*, New York City, NY 1999

hooks, b., *Männer, Männlichkeit und Liebe. Der Wille zur Veränderung*, München 2022

Hornscheidt, L., *Zu Lieben. Lieben als politisches Handeln: Kapitalismus entlieben*, Hiddensee 2018

Hurston, Z. N., *Their Eyes Were Watching God*, Urbana, IL 1991

Hurston, Z. N., *Dust tracks on a road. A Memoir*, New York City, NY 1996

Hurston, Z. N., *Sweat*, hg. v. C. A. Wall, New Brunswick, NJ 1997

Hurston, Z. N., *Ich mag mich, wenn ich lache*, Zürich 2000

Hurston, Z. N., *Vor ihren Augen sahen sie Gott*, Zürich 2022

Huxley, A., *Schöne Neue Welt. Ein Roman der Zukunft*, Frankfurt am Main 2007

Jaspers, K., *Philosophie. Existenzerhellung (Bd. 2)*, Frankfurt am Main 1965, S. 61

John, E., *Self-Contained. Scenes from a Single Life*, London 2021

Keun, I., *Gilgi – Eine von uns*, Berlin 2006

Keysers, C., *Unser empathisches Gehirn. Warum wir verstehen, was andere fühlen*, München 2013

Kurt, Ş., *Radikale Zärtlichkeit – Warum Liebe politisch ist*, Hamburg 2021

Lafargue, P., *Das Recht auf Faulheit*, Hamburg 2014

Leduc, V., *La Chasse à l'amour*, Paris 2000

Leicht, I., *Marguerite Porete – eine fromme Intellektuelle und die Inquisition*, Freiburg 1999

Louv, R., *Last Child in the Woods: Saving Our Children from Nature-Deficit Disorder*, New York City, NY 2008

Luckscheiter, C., V*on besonderer geistiger Distinktion. Marcel Proust, Robert Walser und die Muße im Monokapitalismus*, in: *Ökonomie des Glücks. Muße, Müßiggang und Faulheit in der Literatur*, hg. v. M. Gemmel und C. Löschner, Berlin 2014, S. 225-240

Mackenzie, V., *Das Licht, das keinen Schatten wirft. Die außergewöhnliche Lebensgeschichte von Tenzin Palmo*, Bielefeld 2010

Marquard, O., *Plädoyer für die Einsamkeitsfähigkeit*, in: Ders., *Skepsis und Zustimmung*, Stuttgart 1994, S. 110–122

Maitland, S., *How to Be Alone*, London 2014

Maitland, S., *Das Buch der Stille. Über die Freuden und die Macht von Stille*, Berlin 2017

Major, B., Applebaum, M., Beckman, L., Dutton, M. A., Felipe Russo, N. und West, C., *Report of the Task Force on Mental Health and Abortion, American Psychological Association*, Washington, DC 2008

Marcuse, H., *Über Revolte, Anarchismus und Einsamkeit. Ein Gespräch*, Zürich 1969

Marcuse, H., *Der eindimensionale Mensch. Studien zur Ideologie der fortgeschrittenen Industriegesellschaft*, hg. v. P.-E. Jansen, Springe 2014

Moitessier, B., *Der verschenkte Sieg*, Bielefeld 2016

Müller, D., *Beginenmystik als ketzerische Frauentheologie?*, in: *Auf der Suche nach der Frau im Mittelalter*, hg. v. B. Lundt, Paderborn 1991, S. 213–232

Mulville, F., *The Loneliness of the Long Distance Sailor*, in: *Yachting Monthly, Nr. 132*, Mai 1972, S. 686

Nietzsche, F., *Menschliches, Allzumenschliches II. Ein Buch für freie Geister*, Chemnitz 1879

Nietzsche, F., *The Portable Nietzsche*, hg. v. W. Kaufmann, New York City, NY 1954

Nietzsche, F., *Also sprach Zarathustra. Ein Buch für alle und für keinen*, Stuttgart 1975

Nietzsche, F., *Die fröhliche Wissenschaft*, in: *Kritische Studienausgabe, Band 3*, München 1999
Pickert, N., *Prinzessinnenjungs. Wie wir unsere Söhne aus der Geschlechterfalle befreien*, Weinheim 2020
Reventlow, F. zu, *Tagebücher, 5. Mai [1897]*, in: *Gesammelte Werke*, München 1925
Reventlow, F. zu, *Tagebücher 1886–1910*, hg. v. B. Kubitschek, Hamburg 2010
Ritter, C., *Eine Frau erlebt die Polarnacht*, Berlin 1986
Rohrbach, C., *Botschaften im Sand. Reise zu den räselhaften Nazca-Linien*, München 1992
Rohrbach, C., *Solange ich atme*, Kiel 2009
Rulffes, E., *Die Erfindung der Hausfrau – Geschichte einer Entwertung*, Hamburg 2021
Rumi, D. a.-D., *Masnawi*, Xanten 2020
Saint-Exupéry, A. de, *Wind, Sand und Sterne*, Düsseldorf
Schaik, C. v. und Michel, K., *Die Wahrheit über Eva. Die Erfindung der Ungleichheit von Frauen und Männern*, Hamburg 2020
Schlegel, F., *Lucinde*, Stuttgart 1992
Schopenhauer, A., *Parerga und Paralipomena, Aphorismen zur Lebensweisheit*, Leipzig 2013
Schulz, K., *Cat Tales*, in: *The New Yorker*, 12. 7. 2021, S. 74–80
Sennett, R., *Verfall und Ende des öffentlichen Lebens. Die Tyrannei der Intimität*, Berlin 2008
Sennett, R., *Handwerk*, Berlin 2008
Sieck, A., *Mystikerinnen. Biographien visionärer Frauen*, Ostfildern 2011
Simmank, J., *Einsamkeit. Warum wir aus einem Gefühl keine Krankheit machen sollten*, Zürich 2020
Smith, M. M., Sherry, S. B., Ray, C., Hewitt, P. L., & Flett, G. L., *Is perfectionism a vulnerability factor for depressive symptoms, a complication of depressive symptoms, or both? A meta-analytic test of 67 longitudinal Studies*, in: *Clinical Psychology Review*, 5. 3. 2021
Solnit, R., *Die Kunst, sich zu verlieren. Ein Wegweiser*, Berlin 2020
Stoverock, M., *Female Choice. Vom Anfang und Ende der männlichen Zivilisation*, Stuttgart 2021
Strigl, D., *Marlen Haushofer. Die Biographie*, München 2000
Svendsen, L., *Philosophie der Einsamkeit*, Berlin/Wiesbaden 2016
Tamcke, M., *Tolstojs Religion. Eine spirituelle Biographie*, Berlin 2010
Thiele-Knobloch, G., *Olympe de Gouges – oder Menschenrechte auch für Frauen?*, Berlin 1989
Thoreau, H. D., *Aus den Tagebüchern 1837–1861*, Oelde 1996
Thoreau, H. D., *Walden: oder Leben in den Wäldern*, Hamburg, 2020
Thürmer-Rohr, C., *Fremdheiten und Freundschaften. Essays*, Bielefeld 2019
Tieck, L., *Der Jahrmarkt*, Oldenburg 2020
Vieweg, K., *Hegel. Der Philosoph der Freiheit. Biographie*, München 2019

Walker, A., *Die Erfahrung des Südens – Good Morning Revolution. Essays*, München 1988

Walser, R., *Der Arbeiter*, in: *Poetenleben. Das Gesamtwerk, Band 3*, hg. von J. Greven, Genf und Hamburg 1967

Warneken, F. und Tomasello, M., *Altruistic Helping in Human Infants and Young Chimpanzees*, in: *Science*, Vol 311, Issue 5765, S. 1301–1303, DOI; https://www.science.org/doi/101126/science.1121448 (zuletzt abgerufen am 6. 4. 2022)

Werner, G., *Eremiten im barocken Bayern. Mentalität und Wandel*, Münster 2017

Windmüller, G., *Weiblich, ledig, glücklich – sucht nicht*, Hamburg 2019

Winkler, S., *Schlafende Paare: Lieber allein im Bett?*, in: *Berliner Zeitung*, 29. 8. 2020

Winkler, S., *Allein im Bett: Viele Paare verbringen die Nacht lieber getrennt*, in: *Berliner Kurier*, 1. 9. 2020

Woolf, V., *Zum Leuchtturm*, Frankfurt am Main 1991

Woolf, V., *Ein Zimmer für sich allein*, Stuttgart 2020

Yamada, K., *Das Tor des Zen*, Berlin 2017

Young-Bruehl, E., *Hannah Arendt. Leben, Werk und Zeit*, Frankfurt am Main 1986

Online-Quellen

Royal Association of Gynacology and Obstretics, *Fetal Awareness – Review of Research and Recommendations for Practice*, März 2010, http://www.avortementancic.net/IMG/pdf/rcogfetalawarenesswpro610.pdf (zuletzt abgerufen am 14. 09. 2021)

O. V., *Saalfelden sucht einen Einsiedler*, in: *saalfelden.at*, o. J., https://www.saalfelden.at/Saalfelden_sucht_einen_Einsiedler (zuletzt abgerufen am 6. 3. 2022)

O. V., *Der Mann: Arbeits- und Lebenswelten. Wunsch und Wirklichkeit*, hg. v. Axel Springer AG, durchgeführt und ausgwertet durch das Institut für Demoskopie, Allensbach am Bodensee, 2013

O. V., *Europas Jugend ist arbeitslos: Wer sind die NEETs?*, in: *jugendpolitikineuropa.de*, 20. 07. 2016, https://www.jugendpolitikineuropa.de/beitrag/europas-jugend-ist-arbeitslos-wer-sind-die-neets.10368/ (zuletzt abgerufen am 12. 8. 2020)

O. V., *The Jo Cox Loneliness Commission*, 2017, https://www.jocoxfoundation.org/loneliness_commission (zuletzt abgerufen am 7. 3. 2022)

O. V. (AFP/epd/ott), *Justizminister Buschmann will neues Lebensmodell einführen*, in: *welt.de*, 25. 12. 2021, https://www.welt.de/politik/deutschland/article235864958/Justizminister-Buschmann-will-neues-Modell-fuer-Lebensgemeinschaften.html?fbclid=IwARoF1wJ1e44xi4PSOFtvQ9CkdRVJrEkebdhNKHM5K7vHHCCCVZcJG-UbFLk (zuletzt abgerufen am 7.3.2022)

Albers, M., *Sie haben Post*, https://www.welt.de/print-wams/article616163/Sie-haben-Post.html (zuletzt abgerufen am 5.4.2022)

Allmendinger, J., *Junge Mütter sind die größten Leidtragenden. Jutta Allmendinger im Gespräch mit Dieter Kassel*, in: *Deutschlandfunk Kultur*, 8.1.2021, https://www.deutschlandfunkkultur.de/soziologin-allmendinger-ueber-corona-und-100.html (zuletzt abgerufen am 7.3.2022)

Babe, A., *Tune in, Drop out*, in: *rest of world. Reporting Global Tech Stories*, 14.7.2020, https://restofworld.org/2020/south-korea-honjok-loneliness/ (zuletzt abgerufen am 7.3.2022)

Bach, S., *Neue Rollen sind unbequem. Was will der Mann?*, in: *ntv.de*, 18.8.2020, https://www.n-tv.de/leben/Was-will-der-Mann-article21978781.html?utm_source=pocket-newtab-global-de-DE (zuletzt abgerufen am 7.3.2022)

Bielski, Z., *The new reality of dating over 65: Men want to live together; women don't*, in: *The Globe and Mail online*, 26.11.2019, https://www.theglobeandmail.com/life/relationships/article-women-older-than-65-dont-want-to-live-with-their-partners/ (zuletzt abgerufen am 7.3.2022)

Courtivron, I. de, *Violette Leduc: L'enfermée pèlerine*, in: *Les cahiers du GRIF, No.39*, 1988, S. 49–53, https://www.persee.fr/doc/grif_0770-6081_1988_num_39_1_1769 (zuletzt abgerufen am 8.3.2022)

Dolan, P., *The money, job, marriage myth: are you happy yet?*, in: *The Guardian*, 6.1.2019, https://www.theguardian.com/books/2019/jan/06/happiness-index-wellbeing-survey-uk-population-paul-dolan-happy-ever-after (zuletzt abgerufen am 7.3.2022)

Dorchain, C. S., *Mystik – Der mystische Begriff des »Abgrunds« und der Prozess der Selbsterkenntnis durch Tiefenerfahrung*, in: *IZPP. Ausgabe 1/2019. Themenschwerpunkt »Mythos und Rationalität«*, http://www.izpp.de/fileadmin/user_upload/Ausgabe_1_2019/009_Dorchain_1_2019.pdf, (zuletzt abgerufen am 13.12.2021)

Doucette, E., *Single People – It's Not Them, It's You*, in: *Forbes*, 25.2.2011, https://www.forbes.com/sites/elisadoucette/2011/02/25/single-people-its-not-them-its-you/?sh=6d3032d83aaa (zuletzt abgerufen am 7.3.2022)

Engel, S. H., *Und dann kam Tony*, in: *ZEIT online*, 3.5.2021, https://www.zeit.de/zeit-magazin/leben/2021-04/frauen-kinderwunsch-verwandte-kinder-bezugsperson-kinderlos/komplettansicht (zuletzt abgerufen am 7.3.2022)

Gotthardt, A., *How to Be an Artist, According to Georgia O'Keeffe*, in:

artsy.net, 11. 3. 2018, https://www.artsy.net/article/artsy-editorial-artist-georgia-okeeffe? (zuletzt abgerufen am 7. 3. 2022)

Gouges, O. de, *Erklärung der Rechte der Frau und Bürgerin*, o. D., https://olympe-de-gouges.info/frauenrechte (zuletzt abgerufen am 6. 3. 2022)

Herpell, G., *»Eine alleinstehende Frau ist immer das Opfer«, Interview mit Malin Lindroth*, in: *Süddeutsche Zeitung*, 2. 10. 2020, https://sz-magazin.sueddeutsche.de/liebe-und-partnerschaft/malin-lindroth-interview-89268? (zuletzt abgerufen am 7. 3. 2022)

Hobler, D., Klenner, C., Pfahl, S., Sopp, P. und Wagner, A., *Wer leistet unbezahlte Arbeit? Hausarbeit, Kindererziehung und Pflege im Geschlechtervergleich*, in: *WSI Report, Nr. 35*, 2017, https://www.boeckler.de/pdf/p_wsi_report_35_2017.pdf (zuletzt abgerufen am 7. 3. 2022)

Horx, M. und Horx-Strathern, O., *Das Monster der Moderne. Einsamkeit*, in: *zukunftsinstitut.de*, (o. D.), https://www.zukunftsinstitut.de/artikel/zukunftsreport/das-monster-der-moderne-einsamkeit/ (zuletzt abgerufen am 7. 3. 2022)

Kahl, J., *Kleine Philosophie der Einsamkeit*, o. D., http://www.kahl-marburg.privat.t-online.de/kahl-einsamkeit.pdf (zuletzt abgerufen am 7. 3. 2022)

Kauffmann, M., *Gesichtsverlust ist ausgeschlossen*, in: *die tageszeitung*, 19. 5. 2005, https://taz.de/!606788/ (zuletzt abgerufen am 7. 3. 2022)

Klein, J., *Die Chancen gegen das Vertraute. Zum Denken der Philosophin Simone Weil*, in: *Deutschlandfunk* 15. 2. 2009, https://www.deutschlandfunk.de/die-chancen-gegen-das-vertraute-100.html (zuletzt abgerufen am 8. 3. 2022)

Kunze, A., *Lasst mich in Ruhe!*, in: *ZEIT Wissen*, 5/2006, https://www.zeit.de/zeit-wissen/2006/05/Depressive_Kinder.xml/ (zuletzt abgerufen am 7. 3. 2022)

Magercord, M., *Faulheit – Todsünde oder Tugend? André Rauch im Gespräch mit Michael Magercord* in: *Deutschlandfunk*, 6. 12. 2020, https://www.deutschlandfunk.de/faulheit-todsuende-oder-tugend-102.html (zuletzt abgerufen am 8. 3. 2022)

Marinić, J., *Einsamkeit*, in: *Süddeutsche Zeitung*, 27./28. 1. 2018, zitiert nach: http://www.izpp.de/fileadmin/user_upload/Ausgabe_2_2018/004_Schellhammer_2_2018.pdf (zuletzt abgerufen am 7. 3. 2022)

Markwardt, N., *Du gehörst nicht dazu!*, in: *DIE ZEIT*, 15. 2. 2021, https://www.zeit.de/gesellschaft/2021-02/klassismus-soziale-gruppen-soziologie-literatur-gesellschaft/komplettansicht (zuletzt abgerufen am 7. 3. 2022)

Neumann, B., *»Ich schreibe nicht aus Freude«*, in: *Deutschlandfunk*, 9. 4. 2020, https://www.deutschlandfunk.de/zum-100-geburts

tag-von-marlen-haushofer-ich-schreibe-nicht.700.de.html?dram:article_id=474382 (zuletzt abgerufen am 7.3.2022)

Okeowo, A., *How Saidiya Hartman Retells the History of Black Life. The scholar's provocative writing illuminates stories that have long gone untold*, in: *The New Yorker*, 19.10.2020, https://www.newyorker.com/magazine/2020/10/26/how-saidiya-hartman-retells-the-history-of-black-life (zuletzt abgerufen am 6.3.2022)

Pawlowski, A., *Why older women will rule the world: The future is female, MIT expert says*, in: *nbcnews.com*, 5.12.2017, https://www.nbcnews.com/better/business/why-older-women-will-rule-world-future-female-mit-expert-ncna826736 (zuletzt abgerufen am 7.3.2022)

Pfister, E., *Brechts Frauen*, in: *Deutschlandfunk*, 7.10.2002, https://www.deutschlandfunk.de/brechts-frauen-100.html (zuletzt abgerufen am 8.3.2022)

Rastorguev, A., *Altersabstand bei Paaren: Wie viel Altersunterschied ist zu viel in einer Beziehung?*, in: *Cosmopolitan*, 26.6.2018, https://www.cosmopolitan.de/altersabstand-bei-paaren-wie-viel-altersunterschied-ist-zu-viel-in-einer-beziehung-68347.html#das-sagt-die-statistik (zuletzt abgerufen am 7.3.2022)

Rothlaender, J., *Imported Fathers*, in: *SWR*, 31.1.2021, https://www.swr.de/swr2/doku-und-feature/imported-fathers-swr2-feature-am-sonntag-2021-01-31-100.html (zuletzt abgerufen am 7.3.2022)

Rottscheidt, I., *Japans verschwundene Jugend*, in: *Deutsche Welle*, 15.7.2004, https://www.dw.com/de/japans-verschwundene-jugend/a-1262808 (zuletzt abgerufen am 7.3.2022)

Sales Prado, S., *Warum in der Schule nur männliche Autoren gelesen werden*, in: *Süddeutsche Zeitung Magazin*, 19.5.2020, https://sz-magazin.sueddeutsche.de/literatur/frauen-literatur-schullektuere-88783? (zuletzt abgerufen am 7.3.2022)

Schnabl, L., *Ich heirate. Mich!*, in: *NZZ am Sonntag*, 26.6.2016, https://nzzas.nzz.ch/gesellschaft/solo-hochzeit-japan-ich-heirate-mich-ld.146164#back-register (zuletzt abgerufen am 7.3.2022)

Simon, V., *Partnerwahl ist keine Privatangelegenheit*, in: *Süddeutsche Zeitung*, 29.10.2013, https://www.sueddeutsche.de/leben/altersunterschied-bei-paaren-partnerwahl-ist-keine-privatangelegenheit-1.1800467 (zuletzt abgerufen am 7.3.2022)

Speck, S., *»Unterschiedliche Sauberkeitsstandards«. Wie heterosexuelle Paare sich über die ungleich verteilte Hausarbeit belügen*, in: *Analyse und Kritik, Nr. 615*, 19.4.2016, https://www.akweb.de/politik/wie-sich-heterosexuele-paare-beluegen/ (zuletzt abgerufen am 7.3.2022)

Wang, N., *Generation Z will nicht mehr schuften*, in: *ZEIT online*, 22. 6. 2021, https://www.zeit.de/wirtschaft/2021-06/china-arbeitsmarkt-entwicklung-generation-z-arbeitsbedingungen-wandel-leistungsgesellschaft-wohlstand/seite-2 (zuletzt abgerufen am 7. 3. 2022)

Wiseman, E., *It's finally time to say ›I don't‹ to the solo wedding craze*, in: *The Guardian*, 26. 2. 2017, https://www.theguardian.com/lifeandstyle/2017/feb/26/why-marrying-yourself-is-a-truly-awful-idea (zuletzt abgerufen am 7. 3. 2022)

Wittwer, J., *»Die Familie ist nur eine vermeintliche Idylle«*, in: *Tages-Anzeiger*, 29. 4. 2017, https://www.tagesanzeiger.ch/leben/gesellschaft/die-familie-ist-nur-eine-vermeintliche-idylle/story/10497363 (zuletzt abgerufen am 7. 3. 2022)

Zollinger, M., *Der Einsiedler möchte auf der Insel bleiben*, in: *Neue Zürcher Zeitung*, 15. 8. 2020, https://www.nzz.ch/panorama/italiens-bekanntester-einsiedler-moechte-auf-der-insel-bleiben-ld.1570862?utm_source=pocket-newtab-global-de-DE (zuletzt abgerufen am 6. 3. 2022)

Film- und Audioquellen

Akomolafe, B. (Sprecher), *The Times are Urgent, Let us slow down*, 2. 9. 2019, https://m.youtube.com/watch?v=9qWaWGHNvyo, (zuletzt abgerufen am 6. 3. 2022)

Anthes, M., Maurer, N., Rainer-Esderts, S., Saathoff, C., Stracke, C. (Autor:innen), *Mangelnde offizielle Organisation und unterwanderte Helfer*, SWR 3. 8. 2021, https://www.ardmediathek.de/video/report-mainz/flutkatastrophe-rlp-mangelnde-offizielle-organisation-und-unterwanderte-helfer/das-erste/Y3JpZDovL3N3ci5kZS9hZXgvbzE1MDc2MDA/ (zuletzt abgerufen am 7. 3. 2022)

Gaus, G. (Moderation), *Hannah Arendt im Gespräch mit Günter Gaus*, in: *ZDF, Zur Person*, 28. 10. 1964, https://www.youtube.com/watch?v=J9SyTEUi6Kw (zuletzt abgerufen am 7. 3. 2022)

Hazard, J. (Moderation), *A Conversation with Terence McKenna, Interviewed by John Hazard*, 1999, https://www.youtube.com/watch?v=GdEKhIk-8Gg (zuletzt abgerufen am 6. 3. 2022)

hooks, b. und Steinem, G. (Sprecherinnen), *bell hooks & Gloria Steinem at Eugene Lang College*, 8. 10. 2014, https://www.youtube.com/watch?v=tkzOFvfWRn4 (zuletzt abgerufen am 6. 3. 2022)

Janssen, T. und Lenoir, F. (Regie), *Was uns heilig ist (4/5). Die Erfahrung des Alleinseins*, Frankreich 2020, https://www.arte.tv/de/videos/088393-004-F/was-uns-heilig-ist-4-5/»\t»_top (zuletzt abgerufen am 11. 8. 2021)

Käsmann, F. und Schreiber, J., *Weltentrückt im Hier und Jetzt? Aussteiger, Einsiedler, Eremitinnen,* in: *br.radio.de,* 4. 9. 2021, https://www.br.de/radio/bayern2/sendungen/bayerisches-feuilleton/eremiten-aussteiger-und-einsiedler-100.html (zuletzt abgerufen am 6. 3. 2022)

Klotz, J.-C. (Regie), *Killer, Trader und Psychopath – Bret Easton Ellis' Amerika,* Frankreich 2021, https://www.arte.tv/de/videos/099872-000-A/killer-trader-und-psychopath-bret-easton-ellis-amerika/ (zuletzt abgerufen am 6. 3. 2022)

Lohr, B. (Regie), *Sibirien: Die Helden der Urzeit,* in: *arte.tv,* 3. 11. 2017, https://www.arte.tv/de/videos/078777-000-A/sibirien-die-helden-der-urzeit/ (zuletzt abgerufen am 7. 4. 2022)

Meier, J. (Regie), *Über Grenzen – Mit Vollgas in den Ruhestand,* SWR 2021

Neumann, B. (Autor), *»Ich schreibe nicht aus Freude«,* in: *Deutschlandfunk,* 9. 4. 2020, https://www.deutschlandfunk.de/zum-100-geburtstag-von-marlen-haushofer-ich-schreibe-nicht.700.de.html?dram:article_id=474382 (zuletzt abgerufen am 7. 3. 2022)

Odysso, *Gesund aus eigener Kraft – Geheimnisvolle Selbstheilung,* in: *swr.de,* 3. 2. 2022, https://www.swr.de/wissen/odysso/geheimnisvolle-selbstheilung-100.html (zuletzt abgerufen am 7. 4. 2022)

Reinartz, B., *Only the Lonely,* in: *Deutschlandfunk,* 20. 12. 2009

Rodis, P. (Regie*), Nina Simone: A Historical Perspective,* 1970, https://player.vimeo.com/video/35413162 (zuletzt abgerufen am 8. 3. 2022)

Starkmann, M. (Moderation), *Ilan Stephani über Sexualität, Spiritualität und Selbstliebe,* 19. 8. 2019, https://www.youtube.com/watch?v=cxy3LDM_rkY (zuletzt abgerufen am 6. 3. 2022)

Westphalen, A. von, *Altruismus – Der Mensch in Zeiten der Katastrophe,* 19. 07. 2020, https://www.deutschlandfunk.de/altruismus-der-mensch-in-zeiten-der-katastrophe-100.html (zuletzt abgerufen am 7. 3. 2022)

DANK

Meine Eltern Annette und Wolfgang Diehl schenkten mir bedingungslose Liebe und damit das Grundvertrauen, das einen stabilisiert, sodass ich mich allein in die Welt hinauswagte, um darin wachsen und wuchern zu können.

Ich danke all meinen Gesprächspartner:innen, die mir in einem langen oder kurzen Austausch ihre Gedanken über das Alleinsein mitteilten.

Darunter danke ich vor allem meinen Spaziergangsgefährt:innen für unsere Gespräche: Darja Stöcker, Andre Vollrath, Ivana Domazet, Allison Williams, Hans Markus Röver und Liz Rosenfeld.

Ein Dank in großer Liebe an Hauke Hinsch, der mir Muse ebenso wie Refugium ist. Danke, dass du in der Liebe das Beste aus mir herausholst.

Ich danke den Schwestern Annette und Irmgard Buschmann (die nun Diehl und Hock mit Nachnamen heißen), die mich auf die Autorinnen Christine Ritter und Carmen Rohrbach aufmerksam machten.

Ich danke allen, die dieses Buch lesen und die darin enthaltenen Gedanken in noch ungeahnte Gebiete weiterspinnen.

Auch danke ich dem Horse with no Name, das mich stellenweise sehr gut durch das Nachdenken und -fühlen über dieses Thema trug.

Ich danke meiner Lektorin Angelika Künne für ihren Einsatz und meiner Verlegerin Frauke Schneider für ihre Unterstützung und ihre Anmerkungen, aber vor allem dafür, dass sie mich anregte, über dieses Thema zu schreiben.